医药专利新视角
热点问题与前沿技术

国家知识产权局专利局专利审查协作北京中心◎组织编写

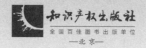

知识产权出版社
全国百佳图书出版单位
—北京—

图书在版编目（CIP）数据

医药专利新视角：热点问题与前沿技术/国家知识产权局专利局专利审查协作北京中心组织编写. —北京：知识产权出版社，2024.9. —ISBN 978 - 7 - 5130 - 9554 - 9

Ⅰ. D923.424

中国国家版本馆 CIP 数据核字第 2024LG5542 号

内容提要

本书围绕医药领域前沿技术，就创新主体的需求导向、问题导向开展研究，并从如何通过马库什通式对原研药物化合物结构进行撰写，如何有效利用优先权制度，如何通过晶型、前药、制剂的方式加强保护，如何在 ADC 药物技术赛道布局竞争等方面着手进行分析，采用"比较研究法""案例研讨法"解读医药领域前沿技术相关专利审查、确权、侵权等行政和司法实践。本书可以为医药行业科研工作者、专利管理人员提供启示和借鉴。

责任编辑：王玉茂　章鹿野　　　　　　　　责任校对：谷　洋

封面设计：杨杨工作室·张冀　　　　　　　责任印制：刘译文

医药专利新视角——热点问题与前沿技术

国家知识产权局专利局专利审查协作北京中心　组织编写

出版发行：知识产权出版社有限责任公司	网　　址：http://www.ipph.cn
社　　址：北京市海淀区气象路 50 号院	邮　　编：100081
责编电话：010 - 82000860 转 8541	责编邮箱：wangyumao@ cnipr.com
发行电话：010 - 82000860 转 8101/8102	发行传真：010 - 82000893/82005070/82000270
印　　刷：三河市国英印务有限公司	经　　销：新华书店、各大网上书店及相关专业书店
开　　本：787mm×1092mm　1/16	印　　张：21
版　　次：2024 年 9 月第 1 版	印　　次：2024 年 9 月第 1 次印刷
字　　数：433 千字	定　　价：120.00 元

ISBN 978 - 7 - 5130 - 9554 - 9

本书编委会

作　者

郝　鹏　石继仙　陈文瑞　张朝磊　范鑫鑫　冯　媛
李　姮　许钧钧　彭晓琦　马秋娟

统　稿

彭晓琦　李　姮　陈文瑞

审　校

马秋娟　卫　军

编写分工

作　者	分　工
马秋娟	第1章第1.1节、第2章第2.1节
李　姮	第1章第1.2节
陈文瑞	第1章第1.3~1.4节
范鑫鑫	第2章第2.3节
冯　媛	第2章第2.2节和第2.4节、第3章第3.1~3.2节和第3.4~3.5节
石继仙	第3章第3.3节
彭晓琦	第4章第4.1~4.2节
张朝磊	第4章第4.3~4.4节
许钧钧	第5章第5.1节
郝　鹏	第5章第5.2~5.3节

前　言

医药产业是与人类健康紧密关联的产业，是研发进步迅速的产业，也是专利密集型产业。医药专利保护制度既能激发产业创新动力，促进医药产业高质量发展，又能提升新药全生命周期研发效率，预警仿制药侵权风险。

20世纪七八十年代，我国开始仿制国外上市的化学药物。1984年通过的《中华人民共和国专利法》（以下简称《专利法》）并不保护药品化合物。随着改革开放的推进，1992年修正后的《专利法》正式对药品化合物提供专利保护。根据《国家中长期科学和技术发展规划纲要（2006—2020年）》，2008年8月国家"重大新药创制"科技重大专项正式启动，明确研制一批具有自主知识产权和市场竞争力的创新药物，同年修正的《专利法》对药品专利的保护更加严格和务实。2015年，国务院印发《国务院关于改革药品医疗器械审评审批制度的意见》，明确提高仿制药质量，鼓励研究和创制新药，将新药分为创新药和改良型新药。自此中国创新药的发展迎来春天。2017年，中共中央办公厅、国务院办公厅印发《关于深化审评审批制度改革鼓励药品医疗器械创新的意见》，提出为促进药品创新和仿制药发展，探索建立药品专利链接制度，开展药品专利期限补偿制度试点。2019年，中共中央办公厅、国务院办公厅印发《关于强化知识产权保护的意见》，明确提出探索建立药品专利期限补偿制度。2020年修正的《专利法》引入了药品专利纠纷早期解决制度（第76条）和专利权期限补偿制度（第42条）。经过"十一五"到"十三五"3个五年计划，"重大新药创制"科技重大专项中重点实施的内容和目标不断深化，专项成果产出不断涌现。根据麦肯锡咨询公司2020年发布的数据，我国新药研发占全球13.9%，位列第二梯队。2021年，"十四五"规划中把集中优势资源攻关医药领域关键核心技术列为国家急迫需要和长远需求。2022年，党的二十大报告中提出我国在生物医药等战略性新兴产业取得重大成果。2023年，国务院公布《关于修改〈中华人民共和国专利法实施细则〉的决定》，决定在《中华人民共和国专利法实施细则》（以下简称《专利法实施细则》）中新增第五章——"专利权期限补偿"，新增5条（第80~84条），明确新药相关发明专利范畴，作出新药相关发明专利权期限补偿详细规定。2024年，国务院常务会议审议通过《全链条支持创新药发展实施方案》，指出发展创新药关系医药产业发展，关系人民健康福祉；要全链条强化政策保障，合力助推创新药突破发展；要调动各方面科技创新资源，强化新药创制基础研究，夯实我国创新药发展根基。在内生力量和国家政策、法律的强力保障下，我国的医药产业创新主体持续研发新药，活跃在医药领域全链条研发的前沿。

本书围绕医药领域前沿技术，就创新主体的需求导向、问题导向开展研究，从如何通过马库什通式对原研药物化合物结构进行撰写，如何有效利用优先权制度，如何通过晶型、前药、制剂的方式加强保护，如何在 ADC 药物技术赛道布局竞争等方面着手进行分析，采用"比较研究法""案例研讨法"解读医药领域前沿技术相关专利审查、确权、侵权等行政和司法实践。例如，在第 1~4 章中均采用"比较研究法"对中国、欧洲、美国等国家和地区的专利审查政策作比较研究；在第 2 章药物晶型专利保护的案例研究中，选定在"重大新药创制"重大专项支持下研制的甲磺酸阿帕替尼的新晶型专利的无效宣告请求为具体案例，深入讨论和思考；在第 5 章 ADC 药物技术的专利保护策略中，采用"专利分析法"对 ADC 相关专利作了宏观调研，更好地体现热点问题的整体研究现状，以期为医药行业科研工作者、专利管理人员提供启示和借鉴。

本书的作者均为国家知识产权局资深审查员，具有 15 年以上专利审查和专利分析经验。在撰写过程中，各位作者投入了大量时间精力分析需求，收集信息和讨论案例，并聚焦重点、热点问题，全面深入思考，提供具体操作建议。

由于知识水平和信息来源偏差，书中观点和内容难免有疏漏、偏颇之处，请广大读者，特别是医药行业和知识产权界的专家、学者提出批评指正，共同为医药领域前沿技术专利保护作出贡献。

目　　录

第1章
马库什通式化合物优先权审查实践

1.1　引　言

1.1.1　优先权制度的设立

专利法中的优先权制度源自《保护工业产权巴黎公约》（以下简称《巴黎公约》），该公约确立了包含优先权原则在内的四大原则。优先权制度设立的初衷是解决先申请制原则下，成员国国民由于客观条件的限制，难以在同一时间就其发明创造向其他成员国同时提出专利申请的问题，为申请人在其他成员国就其发明创造获得专利权提供了保障。

《巴黎公约》自 1883 年签订以来，经过了多次修改，涉及优先权制度的修改主要包括以下几次。

1883 年《巴黎公约》文本规定，专利优先权期限为 6 个月。

1900 年布鲁塞尔会议文本在《巴黎公约》第 8 条中规定将专利优先权期限改为 12 个月。

1911 年华盛顿文本将优先权扩大用于实用新型，其优先权期限与发明专利相同，初步确定优先权期间内各项专利，就其无效和丧失权利的理由以及专利的正常期限而言，是相互独立的。

1925 年海牙文本在第 4 条中规定允许多项优先权的存在，允许提出分案申请并保留原申请日和优先权日。

1934 年伦敦文本删除优先权的行使"须受第三人的权利限制"，使优先权的效力更加稳固，引入复合优先权。

1958 年里斯本文本，对优先权的条件进行修改，澄清了正式申请的含义，即不论申请在形式上是否符合规定，只要申请足以确定申请日，就是正式申请；引入了部分优先权，即如果提出后一申请时，前一申请已被撤回、放弃或驳回，没有供公众阅览以及遗留任何权利，而且没有成为要求优先权的根据的，优先权的要求可以将后一申请作为依据。

1967年斯德哥尔摩文本规定，在申请人有权选择申请专利或发明证书的国家提出的发明人证书申请，可以作为优先权要求的依据，其条件和效力与专利申请相同。

自此，斯德哥尔摩文本一直施行至今。

我国于1984年在《专利法》中引入优先权制度，规定了以外国申请为基础的外国优先权，但并未提及以本国申请为基础的国内优先权，在1992年修正的《专利法》中引入了国内优先权制度；1992年修正的《专利法》第29条，2010年修正的《专利法实施细则》第32条等对外国优先权和本国优先权作出了具体规定，在后申请享有优先权的前提条件是该申请与在先申请具备相同主题，并将优先权适用的范围限定为发明专利以及实用新型专利。

1.1.2 化学新药研发与马库什权利要求

药品是一种特殊的商品，其可分为化学药品、生物药品和中药。我国化学药行业市场规模占医药市场规模的比例较大，创新药品从早期研发到获批上市再到生产销售，具有研发投入大、周期长、风险高、商业价值高等特点。

药品发明不同于其他领域发明，对专利依赖程度较高。创新药区别于仿制药的关键在于拥有专利保护，一套完善的专利网可以为创新药企业有效阻隔后来竞争对手，维持某个药物分子甚至某个治疗领域的垄断竞争格局，以此获得较高的定价权与渗透率。优先权制度为新药研发的创新主体就同一发明向不同国家或地区提交专利申请提供了极大的便利，使其可以根据疾病流行、潜在市场情况，在一定期限内合理预期后再进行专利布局。

对于化学药品而言，化合物结构专利是最核心的专利，以马库什形式的权利要求进行保护的化合物专利最常见。马库什形式的权利要求是化学领域发明专利申请中一种特殊的权利要求撰写方式，其是根据美国化学家尤金·A.马库什（Eugene A. Markush）的姓名命名的。1920年，马库什向美国专利商标局（USPTO）提出了一项与pyrolazone染料有关的化学产品专利申请，他在第一项专利权利要求中采用以"选自于由苯胺、苯胺的同系物以及苯胺的卤素替代物所组成之群组之材料"这样的形式来撰写，UPSTO最终于1924年8月核准了马库什提出的该项专利。这种撰写专利权利要求的形式在此之后即被称为"马库什形式"（Markush Type），依照马库什形式撰写的专利权利要求被称为"马库什权利要求"（Markush Claim）。马库什权利要求由于其具有能概括性地表征大量具体化合物的特点，已被广泛应用于化学特别是有机化学、药物化学领域的发明专利申请之中。

我国《专利审查指南 2023》将"马库什权利要求"定义为：如果一项申请在一个权利要求中限定多个并列的可选择要素，则构成马库什权利要求。而这些"可选择要素"则被称为"马库什要素"。

1.1.3　马库什通式化合物优先权的争议

与通常的一项权利要求对应一个或几个技术方案不同，马库什权利要求以高度概括的方式涵盖了大量具体化合物，一个马库什通式化合物可包含成千上万个具体化合物。由于马库什权利要求这种高度概括性以及化学领域对于实验数据要求的特殊性，因此实践中关于马库什通式化合物的优先权是否成立的判断标准仍存在诸多争议。

在专利法理论和审查实践中，对马库什权利要求的定性讨论主要聚焦于"整体技术方案说"和"并列技术方案说"。"整体技术方案说"认为：马库什权利要求是在说明书中具体实施的化合物基础上，根据一定的构效关系罗列大量取代基定义进行概括，进而得出的一个整体技术方案。这就类似于一个由无数条线从不同的维度交错而成的立体的"网"。在这张"网"中，不仅有看得见的实点，这些实点就是已经被说明书公开的实施例中的具体化合物；而且有看不见的虚点，这些虚点就是从结构上来看已经囊括在权利要求的范围之内，但是没有被说明书公开的具体化合物。"并列技术方案说"认为：当选择马库什通式中不同的要素时，马库什权利要求对应的化合物之间是并列选择的关系，马库什权利要求就是由这些有限的或者无限的具体化合物形成的一个集合。如果把马库什权利要求看作一个装有鸡蛋的篮子，鸡蛋就代表一个个具体的化合物，根据鸡蛋（化合物）的多少不同，篮子也与之相应地可大可小。同时由于上述两种观点虽然能够对马库什权利要求的某些问题进行解释，但是两种观点也存在不能够作出合理解释的情形，因此部分学者在这两种观点之外另辟蹊径，提出了"特殊概括说"的观点，认为马库什权利要求并非一个整体技术方案或者具体化合物的集合这么泾渭分明的概括，而是对技术方案的特殊概括。❶

因此，在审查和司法实践中对于马库什权利要求是否能享有部分优先权以及在审查和无效阶段的修改方式存在很大争议。

此外，尽管我国在《专利法》❷中明确规定了必须是"相同主题"的发明创造才能享有优先权，并在《专利审查指南 2023》中详细规定了"相同主题"的发明或实用

❶ 张良. 马库什权利要求在无效程序中的修改研究：以"马库什权利要求"专利无效行政纠纷案为例[D]. 重庆：西南政法大学，2019.
❷ 未作特别说明时，均指 2020 年修正的《专利法》，下同。——编辑注

新型是指技术领域、所解决的技术问题、技术方案和预期的效果相同的发明或实用新型，但在审查和司法实践中对于"相同主题"的理解仍然存在较大差异。由于药品研发属于实验科学，对于化学、医药领域的专利申请而言，不论是为了证明发明具有所声称的技术效果，还是与现有技术相比具有更好的技术效果，大多需要实验数据的证明与支持。在提交在先申请之后的一年内，创新主体根据研发进程很可能对其研发主题涉及的化合物、药理活性等实验数据进行补充完善，之后提交的正式申请很可能与在先申请存在一定的差异。此时，判断在后申请是否与在先申请属于"相同主题"则成为审查和司法实践中的难点之一。

为了深入考察马库什通式化合物优先权判断过程中的原则和相关考量因素，以下对欧洲、美国、日本和中国等国家或地区涉及马库什通式化合物优先权的相关法律规定、审查以及司法实践进行梳理分析。

1.2　主要国家或地区涉及优先权的相关法律规定和实践

1.2.1　欧　洲

1.2.1.1　欧洲相关法律规定

《欧洲专利公约》（EPC）第 87 ~ 89 条对优先权作了较为详尽的规定，总体而言，其优先权制度与《巴黎公约》保持了一致性。

欧洲专利局（EPO）2023 年审查指南第 F 部分第 Ⅵ 章第 1.3 节对有效优先权的成立要件例如申请人、期限和"首次申请"等进行了规定；第 2.2 节对"同样的发明创造"（类似我国优先权判定中的"相同主题"）进行了如下解释：只有当本领域技术人员利用公知常识、从整个在先申请中直接且毫无疑义地得到欧洲申请的权利要求主题时，该欧洲申请的权利要求主题才可以享受在先申请的优先权。这意味着权利要求中存在的特征的特定组合必须至少隐含地公开于在先申请中，除了考虑明确公开的特征，同时需考虑在该文件明确提到的内容中对于本领域技术人员而言隐含公开的任何特征。

EPO 上诉委员会判例法（第 10 版）第 Ⅱ 部分第 D 章第 3.1.1 节中引用判例 G 2/98 对"同样的发明创造"进行了详细解释，其中定义了欧洲申请中的发明的权利要求主题必须被理解为"该权利要求中存在的特征的特定组合"；第 3.1.3 节中明确了如果权利要求的主题在与被要求优先权的申请文件中具体地披露，无论是明确地还是隐含地，特别是以权利要求的形式或以说明书中具体的实施例或实例的形式，则该权利要求的优先权予以承认，即判断优先权是否成立需要考虑在先申请整体公开的内容；第3.1.6 节对优先权文件的充分公开进行了规定，在判例 T 843/03 中，EPO 上诉委员会指出优先权文件提供的公开必须使本领域技术人员能够实现（T 81/87，OJ 1990，250；T 193/95），已经在多个上诉委员会决定中确立了充分公开的前提，即本领域技术人员能够获得落入权利要求的范围内的几乎全部实施例并且他/她为了达到此目的不会承担过度负担；此外，第5.3.2 节引用判例 G 1/15 对部分优先权的判定进行了说明：对于通过一个或多个上位表达而涵盖并列技术主题的权利要求而言，只要在优先权文件中首次直接地或者至少隐含地、毫无疑义地且以充分的方式公开了所述并列的技术主题，则不能拒绝其享有部分优先权，对此不应施加其他实质性的条件和限制。

1.2.1.2　马库什权利要求范围的理解

【案例 1−1】T 77/97

该案涉及紫杉类化合物，申请日为 1993 年 12 月 7 日，优先权日为 1992 年 12 月 9 日。在实质审查阶段 EPO 驳回了该申请。申请人不服，上诉至 EPO 上诉委员会，其中争议焦点之一是该申请权利要求 4 和 5 能否享有在先申请的优先权。

【涉案权利要求】

1. 具有以下结构的通式：

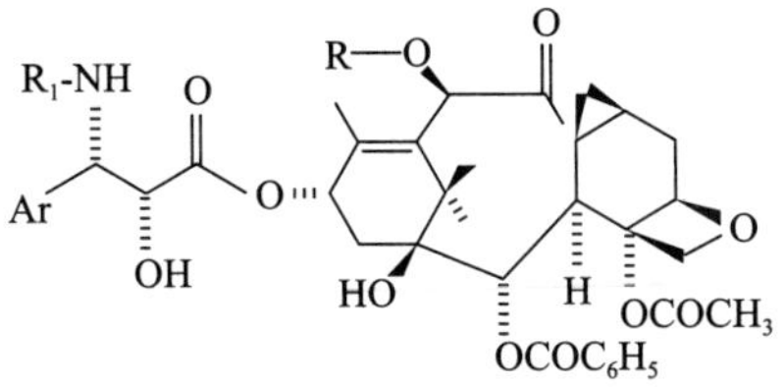

其中：R 代表氢原子或乙酰基、烷氧基乙酰基或烷基；R_1 代表苯甲酰基或基团 R_2—O—CO—，其中 R_2 代表烷基、链烯基、炔基、环烷基、环烯基、二环烷基、苯基或杂环基；Ar 代表芳基。

4. 根据权利要求 1 的新的衍生物，其中 R 为乙酰基，R_1 为 R_2—O—CO—，R_2 为叔丁基，Ar 为苯基。

5. 根据权利要求 1 的新的衍生物，其中 R 为乙酰基，R_1 为苯甲酰基，Ar 为苯基。

【涉案优先权文件】

1. 具有以下结构的通式：

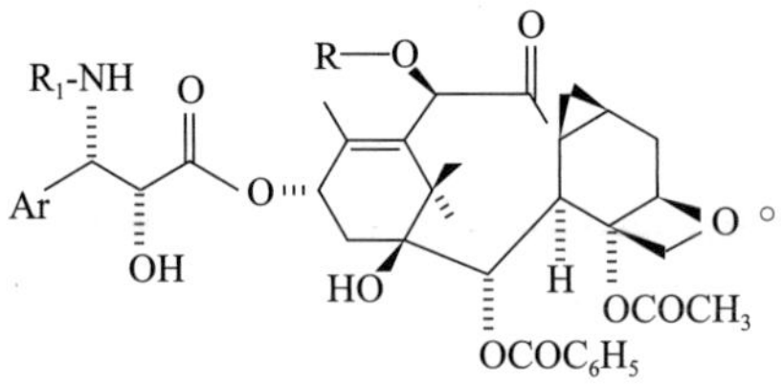

3. 根据权利要求 1 的新的衍生物，其中 R 代表氢原子或乙酰基，R_1 代表苯甲酰基或基团 R_2—O—CO—，其中 R_2 代表叔丁基，Ar 代表苯基。

【审理过程】

EPO 上诉委员会认为，优先权文件的通式涵盖了权利要求 4 ~ 5 的化合物，并且可以基于其中提供的信息容易地制备所述化合物，但这不能直接认定权利要求 4 和 5 享有优先权；由于在后申请要求了有关精确定义具体化合物的各个取代基的特定组合的优先权，因此要审查这些元素、这些特征的组合是否被在先申请的文件明确公开。由于权利要求 4 和 5 的化合物是优先权文件权利要求 3 "纯概念性内容"的一部分，而不是实际教导的一部分，因此不能被认为是优先权文件的"具体公开"，权利要求 4 和 5 不享有优先权。

【案例思考】

该案例在 EPO 上诉委员会判例法第 8 ~ 10 版中均被收录在"从上位公开（通式）中选择"小节中。第 8 版的观点是：优先权文件权利要求 3 通过通式定义了含 4 个化合物的组合……包含了使本领域技术人员毫不费力地获得权利要求 3 的通式所概括的 4 个化合物的足够信息……尽管优先权文件描述了一个很窄的组合，但是没有将组合的 4 个化合物区分，也不能说明权利要求 3 的通式必须被当作一个列表或图表所表示的 4 个独立化合物的"精简"形式，因此，权利要求 4 和 5 所要求的优先权不能被承认。

第 9 版对第 8 版的观点进行了修改，EPO 上诉委员会观点如上所述，虽然结论一致，但观点有所不同。通过对比观点发现，即使在取代基个数非常有限的情况下，EPO 上诉委员会也不再认为该案中在先申请权利要求 3 的通式定义了含 4 个化合物的组合，而是认为其仍然是通式，优先权文件说明书记载了该通式的结构，但是说明书实施例并未制备得到上述通式范围内的具体化合物。这种从通式中选择优先权文件未记载的特定取代基组合成具体化合物是不能享有优先权的。

1.2.1.3　马库什通式化合物部分优先权的判断

【案例 1–2】 T 2593/17

该案涉及用于催化氢甲酰化和相关反应的四磷配体，申请日为 2006 年 12 月 15 日，最早优先权日为 2005 年 12 月 15 日。

实质审查阶段 EPO 对该申请授予专利，其后该专利权人向 EPO 上诉委员会提出异议。由于存在 PX 类文献，因此争议焦点之一是该专利权利要求 1 能否享有优先权。

【涉案权利要求】

1. 具有下式的磷配体：

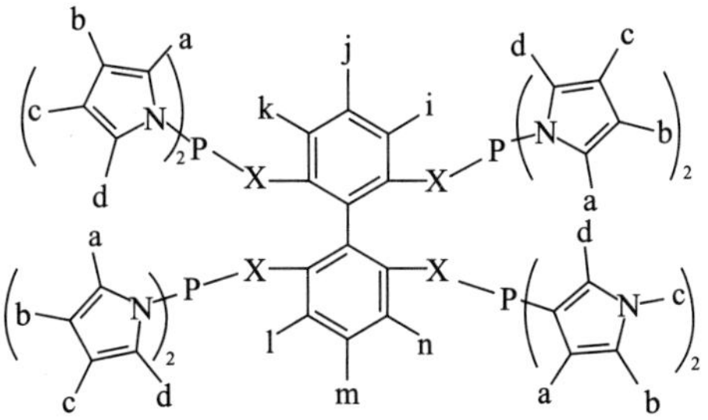

其中，X 是 O、CH_2、NH、NR 或 NSO_2R，R 是烷基或芳基；a、b、c、d、i、j、k、l、m 和 n 独立地是 H、烷基、芳基、OR、SiR_3、CF_3、COOR、SO_3R、SO_3H、POR_2、卤素，或者 a、b、c、d、i、j、k、l、m 和 n 中的两个可以是环状稠环或延伸的芳环。

【涉案优先权文件】

1. 具有下式的手性配体：

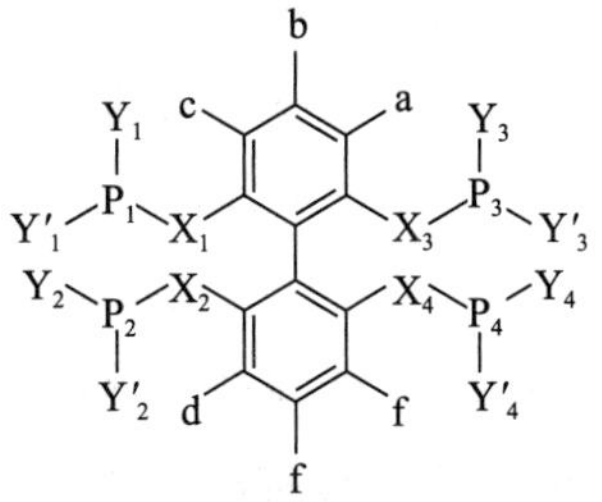

其中，a～f 独立地为 H、R、Ar、取代的烷基、取代的芳基、OR、OAr、COOEt、卤素、SO_2R、SO_3H、SO_2NHR、POR_2、$POAr_2$、NR_2，其中 R 为烷基和 Ar 是芳基；X_1～X_4、Y_1、Y_1、Y_2、Y'_2、Y_3、Y'_3、Y_4、Y'_4 独立地为 R、Ar、OR、OAr、吡咯、取

代吡咯，其中 R 是烷基、Ar 是芳基，并且 R、Ar、OR、OAr、吡咯和取代吡咯通过键 CH$_2$、NH、NR 和 O 连接。

2. 根据权利要求 1 的配体，其结构为：

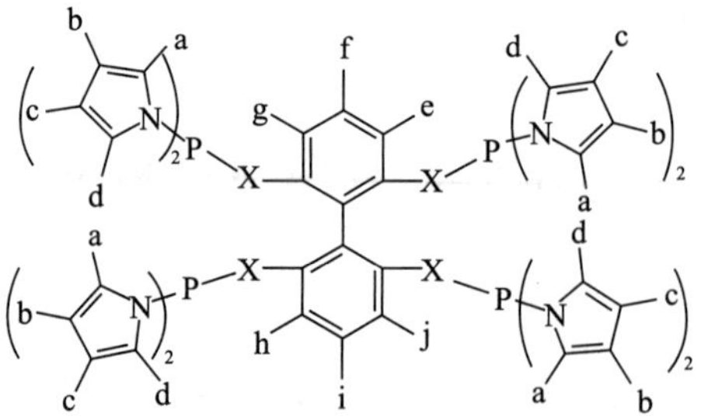

其中，X 是 O、CH$_2$、NH、NR、NSO$_2$R 或 NSO$_2$Ar，R 是烷基或芳基；a～d 独立地是 H、烷基、芳基、取代的烷基、取代的芳基、OR、OAr、SiR$_3$、CF$_3$、COOR、SO$_3$R、SO$_3$H、POR$_2$、卤素，a～j 中的两个可以是环状稠环或延伸的芳环。

【审理过程】

EPO 上诉委员会认为，优先权文件中记载了配体 L1：

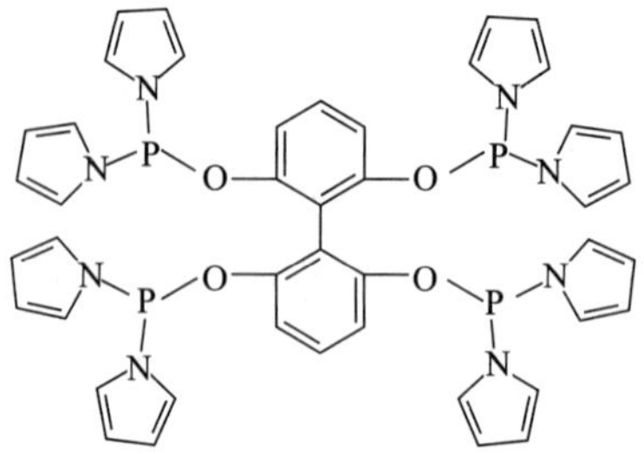

其中，权利要求 1 涵盖的具体配体，X ＝ O，其他取代基均为 H，根据判例 G 1/15，上述配体的部分优先权是成立的。

优先权文件的权利要求 1 在其命名为 a～f 的联苯单元的间位和对位连接的基团中不包括 SiR$_3$、CF$_3$、COOR 或 SO$_3$R。从属权利要求 2 既没有限制也没有重新定义联苯部分的取代基的含义，将其命名为 e～j。因此，对于具有取代基 i～n 选自 SiR$_3$、CF$_3$、COOR 和 SO$_3$R 的权利要求 1 的配体，不能承认其优先权。

优先权文件的权利要求 2 没有将残基 R 公开为"烷基或芳基"，其公开的 R 是烷基、Ar 是芳基。并且不是每个含有取代基 R 的基团都具有带有 Ar 的对应物，例如 NR。因此，对于这部分方案，优先权同样不成立。

通过将 i～n 中上述 SiR$_3$ 等 4 个基团删除，并进一步限定 R 取代基定义来克服其不享有优先权的缺陷。

该案在经过 EPO 上诉委员会审理后，专利权人按照建议对权利要求 1 进行了修改，并再次得到授权。再授权的权利要求 1 如下。

1. 具有下式的磷配体：

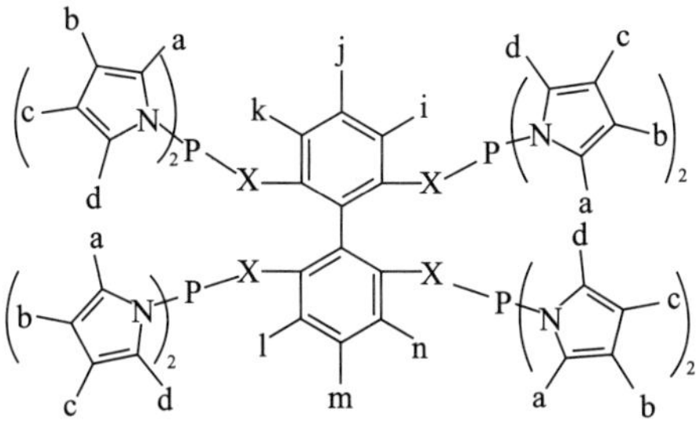

其中，X 是 O、CH₂、NH、NR、NSO₂R 或 NSO₂Ar，R 是烷基或芳基；a、b、c、d 独立地是 H、烷基、芳基、OR、OAr、SiR₃、CF₃、COOR、SO₃R、SO₃H、POR₂、卤素，i、j、k、l、m 和 n 独立地是 H、烷基、芳基、OR、OAr、SO₃H、POR₂、POAr₂、卤素，a、b、c、d、i、j、k、l、m 和 n 中的两个可以是环状稠环或延伸的芳环。

相对于第一次授权的权利要求，再授权的权利要求 1 的修改包括了对通式取代基的拆分，对于不享有优先权的具有取代基 i ~ n 选自 SiR₃、CF₃、COOR 和 SO₃R 的配体进行了删除。

【案例思考】

EPO 在早期运用"伞"理论来认定优先权是否成立。按照该理论，只要在后申请权利要求的技术方案能够被在先申请公开的内容覆盖，不管是全部覆盖，还是部分覆盖，被覆盖的部分都能够享有优先权。[●] 但 EPO 扩大上诉委员会于 2001 年作出的判例 G 2/98 中指出："相同的发明创造"的概念应当被严格地解释并等同于 EPC 第 87（4）条规定的"相同的主题"。只有当所属领域技术人员能够运用公知常识从在先申请整体上直接地、毫无疑义地得出所要求保护的主题时，欧洲专利申请要求在先申请的优先权才得到承认。同时 G 2/98 对在后申请的主题为在先申请公开的内容的上位概念的情况进行了分析，原则上支持概括性的"或"的关系的权利要求享有部分优先权，但是只保护在后申请中数量有限且界定清楚的并列的技术主题。该判例提出的理论后来被称为"拟制"理论。G 2/98 的上述严格限制产生了所谓的"有毒"优先权或"有毒"分案的问题。一直到 2016 年，EPO 扩大上诉委员会作出了 G 1/15 判例，上述"有毒"分案问题才得以解决。

G 1/15 判例指出：对于通过一个或多个上位表达而涵盖并列技术主题的权利要求而言，只要在优先权文件中首次直接地或者至少隐含地、毫无疑义地且以充分的方式公开了所述并列的技术主题，则不能拒绝其享有部分优先权。对此，不应施加其他实质性的条件和限制。同时给出了具体的两步判断方法。第一步，判断优先权文件中公

● 魏保志. 专利审查研究 2009［M］. 北京：知识产权出版社，2012：66 – 67.

开的相关（与在优先权期间内公开的"现有技术"相关）技术主题。第二步，判断所述的技术主题是否被要求该优先权的在后申请或专利的权利要求所涵盖。如果答案是肯定的，则可以将所述权利要求概念性地拆分为两个部分：第一部分对应于优先权文件中直接公开的发明，第二部分为该权利要求的其余部分，后者不能享有优先权但可作为其他在后申请的优先权基础。该方法又被称为"投影"判断法，就是在投影区域内的享有优先权，没有被投影的不享有优先权。

EPO 上诉委员会在案例 1-2 的判决中首先根据 G 1/15 认定了通式配体的部分优先权是成立的，然后对通式的取代基进行了拆分，认为对于具有取代基 i~n 选自 SiR_3、CF_3、$COOR$ 和 SO_3R 的权利要求 1 的配体不享有优先权，即 EPO 在判断马库什权利要求优先权时允许按照取代基进行拆分从而享有部分优先权。

1.2.1.4 在先申请公开程度对化合物优先权是否成立的影响

【案例 1-3】T 2643/16

该案涉及抗丙肝重磅药索磷布韦，专利权人为吉利德科学公司（以下简称"吉利德公司"），申请日为 2008 年 3 月 26 日，要求享有 3 项专利申请的优先权：US60/909315（2007 年 3 月 30 日）、US60/982309（2007 年 10 月 24 日）、US12/053015（2008 年 3 月 21 日）。

EPO 在实质审查阶段授权了该申请。多个请求人针对该专利向 EPO 上诉委员会提出了异议。由于存在 P 类文献，因此争议焦点之一是该专利权利要求 1 能否享有优先权申请（US60/909315，以下简称"D1"）的优先权。

【涉案权利要求】

1. 由下式表示的化合物索磷布韦：

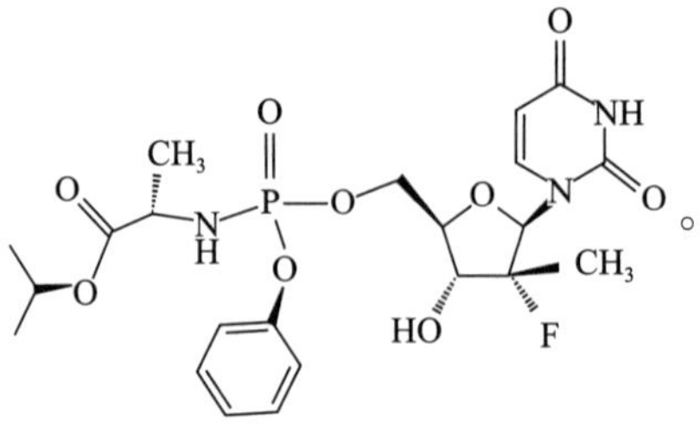

【涉案优先权文件】

说明书记载了多个表格化合物，在每个所示的表中，在不参考立体化学结构的情况下描绘了含有取代基 R^{3a} 和 R^{3b} 的氨基磷酸酯取代基……预期优选的化合物是其中 R^{3a}

朝向观察者而 R^{3b} 远离观察者投射从而呈现天然 L – 氨基酸（S）– 构型的那些化合物。

说明书记载了化合物Ⅸ及具体化合物Ⅸ – 25 – 2。

此外，说明书实施例 1～2 记载了部分原料的合成路线，实施例 3 记载了通式 Ⅰ 的合成路线，实施例 5～8、10～12 记载了几个具体化合物的合成例，实施例 4、9 记载了几个中间体的合成例，实施例 13 记载了部分具体化合物的抗 HCV 活性。

【审理过程】

EPO 上诉委员会认为，优先权申请 D1 中的式Ⅸ和实施例Ⅸ – 25 – 2 与专利申请中的记载相同。D1 没有公开等同于该专利实施例 25（索磷布韦，R^{3a} 和 R^{3b} 具有明确构型）的实施方案。化合物Ⅸ – 25 – 2 除了没有具体说明氨基酸部分的手性碳原子的构型，其他结构与权利要求 1 中的化合物相同。优先权申请 D1 说明书表达了对氨基酸部分手性碳上具有（S）– 构型的化合物的明确偏好，适用于表Ⅱ – 1 至ⅩⅩⅪ – 50 中的所有化合物，包括表Ⅸ – 25 中的化合物Ⅸ – 25 – 2。D1 实施例 13 活性测试的所有化合物在氨基酸部分的手性碳具有（S）– 构型，这一事实证实了这种优选性。因此，D1 直接且毫无疑义地公开了权利要求 1 中的化合物。

对于异议中认为的 D1 没有包含足够的信息以使本领域技术人员能够制备该化合物，EPO 上诉委员会认为，D1 的实施例 5 公开了一种化合物的合成，该化合物与权利要求 1 的化合物的区别仅在于是甲酯而不是异丙酯。本领域技术人员可以在实施例 5 的方法中用异丙基交换甲基并制备权利要求 1 的化合物而没有过度负担。

因此，EPO 上诉委员会得出结论，优先权申请 D1 公开了与该专利权利要求 1 相同的发明。

【案例思考】

该案中，优先权申请 D1 表格化合物并未公开具体构型，但在说明书部分记载了（S）– 构型为优势构型，并且测试化合物均为（S）– 构型，因此，EPO 上诉委员会认为可直接确定具体化合物也可为（S）– 构型，并且通过相似化合物的制备方法可以无过度负担的制备权利要求 1 的化合物。

该案审理过程中 EPO 不但考虑了优先权文件中对于化合物结构的记载，还考虑了优先权文件中是否公开了足以使本领域技术人员能制备得到该化合物的信息，可见 EPO 是要求优先权文件必须以本领域技术人员能够实现的方式公开在后申请的发明的，但并不要求优先权文件记载的信息与在后申请完全相同，当本领域技术人员根据优先权文件整体记载的内容能确定化合物结构、制备方法以及活性时，即可认为其"公开充分"。

1.2.2　美　国

1.2.2.1　美国相关法律规定

美国专利法第 111 条、第 119 条及第 120 条对专利申请优先权进行了一般性规定。

美国专利审查操作指南（MPEP，第 9 版）对专利申请优先权进行了详细规定和说明，对在先申请的披露要求进行了明确规定：为了享有在先申请的申请日权益，在后提交的申请必须是发明专利申请，且必须在在先申请（要求其权益的原始申请或在先提交的非临时申请或临时申请）中披露；在先申请和在后申请中的披露内容必须充分满足美国专利法第 112 条的要求，最佳实施方式要求除外。[1] 除了最佳实施方式要求，根据美国专利法第 112 条的规定，在先申请的披露必须足够支持和能够实现在后申请要求保护的主题。

美国专利法第 112 条规定：说明书中须包含对发明的书面描述以及制造和使用的方式和过程，使本领域技术人员能够实施。

1.2.2.2　在先申请"二次概括组合"得到的马库什权利要求优先权的判断

【案例 1 - 4】US11124497B1

该申请涉及一种半胱氨酸蛋白酶抑制剂及其使用方法，申请日为 2021 年 4 月 14 日，最早优先权日为 2020 年 4 月 17 日。该申请要求 10 件在先临时申请专利的优先权。由于存在破坏权利要求 1 新颖性的 PX 类文献，因此争议焦点之一是该申请优先权能否成立，其中相关在先临时申请为 US63036866（以下简称"866 申请"）和 US63067669（以下简称"669 申请"）。为便于比较，现将该申请以及上述两件在先临时申请的通式结构和取代基定义总结如表 1 - 1 所示。

表 1 - 1　该申请与相关在先申请公开内容对比

项目	866 申请	669 申请	该申请
通式			

[1]　Transco Prods., *Inc. v. Performance Contracting*, *Inc.*, 38F. 3d 551, 32USPQ2d 1077 (Fed. Cir. 1994).

续表

项目	866 申请	669 申请	该申请
取代基定义	A 选自氰基等；其中 R^1 选自 $C_1 \sim C_8$ 烷基，$C_3 \sim C_6$ 环烷基，$5 \sim 6$ 元芳基，$5 \sim 10$ 元杂芳基和 $5 \sim 10$ 元杂环基，R^1 可以任选地被 $1 \sim 3$ 个各自选自 R^A 的取代基取代；R^2 选自—$NHC(O)R^B$、—$NHC(O)N(R^B)_2$、—$NHC(O)C(R^C)_2R^B$、—$RNHS(O)_2R^B$、$5 \sim 10$ 元杂环等	R^{3a} 选自 等，X 选自 CH 等，A 选自氰基等；R^3 选自 $5 \sim 10$ 元杂环基等；R^{3b} 选自 H、$C_1 \sim C_8$ 烷基等；R^{1a} 选自 $C_1 \sim C_8$ 烷基等；R^{1b} 选自 H 和 $C_1 \sim C_8$ 烷基等；R^2 选自—$NHC(O)R^B$、—$NHC(O)N(R^B)_2$、—$NHC(O)C(R^C)_2R^B$、—$RNHS(O)_2R^B$、$4 \sim 10$ 元杂环等；R^{1a} 和 R^2 可与相连的碳原子一起形成可被 $1 \sim 3$ 个 R^A 取代的 $4 \sim 10$ 元杂环基或 $C_3 \sim C_{10}$ 环烷基；R^A 选自 $C_1 \sim C_8$ 烷基等	R^3 选自 或 ；R^t 各自独立地选自 H 或甲基；或每个 R^t 可以与它们相连的碳原子一起形成环丙基；R^B 选自由 $9 \sim 10$ 元含有一个环氮原子的杂芳基、$C_1 \sim C_6$ 烷基和 $C_2 \sim C_3$ 烯基组成的组；其中 R^B 任选地被 $1 \sim 3$ 个取代基取代，所述取代基各自独立地选自卤素、NHR^m 和苯基（任选地被 $1 \sim 2$ 个卤素取代）；R^m 选自 $C_{1\sim3}$ 烷基或—$C(O)$—$C_{1\sim3}$ 烷基，其中 $C_{1\sim3}$ 烷基各自独立地被 $1 \sim 3$ 个卤素取代；R^A 如果存在，选自卤素；s 选自 0、1、2、3；m 选自 1、2 和 3
说明书具体化合物	 	 	

【审理过程】

USPTO 在非最终审查意见通知书中指出：关于优先权，根据美国专利法第 112 条的规定，如果在先外国申请或临时申请能够支持在后美国申请的权利要求，则该在后申请享有在先外国申请的优先权日或在先临时申请的申请日权益，而该申请涉及的主题没有得到在先临时申请的支持（例如式 II － I），因此，不能享有在先临时申请的权益。

申请人答复意见时指出：关于优先权，866 申请和 669 申请作为该申请的优先权文件记载了式 II，即：

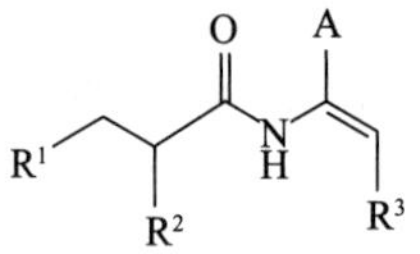

（A 可具体为氰基）或 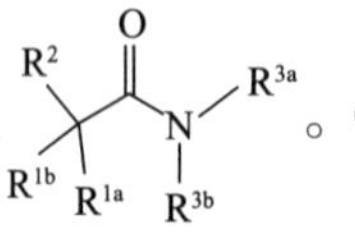 。669 申请式 II 中，R^{3a} 是 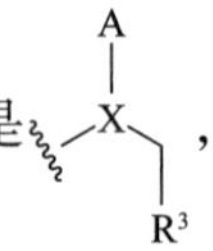 ，X 是 CH，A 是氰基。R^3 是 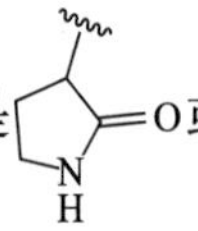 或 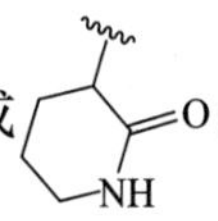 ；以及 886 申请权利要求的取代基（例如 C$_1$ 烷基，C$_3$ 环烷基）。进一步地，对于 669 申请的式 II，R^{1a} 和 R^2［例如 R^{1a} 和 NC（O）－RB］可预期地与它们相连的碳原子连接，以形成该申请的亚通式结构 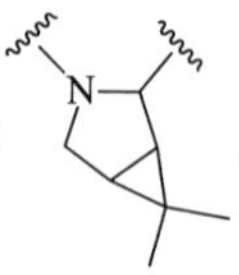 ，例如 R^B ，

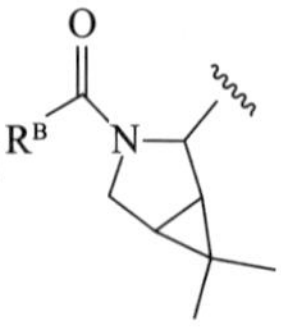

其中 R^B 是任选取代的 5~10 元杂芳基，或任选取代的 C$_1$~C$_8$ 烷基。上述结构任选的多取代基团（例如 R$_x$）包括该申请要求保护的取代基，例如 N（R$_y$）$_2$、N（R$_y$）C（O）R$_y$，其中每个 R$_b$ 部分和 R$_y$ 部分任选地被卤素取代，其中例如 R$_y$ 独立地被烷基、H 等取代。

更重要的是，申请人注意到在先临时申请包括具体实验细节和所述化合物的生物活性数据，使本领域技术人员能够根据在先申请文件记载的所述化合物制造和使用要求保护的化合物，例如具体化合物 196 和 197 的合成路线被记载在在先申请的表 3 和实施例 19 中。申请人确信该申请有权享有所要求的优先权的权益。

审查员在第一次审查意见通知书后认可该申请优先权成立，进而授权。

【案例思考】

申请人在答复意见时主要引用在先申请 669 申请和 866 申请。从表 1－1 可见，866

申请记载的通式Ⅱ中与 R^1 相连接的碳原子上没有取代基定义，即该通式无论以何种形

式均无法概括得到在后申请通式结构中的 ，而能够使审查员接受申请人意见

认可优先权的是 669 申请记载的内容。669 申请将通式Ⅱ定义为：R^{1a} 和 R^2 可与相连的碳原子一起形成可被 1～3 个 R^A 取代的 4～10 元杂环基，R^2 选自—NHC（O）RB，申

请人在意见陈述中正是从通式Ⅱ中选择上述基团，将其与 R^{3a} 选自 ，A 为氰基，

X 为 CH，R^A 为甲基进行组合，进而认为 669 申请记载的通式Ⅱ组合后得到的亚通式能够支持在后申请请求保护的通式Ⅱ－Ⅰ。申请人还进一步强调了 669 申请公开了具体实施例化合物 196 和 197 的结构以及生物活性实验数据。从表 1－1 中可以看到，化合

物 196 和 197 中包含此前被质疑的环结构 ，且化合物 196 和 197 也记载在在

后申请的说明书中。

　　该案中，申请人从在先申请的通式Ⅱ中选择取代基或结构片段的定义并将其重新组合，从而得到在后申请的"亚通式结构"式Ⅱ－Ⅰ，尽管从部分观点来看，违背了"书面描述"的要求，但经过申请人意见陈述后审查员认可其优先权成立，可见，USP-TO 在实质审查过程中并未按照"整体技术方案说"来解读马库什通式权利要求，而是非常宽松地允许申请人对马库什通式进行修改、删除或组合。该案中优先权文件记载

了宽范围的马库什通式，同时记载了包含 结构的具体化合物以及其制备方法

和活性数据，可认为优先权文件已经给出了包含 结构的"亚通式结构"Ⅱ－Ⅰ

的明确指引，并且上述通式化合物能够实施，或许是 USPTO 认可优先权成立的重要原因。

1.2.2.3　在后申请"较窄范围"马库什权利要求优先权的判断

【案例 1-5】US5216135

该案涉及用于制造半导体器件的化合物。在多方复审（IPR）程序中 USPTO 的专利审判与上诉委员会（PTAB）认为该专利 US5216135（以下简称"Urano 专利"）不能享有在先日本专利申请优先权，进而不具备创造性。专利权人不服，向美国联邦巡回上诉法院（CAFC）提出上诉。

【涉案权利要求】

1. 一种重氮二砜化合物：

$$R^1SO_2CSO_2R^2 \quad （Ⅰ）$$
$$\overset{\|}{N_2}$$

其中 R^1 是具有 3~8 个碳原子的支链或环状烷基；R^2 是具有 3~8 个碳原子的直链、支链或环状烷基。

为便于比较，现将该专利以及在先临时申请的权利要求 1 通式和取代基定义总结如表 1-2 所示。

表 1-2　在先申请和在后申请相关权利要求对照

通式	优先权文件	Urano 专利
$R^1SO_2CSO_2R^2$ $\overset{\|}{N_2}$	R^1 和 R^2 各自独立地选自 7 类取代基定义中的 1 类： ①$C_{1~10}$直链、支链或环状烷基； ②$C_{1~10}$卤代烷基……	R^1 是具有 3~8 个碳原子的支链或环状烷基，R^2 是具有 1~8 个碳原子的直链、支链或环状烷基

由表 1-2 可以看出，两者的化合物通式结构完全相同，不同之处在于 Urano 专利的权利要求 1 和 4 中定义的 R^1 和 R^2 基团属于在先申请第一类定义 $C_{1~10}$直链、支链或环状烷基的子集。

【审理过程】

专利权人认为在先申请宽泛的公开能够充分支持 Urano 专利较窄范围的权利要求，强调"支链或环状烷基"完全属于在先申请中"直链、支链或环状烷基"的公开内容。此外，专利权人提出在先申请中记载的一个支链烷基和一个环状烷基取代的实施例化合物可以支持 Urano 专利较窄范围的权利要求。

USPTO 的 PTAB 认为，虽然在先日本申请在技术上宽泛的公开确实包含了 Urano 专利的权利要求，但是根据美国专利法第 112 条的要求需要提供更多的书面描述来支持 Urano 专利提出的较窄的权利要求，书面描述必须包含能够指导本领域技术人员选择在后权利要求 1 中 R^1 部分为 3 ~ 8 个碳原子的碳链的内容。

关于书面描述要求的范围，可参见 Ruschig 案❶。该案经过法院裁定，认为诉争专利申请的一项权利要求没有得到在先申请披露内容的充分支持。诉争权利要求仅针对一个化合物，说明书公开了具有 R、R^1 和 R^2 共 3 个取代基的化合物，并列出大量不同的化合物，从中选择任一变量。法院裁定，宽泛的披露不足以支持狭窄的亚属，对单个化合物的具体权利要求需要合理具体的披露。Ruschig 案中，法院提出了一个著名的比喻，即充分披露是通过在树上提供 "丛林路标"（blaze mark）来标记树林中的踪迹。❷ 换句话说，在专利申请中，一个人不能公开 "一片森林"，随后主张 "某一棵特定的树" 为其发明。

该案中，Urano 专利仅要求保护在先日本申请中公开的第一类基团的子集。在这种情况下，与 Ruschig 案的专利一样，在先日本专利申请中没有公开所述范围的端点，例如，在日本申请的公开内容中没有指出该发明涉及 3 ~ 8 个碳原子的 R^1 部分。因为该公开没有引导本领域技术人员选择 Urano 专利权利要求中所述的具有特定的 3 ~ 8 个碳原子范围的部分，所以该公开不满足要求美国专利法第 112 条的要求。

美国联邦巡回上诉法院驳回专利权人提出的 "丙基" 和 "辛基" 为所要求的碳原子范围提供了明确支持的论点。专利权人又提出在先申请实施例 1 描述了重氮二砜化合物，其中 R^1 为甲基，R^2 为甲基苯基。然而，该实施例不在权利要求中所述化合物的范围内，也不在在先申请公开的第一类化合物的范围内。基于上述理由，法院支持 PT-AB 的主张，裁定 Urano 专利不享有在先申请的优先权。

【案例思考】

该案中，Urano 专利不享有在先申请优先权的主要原因包括：①优先权文件中没有披露 3 和 8 这两个碳原子数的端点值；②没有记载包含 R^1 是具有 3 ~ 8 个碳原子的支链或环状烷基以及 R^2 是具有 1 ~ 8 个碳原子的直链、支链或环状烷基的具体化合物；③未给出本领域技术人员能够选择这两个端点值定义 R^1 和 R^2 的明确指引。该案中，美国联邦巡回上诉法院采用美国专利法第 112 条的原则判断优先权是否成立，关注在

---

❶　Ruschig, 54 CCPA 1551，154 USPQ 118（CCPA1967）.

❷　1557，154 USPQ 122.

先申请是否较为明确地给出将在先申请"宽范围"马库什权利要求特定选择为在后申请"较窄范围"权利要求的指引。

【案例1－6】 US8815830B2

该案涉及吉利德公司的抗丙肝病毒药——索磷布韦（通用名为Sofosbuvir，商品名为Sovaldi）。2017年，专利权人美国明尼苏达大学起诉吉利德公司，主张该药的销售等行为构成对US8815830B2（以下简称"830专利"）专利侵权，吉利德公司进而启动IPR方复审程序，反诉该专利无效。

由于存在P类文献，因此该案在IPR程序中的争议焦点之一是830专利能否享有US60/634677（P1）和US2005044442W（NP2）的优先权，NP2和P1（以下简称"NP2－P1"）公开了基本相同的内容。表1－3总结了索磷布韦化合物与830专利及其在先申请NP2－P1的结构和取代基对比。

表1－3 索磷布韦、830专利及其在先申请结构对比

项目	索磷布韦	830专利通式 I	NP2－P1
结构式			
X	氧	氧、硫、亚甲基	氧、硫、亚甲基
R_1	尿嘧啶	鸟嘌呤、胞嘧啶、胸腺嘧啶、3－脱氮腺嘌呤或尿嘧啶，其任选地被1～3个U取代，U独立地是卤素、羟基、$C_1 \sim C_6$烷基、$C_3 \sim C_6$烷氧基等	腺嘌呤、鸟嘌呤、胞嘧啶、胸腺嘧啶、3－脱氮腺嘌呤或尿嘧啶，其任选地被1～3个U取代，U独立地是卤素、羟基、$C_1 \sim C_6$烷基、$C_3 \sim C_6$烷氧基等
R_2	氟	卤素	H、卤素、OH、$C_1 \sim C_6$烷基、$C_3 \sim C_6$环烷基、$C_1 \sim C_6$烷氧基、$C_3 \sim C_6$环烷氧基、$C_1 \sim C_6$烷酰基、$C_1 \sim C_6$烷酰氧基、CF_3、叠氮基、CN、—$N(R_z)C(=O)N(R_{aa})(R_{ab})$、—$N(R_z)C(=O)OR_{ac}$或$NR_{ad}R_{ae}$

续表

项目	索磷布韦	830 专利通式 I	NP2 - P1
R_3	羟基	羟基	H、卤素、OH、$C_1 \sim C_6$ 烷基、$C_3 \sim C_6$ 环烷基、$C_1 \sim C_6$ 烷氧基、$C_3 \sim C_6$ 环烷氧基、$C_1 \sim C_6$ 烷酰基、$C_1 \sim C_6$ 烷酰氧基、三氟甲基、叠氮基、氰基、$-N(R_z)C(=O)N(R_{aa})(R_{ab})$、$-N(R_z)C(=O)OR_{ac}$ 或 $NR_{ad}R_{ae}$
R_4	苯基	氢、$C_1 \sim C_6$ 烷基、$C_3 \sim C_6$ 环烷基、芳基、芳基 $C_1 \sim C_6$ 烷基、2 - 氰基乙基	氢、$C_1 \sim C_6$ 烷基、$C_3 \sim C_6$ 环烷基、芳基、芳基 $C_1 \sim C_6$ 烷基、2 - 氰基乙基
R_5	丙氨酸异丙酯	氨基酸	氨基酸、肽或 NR_aR_b
R_6	H	H、$C_1 \sim C_6$ 烷基	H、卤素、OH、$C_1 \sim C_6$ 烷基、$C_3 \sim C_6$ 环烷基、$C_1 \sim C_6$ 烷氧基、$C_3 \sim C_6$ 环烷氧基、$C_1 \sim C_6$ 烷酰基、$C_1 \sim C_6$ 烷酰氧基、CF_3、叠氮基、CN、$-N(R_z)C(=O)N(R_{aa})(R_{ab})$、$-N(R_z)C(=O)OR_{ac}$ 或 $NR_{ad}R_{ae}$；条件是 R_2 和 R_6 其中之一选自 OH、卤素、$C_1 \sim C_6$ 烷氧基、$C_3 \sim C_6$ 环烷氧基、CF_3、CN 或 $NR_{ad}R_{ae}$
R_7	H	H、$C_1 \sim C_6$ 烷基	H、卤素、OH、$C_1 \sim C_6$ 烷基、$C_3 \sim C_6$ 环烷基、$C_1 \sim C_6$ 烷氧基、$C_3 \sim C_6$ 环烷氧基、$C_1 \sim C_6$ 烷酰基、$C_1 \sim C_6$ 烷酰氧基、CF_3、叠氮基、CN、$-N(R_z)C(=O)N(R_{aa})(R_{ab})$、$-N(R_z)C(=O)OR_{ac}$ 或 $NR_{ad}R_{ae}$

【审理过程】

专利权人明尼苏达大学认为❶：NP2 – P1 提供的书面描述足以支持 830 专利的权利要求，对支持书面描述的具体实施例化合物的数量没有进行任何争辩，但是辩称 P1 中的权利要求 47 和若干其他权利要求例如权利要求 45 公开的取代基 R_6、权利要求 33 公开的取代基 R_5、权利要求 21 公开的取代基 R_3、权利要求 13 公开的取代基 R_2、权利要求 2 公开的取代基 R_1 以及权利要求 1 公开的取代基 R_4 和 X，这些取代基组合起来可以满足对 830 专利权利要求通式化合物的披露。

吉利德公司不同意上述观点，认为从属权利要求 47 是多项从属权利要求，其引用了权利要求 1 ~ 46 任一项，如图 1 – 1 所示，从权利要求 47 出发，存在数量巨大的选择可能性，而优先权文件 NP2 – P1 中并未给出明确指引以使得本领域技术人员进行特定的选择。

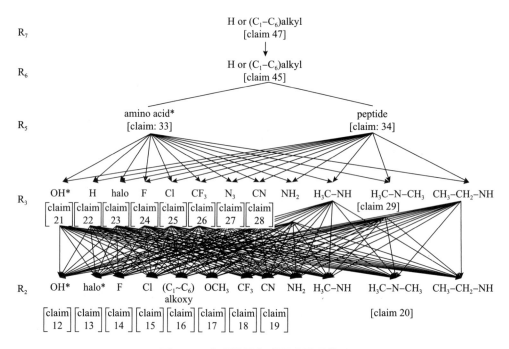

图 1 – 1 多项从属权利要求引用关系

PTAB 认为 NP – P1 提供的书面描述不足以支持 830 专利要求的优先权。在先申请提供的书面描述既不支持逐字披露（ipsis verbis）也没有提供"丛林路标"以指引本领域技术人员实施 830 专利的发明。即 NP2 – P1 没有直接对应 830 专利权利要求的通式化合物的披露。因此，830 专利权利要求不能享有优先权。

---

❶ PTAB 第 IPR2017 – 01712 号决定。

美国联邦巡回上诉法院认为：美国专利法第 112 条的书面说明要求反映了专利制度的基本前提，即发明人公开了一项发明，如果它满足相关法规的要求，则获得专利。司法判例中反映的是发明人已经掌握获得权利要求保护的发明。其要求书面描述的目的是防止申请人在后声称的发明是实际上并没有掌握的发明。明尼苏达大学提出的上述组合根本无法使本领域技术人员知晓哪些取代基和化合物是属于 830 专利权利要求中的化合物。

美国联邦巡回上诉法院最终判决 830 专利中的通式 I 不能享有在先申请 NP2 – P1 的优先权。

【案例思考】

该案中，830 专利保护的化合物是在优先权文件中的宽范围通式中筛选出的较窄范围马库什通式，甚至优先权文件的从属权利要求中明确记载了与 830 专利权利要求 1 相同的取代基定义，与案例 1 – 5 相比，该案优先权文件关于通式和取代基的记载更为明确，但在诉讼阶段仍然被认为缺乏"丛林路标"的明确指引。

该案优先权文件说明书中仅记载了表格化合物及通用的制备方法，以及活性测试方法 A 和 B，但未给出任何效果数据，其中所有的表格化合物结构中 R_2 均为羟基，并没有披露任何在后申请权利要求通式定义下的具体化合物实例。换言之，优先权文件没有具体化合物或其他明确的指引使本领域技术人员能够将 P1 的通式 I 组合或变构为 830 专利中的亚通式 I。

有观点[1]认为该案中美国联邦巡回上诉法院是按照"整体技术方案说"来判断马库什权利要求是否享有优先权的，但笔者并不认同。众所周知，美国无论在审查阶段还是在司法阶段，对于马库什权利要求的修改、删除或组合的要求都是较为宽松的，这也可以从案例 1 – 4 看出来。该案中对于马库什权利要求的评判标准并非简单的在后申请与在先申请的马库什通式整体上并不相同的"整体式"判断法，其依据主要是在先申请没有公开具体实施例化合物或其他明确的指引使本领域技术人员能够在在先申请通式 I 的基础上组合或变构出在后申请的亚通式或较窄范围通式。

1.2.3　日　本

1.2.3.1　日本相关法律规定

日本特许法第 41 条和第 43 条对本国优先权制度的设立、应用、成立要件以及优先

---

❶ 李瑛琦，侯宝光，廖雅静. 关于明尼苏达大学诉吉利德案的几点思考：马库什化合物的解读和优先权认定［EB/OL］.（2023 – 03 – 31）［2024 – 04 – 20］. https：// mp. weixin. qq. com/s/pL94gsPgxjrbgUuQMK1xNg.

权主张成立后在先申请的处理方式等作了一般性规定。

日本 2022 年专利审查指南对基于《巴黎公约》的优先权和国内优先权的成立要件及判断方式进行了详细说明，其中第 V 部分第 3.1.3 节对与首次申请国申请的申请文件整体记载的事项进行的对比以及判断进行了说明：假设在日本申请的说明书、权利要求书以及附图是针对首次申请国申请进行修改的情况下，该修改的存在导致日本申请的权利要求所限定的发明与"首次申请国申请的申请文件整体所记载的事项"相比增加了新增事项的情况下，基于《巴黎公约》主张优先权的效果不被承认。即在该修改使权利要求所限定的发明与"首次申请国申请的申请文件整体所记载的事项"相比引入了新的技术事项的情况下，主张优先权的效果不被承认。

在此，所谓"首次申请国申请的申请文件整体所记载的事项"是指对于本领域技术人员而言，通过综合考虑首次申请国申请的申请文件整体的记载而推导出的技术事项。

本领域技术人员无法基于首次申请国申请的申请文件整体的记载而实施的发明，在通过实施方式的增加、生物学材料的保藏等而变得能够实施的情况下，日本申请的权利要求限定的发明与首次申请国申请的申请文件整体记载的事项相比，增加了新的事项。因此，基于《巴黎公约》主张优先权的效果不被承认。从优先权日至日本申请的申请日期间的技术常识的变化导致日本申请的权利要求限定的发明可实施的情况被同样处理。

此外，日本 2022 年专利审查指南第 V 部分第 1 章第 3.2.1 节中对部分优先权和多项优先权的处理以举例的方式进行了说明。

例 1

首次申请国申请：由于首次申请国申请的权利要求限定的发明包含：醇的碳数为 1~5，因此该申请文件整体仅记载了醇的碳数为 1~5。

日本申请：日本申请的权利要求限定的发明包含：醇的碳数为 1~10。

关于优先权的判断：关于日本申请的权利要求限定的发明中醇的碳数为 1~5 的部分，由于记载在首次申请国申请的申请文件整体中，因此主张优先权的效果被承认。另外，关于醇的碳数为 6~10 的部分，由于其与首次申请国申请的申请文件整体所记载的事项相比，属于新增加事项，因此其主张优先权的效果不被承认。

例 2

首次申请国申请：首次申请国申请 A 的申请文件整体记载了醇的碳数为 1~5，另一个首次申请国申请 B 的申请文件整体记载了醇的碳数为 6~10。

日本申请：基于首次申请国申请 A 以及 B 两者主张优先权并向日本提交申请的发明包括：醇的碳数为 1~10。

关于优先权的判断：由于日本申请涉及的发明具有 2 个选项，因此按每个选项进行判断。针对醇的碳数为 1~5 的部分，承认其以首次申请国申请 A 为基础主张优先权的效果；关于醇的碳数为 6~10 的部分，承认其以首次申请国申请 B 为基础主张优先权的效果。

1.2.3.2　在先申请"公开不充分"的马库什权利要求优先权的审查

【案例 1-7】JP2640441B2

该专利涉及具有优异选择性毒性 8-烷氧基喹诺酮羧酸、其盐及其制备方法。申请日为 1986 年 9 月 18 日，优先权日为 1986 年 1 月 21 日，1997 年 8 月 13 日获得授权。1999 年 5 月 21 日该专利被宣告无效，专利权人不服，上诉至日本东京高等法院。争议焦点之一是权利要求保护的通式 I 能否享有优先权。

【涉案权利要求】

通式 I 表示的 8-甲氧基喹啉酮羧酸的制造中间体，其中 R 表示氢或低级烷基。

【涉案优先权文件】

在先申请中记载了化合物 I 的结构式，及由中间体化合物 II 合成化合物 I 的合成路线，而化合物 II 是该申请优先权日时文献未记载的新化合物，在基础申请的说明书中不但没有记载化合物 II 的制备方法，也未记载能表明其实际被制备的物理性质参数等证据。

【审理过程】

日本东京高等法院在判决中认为，化合物 II 是在该申请优先权日时文献未记载的新化合物，在先申请说明书中不仅没有记载其制造方法，也没有记载其物理性质等表示其实际制造的依据，因此无法实际确认。化合物 II 未记载于在先申请说明书中，也未记载以化合物 II 为起始物质的化合物 I 的制造方法。在先申请说明书中有关于合成路径 1（由化合物 II 合成化合物 I 的路径）的内容，没有记载各工序的反应溶剂、反应温度、化合物的使用量等反应条件，也没有记载合成路径 1 的各中间体化合物的物理性质值，因此不能说这些化合物实际上能够确认。本领域技术人员想要通过合成路径 1 得到化合物 I 时，反应溶剂、反应温度、化合物的使用量等反应条件也不清楚，各化合物的物理性质不清楚，因此必须慎重确认该合成是否成功持续 6~7 个步骤的反应工序。显然，通过这样的合成路径 1，在在先申请说明书中不能确认得到化合物 I。

化合物 II 在在先申请中实际上是不能被确认的物质，即化合物 II 不能说已经记载在在先申请的说明书中。那么，以化合物Ⅱ作为起始原料的化合物Ⅰ相当于也没有记载于在先申请的说明书中。因此，化合物Ⅰ不能被认为记载于在先申请的说明书中。该发明的优先权主张不成立。

【案例思考】

上述案例表明，日本在司法实践对于优先权文件的公开程度要求非常高，仅通过表示化学结构式或制造方法来明确理论上的制造可能性是不够的，而是必须提供实际的证据证明化合物已经被实际制造出来。

【案例1-8】WO92/13830

该专利申请涉及芳香肟酰胺类杀菌剂，申请日为1992年8月20日，涉及2项优先权，其中优先权申请1优先权日为1991年1月30日。该专利申请于1997年8月13日被驳回，申请人不服，上诉至日本知识产权高等法院。争议焦点之一是权利要求保护的通式（Ⅰ）能否享有优先权申请1的优先权。

【涉案权利要求】

1. 具有式（Ⅰ）及其立体异构体的化合物，其中A

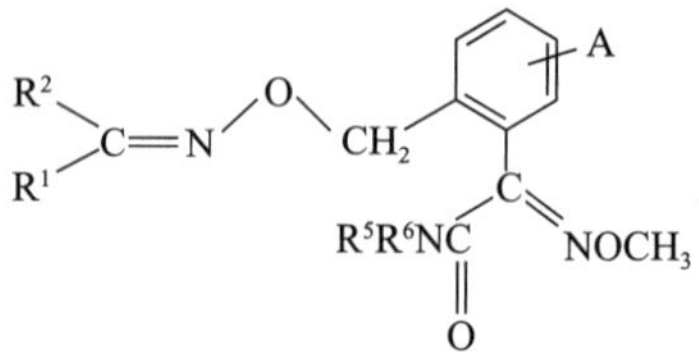

是氢、卤素、羟基、$C_{1\sim4}$烷基……R^1和R^2可以相同或不同，是氢、任意取代的烷基、任意取代的环烷基……并且R^5和R^6分别是氢和$C_{1\sim4}$烷基。

【涉案优先权文件】

优先权申请1中记载了如下内容：

① 与该申请相同的式（Ⅰ）的化合物以及一系列具体的表格化合物。

② 该申请的化合物可以通过2件欧洲专利公开EP-A-0370629和EP-A-0398692的方法制备。前者示出了具有与式（Ⅰ）中的苯环结合的β-甲氧基丙烯酸甲酯基团而不是氧亚氨基乙酰胺基团的相同化合物的制备方法。后者示出了如何构成氧亚氨基乙酰胺基团。

③ 用于检测该发明化合物对寄生在蔬菜叶上的各种芽孢杆菌病害的作用的方法，但未提供任何检测数据。

【审理过程】

日本东京高等法院在判决中认为，优先权申请 1 描述了作为杀菌剂的使用，记载了式（Ⅰ）的化合物的化学结构、具体化合物和一般制备方法，还记载了该化合物对广泛范围的真菌显示活性，可用于农业目的以及检测和评价的方法。然而，关于式（Ⅰ）化合物的具体制造实例、其结构确认参数以及检测和评价数据等在优先权申请 1 的说明书中根本没有描述。尽管在说明书中描述了该发明的化合物 1 可以通过现有技术描述的方法制备，但是这些文献中描述的每种化合物与该发明的化合物 1 并不相同，仅可对应部分基团。为了使化学物质的专利得到认可，仅通过表示化学结构式或制造方法来明确理论上的制造可能性是不够的，而需要能够实际制造，并且需要提供相应的结构确认参数。另外，优先权申请 1 并没有提供该专利的化合物的具体药理学活性数据。因此，该申请不能享有基于优先权申请 1 的优先权。

【案例思考】

与案例 1-7 类似，该案中同样对于优先权文件的公开程度提出了较高的要求。作为优先权基础的在先申请，如果没有记载可实施的程度，例如没有记载请求保护的产品发明的制备方法、用途或验证用途的实验结果等，这样的在先申请实际上包含的是未完成的发明。在后的正式申请通过追加表明发明能够实施的内容，例如增加制备方法、用途的说明，或者补充效果实施例及实验数据等，从而使请求保护的发明变得能够实施，或者由于在先申请的申请日后技术常识的变化，导致在后申请递交时发明才变得具有可实施性，那么，即使在后申请请求保护的发明于在先申请中有完全相同的文字记载，但由于发明实质上已超出了在先申请记载的范围，因而其优先权不能成立。

1.3　中国关于马库什化合物优先权的相关法律规定和实践

本节通过对我国现行专利法律法规及审查标准中关于优先权的审查规定的梳理，同时对行政审批阶段以及无效宣告请求和司法阶段涉及马库什权利要求的相关案例进行研究，并在此基础上进一步汇总分析不同阶段对于马库什化合物优先权争议焦点问题的观点和内在逻辑。

1.3.1　中国相关法律规定和实践

《专利法》第 29～30 条对优先权的要求作了一般性规定。《专利法实施细则》❶ 第

---

❶　未作特别说明时，均指 2023 年修订的《专利法实施细则》，下同。——编辑注

34 条、第 35 条以及增加的涉及优先权恢复、增加或改正的第 36 条和第 37 条进一步完善和细化了我国优先权制度的配套规则。其中第 36 条优先权恢复条款使申请人获得更多的程序弹性。增加的第 45 条被称作"援引加入制度",在很大程度上方便了申请人利用在先申请完善在后申请的相关内容。

《专利审查指南 2023》第二部分第三章第 4 节、第八章第 4.6 节分别对外国优先权、本国优先权和优先权的核实进行了详细说明。同时,根据《专利法实施细则》,指南对涉及优先权恢复的内容进行了适应性的修改。

《专利审查指南 2023》第二部分第三章第 4.1.2 节对相同主题的发明创造进行了定义:所述的相同主题的发明或者实用新型,是指技术领域、所解决的技术问题、技术方案和预期的效果相同的发明或者实用新型。但应注意这里所谓的相同,并不意味在文字记载或者叙述方式上完全一致。

《专利审查指南 2023》第二部分第十章第 8.1 节对马库什权利要求作了如下定义:如果一项申请在一个权利要求中限定多个并列的可选择要素,则构成"马库什"权利要求。

1.3.2 在后申请"较窄范围"马库什权利要求优先权的判断

对于在先申请与在后申请的马库什通式相同,但取代基定义范围不同的情形,在审查实践中对于是否享有优先权的判断标准并不统一:有观点认为只要在后申请的取代基定义在在先申请中有明确记载,无论在后申请的取代基如何缩小、组合,都能享有优先权;有观点认为要将在后申请的马库什通式作为一个整体,然后核实其在在先申请中有无相同记载;还有观点认为可将在后申请的马库什通式取代基定义拆分,在在先申请中有记载的部分可享有部分优先权,无记载的部分则不享有优先权。此外,实质审查和复审阶段的审查标准也有所不同。下面结合具体案例对以上问题在审查实践中的差异进行讨论。

【案例 1 – 9】 CN200980125974. X

该申请涉及一种基于二噻吩并 [2, 3 – d: 2′, 3′ – d′] 苯并 [1, 2 – b: 4, 5 – b′] 二噻吩的高性能可溶液加工半导体,申请人为巴斯夫欧洲公司、马克思 – 普朗克科学促进协会公司,国际申请日为 2009 年 6 月 25 日,优先权日为 2008 年 7 月 2 日。

实质审查阶段审查员指出权利要求 1 ~ 12 不能享有优先权,PX 类文献对比文件 3 可作为现有技术评述该申请的新颖性和创造性,进而于 2015 年 2 月 16 日驳回了该申请。申请人对驳回决定不服,于 2015 年 5 月 26 日提出复审请求。

【涉案权利要求】

1. 通式（Ⅰ）的二噻吩并苯并二噻吩：

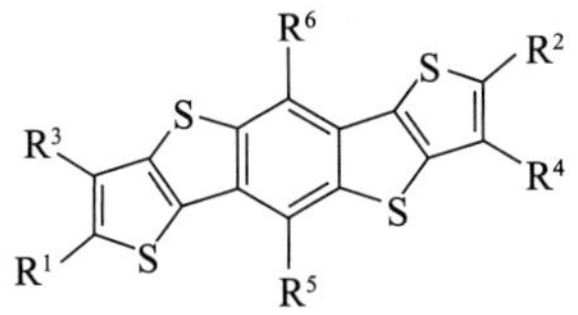

其中，$R^1 \sim R^6$ 各自独立地选自 a）H，f）$C_{1\sim20}$ 烷基。

【涉案优先权文件】

通式（Ⅰ）的二噻吩并苯并二噻吩：

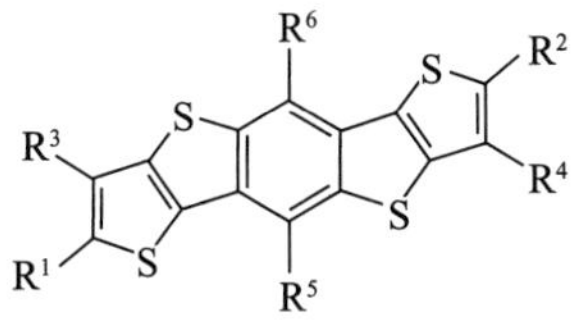

其中，$R^1 \sim R^6$ 各自独立地选自 a）H，b）卤素，c）—CN，d）—NO_2，e）—OH，f）$C_{1\sim20}$ 烷基，g）$C_{2\sim20}$ 链烯基，h）$C_{2\sim20}$ 炔基，i）$C_{1\sim20}$ 烷氧基，j）$C_{1\sim20}$ 烷硫基，k）$C_{1\sim20}$ 卤代烷基，l）—Y—$C_{3\sim10}$ 环烷基，m）—Y—$C_{6\sim14}$ 芳基，n）—Y—$C_{3\sim12}$ 环杂烷基，或 o）—Y—$C_{5\sim14}$ 杂芳基，其中……

【审理过程】

国家知识产权局在驳回决定中指出马库什化合物的权利要求是一个整体，在后申请的马库什通式范围无论比在先申请的保护范围大或小，都不能被认为是相同的主题。对于该申请而言，在先申请记载的由 "$R^1 \sim R^6$ 各自独立地选自 a）H，f）$C_{1\sim20}$ 烷基，（i）$C_{1\sim20}$ 烷氧基，（m）—Y—$C_{6\sim14}$ 芳基" 所限定的通式范围大于由 "$R^1 \sim R^6$ 各自独立地选自 a）H，f）$C_{1\sim20}$ 烷基" 所限定的权利要求 1 的保护范围，即二者不属于相同的主题，从而，权利要求 1 不能享有优先权。

申请人在提出复审请求时认为 "马库什化合物的权利要求是一个整体" 的观点缺乏法律依据，是多个技术方案的集合；上述观点也不符合《巴黎公约》关于优先权的本意。在判断优先权时，应该基于各权利要求中所包含的技术方案，而不是基于各权利要求整体；如果认为马库什化合物的权利要求是一个整体技术方案，其已授权的所有涉及马库什化合物权利要求的专利都存在被宣告无效的风险，因为在专利审查过程中，不可避免地会修改权利要求，从而导致修改后的权利要求与优先权文件记载不一致而不能享受优先权，这将动摇优先权制度的基础。

国家知识产权局第 103348 号复审决定中指出：化学领域中马库什权利要求属于高度概括的权利要求撰写形式，其中可选择要素是指可选择的表示方式，不能等同于将马库什权利要求视为明晰并列的技术方案的集合。实际上，马库什权利要求是发明人在具体研究的化合物基础上，依据本领域技术人员掌握的基本知识推测总结而形成的一个整体，从这个角度而言，不应将马库什权利要求简单理解为并列技术方案的集合，通常情况下，应当视为在在先申请具体实施的技术方案的基础上概括总结的整体技术方案。即在判断马库什权利要求的保护范围时，通常应当将其视为整体技术方案。

根据优先权制度的立法本意，要求在后申请与作为优先权基础的在先申请涉及相同的主题，在后申请才能享有在先申请的优先权，这是为了防止在后申请引入新的发明主题而仍享有在先申请的申请日，从而违反先申请原则。具体地，一件专利申请能否享受在先申请的优先权，依赖于相同发明主题的判断，而不能仅局限于比较二者权利要求的撰写形式，甚至取代基数目的多少。当出现在后申请的权利要求是在在先申请的权利要求保护范围内删除部分取代基的情况时，在后申请能否享受优先权，需要关注上述删除是否超出了发明人在先申请时作出的工作而直接导致在后申请形成了新的发明主题。该案中，尽管在后申请权利要求 1 由 $R^1 \sim R^6$ 定义所限定的取代基选项少于在先申请而导致在后申请相对于在先申请保护范围变小，但是该范围的变化仅仅是在在先申请的基础上删除了部分取代基选项而导致的，并且该取代基选项的删除并没有直接导致在后申请即该申请的权利要求 1 出现在先申请未记载的技术方案，即并未超出发明人在先申请时作出的工作而直接导致在后申请形成新的发明主题。因此，在后申请与在先申请相比，二者属于相同的发明主题，应当允许在后申请即修改后的权利要求 1 享受其优先权。

【案例思考】

该案实质审查阶段严格按照"整体论"的观点，认为在后申请的马库什通式范围无论比在先申请的保护范围大或小，都不属于相同主题，但马库什通式化合物在审查过程中难免会为克服新颖性或创造性的缺陷而进行修改，如果"一刀切"地认为修改后的通式与在先申请的通式不属于相同主题，申请人则毫无增加、删除、修改取代基定义的空间，那么相当比例的马库什权利要求类专利申请将失去授权的可能。

国家知识产权局对此观点进行了纠正，并给出了判断原则：需要关注上述删除是否超出了发明人在先申请时作出的工作而直接导致在后申请形成了新的发明主题。但其在具体分析部分直接认定该案中取代基选项的删除未形成新的主题，并未详细说明理由。

笔者认为，在核实是否形成新的主题时需要结合在先申请权利要求书和说明书整体内容加以判定。对于该案而言，在先申请权利要求 1 中虽然定义了 $R^1 \sim R^6$ 可选自多达 15 种不同的取代基，但是从属权利要求中明确限定了 H、$C_{1 \sim 20}$ 烷基、$C_{1 \sim 20}$ 烷氧基、—Y—$C_{6 \sim 14}$ 芳基 4 种优选的取代基，并且说明书实施例 1 ~ 2 中记载了化合物 1 ~ 4 的制备方法等。该化合物 1 ~ 4 的 R^1 和 R^2 为甲基等烷基，$R^3 \sim R^6$ 均为 H，可见发明人在先申请时已经关注到取代基为 H 和烷基的化合物，并进行详细的研究。因此，在后申请限定的取代基为 H 和 $C_{1 \sim 20}$ 烷基的化合物没有超出发明人在先申请时作出的工作，也未形成新的主题。

此外，该案马库什权利要求仅涉及取代基定义的删除，复审决定中也仅明确指出：当出现在后申请的权利要求是在在先申请的权利要求保护范围内删除部分取代基的情况时。判断优先权是否成立时遵循以上原则，但对于在后申请是在在先申请的基础上增加或进一步修改部分取代基组合的情况是否仍可遵循以上原则未作讨论。

1.3.3　在先申请"公开不充分"的马库什权利要求优先权的审查

对于在先申请未记载或仅断言性提及其发明化合物具有某种药理活性，而在后申请补充了具体的用途效果数据的情形，在审查实践中对于其优先权是否成立的标准也并不统一，下面结合具体案例对以上问题在审查实践中的差异进行讨论。

【案例 1 – 10】 CN202110393729. X

该专利申请涉及一种乙酰氧取代的吡咯并［2，3 – d］嘧啶衍生物的制备方法，申请人为浙江工业大学，申请日为 2021 年 4 月 13 日，优先权日为 2020 年 4 月 14 日。

实质审查阶段审查员指出权利要求 1 ~ 8 不能享有优先权，PX 类文献可作为现有技术评述该申请的新颖性，进而于 2022 年 7 月 29 日驳回了该申请。

【涉案权利要求】

一种吡咯并［2，3 – d］嘧啶衍生物，其特征在于，如式（Ⅱ）或式（Ⅲ）所示：

（Ⅱ）　　　　　　　（Ⅲ）

式（Ⅱ）和式（Ⅲ）中，R 为 H 或所在苯环上的一个或多个取代基，所述取代基

独立地选自 CH_3、OCH_3、F、Cl、CN、CF_3 或 $t-Bu$；R^1 为 H 或所在氮原子上的一个取代基，所述取代基选自 $C_1 \sim C_6$ 烷基、苄基或 $2-$（三甲硅烷基）乙氧甲基。

该说明书中记载了化合物体外抗肿瘤实验的实验数据，包括采用 MTT 法测试该化合物对 JEKO−1（人 T 细胞淋巴瘤）、SU−DHL−4（人 B 细胞淋巴瘤）、MCF−7（乳腺癌）等多种人癌细胞株的抑制活性，并计算出抑制率达到 50% 时的药物浓度，即 IC_{50} 值。

【涉案优先权文件】

在先申请中记载了与该申请相同的马库什通式化合物及取代基定义，说明书中提供了乙酰氧取代的吡咯并 [2，3−d] 嘧啶衍生物及其制备、结构确认，并对其医药用途作断言性描述，声称所述化合物"具有重要的药理活性，可作为抗癌药的先导化合物"，但并未记载该化合物的医药用途的具体测试方法以及测试结果。

【审理过程】

审查员在第二次审查意见通知书中指出：优先权制度是在遵循先申请原则下为专利申请人提供的一种程序性便利，本意并非为申请人提供在申请日之后进一步对未完成的发明进行完善和改造的实体便利，仅仅是在已完成发明的前提下，为申请人在不同国家得到更合理的保护提供方便。因此，如果作为优先权基础的在先申请中对技术效果的记载并未达到令本领域技术人员确信的程度，申请人在 1 年内通过后续研究验证了该技术效果，并记载在要求优先权的后续申请中，此时允许在后申请享有优先权，实际上相当于允许其就一项在优先权日时尚未完成的发明给予其优先占有的权利，这并不符合优先权制度的初衷。

具体到该案，由于在先申请仅泛泛提及了所述化合物具有抗癌活性，并未记载所述抗癌活性的具体测试方法（例如针对的具体癌症靶标、机理及其测试方法等）及实验数据，抗癌活性是宽泛的上位概念，其涉及多种不同类型的靶标或机制。本领域技术人员基于在先申请文件记载的内容难以确认在先申请中的化合物是否具有抗癌的效果以及难以选择适当的测试模型或方法以确认具有何种具体抗癌效果。而该申请的实验数据所证明的是针对特定的肿瘤细胞株的抑制活性，该特定的具体技术效果并不能从在先申请和现有技术公开的内容中得到。因此，在先申请和该申请的产物的预期技术效果并不相同导致二者不属于相同主题，该申请不能享有优先权。

【案例思考】

该案中优先权文件由于并未提供具体的化合物效果测试方法和结果数据导致其"公开不充分"，即在优先权日前申请人仅仅完成了吡咯并 [2，3−d] 嘧啶衍生物的合成和结构确认，并未完成其活性测试，并不清楚其具体有何种药理活性。在后申请通过详细的体外抗肿瘤实验验证了化合物具有人 T 细胞淋巴瘤等多种肿瘤的抑制活性。此时，如果认为优先权成立，则可能使得申请人在药品研发竞争中"加塞"到其他竞争对手的前面，抢占先机，而这对其他各方显然是不公平的，明显损害了公众的利益。

需要指出的是，根据《国家知识产权局关于修改〈专利审查指南〉的决定》（第 391 号公告）有关规定，对于申请日之后申请人为满足《专利法》第 22 条第 3 款、第 26 条第 3 款等要求补交的实验数据，审查员应当予以审查。补交实验数据所证明的技术效果应当是所属技术领域的技术人员能够从专利申请公开的内容中得到的。

按照上述规定，如果在后补交的实验数据证明的技术效果能够从专利申请公开的内容中得到，那么可以据此考虑符合《专利法》第 26 条第 3 款的规定。按照此逻辑，如果在先申请中未记载详细的效果实验数据，提交在后申请是增加相关效果实施例，只要其所意欲证明的效果是能够从在先申请文件公开的内容中得到的，则在后申请可以享受在先申请的优先权。但这其实对于在先申请的记载程度提出了要求，对于技术效果的记载不能是像该案一样泛泛描述、断言性结论，而是需要记载足以使本领域技术人员能确定优先权日前已经完成所述发明的程度。

1.3.4　落入在先申请马库什权利要求范围内的具体化合物优先权的判断

【案例 1 – 11】　CN01820481.3

该专利是名称为"新颖的磺酰胺类化合物及其作为内皮素受体拮抗剂的应用"的发明专利 CN01820481.3，优先权日为 2000 年 12 月 18 日，申请日为 2001 年 12 月 4 日，授权公告日为 2008 年 11 月 12 日，专利权人为埃科特莱茵药品有限公司。

针对该专利，南京正大天晴制药有限公司于 2020 年 8 月 21 日向国家知识产权局提出无效宣告请求，无效宣告请求理由包括该专利的优先权不成立，不能要求在先申请 PCT/EP00/12890 的申请日为优先权日，进而权利要求 1 ~ 20 不符合有关创造性判断的规定。

专利权人在无效宣告请求程序中对权利要求书进行了修改，删除了权利要求 1 ~ 10、11 中的部分具体化合物，仅保留两个化合物，同时删除权利要求 16 ~ 17。

【涉案权利要求】

1. 乙基氨基磺酸（4 –（5 –（4 – 溴 – 苯基）– 6 –｛2 – 2 –（5 – 溴 – 嘧啶基）氧基］乙氧基｝）嘧啶基）酰胺；

丙基氨基磺酸（4 –（5 –（4 – 溴 – 苯基）– 6 –｛2 – [2 –（5 – 溴 – 嘧啶基）氧基］

乙氧基⟩）嘧啶基）酰胺。

其中第一个化合物为说明书中的化合物 104，第二个化合物即为马昔腾坦。

【涉案优先权文件】

通式化合物 I 如下：

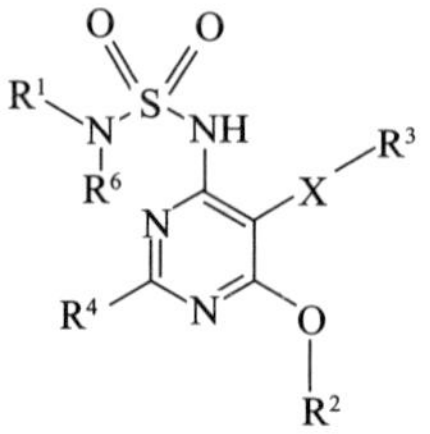

其中 R^1 表示被 $C_1 \sim C_4$ 烷基随意取代的苯基……R^2 表示—CH_3……R^3 表示被独立的取代基随意一次取代或二次取代的苯基……

权利要求书和说明书中均未记载上述化合物 104 和马昔腾坦。

【审理过程】

无效宣告请求人认为权利要求 1 中的化合物 104 和马昔腾坦均未记载在优先权文件中，因此其不能享有优先权，而专利权人则认为化合物 104 和马昔腾坦落入了优先权文件的通式范围内，属于优先权文件中明确记载的马库什通式化合物内的具体化合物，因此应当享有优先权。

国家知识产权局第 48183 号无效宣告请求审查决定中指出：首先，在先申请的马库什化合物与在后申请的具体化合物因不属于相同的技术方案而不被认为是"相同主题的发明创造"。根据《专利审查指南 2010》第二部分第十章第 5.1 节的规定，"通式不能破坏该通式中一个具体化合物的新颖性"，这意味着，如果在先申请系马库什化合物，在后申请系其范围内的一个具体化合物，则二者不能被认为属于相同的技术方案，也不可能构成相同主题的发明创造。

其次，如果基于在后申请的具体化合物落入在先申请的马库什化合物范围而认为在后申请可以享有在先申请的优先权，将违背优先权制度的本质要求。而先后申请只有属于相同主题的发明创造才能享有优先权，否则将会损害其他申请人和公众的利益。马库什化合物作为一种特殊的化合物表达形式，通常被认为是由各取代基及不同的选择项形成的一个有机整体。申请人通过总结结构共性而将类似结构的化合物发明以马库什化合物的形式提交专利申请是化学领域发明专利审查实践中常见的，也是法律上不禁止的。但是，当在先申请撰写成马库什化合物时，如果认为在其范围内的任何一个具体化合物均可以因此而享有在先申请的优先权的话，则意味在先申请将成为一个源源不断的"蓄水池"，申请人可以随意地把优先权日后在该马库什通式范围内的进一步研究所得到的新的具体化合物或者较小的通式化合物都贴上"优先权日"的标签，这显然违背优先权制度的初衷。

因此，判断在后申请的具体化合物或者较小的通式化合物是否能够享有在先申请的优先权，应当以该具体化合物或者较小的通式化合物是否明确或者隐含记载在在先申请中为原则，否则将会导致权利与义务的失衡。鉴于修改后的权利要求 1 所保护的化合物 104 和马昔腾坦未记载在在先申请中，故权利要求 1 以及基于该权利要求 1 的权利要求 2 ~ 8 均不能享有在先申请的优先权。

【案例思考】

基于当前的审查和司法实践，相信绝大部分专利从业者对于该案关于优先权的审理过程和结论并无异议，但由于该案中另一无效理由是化合物 104 和马昔腾坦公开不充分，因此无效宣告请求审查决定中对具体化合物的公开充分问题进行了详细分析，其中对马昔腾坦是否公开充分是更为突出的争议焦点。具体而言，该申请并未记载马昔腾坦的制备方法、结构确认数据和技术效果。无效宣告请求审查决定中指出：没有记载制备例和效果例并不意味着该化合物发明没有完成，关键要看本领域技术人员在说明书公开的整体内容基础上，能否制备得到该化合物并确认其结构；由于该申请记载了化合物 104 的制备方法，其与马昔腾坦结构十分相近，仅相差一个亚甲基，因此结合说明书的整体内容，本领域技术人员能够确认马昔腾坦的结构并制备得到该化合物，也能预期马昔腾坦应当具有与化合物 104 类似的技术效果，合议组在对该申请说明书整体内容进行分析后认可了化合物马昔腾坦是公开充分的。

无效宣告请求审查决定另指出：虽然从鼓励发明创造的宗旨出发，允许在具体实施方式的基础上，结合本领域技术人员的常识和现有技术的状况，对技术方案进行适当的概括，但是当保护具体化合物时，原则上还应当将其以制备实施例或者效果实施例的方式体现在说明书中，以明确其在申请日前已经完成，而仅以表格方式列举具体化合物的方式是不推荐的，也存在因超出本领域技术人员的预期而被认为公开不充分的风险。

对于该案而言，说明书中记载了与马昔腾坦结构仅相差一个亚甲基的化合物 104 的制备方法和效果数据，并且没有反证证明烷基链相差 1 ~ 2 个碳原子对于化合物的拮抗性能影响很大，如果在以上条件不成立的情况下，马昔腾坦的确有可能会被认定为公开不充分。

笔者认为可在以上分析的基础上得到如下启示：如果在后申请请求保护具体化合物时，优先权文件中应尽可能提供其制备例和效果例，如果因为申请人在专利申请时对实验数据有所保留的倾向（不管是主观意愿还是受客观条件所限），那也应尽可能提供与在后申请意欲保护的重点化合物结构相近的化合物的制备例和效果例，以防止在后申请的相关化合物不能享有优先权的风险。

1.3.5 在后申请增加取代基定义的马库什权利要求优先权的判断

【案例1-12】CN201510165051.4

该专利是名称为"用于治疗癌症和免疫和自身免疫疾病的细胞程序死亡诱导药剂"的发明专利CN201510165051.4，优先权日为2009年5月26日，申请日为2010年5月26日，授权公告日为2017年6月23日，专利权人为艾伯维爱尔兰无限公司。

针对该专利，侯某菲提出了无效宣告请求，请求宣告该专利权利要求1无效，理由是权利要求1不享有美国专利申请US61/181203的优先权，在此基础上不符合2008年修正的《专利法》第22条第2款有关新颖性的规定。

【涉案权利要求】

具有式（Ⅱ）的化合物或其治疗可接受的盐：

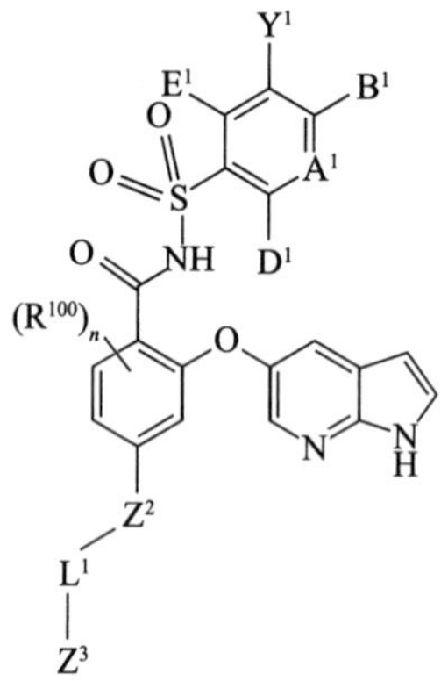

其中，n 是0；

A^1 是 N 或 C（A^2）；

A^2 是 H、F、Cl、Br 或 I……

Y^1 是 H、CN、NO_2、F、Cl、Br、I、CF_3、OR^{17}、SR^{17}、SO_2R^{17}、NH_2 或 C（O）NH_2；或者 Y^1 和 B^1，与它们所连接到的原子一起，是苯、杂芳烃、杂环烯……

其中用 Y^1 和 B^1 一起、R^4、R^8、R^{10}、R^{22}、R^{30}、R^{38} 和 R^{40} 代表的环状部分独立地是未取代的或被一个或两个或三个或四个或五个独立地选自下列的取代基取代或进一步取代：R^{57A}、R^{57}、OR^{57}、S（O）R^{57}、C（O）R^{57}、CO（O）R^{57}、NH_2、NHR^{57}、N（R^{57}）$_2$、NHC（O）R^{57}、NHS（O）$_2R^{57}$、OH、CN、（O）、F、Cl、Br 和 I；

R^{57A} 是螺烷基或杂螺烷基……

R^{72} 是烷基，其是未取代的或被一个或两个 F 取代。

【涉案优先权文件】

具有式（Ⅱ）的化合物或其治疗可接受的盐：

其中，n 是 0，1，2，或 3；

A^1 是 N 或 $C(A^2)$；

A^2 是 H、R^1、OR^1······F、Cl、Br 或 I······

Y^1 是 H、CN、NO_2、COOH、F、Cl、Br、I、CF_3······OR^{17}······SR^{17}、$SO2R^{17}$、NH_2 或 C（O）NH_2；

或者 Y^1 和 B^1，与它们所连接到的原子一起，是苯、萘、杂芳烃、环烷基、环烯、杂环烷、杂环烯······

其中用 Y^1 和 B^1 一起······R^{1A}、R^2······R^4、R^8、R^{10}、R^{22}、R^{30}、R^{38}、R^{40} 和 R^{40A} 代表的环状部分独立地是未取代的或被一个或两个或三个或四个或五个独立地选自下列的取代基取代或进一步取代：R^{57A}、R^{57}、OR^{57}、$S(O)R^{57}$、$C(O)R^{57}$、$CO(O)R^{57}$、NH_2、NHR^{57}、$N(R^{57})_2$、$NHC(O)R^{57}$、$NHS(O)_2R^{57}$、OH、CN、（O）、F、Cl、Br 和 I；

R^{57A} 是螺烷基······

R^{72} 是烷基、烯基······其是未取代的或被一个或两个或三个选自 R^{73}······F、Cl、Br、I 的取代基取代。

【审理过程】

无效宣告请求人认为在先申请说明书和权利要求书中均未记载式（Ⅱ）化合物中 R^{57A} 是杂螺烷基，权利要求 1 的技术方案与在先申请不同，因此其不能享有优先权。而专利权人则认为该专利的权利要求 1 包含两组技术方案，在第一组技术方案中，R^{57A} 是螺烷基，这组技术方案可以直接地且毫无疑义地从优先权申请的原始说明书和权利要求中得到并且由此享受优先权，实际申请日是 2009 年 5 月 26 日；在第二组技术方案中，R^{57A} 是杂螺烷基，这组技术方案实际申请日是 2010 年 5 月 26 日。

国家知识产权局第 58648 号无效宣告请求审查决定中指出：优先权制度的目的是方便成员国国民就其发明创造在其本国提出专利申请后，在其他成员国申请获得专利权，为此 2008 年修正的《专利法》第 29 条规定了在先申请和在后申请只有"属于相同主题的发明创造"才能享有优先权，如果允许在后申请的包括新增内容的权利要求也享有优先权，无异于在超出首次申请披露范围的情况下仍然以首次申请的申请日作为其申请日，这显然有违于优先权制度设立的初衷。

具体到该案，马库什化合物作为一种特殊的化合物表达形式，通常被认为是由各取代基及不同的选择项形成的一个有机整体。当在先申请撰写成马库什化合物时，如果认为在其范围内的任何一个具体化合物或与之保护范围存在部分重叠的马库什通式均可以因此享有在先申请的优先权的话，则意味着只要存在一个在先申请，就可以在此基础上源源不断地把优先权日后进一步研究得到的内容补充进去，这将损害其他申请人和公众的利益。

该专利中涉及 R^{57A} 为杂螺烷基的技术方案及实施例在优先权文件中并无记载，是在优先权申请之后才补入 PCT 申请的。这恰恰说明，R^{57A} 为杂螺烷基的内容是专利权人在优先权日后才完成的工作，增加的内容不属于明显错误，增加后所形成的技术方案亦不应当享有优先权。

对于专利权人为了克服请求人提出的上述理由，删除权利要求 1 中 R^{57A} 定义中的杂螺烷基这种修改方式，合议组认为，尽管授权公告文本的权利要求 1 中，有关 R^{57A} 的定义仅包括螺烷基和杂螺烷基两种情况，但权利要求 1 中还存在其他几十个取代基，每个取代基定义又存在多种选项，也即权利要求 1 是典型的马库什权利要求，具有一个整体技术方案的性质；从说明书和实施例也看不出该专利将以上两种情况作为两个不同的发明构思分别进行了研究，不能根据 R^{57A} 的定义将权利要求 1 划分为两个并列技术方案。因此，这种修改不属于技术方案的删除，不符合《专利审查指南 2010》对于无效宣告请求程序中修改的要求，不应予以接受。

艾伯维爱尔兰无限公司对于上述决定不予认可，提起行政诉讼，认为无效宣告请求决定中采纳的标准与实质审查采纳的标准不一致，同样的删除在国家知识产权局的实质审查中通常是可接受的，只要该删除不产生新的化合物从而产生超范围的问题，在最高人民法院第（2016）最高法行再 41 号行政判决中，最高人民法院并未排除无效宣告请求阶段马库什权利要求修改的可能性。按照最高人民法院的观点，如果马库什权利要求的修改没有"产生新性能和作用的一类或单个化合物"，则该修改应当能够接受；此外，艾伯维爱尔兰无限公司还认为删除 R^{57A} 为杂螺烷基属于"明显错误的修正"，应当予以接受；该专利在先申请权利要求 2 中涉及 R^{57A} 为杂螺烷基的技术方案是申请日时加入的，本领域技术人员可以顺理成章地理解该专利包括两部分技术方案，即涉及 R^{57A} 为螺烷基的技术方案和 R^{57A} 为杂螺烷基的技术方案，这两部分技术方案在不同时间点被发明，在发现了 PX 类文献之后，允许将这两部分技术方案分开，删除涉及杂螺烷基的技术方案，有助于"聚焦发明实质"，同时"不会带来公示性方面的问题"。

北京知识产权法院在（2023）京 73 行初 6925 号行政判决中维持了上述无效宣告请求审查决定，理由与无效宣告请求审查决定大体相同，即从说明书和实施例看不出该专利将以上两种情况作为两个不同的发明构思分别进行了研究，不能根据 R^{57A} 的定义将权利要求 1 划分为两个并列技术方案，如果允许艾伯维爱尔兰无限公司对该专利权利要求 1 进行删除 R^{57A} 选自杂螺烷基的修改，会存在产生新的权利保护范围的可能，将会损害社会公众的权益，破坏社会公众预期的稳定性；R^{57A} 为杂螺烷基的内容是专利权人在优先权日增加的内容，不属于明显错误，也不应当享有优先权。

【案例思考】

该案中合议组和北京知识产权法院均认定马库什权利要求属于整体技术方案，从说明书和实施例也看不出该专利将 R^{57A} 选择螺烷基或杂螺烷基作为两个不同的发明构思进行研究。上述观点对于马库什权利要求优先权成立以及能否接受修改的标准较实质审查更为严格，在后申请是在在先申请 R^{57A} 选择螺烷基的基础上进一步研究其可替换为杂螺烷基，在说明书中也提供了相应的具体化合物，在 R^{57A} 仅有两个选项的情况下，实质审查阶段可能认为可以较容易地将马库什通式的取代基分为两组，进而享有部分优先权，即使实质审查阶段认为在后申请马库什权利要求整体不享有优先权，申请人将 R^{57A} 选择杂螺烷基的部分删除，通常情况下也是可以接受的。

合议组和北京知识产权法院均认为不能根据 R^{57A} 的定义将权利要求 1 划分为两个并列技术方案，但并未对认定过程进行阐释，也未说明何种情况下可以根据马库什通式的取代基定义将其划分为并列技术方案进行详细分析，因此上述观点可能并不能说服专利权人。

1.3.6　马库什权利要求是否为"相同主题"的考量因素

【案例 1－13】　CN201810902092.0

该专利是名称为"新的三环化合物"的发明专利 CN201810902092.0，最早优先权日为 2009 年 12 月 1 日，申请日为 2010 年 12 月 1 日，授权公告日为 2021 年 6 月 15 日，专利权人为艾伯维公司。

针对该专利，四川国为制药有限公司向国家知识产权局提出了无效宣告请求，请求宣告该专利部分无效。其中，无效宣告请求理由之一是权利要求 1 不享有优先权，在此基础上不符合 2008 年修正的《专利法》第 22 条第 3 款有关创造性的规定。具体而言，请求人提交了如下证据。

证据 1，该专利优先权文件 US61/265563，申请日为 2009 年 12 月 1 日。

证据 2，WO2009/152133A1，最早优先权日为 2008 年 6 月 10 日，申请日为 2009 年 6 月 9 日，公开日为 2009 年 12 月 17 日。

关于权利要求 1 不享有优先权的理由为：①证据 2 记载了与权利要求 1 相同主题的发明，且其申请日早于证据 1，故证据 1 不是与权利要求 1~3 相同主题的发明的首次申请；②权利要求 1 与证据 1 相比，该专利改变了马库什化合物中部分取代基的选择和定义，使得权利要求 1 对式 Ic 化合物的定义整体上不同于证据 1，二者不属于相同的主题。

【涉案权利要求】

1. 一种药物组合物，其包括式 Ic 的化合物，或其药用可接受的盐，和生理学可接受的载体：

其中，

R^1、R^2、R^4 和 R^5 各自是氢；

R^3 是 $-A-D-E-G$；

A 是键；

D 是亚哌啶基、亚吡咯烷基或亚环戊基，各自任选地被（$C_1 \sim C_8$）烷基取代；

E 是键、$-R^eC(O)N(R^a)R^e-$ 或 $-R^eN(R^a)S(O)_2R^e-$；

G 是 $-CF_3$ 或 $-C(O)N(R^a)(R^b)$；

R^e 每一次出现时独立地是键、亚甲基或亚乙基；

R^a 是氢，R^b 是任选被 $-CF_3$ 或一个或多个卤素取代的（$C_1 \sim C_{10}$）烷基；

其中 E 连接到 D 中的碳或氮原子上；和

其中当 G 包含 $-N(R^a)(R^b)$ 时，氮、R^a 和 R^b 可以形成环，使得 $-N(R^a)(R^b)$ 是通过氮连接的并且任选被 $-CF_3$ 或一个或多个卤素取代的（$C_2 \sim C_{10}$）杂环基。

为便于比较，现将该专利、证据1（优先权文件）和证据2的通式和取代基定义归纳如表1-4所示。

表1-4 该专利、优先权文件以及证据2结构和基团定义对比

项目	该专利	证据1（优先权文件）	证据2（WO2009/152133A1）
通式	（结构式）	（结构式）含涉案专利通式	（结构式）含涉案专利通式
取代基定义	R^1、R^2、R^4、R^5 各自是氢	R^1、R^2 和 R^5 各自独立地为氢、氘、—NR^aR^b、卤素……R^4 和 R^6 每一个独立地是氢、卤素、氘……	R^1、R^2 和 R^5 各自独立地为氢、氘、—NR^aR^b、卤素……R^4 和 R^6 每一个独立地是氢、卤素、氘……
	R^3 是 −A−D−E−G	R^3 是氢、任选被取代的桥接的 $C_5 \sim C_{12}$ 环烷基……或 R^3 是 −A−D−E−G	R^3 是氢、任选被取代的桥接的 $C_5 \sim C_{12}$ 环烷基……或 R^3 是 −A−D−E−G
	A 是键	A 是键、—CO—、任选被取代的 $C_1 \sim C_6$ 亚烷基……	A 是键、—CO—、任选被取代的 $C_1 \sim C_6$ 亚烷基……
	D 是亚哌啶基、亚吡咯烷基或亚环戊基，各自任选地被（$C_1 \sim C_8$）烷基取代	D 是任选取代的 $C_1 \sim C_6$ 亚烷基、任选取代的 $C_3 \sim C_{10}$ 环亚烷基……任选取代的 $C_2 \sim C_{10}$ 亚杂环基；说明书：术语杂环举例如哌啶、吡咯等，术语环烷基举例如环戊烷等，术语取代的可包含取代基如（$C_1 \sim C_8$）烷基等	D 是任选取代的 $C_1 \sim C_6$ 亚烷基、任选取代的 $C_3 \sim C_{10}$ 环亚烷基……任选取代的 $C_2 \sim C_{10}$ 亚杂环基；说明书：术语杂环举例如哌啶、吡咯等，术语环烷基举例如环戊烷等，术语取代的可包含取代基如（$C_1 \sim C_8$）烷基等
	E 是键、—$R^eC(O)N(R^a)R^e$—或—$R^eN(R^a)S(O)_2R^e$—	E 是键、—R^e—……—$R^eC(O)N(R^a)R^e$—……—$R^eN(R^a)S(O)_2R^e$—……	E 是键、—R^e—……—$R^eC(O)N(R^a)R^e$—……—$R^eN(R^a)S(O)_2R^e$—……
	G 是—CF_3 或—$C(O)N(R^a)(R^b)$	G 是氢、氘……—$C(O)N(R^a)(R^b)$……—CF_3	G 是氢、氘……—$C(O)N(R^a)(R^b)$……—CF_3

续表

项目	该专利	证据 1 （优先权文件）	证据 2 （WO2009/152133A1）
取代基定义	R^e 每一次出现时独立地是键、亚甲基或亚乙基	R^e 每一次出现时独立地是键、任选被取代的 $C_1 \sim C_{10}$ 亚烷基…… 说明书：术语烷基举例如甲基、乙基等	R^e 每一次出现时独立地是键、任选被取代的 $C_1 \sim C_{10}$ 亚烷基…… 说明书：术语烷基举例如甲基、乙基等
	R^a 是氢 R^b 是任选被—CF_3 或一个或多个卤素取代的（$C_1 \sim C_{10}$）烷基	R^a 和 R^b 每一个独立地是氢、氘、任选被取代的 $C_1 \sim C_{10}$ 烷基…… 说明书：术语取代的可包含取代基如—CF_3、卤素等	R^a 和 R^b 每一个独立地是氢、氘、任选被取代的 $C_1 \sim C_{10}$ 烷基…… 说明书：术语取代的可包含取代基如—CF_3、卤素等
	其中 E 连接到 D 中的碳或氮原子上	其中在全部情况中，E 连接到 D 中的碳或氮原子上	其中在全部情况中，E 连接到 D 中的碳或氮原子上
	其中当 G 包含—N（R^a）（R^b）时，氮、R^a 和 R^b 可以形成环，使得—N（R^a）（R^b）是通过氮连接的并且任选被—CF_3 或一个或多个卤素取代的（$C_2 \sim C_{10}$）杂环基。	其中在含—N（R^a）（R^b）的基团中，氮、R^a 和 R^b 可以形成环，使得—N（R^a）（R^b）表示任选被取代的—N（R^a）（R^b）杂环基或任选被取代的（$C_1 \sim C_{10}$）杂芳基，其通过氮连接	其中在含—N（R^a）（R^b）的基团中，氮、R^a 和 R^b 可以形成环，使得—N（R^a）（R^b）表示任选被取代的—N（R^a）（R^b）杂环基或任选被取代的（$C_1 \sim C_{10}$）杂芳基，其通过氮连接

【审理过程】

无效宣告请求人认为证据 2 记载了与权利要求相同主题的发明，且其申请日早于证据 1，故证据 1 不是与权利要求 1～3 相同主题的发明的首次申请；此外，该专利权利要求与证据 1（优先权文件）记载的内容相比，改变了马库什化合物中部分取代基的选择和定义，包括"D 是……亚环戊基"、"R^e 每一次出现时独立地是……亚甲基或亚乙基"、"R^b 是任选被—CF_3 或一个或多个卤素取代的（$C_1 \sim C_{10}$）烷基"以及"—N（R^a）（R^b）是通过氮连接的并且任选被—CF_3 或一个或多个卤素取代的（$C_2 \sim C_{10}$）杂环基"，使得权利要求 1～3 对式 Ic 化合物的定义整体上不同于证据 1，二者不属于相同的主题。

而专利权人则认为该专利权利要求的取代基已经在证据 1（即优先权文件）中记载，且存在具体化合物作为选择上述基团修改的指引，以防止由修改产生一类新的化合物，因此，权利要求 1~3 享有优先权。

由于证据 2 没有公开能够指引修改得到该专利权利要求 1~3 通式的具体化合物，即便根据实质审查中修改超范围的标准，其也会被认为产生了一类新的化合物而不被允许修改。因为没有任何实施例落入修改后的范围中，显然该修改后的通式与原始说明书中以实施例所体现的化合物集合属于不同类别的化合物或具有不同效果水平的化合物集合。由于依据证据 2 的修改不被允许，因此该专利权利要求 1~3 的通式不享受证据 2 的优先权，继而该专利所述的优先权文件才是相同主题的首次申请。

判断优先权是否成立与判断修改是否超范围的标准类似，都是从原始记载的文件中判断能否直接且毫无疑义地确定修改后的内容。但是，请求人对于马库什权利要求的修改超范围审查标准理解并不全面也不准确。专利实质审查过程中，申请人不会修改出实施例完全没有涉及的新的马库什通式范围，原因在于受到后续支持条款的限制，以完全没有任何实施例化合物落入修改后的马库什通式范围内，通常得不到说明书的支持。专利申请人完全明晰此结果，因此在实质审查过程中并不会进行这样的修改。

事实上，修改不产生一类新的化合物是马库什权利要求修改被允许的基本条件。专利权人主张的马库什权利要求修改的判断标准客观、全面地反映了审查实践中的真实情况，该标准完全适用于该案中对于马库什权利要求优先权的判断。

国家知识产权局第 562232 号无效宣告请求审查决定中指出：《巴黎公约》设立优先权的本意主要是对申请人在不同国家提出申请时给予程序上的时间优惠，而非给予完成发明实质内容的宽限期。申请人可以在优先权期限内完善、补充发明，但同时应承担不享有优先权的风险。

在专利申请的实质审查程序中，对于在原有的马库什权利要求的基础上删除或限缩部分取代基定义而形成的新的较小范围的马库什权利要求，如果这样的删除或限缩没有产生具有特定含义的特定组合，或者没有突出原始申请中未特别提及的单独化合物或化合物群，那么，这样的修改是被允许的；同时，由于这样的变化是在整个马库什通式范围内进行的，并且没有创设出新的发明核心或者发明实体没有变化，因此也可以看作与删除前具有相同主题的发明，继而认可其仍享有在先申请的优先权。

首先，对于证据 1 是否为与权利要求 1~3 相同主题的发明的首次申请，通过对比，该专利权利要求 1 的通式和取代基定义在证据 2 中均有记载。进一步考察两者说明书有关技术效果的记载，该专利在具体实施方式中介绍了 JAK 激酶家族的主要成员及其各自的作用，JAK1 和 JAK2 与各种疾病的关系，记载了 JAK1、JAK2、JAK3 激酶抑制活性的酶实验和细胞实验的详细测定方法，说明书中的表 4 公开了 185 个具体化合物的 JAK3 酶数据（IC_{50}）；证据 2 同样介绍了 JAK 激酶家族的主要成员及其各自的作用，记载了 JAK1、JAK2、JAK3 激酶抑制活性的酶实验和细胞实验的详细测定方法，在具体的实验效果方面，记载了动物实验模型，用于测量由化合物的 JAK 抑制的急性体内效果、化合物的 Fcγ

受体信号抑制的急性体内效果、化合物对于肢关节炎疾病模型的慢性体内效果。

尽管证据 2 声称的发明目的与该专利相同，也在于寻找具有 JAK 激酶活性并存在潜在的疾病治疗活性的药物化合物，但是，由于证据 2 没有提供任何实验结果，其说明书中涉及的化合物是否具备其声称的活性，哪些化合物具备活性，针对哪种具体的 JAK 激酶具备"抑制、调解和/或调整"中的哪种活性，以及所述活性的程度如何等具体信息是本领域技术人员无从获知的。而该专利则是在上述多个可能的研究方向中最终聚焦于 JAK3 的抑制活性。因此，在证据 2 对多种可能的技术效果只作了概括性表述，而该专利进一步明确并证实了某一具体效果的情况下，不能将二者视为相同主题的发明。《巴黎公约》设立优先权的本意主要是对申请人在不同国家提出申请时给予程序上的时间优惠，而非给予完成发明实质内容的宽限期。申请人可以在优先权期限内完善、补充发明，同时应承担不享有优先权的风险。从这个意义上讲，仅提供了概括性研究方向的在先申请证据 2，与明确证实了其中某一具体技术效果的在后申请，即该专利权利要求 1 的技术方案，不应被视为相同主题的发明。

其次，权利要求 1 的较小通式是本领域技术人员根据该专利说明书记载的内容，包括说明书中对于概括性基团的具体定义和实施例，可以直接且毫无疑义地确定的技术方案。而请求人提交的证据 1 部分译文也无法证明优先权文件与该专利说明书的上述内容存在差别。

【案例思考】

可以看出该案无效宣告请求决定中关于证据 1 是否为与权利要求 1~3 相同主题的发明的首次申请的认定中重点考虑了技术效果，在先申请仅提供概括性研究方向，但未聚焦于某一特定的效果，在后申请补充相应的效果数据，则不应被认为技术效果相同或预期相同。如果在先申请证据 2 中进一步记载其化合物对于 JAK3 激酶的选择性抑制效果更好（而非提供具体的 JAK3 抑制活性数据），那么合议组将如何认定？根据《专利审查指南 2023》第二部分第十章第 3.5 节关于补交实验数据的相关规定，在先申请证据 2 中已经明确记载了具体的效果，在后的该专利可以被视为在其基础上补充实验数据，此时可能被认为两者的预期技术效果相同。

对于马库什权利要求的修改，无效宣告请求审查决定中认为"没有证据能够表明权利要求 1~3 中出现的有关 D、R^e、R^b 和—N（R^a）（R^b）的上述部分基团定义本身在优先权文件中没有记载"，这种将举证责任转移的表述稍有不妥，并且，并非所有在原有的马库什权利要求的基础上删除或限缩部分取代基定义而形成的"更小范围"都不产生具有特定含义的特定组合，例如授权权利要求 1 中的取代基 D 已经明确聚焦于亚哌啶基、亚吡咯烷基或亚环戊基这几个基团，其与 A、E、G 等其他取代基势必会形成与优先权文件中记载的大范围通式不同的组合，而上述组合是否已经偏离优先权日前申请人的发明构思进而创设出新的发明在无效宣告请求审查决定中并未进行详细分析。更为合理的做法或许是从优先权文件的说明书记载的优选技术方案、具体化合物及相应的技术效果分析，在优先权日提交的申请的关注点在于哪一类化合物，其大体包括哪类基团组合，进而与在后申请修改的小范围马库什通式进行对照，确定是否创设出新的发明核心。

1.3.7　马库什权利要求的性质与无效宣告请求阶段的修改方式

【案例 1-14】CN97126347.7

该专利是名称为"用于治疗或预防高血压症的药物组合物的制备方法"的发明专利 CN97126347.7，最早优先权日为 1991 年 2 月 21 日，申请日为 1992 年 2 月 21 日，授权公告日为 2003 年 9 月 24 日，专利权人为第一三共株式会社。

针对该专利，北京万生药业有限责任公司（以下简称"万生公司"）于 2010 年 4 月 23 日向国家知识产权局提出了无效宣告请求，理由为该专利权利要求 1 不符合 2008 年修正的《专利法》第 22 条第 3 款、第 26 条第 4 款和 2010 年修订的《专利法实施细则》第 20 条第 1 款的规定。

【涉案权利要求】

1. 一种制备用于治疗或预防高血压的药物组合物的方法，该方法包括将抗高血压剂与药物上的可接受的载体或稀释剂混合，其中抗高血压剂为至少一种如下所示的式（Ⅰ）化合物或其可用作药用的盐或酯：

其中：

R^1 代表具有 $1 \sim 6$ 个碳原子的烷基；

R^2 和 R^3 相同或不同，且各自代表具有 $1 \sim 6$ 个碳原子的烷基。

R^4 代表：

氢原子；或

具有 1 至 6 个碳原子的烷基；

R^5 代表羧基、式—$COOR^{5a}$ 基团或式—$CONR^8R^9$ 基团，其中 R^8、R^9 相同或不同并各自代表：

氢原子；

含有 1~6 个碳原子的未被取代的烷基；

含有 1~6 个碳原子的被取代的烷基，该烷基被羧基取代或被其烷基部分含有 1~6 个碳原子的烷氧羰基取代；或

R^8 和 R^9 一起代表含有 2~6 个碳原子的被取代的亚烷基，该亚烷基被一个其烷基部分含有 1~6 个碳原子的烷氧羰基取代。

R^{5a} 代表：

含有 1~6 个碳原子的烷基；

烷酰氧烷基，其中的烷酰基部分和烷基部分各自含有 1~6 个碳原子；

烷氧羰基氧烷基，其中的烷氧羰基部分和烷基部分各自含有 1~6 个碳原子；(5 - 甲基 - 2 - 氧代 - 1，3 - 二氧杂环戊烯 - 4 - 基）甲基；或 2 - 苯并 ［c］ 呋喃酮基；

R^6 代表氢原子；

R^7 代表羧基或四唑 - 5 - 基。

【审理过程】

2010 年 8 月 30 日，专利权人第一三共株式会社针对该无效宣告请求陈述了意见，同时对其权利要求书进行了修改，其中包括：删除权利要求 1 中 "或其可作药用的盐或酯" 中的 "或酯" 两字；删除权利要求 1 中 R^4 定义下的 "具有 1 至 6 个碳原子的烷基"；删除权利要求 1 中 R^5 定义下除羧基和式—$COOR^{5a}$ ［其中 R^{5a} 为（5 - 甲基 - 2 - 氧代 - 1，3 - 二氧杂环戊烯 - 4 - 基）甲基］外的其他技术方案。

在口头审理过程中，国家知识产权局对于删除权利要求 1 中 "或酯" 的修改予以认可，但其余修改不符合 2010 年修订的《专利法实施细则》第 68 条的相关规定，该修改文本不予接受。第一三共株式会社明确表示只删除权利要求 1 中的 "或酯"，并于 2011 年 1 月 14 日提交了修改的权利要求，其相对于授权权利要求，仅删除了权利要求 1 中 "或其可作药用的盐或酯" 中的 "或酯" 两字。

国家知识产权局第 16266 号无效宣告请求审查决定中认可上述修改文本并在此基础上维持专利权全部有效。

万生公司对于上述决定不予认可，提起行政诉讼。一审法院维持了上述无效宣告

请求审查决定❶，认为第一三共株式会社对该马库什权利要求中马库什要素的删除并不直接等同于并列技术方案的删除，不符合 2010 年修订的《专利法实施细则》第 68 条的规定。

万生公司不服一审判决，向北京市高级人民法院提起上诉。二审法院撤销了一审判决及无效宣告请求审查决定❷，认为：该专利权利要求采用马库什权利要求的撰写方法。马库什权利要求是在一项权利要求中限定多个并列的可选择要素，具体而言，是指在一个权利要求中包括多个变量，每一个变量又包括多个不同选项的以并列可选项的罗列为主要特征来表达权利要求保护范围的一种权利要求类型。因此，当马库什权利要求涉及化合物时，这些化合物之间是并列选择关系，每个化合物都是一个独立的技术方案，该权利要求所概括的是多个技术方案的集合，各要素间都可以相互替代而达到相同的效果。既然认为马库什权利要求属于并列技术方案的特殊类型，而且这种删除缩小了专利权的保护范围，符合 2010 年修订的《专利法实施细则》第 68 条第 1 款规定，并未损害公众利益，即应当允许专利权人删除相关的选择项。但是，鉴于马库什权利要求授权时该权利要求所涵盖的化合物并非均被合成出来，因此，允许修改的界限在于不得使修改后的权利要求出现说明书中未载明的具体化合物，否则，就会使针对马库什权利要求的选择发明失去存在的基础。

其一审法院及国家知识产权局均认为马库什权利要求中马库什要素的删除并不直接等同于并列技术方案的删除，不符合 2010 年修订的《专利法实施细则》第 68 条的规定，这一观点实际上认为授权后的马库什权利要求属于一个整体技术方案，不允许进行删除。众所周知，在专利文件撰写及专利审查过程中，无论专利申请人还是审查员，只能在特定范围内检索现有技术的内容。由于现有技术范围广泛，任何人均不可能检索到所有的现有技术。如果将授权后的马库什权利要求视为一个整体技术方案而不允许删除任一变量的任一选择项，那么专利权人获得的专利权势必难以抵挡他人提出的无效宣告请求。专利权人无法预料专利申请日前是否存在某个落入专利保护范围的具体技术方案，那么其获得的专利非常容易被宣告无效，所谓马库什权利要求就失去其存在的意义。因此，无论在专利授权审查程序中，还是在无效宣告请求程序中，均应当允许专利申请人或专利权人删除任一变量的任一选择项，这种删除属于技术方案的删除。

该案中，第一三共株式会社于 2010 年 8 月 30 日提交的修改文本对权利要求 1 进行了如下修改：①删除了权利要求 1 中"或其可作药用的盐或酯"中的"或酯"；②删除了权利要求 1 中 R^4 定义下的"具有 1 至 6 个碳原子的烷基"；③删除了权利要求 1 中 R^5 定义下除羧基和式—$COOR^{5a}$［其中 R^{5a} 为（5 - 甲基 - 2 - 氧代 - 1，3 - 二氧杂环戊

---

❶ 北京市第一中级人民法院（2011）一中知行初字第 2403 号行政判决书。
❷ 北京市高级人民法院（2012）高行终字第 833 号行政判决书。

烯－4－基）甲基〕外的其他定义。国家知识产权局不允许上述第②项和第③项修改有违反 2010 年修订的《专利法实施细则》第 68 条的立法本意，存在不妥。

国家知识产权局不服二审判决，申请再审，主要理由包括二审判决关于马库什权利要求法律属性的认定错误以及关于可删除马库什权利要求任一变量的任一选项、缩小范围被视为未损害公共利益以及允许修改的界限是不得出现说明书未记载的具体化合物的观点错误。最高人民法院在判决❶认定如下。

第一，马库什权利要求是化学发明专利申请中一种特殊的权利要求撰写方式，即一项申请在一个权利要求中限定多个并列的可选要素概括的权利要求。马库什权利要求撰写方式的产生是为了解决化学领域中多个取代基基团没有共同上位概念可概括的问题，其本身一直被视为结构式的表达方式，而非功能性的表达方式。马库什权利要求限定的是并列的可选要素而非权利要求，其所有可选化合物具有共同性能和作用，并且具有共同的结构或者所有可选要素属于该发明所属领域公认的同一化合物。虽然马库什权利要求的撰写方式特殊，但是也应当符合国内有关专利单一性的规定。

马库什权利要求具有极强的概括能力，一旦获得授权，专利权保护范围将涵盖所有具有相同结构、性能或作用的化合物，专利权人权益将得到最大化实现。而从本质而言，专利权是对某项权利的垄断，专利权人所享有的权利范围越大，社会公众所受的限制也就越多，因此，从公平角度出发，对马库什权利要求的解释应当从严。无论马库什权利要求包含多少变量和组合，都应该视为一种概括性的组合方案。选择一个变量应该生成一种具有相同效果的药物，即选择不同的分子式生成不同的药物，但是这些药物的药效不应该有太大差异，应当相互可以替代，而且可以预期所要达到的效果是相同的，这才符合当初创设马库什权利要求的目的。因此，马库什权利要求应当被视为马库什要素的集合，而不是众多化合物的集合。马库什要素只有在特定情况下才会表现为单个化合物，但通常而言，马库什要素应当理解为具有共同性能和作用的一类化合物。如果认定马库什权利要求所表述的化合物是众多化合物的集合，就明显与单一性要求不符，因此，二审判决认为马库什权利要求属于并列技术方案不妥，应当予以纠正。

第二，《专利审查指南 2010》规定无效宣告请求审查阶段，发明和实用新型专利文件的修改应仅限于权利要求书，其遵循的基本原则是：①不得改变原权利要求的主题名称；②与授权的权利要求相比，不得扩大原专利的保护范围；③不得超出原说明书和权利要求书中的技术特征；④一般不得增加未包含在授权权利要求书中的技术特征。但是，《专利审查指南 2023》规定的修改方式已经改为在满足上述修改原则的前提下，修改权利要求书的具体方式一般限于权利要求的删除、技术方案的删除、权利要求的

---

❶ 最高人民法院（2016）最高法行再 41 号行政判决书。

进一步限定、明显错误的修正。权利要求的进一步限定是指在权利要求中补入其他权利要求中记载的一个或者多个技术特征，以缩小保护范围。可见，在无效宣告请求审查程序中，专利文件修改方式更多样化。但是，化学领域发明专利申请审查存在诸多特殊问题，例如化学发明是否能够实施需要借助实验结果才能确认，有的化学产品需要借助参数或者制备方法定义，已知化学产品新的性能和用途并不意味着结构或者组分的改变等。鉴于化学发明创造的特殊性，同时考虑在马库什权利要求撰写之初，专利申请人为了获得最大的权利保护范围会将所有结构式尽可能写入一项权利要求，因此在无效宣告请求审查程序中对马库什权利要求进行修改必须给予严格限制，允许对马库什权利要求进行修改的原则应当是不能因为修改而产生新性能和作用的一类或单个化合物，但是同时要充分考量个案因素。如果允许专利申请人或专利权人删除任一变量的任一选项，即使该删除使得权利要求保护范围缩小，不会损害社会公众的权益，但由于会产生新的权利保护范围不确定性的问题，这不但无法给予社会公众稳定的预期，也不利于维护专利确权制度稳定，因此二审法院相关认定明显不妥，最高人民法院予以纠正。

【案例思考】

该案的争议焦点主要包括：①以马库什方式撰写的化合物权利要求属于概括的技术方案还是众多化合物的集合；②在无效宣告请求审查程序中，权利人可以采取什么方式修改马库什权利要求。最高人民法院认定马库什并不是众多化合物，在无效宣告审查程序中阶段不禁止通过删除并列选项的方式修改马库什权利要求，也不允许对马库什权利要求的任一变量和任一选项进行任意的删除式修改，修改的原则是不能因为修改而产生具有新性能和作用的一类或单个化合物，同时要充分考量个案因素。倪申文❶分析了 EPO 关于马库什化合物权利要求修改的一系列判例，表明 EPO 对于马库什权利要求的修改更为宽松，无论是审查阶段还是异议阶段均秉持相同的标准，即不能导致挑选出未在原始申请文件中公开的特定的取代基定义组合，并且修改不限于马库什要素的删除，也可以是基于说明书的马库什要素的变更。总体而言，中国在无效宣告请求审查程序中对于马库什权利要求的修改方式要求更为严格，这要求专利权人在申请时就要考虑撰写多层次不同保护范围的马库什权利要求，避免在后续可能出现的无效宣告请求挑战中陷入较为被动的局面。而如何在考虑授权专利公示效应（给公众合理预期）的同时给予专利权人适当的修改空间，这或许需要在审查和司法实践中进一步探讨和论证。

---

❶　倪申文. 马库什化合物权利要求在欧洲专利局的修改原则和判例［EB/OL］.（2022 - 06 - 24）［2023 - 12 - 30］. https：//mp. weixin. qq. com/s/ b86tv2yaUSHtwalVDaeObQ.

1.3.8 马库什权利要求是否能享有部分优先权的判断

【案例1-15】CN97197460.8

该专利是名称为"核苷酸类似物"的发明专利 CN97197460.8，优先权日为 1996 年 7 月 26 日，申请日为 1997 年 7 月 25 日，授权公告日为 2008 年 4 月 30 日，专利权人为吉联亚科学股份有限公司（由吉利德公司变更而来，以下简称"吉联亚公司"）。

针对该专利，奥锐特公司、正大天晴公司、刘某海先后单独提出了无效宣告请求，请求宣告该专利全部无效。其中，正大天晴公司的无效宣告请求理由之一是权利要求 1~6、10、12~14、16、22、26~32 不享受优先权。

【涉案权利要求】

1. 下式（1a）的化合物或其药学上可接受的盐、互变异构体或水合物：

$A—O—CH_2—P(O)(—OC(R^2)_2OC(O)X(R)_a)(Z)$ （1a）

其中 Z 为 $—OC(R^2)_2OC(O)X(R)_a$ 或 $—OH$；

A 为抗病毒的膦酰甲氧基核苷酸类似物残基；

X 为 N 或 O；

R^2 独立地为 $—H$、未取代的或者被 1 或 2 个卤素、氰基、叠氮基、硝基或 OR^3 取代的 $C_1~C_{12}$ 烷基、$C_5~C_{12}$ 芳基、$C_2~C_{12}$ 链烯基、$C_2~C_{12}$ 链炔基、$C_7~C_{12}$ 链烯基芳基、$C_7~C_{12}$ 链炔基芳基或 $C_6~C_{12}$ 烷基芳基，其中 R^3 为 $C_1~C_{12}$ 烷基、$C_2~C_{12}$ 链烯基、$C_2~C_{12}$ 链炔基或 $C_5~C_{12}$ 芳基；

R 独立地为 $—H$、未取代的或者被 1 或 2 个卤素、氰基、叠氮基、硝基、$—N(R^4)_2—$ 或 OR^3 取代的 $C_1~C_{12}$ 烷基、$C_5~C_{12}$ 芳基、$C_2~C_{12}$ 链烯基、$C_2~C_{12}$ 链炔基、$C_7~C_{12}$ 链烯基芳基、$C_7~C_{12}$ 链炔基芳基或 $C_6~C_{12}$ 烷基芳基，其中 R^4 独立地为 $—H$ 或 $C_1~C_8$ 烷基，条件是，至少一个 R 不是 H；

当 X 是 O 时，a 是 1，或者当 X 是 N 时，a 是 1 或 2；

条件是：当 a 是 2 而且 X 是 N 时，（a）两个与 N 原子连接的 R 基团可以一起形成含一个氮的杂环或含一个氮和氧的杂环，（b）一个与 N 原子连接的 R 基团还可以是 OR^3 或者（c）两个与 N 原子连接的 R 基团可以是 $—H$。

3. 权利要求 1 式（1）的化合物或其药学上可接受的盐、互变异构体或水合物：

（1）

其中 B 为鸟嘌呤 –9– 基、腺嘌呤 –9– 基、2，6– 二氨基嘌呤 –9– 基、2– 氨基嘌呤 –9– 基或其 1– 去氮杂、3– 去氮杂或 8– 氮杂类似物，或者 B 是胞嘧啶 –1– 基；

R 独立地为—H、未取代的或者被 1 或 2 个卤素、氰基、叠氮基、硝基或 OR^3 取代的 $C_1 \sim C_{12}$ 烷基、$C_5 \sim C_{12}$ 芳基、$C_2 \sim C_{12}$ 链烯基、$C_2 \sim C_{12}$ 链炔基、$C_7 \sim C_{12}$ 链烯基芳基、$C_7 \sim C_{12}$ 链炔基芳基或 $C_6 \sim C_{12}$ 烷基芳基，其中 R^3 为 $C_1 \sim C_{12}$ 烷基、$C_2 \sim C_{12}$ 链烯基、$C_2 \sim C_{12}$ 链炔基或 $C_5 \sim C_{12}$ 芳基；

R^1 为 H、—CH_3、—CH_2OH、—CH_2F、—CH＝CH_2 或—CH_2N_3；

R^2 独立地为—H 或 $C_1 \sim C_6$ 烷基；而

R^8 为—H 或—CHR^2—O—C（O）—OR。

为便于比较，现将该专利和优先权文件的通式和取代基定义归纳，如表 1 – 5 所示。

表 1 – 5　该专利权利要求 1 和 3 与优先权文件结构和基团定义对比

权利要求	比较对象	通式结构	基团定义
1	该专利	A—O—CH_2—P(O)(—OC(R^2)$_2$OC(O)X(R)$_a$)(Z)	A 为抗病毒的膦酰甲氧基核苷酸类似物残基；X 为 N 或 O；R^2 独立地为—H、未取代的或者被 1 或 2 个卤素、氰基、叠氮基、硝基或 OR^3 取代的 $C_1 \sim C_{12}$ 烷基、$C_5 \sim C_{12}$ 芳基、$C_2 \sim C_{12}$ 链烯基、$C_2 \sim C_{12}$ 链炔基、$C_7 \sim C_{12}$ 链烯基芳基、$C_7 \sim C_{12}$ 链炔基芳基或 $C_6 \sim C_{12}$ 烷基芳基，其中 R^3 为 $C_1 \sim C_{12}$ 烷基、$C_2 \sim C_{12}$ 链烯基、$C_2 \sim C_{12}$ 炔基或 $C_5 \sim C_{12}$ 芳基
	US08/686838	A—CH(R^2)OC(O)X(R)$_n$—Z	A 为抗病毒的膦酰甲氧基核苷酸类似物残基，通过磷原子与—CH(R^2)OC(O)X(R) 连接；X 为 N 或 O；R^2 为—H、$C_1 \sim C_{12}$ 烷基、芳基、烯基、炔基……上述基团可经卤素、叠氮、硝基或 OR^{13} 取代，其中 R^{13} 为 $C_1 \sim C_{12}$ 烷基
3	该专利		R 独立地为—H、未取代的或者被 1 或 2 个卤素、氰基、叠氮基、硝基或 OR^3 取代的 $C_1 \sim C_{12}$ 烷基……
	US08/686838		R 为 $C_{1\sim10}$ 烷基

【审理过程】

国家知识产权局第 22284 号无效宣告请求审查决定中指出该专利权利要求 1 的通式（1a）和取代基定义与优先权文件记载的通式（1a）及取代基定义存在区别，权利要求 3 的基团定义也存在区别，因此，权利要求 1 和 3 不能享有 1996 年 7 月 26 日提交的专利 US08/686838 的优先权。

专利权人不服，提出上诉，认为核实优先权时，应将该专利权利要求中包含的具体化合物与优先权文件所包含的具体化合物进行对比。如果该专利权利要求中所包含的部分具体化合物与优先权文件中的化合物相重合，则应认定权利要求中该部分化合物享有部分优先权。

一审法院指出[1]：对概括式权利要求而言，其中概括的只是各个具体实施方式所具有的共性，但各个具体实施方式除具有共性之外，其通常还具有各自的特性，因该部分内容并未被记载于权利要求中，故该部分内容显然并非专利权人的智力劳动，不属于其技术贡献，不应获得保护。但如果将每个权利要求当然地视为其具体实施方式的集合，视为并列技术方案的集合，则意味着不仅将各具体实施方式所具有的共性作为专利权人的技术贡献，同时亦将其所具有的特性划归专利权人的技术贡献范围内，这一做法显然使专利权人获得了不应有的利益，不具有合理性。由此可知，权利要求只保护专利权人从各具体实施方式中所概括的共性，至于每个具体实施方式所具有的特性则不属于权利要求保护范围。我国专利审查指南中关于数值范围、上位、下位概念以及选择发明的相关规定能说明上述问题。

马库什权利要求在这一问题上亦无不同，其所保护的亦仅应是各可选择项所具有的基本相同的共性，至于各具体选择项同时具有其各自特性，以及该特性使得不同选择项在配合时可能出现的不同的技术效果，均非专利权人的技术贡献。因此，将马库什权利要求中各可选择项进行不同排列组合最终得出的各具体化合物不能当然地视为若干单独的技术方案，马库什权利要求亦并非必然是多个并列技术方案的集合。

该案一审诉讼中，一审法院曾要求吉联亚公司明确该专利权利要求中所包含具体化合物的数量，吉联亚公司虽采用各种方式，仍表示其无法计算出具体化合物的数量。如果专利权人尚且无法确认该范围内包括哪些具体化合物，那么有何理由将该范围内的全部具体化合物均视为专利权人的技术贡献。

除上述分析外，如果将马库什权利要求当然地视为具体化合物的集合，其可能出现的结果将会是：这与我国相关制度冲突，而这一冲突足以从另一角度说明对马库什

---

[1] 北京知识产权法院（2015）京知行初字第 1297 号行政判决书。

权利要求的这一理解有误。

在对马库什权利要求进行优先权核实时，原则上应以整个权利要求进行核实，而非以该权利要求中所包括的具体化合物作为对比依据。据此，一审法院认为，专利权人关于马库什权利要求应被视为若干并列技术方案的集合的理由不成立。

二审法院指出❶：马库什权利要求是主要用于保护化学和生物技术领域发明创造的特殊的权利要求类型。马库什权利要求是为了应对一般的撰写方法无法满足上述领域中对较宽泛保护范围的概括性要求而设立的专门的权利要求撰写方式。如果一项申请在一个权利要求中限定多个并列的可选择要素，则构成马库什权利要求。具有选择替代关系的马库什要素都能够实现相同的技术效果。显然马库什权利要求本质上属于多个技术方案的集合。发明单一性是马库什权利要求授权过程中的审查重点，也体现了马库什权利要求包含了多个并列技术方案的本质。

马库什权利要求的特殊撰写方式使此类权利要求涵盖的具体化合物的数量十分庞大，其保护范围中存在推测而来的具体化合物，也有可能存在不能实现的具体化合物，因此，马库什权利要求并不能体现每一个具体化合物的特性，而是概括了各个具体化合物的共性。在马库什权利要求基础上对未具体公开的特定化合物的选择可以构成选择发明。因此，马库什权利要求不同于一般的具有并列选择关系的权利要求，不能简单地等同于用"或"连接的多个并列的技术方案。

同时，马库什权利要求也不同于一般的概括式权利要求，例如上位概念的概括、连续数值范围的概括。马库什权利要求是为了解决无法抽象为某一特定上位概念的概括形式而设立的权利要求的类型，因此，其与上位概念概括的抽象程度和概括程度均有不同。马库什权利要求中包含的具体化合物是相互独立的，而数值范围是连续的，因此两者也不相同。不宜直接使用上位概念概括或者连续数值范围概括的规则确定马库什权利要求的性质。

综上，马库什权利要求是一种特殊的权利要求撰写方式，它是对多项技术方案进行概括的撰写方法，不同于诸如上位概念概括等一般的概括方法，虽然形式上具有整体性，但实质上并非单一的技术方案。

基于马库什权利要求的特殊性，在特定情况下，不排除马库什权利要求包含数量有限且清晰可分的并列选择关系的技术方案，此时，马库什权利要求可以享有部分优先权。因此，对马库什权利要求进行部分优先权核实时，可以遵循以下方法：首先，确定主张优先权的技术方案在在后申请的马库什权利要求中是否可分，例如，如果这种拆分方式使得主张优先权的部分或者拆分后部分相当于数个具体的化合物，则不宜认为该技术方案是可拆分的，除非这些具体化合物是专利申请文件已经明确记载的；

---

❶　北京市高级人民法院（2017）京行终 1806 号行政判决书。

其次，确定主张优先权的技术方案是否为优先权文件直接地、毫无疑义地记载和披露，并判断主张优先权的技术方案是否超出优先权文件的记载。

该案中，无效宣告请求审查决定中仅以该专利权利要求1、3公开的马库什通式结构与优先权文件公开的马库什通式结构存在差别认定两者不是相同主题，未考虑马库什权利要求的特性，未区分马库什权利要求中可能包含的并列选择关系的技术方案，其相关认定不当。一审判决虽然指出马库什权利要求并非必然是多个技术方案的集合，但未进一步区分该专利相关的权利要求是否包含多个可拆分的技术方案，径直以该专利权利要求整体作为优先权核实的对象亦有不当。国家知识产权局应在对专利权人主张优先权的部分与该专利相关权利要求的其他技术内容是否构成可拆分的技术方案进行评述后，作出其是否享有部分优先权的认定。

国家知识产权局对上述判决不服，向最高人民法院申请再审，认为通式化合物应当理解成一个整体技术方案，具有不可拆分性，马库什权利要求应当被视为马库什要素的集合，具有整体性和不可分性，其可能享有优先权，但绝不可能享有部分优先权。

最高人民法院❶认为，两审法院以及再审申请人国家知识产权局对于特殊情况下马库什权利要求存在相互独立的并列的技术方案的可能性并无异议。而且，马库什要素在特定情况下会表现为单个化合物。该案中，国家知识产权局过于强调马库什权利要求作为概括式权利要求撰写的共性，而忽视了其存在相对独立的并列技术方案的可能性，导致其在对该专利权利要求1、3～14、19～32是否享有部分优先权审查过程中，并未审查针对上述权利要求是否存在可拆分的并列技术方案，仅以该专利权利要求1、3公开的马库什通式结构与优先权文件公开的马库什通式结构存在差别认定两者不是相同主题，进而认定不符合优先权认定的要件，存在错误。

【案例思考】

该案历经无效宣告请求审查、一审、二审和再审，各个审级均对于马库什权利要求的性质阐明了观点。总体而言，各审级均不认可将马库什通式理解为众多具体化合物的集合，但对于马库什权利要求能否享有部分优先权则意见不一致：国家知识产权局和一审法院认为马库什权利要求具有不可拆分性，不能享有部分优先权；而北京市高级人民法院和最高人民法院则认为马库什权利要求是存在相对独立的并列技术方案的可能性，但对于何种情况可以拆分以及如何拆分则并未明确说明。上述问题仍有待在审查和司法实践中进一步讨论和验证。

---

❶ 最高人民法院（2018）最高法行申5793号行政判决决书。

1.4　焦点问题再思考

在对各个国家或地区关于优先权的相关法律法规以及审查和司法案例进行梳理分析的基础上，本节对其中涉及的马库什化合物优先权的争议焦点问题进行再次深入思考，以期从多角度分析焦点问题背后的深层次原因，探索更为合理的操作方式。

1.4.1　对于马库什通式化合物性质的思考

1.4.1.1　主要国家或地区相关规定和实践的分析

EPO 上诉委员会判例法（第 10 版）第Ⅱ部分第 D 章第 3.1.8 节中引用的 T 85/87 中优先权文件中记载了通式化合物，在后申请的具体化合物不能享有优先权；T 77/97 中优先权文件中记载了一个类似 2×2 的较小的马库什通式，但在后申请请求保护的涵盖在其范围内的两个具体化合物也不能享有优先权。以上两个判例说明，EPO 并未采用"并列技术方案说"来解读马库什权利要求，不认为马库什权利要求是众多具体化合物的集合，其甚至在通式取代基选项为 2×2 时仍然不认可马库什通式的范围是 4 个具体化合物。EPO 对于马库什权利要求作为一个整体技术方案的看法是符合判例 G 2/98 的"拟制"理论的。但经过实践发现，如果严格按照"拟制"理论，则会产生"有毒"优先权或"有毒"分案的问题，因此 EPO 上诉委员会在 2016 年作出了新的 G 1/15 判例。在遵循 G 1/15 的判例 T 2593/17（案例 1-2）中则将马库什通式按照取代基进行拆分，认为其可享有部分优先权。总体而言，EPO 并不认为马库什权利要求的范围是包含了在其范围内的具体化合物的组合，但同时，其也不认为马库什权利要求不能根据其取代基选项进行部分拆分。

美国在 20 世纪 60 年代以前，以 *Ex parte Batchelder* 案为代表的观点认为马库什权利要求是一个整体，甚至为克服新颖性等问题从马库什权利要求中删除可选择要素也被认为是修改超范围的。可见，上述标准秉持的是最为严格的"整体技术方案说"。直至 1977 年，*In re Johnson* 和 *In re Driscoll* 两个判例推翻了上述观点，认为从在先申请的大范围马库什权利要求中筛选出某个特定选项得到的在后申请享有优先权，即不再坚持马库什权利要求不可拆分的观点❶。并且，近年来，USPTO 在审查修改超范围（new matter）和书面描述（written description）时采用的标准普遍比其他国家更为宽松，这

---

❶　柳冀. 马库什权利要求的修改和部分优先权问题探讨［J］. 知识产权，2018（1）：93.

在案例 1 - 4 和艾伯维诉百济神州泽布替尼侵权案中的涉案专利 US11672803B2 的审查过程中可以体现,其甚至允许从在先申请或原始申请文件中进行基团二次概括组合形成新的之前未明确记载的马库什通式。即在经历过严格的"整体技术方案说"之后,美国更偏向于可以拆分、组合和修改的"并列技术方案说"。但这并不代表美国允许对马库什权利要求进行任意删除和组合,以案例 1 - 6 为例,在后申请的通式及取代基定义在优先权文件中均有记载,但美国联邦巡回上诉法院仍然以不符合书面描述的规定拒绝其享有优先权。

在日本,对于马库什权利要求的解读更偏向于"并列技术方案说"。例如日本专利审查指南第 V 部分第 1 章第 3.2.1 节记载的关于部分优先权的示例中在先申请记载的醇碳数为 1 ~ 5,在后申请请求保护的醇碳数为 1 ~ 10,则可认为在后申请中碳数为 1 ~ 5 的技术方案优先权成立,碳数为 6 ~ 10 的技术方案优先权不成立;在第 3.2.2 节中的示例甚至还可将记载了碳数为 1 ~ 5 的在先申请 A 与记载了碳数为 6 ~ 10 的在先申请 B 分别作为请求保护了碳数为 1 ~ 10 的在后申请的多项优先权。

总体看来,当前,欧洲、美国和日本等国家或地区对于马库什权利要求的解读并未坚持严格的"整体技术方案说",而是偏向于认为其可进行拆分和组合,其中欧洲和日本更是明确认为马库什权利要求可进行拆分,进而享有部分优先权。

1.4.1.2 概括性的组合方案

有观点认为,在案例 1 - 14 的再审判决之后,马库什权利要求作为一个整体技术方案的解读方式已经比较统一。笔者认为,这并不能一概而论,因为在审查实践中,无论是完全按照"并列技术方案说"还是完全按照"整体技术方案说"来解读马库什权利要求,均存在一些不能够作出合理解释的情形。例如,《专利审查指南 2023》第二部分第十章第 5.1 节对化合物的新颖性作了特殊规定。其中明确说明,通式不能破坏该通式中一个具体化合物的新颖性。一个具体化合物的公开使包括该具体化合物的通式权利要求丧失新颖性,但不影响该通式所包括的除该具体化合物以外的其他化合物的新颖性。一系列具体的化合物能破坏这系列中相应的化合物的新颖性。一个范围内的化合物(例如 C_{1-4})能破坏该范围内两端具体化合物 C_1 和 C_4 的新颖性,但若 C_4 化合物有几种异构体,则 C_{1-4} 化合物不能破坏每个单独异构体的新颖性。此处,对于对比文件中公开的通式,并未按照"并列技术方案说"进行拆分,进而认定其公开了一系列具体化合物,而对于待判定新颖性的申请文件中的通式,如果现有技术公开了落入其范围内的具体化合物,则将不具备新颖性的化合物与具备新颖性的化合物进行了区分,即采用"并列技术方案说"进行了解释。可见,《专利审查指南 2023》中对于申请请求保护的马库什通式和对比文件公开的通式并未采用同样的观点来解读其涵盖的范围。再如,在实质审查过程中,为克服缺乏新颖性、缺乏创造性、得不到说明书支持等缺陷，申请人通常会对马库什权利要求进行修改，常见的是将取代基的部分并列选项进行删除或进一步限缩，只要没有因修改导致权利要求明确包含新的说明书中未记载的具体化合物，通常情况下审查员会认为符合《专利法》第 33 条的规定；但当马库什通式获得授权时，其作为一个整体往往与申请时的通式之间已经存在差异，当通式中多数基团因不具备新颖性和/或创造性或得不到说明书支持等原因而被删除时，最后获得授权的"小"马库什通式与原始的"大"马库什通式可能在取代基的种类、组合方式等方面差异非常大，可见，在实质审查过程中并不是严格按照"整体技术方案说"来解读马库什权利要求的。

在案例 1 - 14 中，最高人民法院虽然指出马库什权利要求应当被视为马库什要素的集合，而不是众多化合物的集合，无论马库什权利要求包含多少变量和组合，都应该视为一种概括性的组合方案，但其同时并未否认马库什权利要求在特定情况下能表现为单个化合物。可见，最高人民法院否定的是马库什权利要求是众多具体化合物集合而成的并列技术方案这一观点，但并未明确说明马库什权利要求属于一个整体不可拆分的技术方案，其采用的说法是"概括性的组合方案"。

在案例 1 - 15 中，国家知识产权局在提出再审请求时认为马库什权利要求具有整体性和不可分性，可能享有优先权，但绝不可能享有部分优先权。但最高人民法院指出：国家知识产权局过于强调马库什权利要求作为概括式权利要求撰写的共性，而忽视了其存在相对独立的并列技术方案的可能性，同一权利要求中的具有并列选择关系的技术方案可以成为审核优先权的最小单位；二审判决关于国家知识产权局应在对专利权人主张优先权的部分与该专利相关权利要求的其他技术内容是否构成可拆分的技术方案进行评述后，作出其是否享有部分优先权的认定并无不当。

整体看来，国家知识产权局坚持"整体技术方案说"的立场，因为其在案例 1 - 15 申请再审时明确认为"马库什权利要求绝不可能享有部分优先权"，而在案例 1 - 12 中以上观点同样有明确的体现，在后申请仅在优先权文件的基础上将"R^{57A} 为螺烷基"增加为"R^{57A} 为螺烷基或杂螺烷基"，国家知识产权局并未认可马库什权利要求的部分优先权，甚至不允许专利权人将"杂螺烷基"删除，上述较为严格的"整体技术方案说"使得专利权人无法克服上述缺陷。但另一方面，在案例 1 - 9 和案例 1 - 13 中，在后申请是在优先权文件通式的基础上通过删除和/或限定得到的"较窄范围"通式，两者马库什权利要求的范围明显是不同的，而国家知识产权局认为在后申请的优先权成立。可见，在上述两件案例中国家知识产权局并未严格按照"整体技术方案说"进行操作，而是实质上认可了并列选项的删除、限定和/或组合。

最高人民法院虽然在案例 1 - 14 中明确否定了马库什权利要求是众多具体化合物集合而成的并列技术方案，但其并未明确说明马库什权利要求属于一个整体不可拆分，并且在案例 1 - 15 中明确否定了国家知识产权局关于"马库什权利要求绝不可能享有部分优先权"的观点，认为马库什权利要求可能存在相对独立的并列技术方案。

在经过广泛讨论以及审查和司法实践之后，马库什权利要求（$1 \times n$ 和 2×2 的情况除外）不能被解读为包含有限的或者无限的具体化合物的集合这一观点逐渐得到绝大部分专利工作者的普遍认可。在案例 1 - 15 中一审法院曾要求吉联亚公司明确该专利权利要求中所包含具体化合物的数量，吉联亚公司虽采用各种方式，却仍表示其无法计算出具体化合物的数量。也就是说，如果认为马库什权利要求是一个装有鸡蛋（具体化合物）的篮子，通常情况下连篮子里面有多少鸡蛋都不能确定，那又何谈将其作为权利要求进行保护呢？另外，如果认为马库什权利要求完全不能进行拆分，其取代基的删除和修改则会受到极大约束，对专利申请人极为不利，马库什权利要求就失去其存在的意义，并且根据当前的审查实践，在实际操作过程中大多数情况下是允许对马库什权利要求的取代基选项进行删除或修改的。最高人民法院认可马库什权利要求是一种"概括性的组合方案"，即承认其概括性，但同时也认为其是一种组合而成的技术方案，存在并列技术方案的可能。但由于在判决中并未对如何从马库什权利要求中划分相对独立的并列技术方案进行分析，因此上述问题仍需在实践中探索和讨论。

1.4.2 对于马库什权利要求享有部分优先权的可能性探讨

1.4.2.1 马库什权利要求不能享有部分优先权带来的问题

第一，违背"部分优先权"的立法本意、损害申请人的利益。

专利申请人就其发明创造提交首次申请之后，在优先权期限之内可能进一步完善其发明创造，从而希望在后申请包含改进之处。另外，申请人可能为了节约审查费用，在符合单一性规定的情况下，申请人将几件在先申请的内容合并形成一件专利申请。《巴黎公约》规定在这两种情况下仍然可以要求并获得优先权。

如果认为马库什权利要求不能享有部分优先权，申请人在提交包含马库什权利要求的在先申请 A 后，研究发现通式中某个位点的取代基可进一步优化，在此基础上增加上述取代基的选项并申请了在后申请 B。由于两者通式存在取代基选项的区别，在后申请 B 不能享有优先权，因此如果在优先权日和申请日之间存在 PX 类文献，会导致在后申请 B 不具备新颖性和/或创造性，这对于申请人是不公平的。因为申请人是在自己研发基础上进行改进，虽然增加了新的取代基选项，但总体而言，其仍然是在马库什通式的主体结构基础上所作的扩展。这种扩展的本意并非申请人放弃在先申请文件中记载的技术方案，不认可马库什权利要求部分优先权而使申请人所作的改进不能被法

律所承认和保护，显然有违公平，不符合"部分优先权"的立法本意，也打击了申请
人不断改进发明创造的积极性。由案例 1 - 12 可以看出，如果不认可马库什权利要求
的部分优先权，那么已经获得专利权的授权专利同样比较容易被宣告无效，并且专利
权人无法通过删除部分取代基定义来克服上述缺陷，这也极大地损害了专利权人的
利益。

　　在以上情形下，申请人为了避免马库什权利要求优先权不成立，不具备新颖性和/
或创造性，可能采取的应对措施包括在撰写专利申请时尽可能撰写多项不同保护范围
的马库什权利要求、在撰写说明书时刻意将具有相同主体结构不同取代基的化合物划
分成两个不同的发明构思、在提交在后申请前尽可能进行充分检索等，这无疑也对申
请人提出了较高的要求。例如在案例 1 - 12 中专利权人如果将权利要求 1 拆分为 2 项权
利要求，即：

　　"1. 通式 Ⅱ 化合物，……其中 R^{57A} 是螺烷基……

　　"2. 通式 Ⅱ 化合物，……其中 R^{57A} 是杂螺烷基……"

　　此时权利要求 1 涉及的通式及取代基定义与优先权文件的记载相同，则合议组极
有可能认可其享有优先权。

　　第二，"有毒"分案的出现。

　　如图 1 - 2 所示，申请人提交了在先申请 1，其中请求保护通式 Ⅰ，取代基 R_1 和 R_2
各自定义了 3 种取代基；在优先权期限内申请人提交了在后申请 2，其中在 R_1 中增加
了取代基对比文件 1。此时，按照整体论的观点，在后申请 2 的马库什通式因与在先申
请 1 不同，也无法享有部分优先权，因此优先权不成立。申请人继续在优先权期限内
以在后申请 2 为基础进行分案，提交了在后申请 3，将取代基对比文件 1 删除，此时分
案在后申请 3 的通式与在先申请 1 完全相同，可以享有优先权。这样一来，马库什通
式完全落入在后申请 2 的在后申请 3 可以作为抵触申请破坏在后申请 2 的新颖性。换言
之，倘若没有提交该分案申请 3，在后申请 2 中的通式化合物尽管不能享有在先申请 1
的优先权，但至少不一定被质疑不具备新颖性，还是有机会获得专利权的。但是，当
申请人正常提交了在后申请 3，该在后申请 3 反而"毒害"了其母案——在后申请 2。

图 1 - 2　"有毒"分案示例

第三，审查实践操作的不便。

例如，在先申请 1：通式化合物 I：（苯环，取代基 R_1、R_2、R_3），其中：R_1 选自 A1、B1、C1；R_2 选自 A2、B2、C2；R_3 选自 A3。

在后申请 2：通式化合物 I：（苯环，取代基 R_1、R_2、R_3），其中：R_1 选自 A1、B1、C1；R_2 选自 A2、B2、C2；R_3 选自 A3、B3。

在后申请 2 相对于在先申请 1，在 R_3 的取代基选项中增加了 B3，按照之前的观点，在后申请 2 整体不能享有在先申请 1 的优先权，其申请日即为在后申请 2 的申请日。审查过程中指出上述问题，并采用 PX 类文献评述新颖性和创造性。申请人在答复时将取代基选项 B3 删除。那么在后申请 2 与在先申请 1 的通式完全相同，优先权成立，其申请日为优先权日，而 PX 类文献此时不能作为现有技术。审查意见继续指出"不清楚"等问题。申请人将在后申请 2 的通式取代基定义修改为：R_1 选自 a1、b1；R_2 选自 A2、B2；R_3 选自 A3，其中 a1、b1 均为相应取代基 A1 和 B1 的下位概念。此时修改后的马库什通式与在先申请 1 的通式整体上并不相同，因此不能享有在先申请 1 的优先权，需要考虑采用 PX 类文献评述新颖性和创造性。可见，由于不能享有部分优先权，审查过程中可能因为在后申请的修改导致申请日无法确定，给审查实践带来极大不便。

此外，如上所述，由于存在部分优先权不成立的预期，申请人可能采取的应对措施包括在撰写专利申请时尽可能撰写多项不同保护范围的马库什权利要求，在撰写说明书时刻意将具有相同主体结构不同取代基的化合物划分成两个不同的发明构思等，这样会导致马库什通式类专利申请的权利要求书和说明书较为冗长，进而给审查带来一定程度的困难。

1.4.2.2　马库什权利要求部分优先权的判断原则

对于部分优先权是否成立，EPO 在判例 G 1/15 给出了具体的两步"投影"判断法，并且在之后的判例 T 2593/17（案例 1-2）中将优先权文件中未记载的取代基 i～n 选自 SiR_3、CF_3、COOR 和 SO_3R 与其他基团进行了拆分，进而认可了马库什通式享有部分优先权。日本特许厅在日本 2022 年专利审查指南第 V 部分第 1 章第 3.2.1 节例 1 和例 2 中则直接认为可将在后申请涉及的碳数为 1～10 的技术方案，拆分为碳数为 1～5 和 6～10 的技术方案，进而认可部分优先权。

与之相比，我国对马库什权利要求的拆分方式则显得非常审慎，在案例 1-15

中，北京市高级人民法院给出两步判断方法，其中关键之处在于确定主张优先权的技术方案在在后申请的马库什权利要求中是否可拆分，并且判决中也强调了如果这种拆分方式使得主张优先权的部分或者拆分后部分相当于数个具体的化合物，则不宜认为该技术方案是可拆分的，除非这些具体化合物是专利申请文件已经明确记载的。

蒋世超等[1]认为在优先权判断过程中，可以将在后申请的通式化合物进行拆分，以确保满足"部分优先权"的立法本意；张占江[2]提出 3 种马库什权利要求优先权判断方法，其中"一刀切"的"通式对比法"彻底排除了马库什权利要求享有部分优先权的可能性，"单个化合物对法"则不具备可行性，进而讨论了"先拆分后对比法"的适用可能性。

在案例 1-12 中国家知识产权局指出从说明书和实施例看不出该专利将提到的两种情况作为两个不同的发明构思分别进行了研究，不能根据 R^{57A} 的定义将权利要求 1 划分为两个并列技术方案。其中提出"两个不同的发明构思"的说法似乎是认为当马库什权利要求中存在不具备单一性的技术方案时，则可以将其拆分成并列技术方案，以上判断方法仍然是更偏向于"一刀切"的"通式对比法"，使得申请人无法在在后申请中增加新的研究成果。

笔者认为，可参考 EPO 在判例 G 1/15 中提出的"投影"理论结合马库什权利要求修改的原则来综合判断马库什权利要求是否可进行拆分：首先，将在后申请与优先权文件（此处假设优先权文件公开充分）进行比对，将在后申请的马库什权利要求概念性地拆分为两个部分，第一部分为优先权文件中记载的内容，第二部分则为该权利要求的其余部分；其次，判断上述两部分是否产生了新性能和作用的一类或单个化合物，如果没有，则认为可进行拆分。

例如，在先申请 1：通式化合物 I：，其中：R_1 选自 A1、B1、C1；R_2 选自 A2、B2、C2；R_3 选自 A3。说明书中记载的实施例化合物能够充分支持上述马库什通式。

在后申请 2 的通式化合物 I 如下：，其中：R_1 选自 A1、B1、C1；R_2 选自 A2、B2、C2；R_3 选自 A3、B3。在在先申请 1 说明书基础上仅补充记载了支持 A1/A2/B3 的实施例化合物。

[1]　蒋世超，姚云. 涉及通式化合物技术方案拆分问题的探讨［J］. 中国发明与专利，2012（S1）：75-79.
[2]　张占江. 马库什权利要求的优先权判断规则［J］. 中国发明与专利，2020（10）：98-103.

此种情形下，本领域技术人员虽然能够较为明确地将在后申请的马库什通式拆分为"R_1 选自 A1、B1、C1；R_2 选自 A2、B2、C2；R_3 选自 A3"和"R_1 选自 A1、B1、C1；R_2 选自 A2、B2、C2；R_3 选自 B3"两部分方案，但对于第二部分技术方案而言，在后申请 2 中仅记载了支持 A1/A2/B3 的实施例化合物，而未记载能支持 B1/A2/B3、B1/B2/B3 等的实施例化合物，实际上产生了一类新的化合物，因此在后申请 2 的马库什通式不能进行拆分。

假设另一种情形，在后申请 2 在在先申请 1 说明书基础上补充记载了能充分支持第二部分技术方案的实施例化合物，那实际上拆分后的每一部分对于在后申请 2 而言都没有产生新的内容，因此马库什通式可以进行拆分。

以上两种情形的不同可以从另一个角度来解释。第一种情形中，申请人在优先权期限内可能仅研究出了包含取代基 R_3 为 B3 的一个或几个化合物，而并未对取代基 R_3 的另一种选项与其他取代基的各种组合进行系统研究，其在在后申请中增加 R_3 为 B3 仅仅可能是出于正式申请时尽可能根据实施例化合物概括一个最大的保护范围的目的，此时，将马库什权利要求进行拆分进而认可第一部分技术方案的部分优先权将会使得申请人不当得利。而第二种情形中，申请人在优先权期限内显然已经将 R_3 的另一种选项 B3 作为与 A3 并列的选项与其他取代基组合进行了系统研究，申请人在撰写时可选择将涉及 R_3 为 B3 时的技术方案撰写为另一项并列的独立权利要求，也可能出于节约篇幅将其与之前的 R_3 为 A3 的技术方案合并撰写为一项权利要求，此时在在后申请中增加 R_3 为 B3 可视为增加另一组并列技术方案，R_3 为 B3 时对马库什权利要求进行拆分则更为合理。

以上举例仅能较为简单地说明判断马库什权利要求能否拆分的逻辑，除了需要考虑取代基选项，还需要整体考虑马库什通式中各取代基选项的组合，不能在拆分之后产生新性能和作用的一类或单个化合物。而实践中的马库什权利要求通常较为复杂，"一刀切"地认为取代基选项有 2 个或 3 个时可以拆分，而 4 个以上则无法拆分，或是统一按照 EPO 的"投影"理论进行拆分可能都是不合理的。最高人民法院在案例 1 - 14 的判决中指出了马库什权利要求修改的基本原则，但同时也说明要充分考量个案因素。可见，如何较为完善地处理马库什权利要求的拆分及部分优先权等问题仍然有待在审查和司法实践中研讨。

1.4.3 在先申请"公开程度"对马库什化合物优先权效力的影响

1.4.3.1 主要国家或地区相关规定和实践分析

《巴黎公约》第 4 条第 7 款规定：不得以要求优先权的发明中的某些要素没有包含

在原属国申请列举的权利要求中为理由，而拒绝给予优先权，但以申请文件从全体看来已经明确地写明这些要素为限。可见，只有在先申请中已经明确予以记载的发明才能享有优先权是《巴黎公约》的一个基本原则。但是，在先申请必须公开发明到什么程度才属于"明确地写明"，《巴黎公约》中没有明确的规定。

EPO 2023 年审查指南对于发明专利申请"充分公开"的规定在第 F 部分第Ⅲ章第 1 节中记载：对于宽范围权利要求，发明应公开足够的信息使得本领域技术人员根据普通技术知识不需要过度劳动和创造性能力就可以在整个范围内实现发明。EPO 上诉委员会判例法（第 10 版）第Ⅱ部分第 D 章第 3.1.6 节引用 T 843/03 判例：上诉委员会指出优先权文件提供的公开必须使本领域技术人员能够实现（T 81/87，OJ 1990，250；T 193/90），并且已经在多个上诉委员会决定中确立了充分公开的前提，即本领域技术人员能够获得落入权利要求的范围内的几乎全部实施例并且他/她为了达到此目的不会承担过度负担。从专利申请的一般性"充分公开"的要求，到优先权文件的"充分公开"要求，EPO 对于充分公开的判断依据主要是使本领域技术人员不需要付出额外劳动的情况下能够实现发明。T 77/97 判例中，在后申请请求保护具体化合物，虽然优先权文件包含了使本领域技术人员毫不费力地获得在后申请具体化合物的足够信息，但由于优先权文件中并未记载该具体化合物的具体制备方法、结构确认数据等，因此属于"公开不充分"。T 2643/16 判例中，EPO 是要求优先权文件必须以本领域技术人员能够实现的方式公开在后申请的发明的，但并不要求优先权文件记载的信息与在后申请完全相同。

美国专利审查操作指南规定：为了享有在先申请的申请日权益，在后提交的申请必须是发明专利申请，且必须在在先申请（要求其权益的原始申请或在先提交的非临时申请或临时申请）中披露；在先申请和在后申请中的披露内容必须充分满足美国专利法第 112（a）条的要求，除了最佳实施方式要求，根据美国专利法第 112 条的规定，在先申请的披露必须足够支持和能够实现在后申请要求保护的主题。而美国专利审查操作指南中对于发明"能够实现"的解释是：本领域技术人员根据专利申请公开的内容以及已知信息不需要过度实验可以制造和使用发明。[1] 是否"过度实验"需要考虑：权利要求的范围、发明的性质、现有技术的状况、本领域技术人员的水平、本领域的可预见性、提供教导的数量、实施例的多少和根据公开内容制造和使用发明需要试验的数量。

案例 1-4 中在后申请请求保护一个具有特定环结构的小通式Ⅱ-Ⅰ化合物，在先申请没有记载具有该特定结构的通式Ⅱ-Ⅰ，但是申请人意见陈述认为在先申请通式Ⅱ经过取代基的特定组合能够得到通式Ⅱ-Ⅰ，且在先申请中记载了能够支持该特定

---

[1]　In re Wands, 858 F. 2d 731, 8 USPQ2d 1400（Fed. Cir. 1988）.

环结构的具体化合物及其生物活性。审查员接受了申请人的意见，即认可在先申请披露的内容能够充分支持在后申请请求保护的主题，具体化合物给出了通式Ⅱ-Ⅰ能够实施的明确指引。另外两个案例（案例1-5和案例1-6）也从不同角度说明美国专利审查和司法实践中普遍采用美国专利法第112条作为判断优先权有效性的标准。

日本2022年专利审查指南第Ⅴ部分第1章第3.1.3节明确规定了首次申请需要"充分公开"。并且由案例1-7和案例1-8可以看出，日本对于首次申请优先权文件的公开程度的要求是非常严格的。

由以上分析可以看出，世界主要国家和地区对于优先权文件的"公开程度"均有相关要求，需要达到本领域技术人员能够实施的程度。对于医药化学领域特殊的权利要求撰写形式——马库什化合物，其优先权文件的"公开程度"需要依赖充分的实施例化合物及其效果实验，使本领域技术人员在该马库什通式化合物限定的范围内能够实施该发明。

《专利法》及其实施细则中对于涉及优先权的在先申请的"公开程度"问题没有明确的规定。但在案例1-10和案例1-13中，无论是实质审查阶段还是无效宣告请求阶段，各审级均对在先申请的公开程度提出了要求，即我国对于优先权的判断也逐渐与欧洲、美国、日本等国家、地区或组织的标准趋于一致，即要求在先申请"充分公开"的程度是达到本领域技术人员能够实施发明的程度。

1.4.3.2 在先申请"公开程度"的6种情形

表1-6总结了医药化学领域中化合物类专利优先权文件中常见的6种不同"公开程度"的情形。其中，情形1~3通常会因缺乏化合物的结构确认、制备方法和/或用途而被认为"公开不充分"，进而不能作为在后申请的优先权基础；情形6记载的各项信息均较为充分，通常可作为在后申请的优先权基础；而情形4和5中均未记载化合物的活性测试结果，在早期的审查实践中可能被认为"公开不充分"，但在2020年国家知识产权局第391号公告对《专利审查指南2010》进行修改之后，对药品专利申请中补交实验数据的审查原则进行了新的规定："对于申请日后补交的实验数据，审查员应当予以审查。补交实验数据所证明的技术效果应当是所属技术领域的技术人员能够从专利申请公开的内容中得到的。"而对于要求优先权的专利申请而言，在后申请通常会在在先申请的基础上补充实施例化合物和/或实验数据。按照以上原则，如果在后申请证明的技术效果能够从在先申请记载的内容中得到，则可认为两者相同主题中"预期的技术效果"是相同的，进而可将优先权文件作为在后申请的优先权基础。

表 1-6 在先申请"公开程度"的 6 种情形

情形	通式	表格化合物	制备例	具体靶标/适应证	活性测试方法	测试结果
1	★					
2	★	★				
3	★	★	★			
4	★	★	★	★		
5	★	★	★	★	★	
6	★	★	★	★	★	★

以上 6 种情形虽然能总体代表优先权文件记载内容的基本情况，但实践过程中还会涉及更为复杂的情形，例如在先申请和在后申请记载的表格化合物或制备例数量不同、在后申请马库什权利要求的范围与在先申请不同、两者对于靶标/具体适应证以及活性测试方法的记载内容不同等。以下从多个不同角度出发分析影响化合物优先权是否成立的因素。

1.4.3.3 优先权文件中表格化合物或制备例的记载

根据研发进程，在先申请优先权文件中记载的化合物和/或制备例通常会少于在后申请，并且某些具体化合物在优先权文件中仅会以表格化合物的形式记载，而以上不同程度的记载均会对在后申请在请求保护的具体化合物或马库什通式享有优先权时产生影响。

案例 1-3 中 EPO 上诉委员会认为本领域技术人员根据优先权文件整体记载的内容能确定在后申请请求保护的索磷布韦化合物结构、制备方法以及活性，因此其能享有优先权；案例 1-11 中马昔腾坦虽然是记载在申请中的表格化合物，但是从说明书公开的整体来看，本领域技术人员能够结合具体化合物 104 的制备例和效果例预测到具有相近结构的马昔腾坦的技术效果，申请文件对于马昔腾坦的公开是充分的。由上述案例可以看出，表格化合物是否"公开充分"进而享有优先权，主要取决于优先权文件是否记载了类似的、能够根据其预期表格化合物制备和技术效果的其他化合物。

另一方面，马库什权利要求同样需要得到说明书中记载"充分公开"的具体化合物的支持，因此优先权文件中对于具体化合物的记载同样会影响马库什权利要求的优先权是否成立。在审查实践中，为获得授权，申请人通常会对原始申请中的马库什权利要求进行修改，进而得到相对于优先权文件中"较窄范围"的马库什权利要求，在我国的实质审查程序中通常会认为上述"较窄范围"的马库什权利要求能够享有优先权。

笔者认为，并不能仅简单地根据马库什权利要求的范围大小以及取代基是否能直接地、毫无疑义地从优先权文件中得到来判断在后申请的马库什权利要求能否享有优先权，可遵循案例 1-13 给出的原则，关注修改后的"较窄范围"的马库什权利要求是否产生具有特定含义的特定组合，或者突出了原申请中未特别提及的单独化合物或化合物群。具体而言，可在优先权文件说明书记载的"充分公开"的化合物的基础上判断在在先申请的申请时申请人的研究方向聚焦于哪一类化合物，其分别包含哪几类基团组合，再与在后申请修改的"较窄范围"的马库什权利要求进行对照，结合本领域技术人员的预期判断是否产生具有特定含义的特定组合，或者突出了未特别提及的单独化合物或化合物群。上述判断方法本质上与美国联邦巡回上诉法院在案例 1-5 和案例 1-6 中提到的"丛林路标"指引较为类似，即在先申请中需要提供"充分公开"的具体实施例化合物指引本领域技术人员在大范围马库什权利要求的基础上限缩和/或组合出在后申请的"较窄范围"的马库什权利要求。

1.4.3.4　优先权文件中对于靶标或适应证和相关测试方法的记载

当优先权文件中未明确记载化合物的具体活性测试数据而在在后申请中进行补充时，可按照《专利审查指南 2023》第二部分第十章第 3.5 节的审查原则来判断在先申请公开的内容是否能得到在后申请所证明的技术效果，即优先权文件是否"公开充分"。《专利审查指南 2023》第二部分第十章第 3.5.2 节中给出了涉及药品专利申请的审查示例，其中例 1 中原始申请说明书中记载了化合物 A 的降血压作用及测定降血压活性的实验方法，在后补交的关于化合物 A 的降血压效果数据是可被接受的，但对于化合物的适应证和相关实验方法的记载提出了一定的要求。可按照上述原则和示例对优先权文件中关于靶标/适应证和相关测试方法的披露要求进行分析。

对于靶标/适应证，优先权文件中需要具体、详细、确凿地记载。案例 1-10 中在先申请仅泛泛提及了所述化合物具有抗癌活性，并未记载所述抗癌活性的具体测试方法及实验数据，而在后申请说明书中记载了化合物对 JEKO-1 等多种人癌细胞株的抑制活性数据，因此在先申请和在后申请化合物的预期技术效果并不相同；案例 1-13 中早期申请（证据 2）记载了 JAK 激酶家族的主要成员及其各自的作用以及 JAK1、JAK2、JAK3 激酶抑制活性的酶实验和细胞实验的详细测定方法，而在后申请不但记载了上述内容，还记载了 185 个具体化合物的 JAK3 酶数据，在证据 2 对多种可能的技术效果只作了概括性表述，而在后申请进一步明确并证实了某一具体效果的情况下，不能将二者视为相同主题的发明。以上案例表明，优先权文件中仅泛泛记载化合物具有某一大类靶标和/或适应证的活性或仅给出断言性结论，在后申请补充记载关于化合物的较为下位的靶标/适应证的相关活性数据，两者的预期效果并不相同，在后申请不能享有优先权。

对于活性测试方法，优先权文件中需要尽可能详细地记载。《专利审查指南 2023》

中关于补交实验数据的原则性规定本质上是要求本领域技术人员能够确认该实验以及得到的数据结果在申请日前已经完成。对于优先权文件而言，同样需要记载足以使本领域技术人员能确定优先权日前已经完成所述发明的程度，因此优先权文件中应尽可能充分记载与在后申请相同的活性测试方法。但笔者认为，作为一种例外情况，如果优先权文件中已经明确记载了化合物的靶标/适应证，虽然其未记载活性测试方法，但是该实验方法在优先权日前对本领域技术人员是常规的，那么在后申请记载的根据上述实验方法得到的实验数据证明的技术效果仍然是能够从优先权文件中得到的，两者仍然可视为相同主题的发明。

1.4.3.5　优先权文件中对于活性测试结果的记载

如果优先权文件中已经对化合物的活性测试数据进行了记载，但在优先权期限内，专利申请人通过进一步实验研究，在正式提交申请时可能对在先申请中的数据进行部分修正、细化或完善，此时两者关于化合物的活性测试结果可能存在一定的差别，上述差别是否会导致在先申请与在后申请不属于"相同主题"同样是值得思考的问题。

在 CN03802556.6 案中优先权文件记载了化合物 36a 和 36b 对于 CDK4 的 IC_{50}（μM）值分别为 0.007 和 0.017，而在后申请中记载的上述数值分别为 0.006 和 0.011，而国家知识产权局第 44182 号无效宣告请求审查决定（2020 – 04 – 28）中指出"相同主题"并不意味在文字记载或者叙述方式上完全相同，也不意味着用于证明其技术效果的实验数据应当保持完全一致，该专利说明书中记载的同一化合物 IC_{50} 值与优先权文件中存在一定差异，但该差异并不会导致该专利保护的技术方案未记载在优先权文件，亦不影响本领域技术人员实现该专利保护的技术方案，可见国家知识产权局对于在先申请和在后申请中实验数据的差异要求并不严格。

上述案例可能存在一定的特殊性，一方面，在先申请和在后申请的 IC_{50} 值虽然有一定差异，但差异较小，例如 36a 的 IC_{50} 值仅相差 0.001，另一方面，该专利要解决的技术问题是提供一种 CDK4 选择性抑制剂，即化合物对于 CDK4 的抑制活性高于其他细胞周期蛋白依赖性激酶例如 CDK2，其说明书表 1 中记载了众多化合物对于 CDK4、CDK2 和 FGFr 激酶的 IC_{50} 值，验证了化合物对于 CDK4 选择性抑制活性，优先权文件表 1 同样记载了超过 40 个化合物对于上述 3 种激酶的 IC_{50} 值，同样验证了化合物对于 CDK4 选择性抑制活性，即虽然存在少许差异，但二者意图证明的活性趋势、技术效果是相同的，本领域技术人员能够确定优先权日前申请人已经关注了上述技术问题并完成了相关活性验证实验，因此认可其优先权成立是合理的。

审查实践中还存在另一种在先申请和在后申请实验数据不一致的情形，例如优先权文件中记载了其化合物对于某一肿瘤细胞的 IC_{50}（μM）值为 10 ~ 100，在后申请中更为详细地记载了多个具体化合物的 IC_{50} 值，其中某个具体化合物 A 的 IC_{50} 值为 1，对该具体化合物 A 能否享有优先权可能存在一定的争议：一种观点认为该化合物的 IC_{50} 值已经超出了优先权文件的范围，证明的技术效果与在先申请并不相同，因此二者不应视为相同主题；另一种观点则认为无论 IC_{50} 值为 1 还是 10～100，其意欲证明的技术效果都是对于上述肿瘤细胞的抑制活性，两者仍然属于相同主题。

笔者认为，上述情形中不宜直接认可化合物 A 的优先权成立，而应综合考虑多种因素后审慎判断。一方面，关注在先申请和在后申请要解决的技术问题，判断对于肿瘤细胞的 IC_{50} 值由 10 变更为 1 是否会导致上述技术问题以及因此要证明的技术效果发生变化；另一方面，关注在后申请具体化合物的 IC_{50} 值的总体范围，判断化合物 A 的 IC_{50} 值是否显著小于结构相近的其他具体化合物的 IC_{50} 值以及是否具有合理性，并且，此种情形下先质疑两者不属于相同主题进而在申请人提交合理的解释说明或证明文件后再予以接受可能更为合理。

"相同主题"的判断一直都是优先权判断中的重点和难点，而化学领域的特殊性和马库什化合物权利要求的特点则进一步加剧了优先权判断的困难。以上通过对主要国家或地区的相关法律规定和审查实践进行梳理，进而对马库什权利要求优先权的判断原则和考量因素进行分析思考，以期能为创新主体进行相关专利申请提供决策参考。

第 2 章
药物晶型专利的审查与保护

2.1 引 言

晶体是化合物存在的一种固态形式，专利保护中的化合物晶体，主要涉及药物化合物及其不同的晶型。作为一种特殊形态的化合物，化合物晶体或者药物化合物晶型的专利保护既有与一般化合物专利一致的方面，也有其特殊的要求，而这些要求与药物化合物晶型本身的特点密切相关。《专利审查指南 2023》并未记载晶体专利申请有关的具体规定。在专利保护全链条中，如何根据不同国家和地区对化合物晶体或者药物化合物晶型发明专利保护的具体要求，在不同保护阶段做好专利布局、明确保护策略也一直是讨论的焦点。

本节将从晶体化合物的性质出发，通过实际案例探讨化合物晶体在专利保护中应当关注的问题，为化合物晶体，尤其是药物化合物晶型的专利保护策略提供参考。

2.1.1 化合物的晶体或晶型

在自然界中，化合物存在的形态通常可以分为固体、液体或气体。固体物质由于离子、原子和分子的排列与堆积方式不同，其形态也会呈现差异。当离子、原子或分子按照一种确定的方式在三维空间进行周期性的排列，使固体呈现全局有序的状态，则形成了晶体（crystal）或晶态（crystalline）物质。

同一化合物具有两种或两种以上的晶型，即多晶现象（polymorphism），也称"同质异晶现象"。[●] 尽管化合物的分子结构完全相同，不同的晶型却会导致化合物的物理性质（熔点、溶解度、溶解速率等）发生改变。对多晶型的晶体形式认识可以追

● 吕扬，杜冠华. 晶型药物［M］. 北京：人民卫生出版社，2019.

溯到 1812 年,❶ 当时拿破仑·波拿巴和他的士兵的制服上有高度装饰和闪亮的纽扣,但在夏天制作的锡制闪亮的纽扣在冬天变成了灰色,当时这种变化被认为是上帝的愤怒。上述现象的原因是在 −18 ℃时 β − 形式的锡是稳定的,呈现闪亮的白色,而在该温度以下锡稳定的状态则是呈现灰色的 α − 形式。❷

1832 年,有申请人首次发现了有机化合物苯甲酰胺的多晶型,在冷却伊始苯甲酰胺表现为针丝状的晶型,当保持某一温度时,其形成菱形的晶型。依据当时的技术条件,其确定了苯甲酰胺的 3 种多晶态:最不稳定的晶型 Ⅱ 形成于冷却的瞬间,为斜方晶,次稳定的晶型 Ⅲ,在晶型 Ⅱ 之后,为单斜晶体,最稳定的为晶型 Ⅰ,为单斜晶体。

2.1.2　药物晶型的发现与研究

19 世纪中叶以后,人们陆续发现了多种物质能够获得一种以上的晶型,❸ 其后,有研究团队发现氯霉素棕榈酸酯的多晶型具有提高溶解度及生物利用度的性能,并将该发现发表在相关的报告中。❹ 药物多晶型的学术研究及工业化应用得到更为广泛的关注。

药物的多晶型研究不仅是追求药物晶体带来的有益技术效果,如果不关注药物的多晶型,可能会发生严重的不良事件。利托那韦的晶型转变事件是医药工业史上发生的第 1 例因药物的多晶型问题产生的严重不良事件。雅培制药公司于 1992 年发现的抗艾滋病药利托那韦以 Ⅰ 型形式存在,并于 1996 年成功上市。但 1998 年发现上市产品中出现了更稳定的 Ⅱ 型形式,严重影响了其有效性,导致该药从市场撤出。雅培制药公司为此不得不重新开发工艺和制剂,最后得以重新上市。这一产品退市和重新上市,产生了高额的经济损失。

在利托那韦的化合物研发过程中,只鉴出了一种晶型 Ⅰ,其研发过程中 240 批次的利托那韦胶囊产品没有发现稳定性问题。然而在 1998 年,其研发团队发现了某些批次的利托那韦胶囊溶解度变差,达不到原有的溶解度要求,将胶囊的内容物用显微镜及 X 射线粉末衍射(XRPD)检查时,一种后来被称为晶型 Ⅱ 的新晶型被鉴定出来。在利托那韦上市的产品中发现的晶型 Ⅱ 是一种迟发的晶型,在实验室阶段难以被

❶ TANDON R, TANDON N, THAPAR R K. patenting of polymorphs [J]. Pharmaceutical Patent Analyst, 2018 (7):59 − 63.

❷ 古拉德. 拿破仑的纽扣:改变历史的 16 个化学故事 [M]. 北京:北京理工大学出版社, 2007.

❸ BRITTAIN H G. Polymorphism: pharmaceutical aspect, encyclopedia of pharmaceutical technology [M]. New York:Marcel Dekker Publication, 2002:2239 − 2249.

❹ AGUIAR A J, KRC J, KINKEL A W, et al. Effect of polymorphism on the absorption of chloramphenicol from chloramphenicol palmitate [J]. Journal of Pharmaceatical Sciences, 1967, 56:847 − 853.

发现。与原晶型相比，晶型Ⅱ显著地降低了溶解度，是不同构象的同分异构体产生的多晶型构象。在药品生产以后的几周时间内，晶型Ⅱ在成批的产品及制剂中逐渐产生。成品药物的半固体胶囊生产中包括利托那韦的醇溶液，这一溶液是晶型Ⅰ的不饱和溶液，但就晶型Ⅱ而言，其溶液是400%的过饱和溶液，这种溶解性差的晶型Ⅱ突然出现并占主导地位，使得利托那韦的醇溶液难以被制备，利托那韦口服溶液在2~8℃存储的结晶风险也大大增加。晶型Ⅱ被发现后，研究人员将其重新引入实验室进行研究，随后在所有的样品中均被证明存在晶型Ⅱ，同时研究人员还到意大利的生产车间进行调查，确认否因为明显改变生产工艺才导致晶型Ⅱ的出现。至此，原来测不出来的晶型Ⅱ才被在大批的产品中被检测出来，而且在意大利工厂的生产过程中就已经产生了大量的晶型Ⅱ，这一发现使雅培制药公司陷入了危机。● 雅培制药公司在利托那韦退市后，经过大量的研究，最终还是选择了更有利于生成介稳晶型Ⅰ作为最终的产品晶型，并且采用"反滴法"制备晶型Ⅰ，解决了晶型转变的问题，使利托那韦得以重新上市。

可见，药物晶型的研究不仅是为了获得最有利于制药的优势晶型，更重要的是，需要规避在成药以后晶型转变带来的不良影响，避免造成危害健康的安全事故，从而使得药物研发机构遭受巨大损失。

2.1.3　药物晶型专利保护的历史沿革

药物晶型的重要性在被关注以后，其专利保护也随之产生。从最早仅仅关注化合物的纯度而不明确晶体或晶型，到有意识地研发更利于制药的新晶型，药物晶型的专利保护可以从时间上划分为3个阶段：1984年以前的国外保护阶段、1984~1992年我国专利法不保护药物的阶段和1992年以后针对药物晶型保护不断加强的阶段。

通过查询早期的药物晶型专利，笔者选择了较为代表性的专利保护案例，以便对药物晶型专利保护的历史进行了解。1897年，公开号为GB26442的英国专利申请公开了依米丁（emetine）的晶型化合物的制备方法。依米丁是一种催吐药，当时商业应用的产品通常纯度不够，产品里面含有过量的酸，尤其是盐酸，该发明通过去除其中的吐根酚碱从而消除了过量的盐酸，获得了较纯的不含盐酸的依米丁。该专利为药物领域非常早期的专利，尚未采用以权利要求的方式主张发明的保护范围，专利文本中仅包含1897年11月12日提交的临时说明书和1898年8月4日提交的完整说明书。

1931年，辉瑞公司申请了公开号为US1965429的美国专利，该专利涉及无水柠檬

● CHEMBURKAR S R，BAUER J，DEMING K，et al. Dealing with the impact of ritonavir polymorphs on the late stages of bulk drug process development [J]. Organic Process Research & Development Journal, 2000, 4：413 –417.

酸及其制备方法，目的是改善制剂过程中的制粒的流动性，现有的无水柠檬酸需要从含水的柠檬酸中筛选出透明、白色的、多孔颗粒（未明确是否为晶态），而该专利直接在制粒机中产生半透明的、白色的、少孔晶型，利于制备无水柠檬酸，并在权利要求中通过制备方法进行保护。

1944 年，罗氏制药公司（以下简称"罗氏公司"）申请了公开号为 GB559893 的英国专利，该专利涉及制造纯净结晶的 β-泛酸钙的方法，现有技术通常需要制备过程中使用无机盐将较纯的钠盐转化为钙盐，但要从游离的无机酸钠盐中获得泛酸钙是很困难的，该方法始终会残留 1/4~1/2 的游离酸或者氯化钠，而且文献记载，所述产品很难被中和，因此发明人通过有机酸来制备含醇的泛酸钠，其中泛酸钠盐不溶于乙醇而从乙醇中沉淀出来，而泛酸溶于乙醇水溶液，通过该方法在除去水的同时获得高纯度的 β-泛酸钙结晶。

通过以上代表性案例可以看出，早期晶型的研究目的主要在于获得较为纯净的化合物，同时也关注了晶型对于制剂的影响。

1953 年，Distillers 公司申请了公开号为 GB750804A 的英国专利，该专利涉及结晶普鲁卡因青霉素生产工艺改进，发明人获得多种普鲁卡因的晶型，以针状晶型为主，但是针状晶型在结晶过程中以及随后的干燥过程中或者在水性悬浮液中容易凝集，这种凝集对于后续的临床给药造成不利的后果，例如堵塞皮下注射的针管，或者出现肉眼可分辨的不溶解沉淀物。为了减少这种凝集，发明人改用羟乙基纤维素的水溶液制备普鲁卡因青霉素的晶型，从而获得了片状形式的晶型，权利要求的保护主要以普鲁卡因青霉素片状形式的晶型以及羟乙基纤维素作为必要的技术特征进行了限定。

1961 年，Koninklijke 制药公司申请了公开号为 GB954841 的英国专利，该专利涉及一种制备稳定的 1-(5-硝基呋喃亚甲基氨基)-乙内酰脲结晶形式的方法，即呋喃妥英的结晶形式。现有技术制备的呋喃妥英片剂崩解时间过长，超过了最大允许的时间限制，而且毒性范围发生不明的变化，且在小鼠实验上显示 300~800 mg/kg 的半数致死量。发明人发现当呋喃妥英遇水时形成细针状晶体，而当混合有羧甲基纤维素的水溶液时，原黄褐色的不透明晶体生长出细针状的头发丝样晶体，在该条件下晶体重新生长，这也是为什么动物实验总是在后期产生毒性，这正是由于针状晶体越来越多。因此，应当阻止这种针状晶体的生长，发明人发现通常的化合物 110 ℃ 干燥时总是包含痕量的水，而稳定的无水呋喃妥英遇到水或者水蒸气时会转变为单水合物，继而形成针状的单水合物晶体，在存储过程中要避免这种转变是困难的，发明人因此改进了制备方法，首先在不超过 80℃ 的温度下获得黄颜色的单水合物，继而在 55~70 ℃ 干燥所述的化合物 3~5 h，最终形成菱形的黄色透明晶体，其毒性测试表明该新的稳定单水合物晶体避免了之前描述的针状单水合物晶体所造成的毒性。该专利在权利要求中对此进行了晶体制备方法的保护。

1963 年，美国专利 US3109001 公开了一种不吸湿的硫喷妥钠晶型，硫喷妥钠作为麻醉剂通常需要溶于水中进行静脉注射使用，但硫喷妥钠仅在无水状态下是稳定的，其水溶液具有不稳定性，且短时间内容易降解，所以硫喷妥钠的干燥粉末通常需要装在密封的容器中，当时商业化应用的硫喷妥钠为无定形态，极易吸收空气中的水分而液化，虽然可以通过乙醇结晶的方式获得硫喷妥钠的晶型形态，但从乙醇结晶后同样会很快吸收空气中的水分而转变为无定形态，且纯化硫喷妥钠也非常困难。该发明具体公开了硫喷妥钠的一种新晶型，相对于现有技术的进步在于改变了硫喷妥钠的外观，由黄白色变成白色，且制备为不具有吸湿性的晶型，对于所述的晶型，发明人进行了 X 射线衍射（XRD）图谱的分析，并在进行权利要求保护时定义为白色的、稳定的、不具有吸湿性的硫喷妥钠及其类似物晶型产品。

1972 年，葛兰素实验室申请了公开号为 US3887551 的美国专利，涉及头孢噻啶新晶型，具体为一种从酸加成盐中回收头孢噻啶的改进方法，该专利方法发现所述酸加成盐在有机介质中通常具有与所述头孢噻啶不同的溶解度特性的事实。借助于此，发明人将盐溶解在有机溶剂中，将盐原位转化为头孢噻啶，并从反应混合物中回收头孢噻啶。尽管头孢噻啶的产率可能不高于其他方法，但如果通过该发明的方法，获得头孢噻啶的颜色和纯度会得到改善，该发明的特别优选方式能够形成明确定义的结晶材料，使头孢噻啶能够以高纯度状态从其中再生。即所述发明所涉及的晶型是制备过程中的中间晶型，而且是盐的晶型。该晶型可改善头孢噻啶的品质，发明人在进行权利要求保护时采用 XRD 图谱的 2θ 值的方式进行定义。

1975 年，礼来公司申请了公开号为 US4054738 的美国专利，涉及头孢孟多钠的晶型形式。该专利发现头孢孟多钠的结晶无水物，其易于制备并具有抗生素制剂中所需的稳定性特征，还提供结晶甲醇化物和头孢孟多钠的结晶一水合物。这些形式可用作制备头孢孟多钠无水物的中间结晶结构。按照说明书中的记载，虽然头孢孟多钠容易被制备，但要获得适宜制备给药形式的晶型盐是困难的，甚至需要考虑制备 O － 甲酰基衍生物形式的必要性。该发明专利的发现可避免制备 O － 甲酰基形式的衍生物，同时也简化了该抗生素的生产工艺。发明人在进行权利要求保护时采用 XRD 图谱的 d 值进行了定义。

1976 年，辉瑞公司申请了公开号为 US4092315 的美国专利，发现了盐酸哌唑嗪的新结晶形式，其具有优于该药物的其他形式的优点，这些新颖的盐酸哌唑嗪结晶形式中的第一种是无水形式，称为"α － 形式"。已发现 α － 形式相对不吸湿且稳定，当暴露于温度约 37 ℃，相对湿度（RH）约为 75% 时，样品最初含有不超过约 0.5% 的水。在约 30 天的时间内，并且实质上不含超过 1.5%。在该发明的范围内，具有最多含水量不超过约 1.5% 的盐酸哌唑嗪被认为是无水的。因此，它在处理、储存和配制方面具有重要的优点。为方便起见，专利公开的其他结晶、无水、非溶剂化形式的盐酸哌唑嗪，称为 β － 形式、γ － 形式和无水物，另外，还公开了溶剂化物盐酸哌唑嗪甲醇盐。

在进行权利要求保护时采用红外光谱的方式进行了定义。

综上所述，20 世纪 50～70 年代，人们逐渐发现了晶型对制备工艺、制剂工艺的重要性，药物的晶型技术发展本身在 20 世纪 50 年代末引起药学界的注意，各种与晶型相关的技术问题陆续被发现和阐述。到 70 年代后，美国药典中已有个别药物的晶型记载。目前，晶型的权利要求保护采用了多种已知的检测手段或者制备方法来定义，晶型专利的保护越来越受到重视，晶型专利已成为全球布局最广泛的药物技术主题之一，且被认为是在化合物专利保护到期之后延长产品利益的有效方法。

1984 年，辉瑞公司申请了公开号为 US4582831A 的美国专利，涉及 N－(2－吡啶基)－2－甲基－4－羟基－2H－1，2－苯并噻嗪－3－甲酰胺 1，1－二氧化物的单乙醇胺盐（吡罗昔康乙醇胺）的多晶型物，提供了 178～181 ℃熔化并分解的晶型，主张具有更稳定特别适用于多种药物剂型的优点，并在权利要求中采用熔化温度、XRPD 图谱中 2θ 度表示的特征峰参数限定权利要求。由于在当时中国的专利法中规定，化合物不属于能够被保护的客体，该专利的中国同族专利 CN1004001B 仅获得了晶型制备方法的授权。

1998 年，麦克公司申请了公开号为 CN1246113A 的中国专利，公开了一种使 (-)-6－氯－4－环丙乙炔基－4－三氟甲基－1，4－二氢－2H－3，1－苯并噁嗪－2－酮从溶剂和抗溶剂的溶剂体系结晶出来生产结晶产物的方法。于 2001 年获得结晶工艺及其Ⅰ型、Ⅱ型和Ⅲ型晶型的技术方案的授权。该专利是在中国较早获得药物晶型化合物客体授权的专利，但在无效宣告请求审查过程中，根据第 32324 号无效宣告请求审查决定，其记载的 3 种晶型均因为不具有创造性被宣布无效，具体理由是：该申请仅对比了Ⅰ型、Ⅱ型和Ⅲ型晶型三者之间的转化关系，没有证明 3 种晶型与现有技术相比具有何种更加优异的效果。

综上，在 1985 年《专利法》实施之初，药物晶型因为不属于专利法保护的客体在中国不被保护。到 1992 年修正的《专利法》施行之后，开始有保护药物晶型的专利授权，但当时的审查标准较为宽松。随着药物晶体专利不断涌现，如何更有效地保护晶型仍需不断摸索和发展，以使药物晶型专利的保护范围合理、更有意义。

2.1.4 药物晶型专利保护的重要意义

在制药工业中，人们普遍认为，美国食品药品监督管理局（FDA）橙皮书中的"药物"专利为药品的核心专利，其中的原料药专利包括了化合物本身以及药物晶型，美国新药申请人（NDA）会在提出上市请求的申请中提出该晶型的专利，而且申请人还会提供相应的实验数据，并保证该晶型专利与申请上市的药品相同，包括不同的结晶结构、不同水合物、溶剂化合物及无定形的化合物。

美国 FDA 发布的提交局部药品的物理化学和结构（Q3）指南强调了有机挥发性杂质在最终化合物或药物中的重要性。多晶型物可以捕获结晶溶剂，影响最终药物分子的溶解度、稳定性和溶出模式。因此，药物化合物晶型研究已成为药物开发中一项非常烦琐和艰巨的任务，在药物开发期间，不同的多晶型物可能需要不同的制剂配方。例如，在多晶型物具有较差溶解度的情况下，可以使用自乳化药物递送系统或脂质制剂来增加最终药物产品的溶解度。另外，如果使用亚稳态或无定形形式，可以选择合适的赋形剂以改善药物的化学稳定性。药物晶型专利本质上是保护相同化合物的不同物理形态，FDA 橙皮书对于原料药不同形式专利保护的肯定，足以说明药物晶型对于药品的重要意义。

通过早期的专利可以看出，美国和欧洲的专利法较早开始就已经支持了药物晶型的保护，促进了制药公司对于药物晶型产生、影响、表征等多方面的研究。从近年的药物相关专利来看，药物晶型专利仍然是制药公司保护其药品的核心专利之一，并且与药物晶型相关的专利纠纷案件也不在少数，并且，相同的专利纠纷在不同国家和地区可能存在不同的结论。

以止痛药他喷他多（tapentadol hydrochloride）系列专利为例，在美国，有无效宣告请求人针对专利权人的他喷他多系列专利中授权专利 US7994364B2（其为授权公告号为 CN1997621B 的中国专利的美国同族专利）提出了复审（IPR 2016 – 00471）。无效宣告请求人质疑专利 US7994364B2 的权利要求 1～4 和 24～27 的可预见性（美国专利法第 102 条规定的新颖性），没有在复审阶段对显而易见性（美国专利法第 103 条规定的创造性）提出疑问。美国法院支持了格伦吕尔主张无效宣告请求人侵犯晶型专利 US7994364B2，同时认为该药物晶型具有可实施性，具有可专利性无效宣告请求人。PTAB 最终认为无效宣告请求人没有建立合理的关于专利 US7994364B2 权利要求 1～4 和 24～27 已被预先公开的主张，专利 US7994364B2 维持有效。

在上诉至法院阶段，无效宣告请求人（法院阶段为被告）以权利要求 1～3 以及 25 不符合新颖性（参见美国专利法第 102 条）和显而易见性（参见美国专利法第 103 条）要求为由提出无效宣告请求。但美国新泽西州法院在审理他喷他多专利无效请求案时，同样宣告专利 US7994364B2 维持有效。

然而，上述药物晶型专利的中国同族专利 CN1997621B❶ 因缺乏创造性而被宣告无效。在北京知识产权法院一审判决和最高人民法院终审判决中均支持了国家知识产权局的观点，❷ 并驳回了专利权人的再审请求。❸

---

❶ 国家知识产权局第 28122 号无效宣告请求审查决定书。
❷ 北京知识产权法院（2016）京 73 行初 3201 号行政判决书、最高人民法院（2019）最高法知行终 12 号行政裁定书。
❸ 北京知识产权法院（2021）最高法行申 6941 号行政裁定书。

总之，药物晶型专利是药品核心专利之一，但在各国的保护确实存在差异，其中可能包括最接近现有技术选择本身的差异，也包括各国对于晶型专利的不同审查标准。

2.2　主要国家或地区对于药物晶型专利保护的现状

随着制药行业对药物晶型认识的深入和关注程度的提高，以及制药行业经济利益和社会价值的提升，药物晶型相关专利的申请和保护成为制药公司的必争之地。药物研发创新主体不仅要抢占先机布局专利，更要熟悉不同国家或地区对于药物晶型专利保护的现状。

2.2.1　欧　洲

EPO 要求晶型专利❶的权利要求应当清晰、支持、简洁（EPC 第84条），合适的表述例如：物理化学参数、单晶或粉末 XRD 或拉曼光谱、固态^{13}C - NMR（核磁共振法的一种），热方法：热重分析法（TGA）、差热分析法（DTA）、差示扫描量热法（DSC）；不适合的表述例如：化合物 X 的结晶形式 δ，清晰度：使用的参数应可靠，测量条件应包括在权利要求中；不寻常的参数或使用不可获得的设备，由于不能与现有技术进行比较，其测量结果被认为不清晰。清晰的权利要求例如：化合物 X 的结晶形式，其特征在于其主峰使用铜 K - α1 获得的 XRPD 图谱辐射 2θ 分别为 9.0，14.2，23.9 和 27.1 ±0.2。化合物 X 的多晶型 B，以红外线为特征具有吸收带的溴化钾吸收光谱在 3412 nm、1713 nm、1250 nm、1238 nm、1150 nm、1091 nm、751 nm、744 nm、704 nm 和 693 nm。

对于披露充分，EPC 第83条规定，欧洲专利申请必须披露发明的方式足够清晰和完整，可由本领域技术人员执行。披露的固态发明如果出现以下情况，可能会导致披露不充分的问题：①制备方法没有清楚地描述使用的方法以确定所要求保护的固态表格的参数；②与申请的制备过程相同的现有技术，但获得了不同的固态形式；③所描述的所有制备过程都涉及晶种，但没有描述晶种的制备（T 1066/03）。

对于新颖性，EPC 第54条规定，如果没有，发明应被视为新发明形成现有技术的一部分。现有技术应包含一切通过书面或口头方式向公众提供在日期之前，通过使用或以任何其他方式描述提交欧洲专利申请。T 296/87 阐明了多晶型的晶体形式的权利要求通常以参数定义，如果化学物质与已知化学物质在参数上不同，则被认为是新的物质；为了挑战新颖性，现有技术文件必须能够实现，例如该现有技术文件中的技术

❶　EPO. Patenting polymorphic forms at the European patent office［EB/OL］. (2014 - 10 - 21)［2024 - 07 - 20］. http：//www. sztnh. gov. hu/hirek/kapcsolodo/epo/SF_JDM_Patenting_PolymorphicForms_at_the_European_Patent_Offi. pdf.

信息与普通知识一起，使本领域技术人员能够制备获得该化合物；如果现有技术文件公开了晶体参数，但没有公开它的来源或其制备不能实现，也不能挑战新颖性（T 605/02）。对于隐含的披露和参数而言，在相关的现有技术中可能出现不同的参数，或者没有提及参数，而如果已知的权利要求的产品与该现有技术在除参数之外，所有其他方面完全相同，可以首先质疑缺乏新颖性（T 1753/06）。

判断创造性的关键是确定最接近的现有技术和实际解决的技术问题。最接近的现有技术可以是公开了（不同）结晶中相同化合物的文件，或者非结晶或未指明的形式。实际解决的技术问题可以是：①提供一种已知化合物的替代形式来实现与现有技术相同的技术效果；②提供另一种形式的已知化合物，具有不同的化合物（意外）属性。很可能被认为不具有创造性的情形有：一是与最接近的现有技术相同的技术效果（例如相同的药物活性）。第一，在制药行业，本领域技术人员经常会研究药物活性成分（API）的多晶型的晶体形式；第二，如果这种常规得到的另一种晶体形式，仅仅提供这种替代方案被认为是技术问题的明显解决方案。二是对于不同的功能或效果相比最接近的现有技术（例如改善的生物利用度，较低的吸湿性等）。如果本领域技术人员没有理由预期不同的功能或效果，权利要求是非显而易见的，反之，则是显而易见的。不具有创造性的例子还包括：权利要求请求保护化合物 X 的结晶形式（T 777/08），最接近的现有技术中化合物 X 为无定形形式，测试显示化合物 X 有更好的过滤性和干燥特性。实际解决的技术问题是提供替代形式，改善过滤性和干燥特性，创造性评价需要引用的其他现有技术（公知常识）：本领域技术人员会意识到在制药行业多晶型分子式是常见的，结晶产品通常更容易分离、净化、干燥等，这属于本领域技术人员的日常操作。所述决定认为：在没有任何意外的情况下，仅提供已知 API 的结晶形式不能被认为具有创造性。

2.2.2　美　国

美国专利审查操作指南中对于晶型的相关审查，经检索有 2 处，第一，在阐述销售禁止的标准时，即申请人在申请日 12 个月前的行为是否构成了具有商业的销售行为，以及发明人是否已经做好了申请专利的准备，如果在此之前发明人已经做好了申请专利的准备，相关权利要求不具备可专利性。其中，在 *Abbott Laboratories v. Geneva Pharmas*，*Inc.* 案中，❶ 尽管在美国之外的销售国制造的化合物，各方并不知道特定结晶形式的特性，但是药物化合物的特定无水结晶形式因违反上述的销售禁止被认定无效。

第二，在阐述对老产品的纯化中，纯材料相对于纯度较低或不纯的材料而言是具备新颖性的，因为纯的材料和不纯的材料之间存在差异。因此，问题在于对纯材料的

---

❶　182 F. 3d 1315，1319，51 USPQ2d 1307，1310（Fed. Cir. 1999）.

要求是否与现有技术相比是非显而易见的。在 *Bergstrom* 案❶中，较纯形式的已知产品是可获得专利的，但产品的纯度本身并不会使产品非显而易见。

在确定纯产品的纯化形式是否明显优于现有技术时，要考虑的因素包括要求保护的化合物或组合物与现有技术中密切相关的材料是否具有相同的效用，以及现有技术是否暗示特定形式或要求保护的材料的结构或获得该形式或结构的合适方法。在 Cofer 案❷中，声称化合物的自由流动的结晶形式对于公开相同化合物的黏性液体形式的现有技术不具有非显而易见性，因为现有技术没有给出要求保护的结晶形式的化合物或如何获得这种晶体。然而，在方法限定的产品的权利要求的情况下，如果改进某个现有技术的方法也是提高产品的纯度，并且该纯化的产品与其他产品没有结构或功能差异，该改进现有技术的方法不会因此产生可专利性。❸

2.2.3　中　国

我国建立专利制度的时间晚于欧美国家，但自有晶型专利获得授权后，药物晶型专利申请呈显著上升趋势，对于药物晶型的专利保护策略也愈发引起制药公司的关注。在药物晶型的专利保护中，其侧重点也几经变化。在近几年的晶型无效宣告请求案件中，除了部分案件是以公开不充分、不支持或不具备新颖性被宣告无效以外，大部分案件是因为不具备创造性被宣告部分或全部无效。可见，创造性的判断既是药物晶型专利保护的重点也是难点。

《专利审查指南 2023》中规定了化合物的创造性的判断标准，但并未记载晶体的具体要求。实际操作中，对晶体化合物而言，其创造性的审查标准同样符合化合物的创造性的判断标准。这一点在审查和司法实践中基本达成共识。在司法实践中普遍认定，❹ 在判断药物晶型发明与现有技术中的已知化合物或已知晶型在结构上是否接近时，在此所指的结构是核心活性化合物的化学结构，而非晶体微观上的结构接近。如果化合物的核心活性化合物结构相同，则认为它们在结构上接近。例如活性化合物晶体与已知化合物、其盐或酯等衍生物之间，由于它们都具有相同的核心化合物结构，则认为它们在结构上是接近的；而同一化合物的新晶体与已知晶体之间，它们具有完全相同的化学结构，仅是微观结构上不同，也可以认为它们在结构上是接近的。在此情形下，新化合物晶体需要具有预料不到的用途或效果才能满足创造性的要求，这是对结构接近的化合物有无创造性的判断标准。综上，在创造性审查中，以"结构接近

❶ 427 F. 2d 1394，166 USPQ 256（CCPA 1970）.
❷ 354 F. 2d 664，148 USPQ 268（CCPA 1966）.
❸ *Purdue Pharma v. Epic Pharma*，811 F. 3d 1345，117 USPQ2d 1733（Fed. Cir. 2016）.
❹ 最高人民法院（2011）知行字第 86 号行政裁定书。

的化合物"为最接近的现有技术是判断基础,"制备晶体化合物存在普遍技术启示"是普遍观点,"是否取得预料不到的技术效果"是争议焦点。

在实质审查、复审和专利确权阶段,一般认为化合物晶体属于"结构接近的化合物","结构接近的化合物"是进行晶体创造性判断的重要过程,在无效宣告请求案件分析的过程能够发现,在确定了最接近的现有技术以后,一般对于预料不到的技术效果的判断成为关键。除了需要综合考虑晶体所获得的整体性质的改善,如稳定性、溶解度、生物利用度、活性等;还需要同最接近的现有技术进行比较,如已知化合物或已知晶体的效果进行比较;还需要区别晶体的微观结构的不可预期性与技术效果的不可预期性。综上所述,仅凭独特的微观结构特性将不足以给发明带来创造性。

以实质审查、复审阶段的案件为例。吉利德公司提交的申请号为 CN201580031460.3 的专利申请请求保护"抗病毒化合物的固体形式"的技术方案,具体涉及结晶的 {(2S)-1-[(2S,5S)-2-(9-{2-[(2S,4S)-1-{(2R)-2-[(甲氧基羰基)氨基]-2-苯基乙酰基}-4-(甲氧基甲基)吡咯烷-2-基]-1H-咪唑-5-基}-1,11-二氢异吡喃[4′,3′:6,7]萘并[1,2-d]咪唑-2-基)-5-甲基吡咯烷-1-基]-3-甲基-1-氧丁烷-2-基}氨基甲酸甲酯磷酸盐(化合物 I 磷酸盐形式ⅩⅡ),实质审查阶段的驳回决定中认为该申请化合物 I 磷酸盐形式ⅩⅡ与对比文件 1 中的化合物 I 主体化学结构相同,属于结构接近的化合物,其相对现有技术未产生预料不到的技术效果。在复审阶段,复审决定书❶尽管没有采用相同的表述,但实质上认可了上述观点,并认为尽管对比文件 1 没有教导如何制备形式ⅩⅡ,但成盐和形成结晶均是本领域在完成药物产品开发后容易想到的优化药物化合物性能的常规技术手段,是药物研发途径的主要趋势和惯用手段。

以专利确权阶段的案件为例。在江苏恒瑞医药股份有限公司(以下简称"恒瑞医药")与格吕伦塔尔有限公司关于授权专利 CN1997621B 的无效宣告请求案件中,无效宣告请求审查决定❷认为,基于证据 1 没有公开具体的晶型 A 及其 X 射线图谱的数据,同时该案不能确定在环境条件下尤其是室温下晶体 A 是否具有更好的稳定性,且该案说明书中没有记载晶型 A 是否具有其他与效果相关的性能,尤其是没有记载在制备药物组合物时晶型 A 与晶型 B 的性能有何不同的基础上,认为该案相对于证据 1 并未取得更好效果,进而宣布全部权利要求无效。该无效宣告请求审查决定在后续法院判决中,得到北京知识产权法院和最高人民法院的判决❸支持。

---

❶ 国家知识产权局第 231577 号复审决定书。
❷ 国家知识产权局第 28122 号无效宣告请求审查决定书。
❸ 北京知识产权法院(2016)京 73 行初 3201 号行政判决书、最高人民法院(2019)最高法知行终 12 号行政判决书和(2021)最高法行申 6941 号行政裁定书。

2.3 药物晶型专利保护中的重点问题

对于药物晶型的专利保护，专利申请的审查是必不可少的环节。《专利法》和《专利审查指南 2023》中对于化合物晶体/晶型发明并没有单独的明确规定，一般参考普通化合物的审查标准，但在审查实践中，各个法条具体运用于普通化合物又存在一定的区别。以公开充分为例，化合物晶体的公开充分比一般化合物需要的数据相对更多，因为晶体是化合物的一种特定形态，需要足够的数据证明该化合物确实为晶体形态，具体的晶型也需要相应的数据证明。对于药物化合物晶型，则既需要作为药物化合物的数据公开充分又需要作为晶体/晶型的数据公开充分。

在审查实践中，虽然化合物晶型的特殊性已经被大家所认可，但在实际操作中仍然存在一定的困惑。公开充分究竟需要哪些数据？如何才能证明本申请化合物的晶型与现有技术已知的晶型不同？如何判断晶型专利具有新颖性，如何判断预料不到的技术效果？这些问题一直被不断讨论，并且随着技术的发展，一些判断的标准也在变化。

2.3.1 关于晶体和晶型的几个容易混淆的概念

虽然晶体或晶型已经为人们所熟知，但在不同的文献中一些相关术语的具体含义还存在不同的解释，本书中为了方便讨论，先对一些概念进行澄清。

2.3.1.1 无定形与无定型

对于非晶型的固体，在专利申请文件以及非专利文献中经常看到的表述有"无定形"和"无定型"两种，那么，究竟是无定形还是无定型呢？在相关文献中，无论是无定形还是无定型，其对应的英文都是"amorphous"。

在《化工词典》❶ 中，只有无定形物的定义：amorphous substance，有时也称非晶体，指不具有规则的几何多面体外形的固体。

由此可知，"amorphous"在中文中应当翻译为无定形，或无定形态。但由于在提及药物化合物的无定形时，一般是相对其他晶型而言的，因此也有部分文献称为无定型，即没有固定的晶型。在读秀中检索，无定形晶体或无定型晶体的结果都不少。本书中以《化工词典》为基准，统一称之为无定形。

---

❶ 王箴. 化工词典 [M]. 北京：化学工业出版社，2000.

2.3.1.2　溶剂合物中的溶剂在何处

根据本领域的常规方法，晶体一般是从溶剂中结晶得到的，在结晶的过程中，化合物和溶剂一起形成了晶体，即溶剂合物，也称溶剂化物。溶剂合物是 2014 年由科学出版社出版的《药学名词（第二版）》中公布的药学名词，但在文献中，采用溶剂化物的表述也很多。

晶体与溶剂的物理作用主要分为以下 3 种：①物理吸附：包括表面吸附和晶体缺陷吸附；吸附的溶剂可以通过干燥、洗涤或者控制结晶工艺，相对容易除去；②液体包含：溶剂进入了晶胞间的空隙，这种溶剂比较难以除去；③进入晶格内部：溶剂进入晶格内部形成溶剂化物，这种情况也称作"假多晶型"。

根据溶剂合物的定义，溶剂必须进入晶格内部，才能称为溶剂合物，物理吸附和液体包含均属于液体的残留，而不属于形成了溶剂合物。但进入晶格内部的溶剂也分为以下多种情况。

① 独立位点的溶剂合物（空穴型溶剂合物），其溶剂占据了晶格的位点，溶剂分子之间不存在相互作用，例如氢化可的松的甲醇溶剂化物。

② 通道型溶剂合物（隧道型溶剂合物），溶剂分子存在于晶胞的隧道中，溶剂分子之间存在相互作用，当溶剂通道处于打开的状态，溶剂可吸附或脱除，这一类型的晶型，溶剂含量的变化对于 XRD 图谱的变化影响不大。在 2015 年中国法院十大知识产权案件之一的阿托伐他汀水合物专利案中，专利权人声称晶体中的水不以结晶水的形式存在（可理解为不占据晶格位点），因此含不同摩尔比水分子的晶体具有相同的 XRPD 图谱。通道型溶剂化物和液体包含有一定的相似之处：两者的溶剂均不参与晶胞的构建，因此失去溶剂也不会影响晶体的某些参数。两者的区别在于通道型溶剂化物中的溶剂因为进入晶格而更难除去，这点可以从 DSC 或 TGA 图谱中得到体现。也有观点认为，由于通道型溶剂化物的溶剂容易失去，且失去后还能够再次进入晶胞，因此，其中的溶剂也属于一种吸附，而并非形成了溶剂化合物。但就目前的专利文献来看，从专利保护的角度来说，笔者认可通道型溶剂化物属于溶剂化物的一种。

③ 络合型溶剂合物（离子型溶剂合物），溶剂分子与金属阳离子通过氢键作用形成络合物。

同一个溶剂合物分子还可能存在两种以上的类型，例如抗心衰的重磅药物 LCZ96 就具有两种类型的水合物，分别是通道型和络合型，其 TGA 图谱有两个脱水台阶。

2.3.1.3　水合物是不是溶剂合物

水属于溶剂的一种，从定义上来说，水合物应当属于溶剂合物的一种，并且是常见的溶剂合物。由于水分子是所有溶剂中最小的分子，具有最小的体积，因此非常容易渗透到分子晶体的晶格中。但也有文献将两者进行了区别，即溶剂合物指含水以外其他溶剂（有机溶剂）的结合物。在专利申请中，将水合物和溶剂合物区分讨论的情况更为多见，这是因为，对于药物的晶体而言，由于其被用作药物，水或有机溶剂的差异很大，水对人体来说是非常安全的，而有机溶剂则需要考虑其作为药物的安全性。因此在本书中，笔者也将水合物和溶剂合物分开讨论，即溶剂合物仅指含水以外其他溶剂（有机溶剂）的溶剂化合物。

2.3.2 数据记载对药物晶型专利保护的重要性

化学作为一门实验性科学，化学发明是否能够实施往往难以预测，必须借助于试验结果加以证实，而试验的结果往往以数据的形式呈现。因此，在化学领域的专利中，数据的重要性不言而喻。与药物晶型相关的数据有多种，既包括化合物的一般确认数据，如化合物的分子式、分子量等，也包括晶体特有的 XRD、晶胞参数等。化合物的效果数据既包括化合物作为药物的活性数据，也包括化合物的熔点、溶解度、溶解速率、稳定性、吸湿性、引湿性等与晶型相关的物理性质。清楚、明确以及完整的数据是使药物晶型作为化合物以及晶体能够被确认的基础，数据的记载也是药物晶型具备新颖性和创造性的关键性证据。

2.3.2.1 数据记载对于公开充分的重要意义

就充分公开而言，《专利法》第 26 条第 3 款规定，说明书应当对发明或者实用新型作出清楚、完整的说明，以所属技术领域的技术人员能够实现为准。《专利审查指南2023》第二部分第十章对于化学产品的公开作出了规定：要求保护的发明为化学产品本身的，说明书中应当记载化学产品的确认、化学产品的制备以及化学产品的用途。

对于晶体，作为一种化学产品，如果化合物本身为未知化合物，说明书中除了需要记载化合物的名称和/或结构，还需要记载晶体的确认和制备，即可以表征晶体的特征参数，一般包括晶体晶胞参数和空间群（基于单晶 XRD）、晶体 XRD 数据或图谱、固态核磁共振（NMR）数据或图谱，以及晶体的制备过程。作为未知化合物，还应当记载晶体的用途和/或效果数据。如果化合物为现有技术已知的化合物，则应当记载晶体的表征参数及其制备过程。

在药物晶型的专利保护中，水合物和溶剂合物占比较大，需要注意的是，水合物和溶剂合物对于数据记载的要求更为严格，需要能够确认晶体中水或溶剂具体的分子个数。如果在申请文件或优先权文件中未对相关数据进行详细的记载，则会导致公开不充分。

在前文提及的阿托伐他汀水合物专利案中，说明书中仅记载了一种晶型的 XRPD

图谱，未提供任何的数据以确认该晶型中水的具体含量，虽然专利权人仅声称对于阿托伐他汀而言，其水合形式与非水合形式等价，水的存在不会影响晶体的 XRPD 图谱，即水的含量为 1～8 mol，化合物的晶型不变，XRPD 图谱也不变。但从说明书记载的内容来看，没有任何证据证明这一点，并且从申请文件记载的内容中也无法获知如何才能受控地制备得到该专利保护的含 1～8 mol 水（优选 3 mol 水）的 I 型结晶阿托伐他汀水合物。最终，由于不符合《专利法》第 26 条第 3 款的规定涉案专利被宣告全部无效。

需要注意的是，作为药物化合物晶型，其不仅要满足作为晶体化合物充分公开的条件，即使本领域技术人员能够确认其为晶体并确认为何种晶型，还应当满足作为药物化合物充分公开的条件，即使本领域技术人员能够确认该化合物作为药物的技术效果。一般而言，如果特定晶型的药物化合物是已知化合物，现有技术已经公开了该化合物作为药物的技术效果，则该申请中可以不记载该药物晶型化合物作为药物的效果数据，例如，对于某种酶、细胞的抑制效果，对于某种疾病的治疗效果。如果化合物本身为新化合物，则上述数据均需要记载。此外，还需要注意，在判断药物化合物是否为已知化合物时，现有技术是以优先权日作为判断标准。

【案例 2－1】　CN200680053206.4

该专利申请涉及 N－[2，4－双（1，1－二甲基乙基）－5－羟基苯基]－1，4－二氢－4－氧代喹啉－3－甲酰胺的固体无定形及其制备方法和药物组合物，申请日为 2006 年 12 月 28 日，优先权日为 2005 年 12 月 28 日。

【涉案权利要求】

1. N－[2，4－双（1，1－二甲基乙基）－5－羟基苯基]－1，4－二氢－4－氧代喹啉－3－甲酰胺的固体无定形。

3. 无定形 N－[2，4－双（1，1－二甲基乙基）－5－羟基苯基]－1，4－二氢－4－氧代喹啉－3－甲酰胺的制剂，它基本上不含结晶 N－[2，4－双（1，1－二甲基乙基）－5－羟基苯基]－1，4－二氢－4－氧代喹啉－3－甲酰胺。

35. 一种药物组合物，其包含无定形 N－[2，4－双（1，1－二甲基乙基）－5－羟基苯基]－1，4－二氢－4－氧代喹啉－3－甲酰胺。

【审理过程】

该申请请求保护一种 N－[2，4－双（1，1－二甲基乙基）－5－羟基苯基]－1，4－二氢－4－氧代喹啉－3－甲酰胺的固体无定形及其制备方法和药物组合物。说明书中记载该化合物是跨膜电导调节因子（CFTR）活性调节剂，用于治疗哺乳动物中

CFTR 介导的疾病。说明书中记载了化合物的名称、结构，无定形以及其他两种不同晶型的制备方法和表征数据，包括 XRPD 图谱、单晶 XRD 图谱、DSC 曲线、TGA 曲线，此外，还记载了无定形以及两种晶型的溶解度以及生物利用度。但是说明书中并未记载化合物作为 CFTR 活性的调节剂的相关实验数据，即并未记载晶体作为药物化合物的用途和/或效果数据。

在审查过程中，申请人认为，该申请的系列申请 WO2006/002421A2（在该申请中

并未引用）中记载了具有 CFTR 活性调节作用的通式 I 化合物：

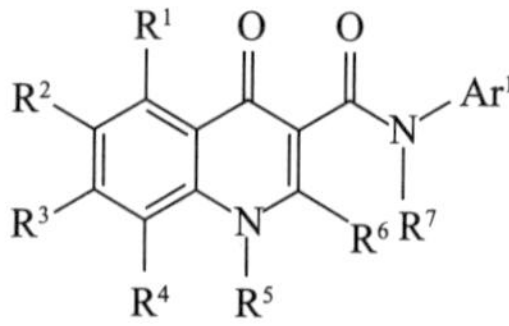

说明书中记载的具体化合物 433 即为涉案化合物 N－[2，4－双（1，1－二甲基乙基）－5－羟基苯基]－1，4－二氢－4－氧代喹啉－3－甲酰胺，说明书中还记载了该化合物的对于 ΔF508－CFTR 的百分比活性和 EC_{50} 值。即该申请的化合物及其活性已经在现有技术中公开，该申请请求保护的无定形以及晶型是公开充分的。然而专利 WO2006/00241A2 的公开日为 2006 年 1 月 5 日，而该申请要求的优先权日为 2005 年 12 月 28 日，也就是说，以优先权日作为时间界限，专利 WO2006/002421 并非该申请的现有技术，不能依据该文献确认该申请为已知化合物，且具有 CFTR 活性调节作用。综上，对于请求保护的无定形和晶型，该申请未对其公开充分。最终，该申请被以公开不充分为由驳回。

该申请的后续审理也值得关注。由于该申请并不存在 PX 类文献，申请人在提交复审请求时，提交了放弃优先权声明，使该申请的相关日变成了申请日 2006 年 12 月 28 日，WO2006/002421A2 也变成了现有技术。基于该现有技术，在申请日时，已经知晓该化合物具有 CFTR 活性调节作用，即其活性是本领域技术人员已知的，因此该申请中可以不记载相关的活性实验数据，结合该申请记载的其他信息，可以确认该申请对于无定形的 N－[2，4－双（1，1－二甲基乙基）－5－羟基苯基]－1，4－二氢－4－氧代喹啉－3－甲酰胺已经充分公开。该申请在克服了其他的缺陷后最终获得授权。

【争议焦点】

该申请的争议焦点在于现有技术的判断，申请人认为应当以申请日作为现有技术的判断界限，而审查意见认为应当以优先权日作为判断界限。

【案例思考】

（1）引证文献的重要性

对于现有技术未公开的新化合物，在药物晶型专利申请的撰写中，除了满足晶体

充分的要求外，也不能忽视作为化合物尤其是药物化合物公开充分的一般要求。如果作为系列申请，想采用引证系列申请文献来证明公开充分，要注意在说明书中清楚记载该引证文献并关注引证文献的相关日期。上述案件是在《专利审查指南 2010》实施时进行审查的，《专利审查指南 2010》规定："在申请文件中引用的外国专利文献的公开日应当在该申请的申请日之前。"因此，即使在申请文件中引证了在先的系列申请 WO2006/00241A2，也不能克服公开充分的问题。不过，在新修改的《专利审查指南 2023》中，关于背景技术的引用文献部分进行了修改，删除了外国专利文件的公开日应当在该申请的申请日之前的规定，即按照新指南的规定，如果申请人在该申请的申请文件中引用了在先的系列申请 WO2006/00241A2，由于其申请日早于该申请的申请日（经核实两者的优先权均成立，此处的申请日指优先权日），则其中公开的内容可以作为该申请引证的内容，即使该申请保留优先权日，也可以认可其公开充分。

（2）放弃优先权的风险

该案中，由于不存在 PX 类文献，申请人选择放弃优先权来克服公开不充分的问题，尽管该申请最后获得了授权，但这样的做法存在一定的风险。

首先，在放弃优先权后，在先申请 WO2006/00241A2 成为现有技术，其记载了与该申请相同的化合物，可用于评价该申请的新颖性和创造性。申请人必须确保在后申请记载足够的数据用于证明该申请相对于在先申请具备新颖性和创造性。其次，尽管在审查阶段未出现 PX 类文献，如果在后续阶段经检索出了新的 PX 类文献，那么放弃优先权就会导致 PX 类文献变成现有技术，存在专利权被宣告无效的风险。

2.3.2.2 数据记载的一致性与优先权判断

药物的研发是一个长期的过程，对于原研药物，在获得具有研究价值的化合物后，进一步开发其水合物或溶剂合物是研发的常规思路。在研发过程中为了尽快构建技术壁垒，研发者们往往会提交还未完全完善的技术方案作为专利申请保护的内容，后期再通过要求优先权的形式对其进行完善。对于药物晶型中常见的水合物或溶剂合物，前文中已经提及了其对于数据记载的要求更为严格，如果在优先权文件和申请文件中存在记载不一致的情况，则可能会导致不能享有优先权，进一步导致丧失新颖性的风险。

【案例 2-2】 CN201510398190.1❶

该专利涉及甲磺酸阿帕替尼。阿帕替尼是恒瑞医药研发的 1 类新药，活性成分是"甲磺酸阿帕替尼"。恒瑞医药于 2011 年 8 月向国家食品药品监督管理局药品审评中心

---

❶ 国家知识产权局第 33126 号无效宣告请求审查决定书。

（现为国家药品监督管理局药品审评中心）提出该药品的上市申请，历时3年多，最终于2014年12月获得批准上市。阿帕替尼上市后，迅速为恒瑞医药带来了可观的收益，上市第一年即获得了超过3亿元的销售业绩，成为恒瑞医药旗下众多产品中的"明星"。有分析认为，随着新适应证不断拓宽，阿帕替尼未来有望为恒瑞医药带来超过20亿元的年收入。

然而，为恒瑞医药带来高收益的阿帕替尼却被诉专利侵权。上海宣创生物科技有限公司以侵犯"烟酰胺类衍生物的甲磺酸盐A晶型及其制备方法和应用"发明专利权为由，将恒瑞医药诉至北京知识产权法院，请求法院判令恒瑞医药立即停止侵权行为，即停止生产、销售阿帕替尼，并赔偿经济损失100万元。

为应对上述侵权诉讼，2017年3月28日，恒瑞医药针对涉案专利提出无效宣告请求，请求宣告涉案专利权利要求1~10全部无效。

【涉案权利要求】

1. N-[4-(1-氰基环戊基)苯基]-2-(4-吡啶甲基)氨基-3-吡啶甲酰胺甲磺酸盐A晶型，其特征在于，其XRPD图谱在2θ=5.34、10.341、14.438、15.841、17.32、18.301、18.68、19.005、19.577、20.26、21.161、21.859、22.379、23.04、23.5、24.177、24.959、25.881、26.641、27.18、28.3、28.999、29.501、31.96、32.258、33.999、36.798、37.38、41.297处具有衍射峰，其中2θ值的误差范围为±0.2，含水量为2.5%~4.5%。

2. 如权利要求1所述的N-[4-(1-氰基环戊基)苯基]-2-(4-吡啶甲基)氨基-3-吡啶甲酰胺甲磺酸盐A晶型，其特征在于，其XRPD图谱如图1所示。

3. 如权利要求1所述的N-[4-(1-氰基环戊基)苯基]-2-(4-吡啶甲基)氨基-3-吡啶甲酰胺甲磺酸盐A晶型，其特征在于，所述的N-[4-(1-氰基环戊基)苯基]-2-(4-吡啶甲基)氨基-3-吡啶甲酰胺甲磺酸盐A晶型为一水合甲磺酸盐。

4. 制备如权利要求1、2或3所述的N-[4-(1-氰基环戊基)苯基]-2-(4-吡啶甲基)氨基-3-吡啶甲酰胺甲磺酸盐A晶型的方法，其特征在于，包括以下步骤：将N-[4-(1-氰基环戊基)苯基]-2-(4-吡啶甲基)氨基-3-吡啶甲酰胺的甲磺酸盐投入到有机溶剂中，所述N-[4-(1-氰基环戊基)苯基]-2-(4-吡啶甲基)氨基-3-吡啶甲酰胺的甲磺酸盐与所述有机溶剂的配比为1:150~250 g/mL，在室温下摇床震荡，然后过滤、真空干燥，得白色粉末即为烟酰胺类衍生物的甲磺酸盐A晶型；

所述有机溶剂为醇类、醚类、酯类、酮类、脂肪烃类、芳香烃类有机溶剂的任一种，或者上述任意两种或两种以上以任意比例的混合；

所述醇类有机溶剂为甲醇、乙醇、异丙醇、正丙醇、异丁醇、正丁醇或；

所述醚类有机溶剂为异丙醚或甲基叔丁基醚;

所述酯类有机溶剂为乙酸乙酯或乙酸丁酯;

所述酮类有机溶剂为丁酮或 4 – 甲基 – 2 – 戊酮;

所述脂肪烃类有机溶剂为正庚烷;

所述芳香烃类有机溶剂为甲苯。

5. 如权利要求 4 所述的方法,其特征在于,所述 N – [4 –(1 – 氰基环戊基) 苯基] –2 –(4 – 吡啶甲基) 氨基 –3 – 吡啶甲酰胺的甲磺酸盐与所述有机溶剂的配比为 1∶200 g/mL。

6. 制备如权利要求 1、2 或 3 所述的 N – [4 –(1 – 氰基环戊基) 苯基] –2 –(4 – 吡啶甲基) 氨基 –3 – 吡啶甲酰胺甲磺酸盐 A 晶型的方法,其特征在于,包括以下步骤:将 N – [4 –(1 – 氰基环戊基) 苯基] –2 –(4 – 吡啶甲基) 氨基 –3 – 吡啶甲酰胺的甲磺酸盐溶解于甲醇中,所述 N – [4 –(1 – 氰基环戊基) 苯基] –2 –(4 – 吡啶甲基) 氨基 –3 – 吡啶甲酰胺的甲磺酸盐与所述甲醇的配比为 1∶25 ~35 g/mL,然后滴加异丙醚、甲基叔丁基醚或乙腈,当发现有固体析出时停止滴加异丙醚、甲基叔丁基醚或乙腈,将上述反应液静止至得到类白色固体,将类白色固体过滤,真空干燥得到白色粉末即为烟酰胺类衍生物的甲磺酸盐 A 晶型。

7. 如权利要求 6 所述的方法,其特征在于,所述 N – [4 –(1 – 氰基环戊基) 苯基] –2 –(4 – 吡啶甲基) 氨基 –3 – 吡啶甲酰胺的甲磺酸盐与所述甲醇的配比 1∶30 g/mL。

8. 制备如权利要求 1、2 或 3 所述的 N – [4 –(1 – 氰基环戊基) 苯基] –2 –(4 – 吡啶甲基) 氨基 –3 – 吡啶甲酰胺甲磺酸盐 A 晶型的方法,其特征在于,包括以下步骤:将 N – [4 –(1 – 氰基环戊基) 苯基] –2 –(4 – 吡啶甲基) 氨基 –3 – 吡啶甲酰胺的甲磺酸盐溶解于二甲基甲酰胺中,所述 N – [4 –(1 – 氰基环戊基) 苯基] –2 –(4 – 吡啶甲基) 氨基 –3 – 吡啶甲酰胺的甲磺酸盐与所述二甲基甲酰胺的配比为 1∶35 ~50 g/mL,然后滴加异丙醚、甲基叔丁基醚或乙腈,当发现有固体析出时停止滴加异丙醚、甲基叔丁基醚或乙腈,将上述反应液静止至得到类白色固体,将类白色固体过滤,真空干燥得到白色粉末即为烟酰胺类衍生物的甲磺酸盐 A 晶型。

9. 如权利要求 8 所述的方法,其特征在于,所述 N – [4 –(1 – 氰基环戊基) 苯基] –2 –(4 – 吡啶甲基) 氨基 –3 – 吡啶甲酰胺的甲磺酸盐与所述二甲基甲酰胺的配比 1∶40 g/mL。

10. 如权利要求 1、2 或 3 所述的 N – [4 –(1 – 氰基环戊基) 苯基] –2 –(4 – 吡啶甲基) 氨基 –3 – 吡啶甲酰胺甲磺酸盐 A 晶型在制备治疗晚期非小细胞肺癌、胃癌、肝癌或乳腺癌的药物中的应用。

【审理过程】

无效宣告请求审查过程中,双方选用的证据如图 2 – 1 所示。

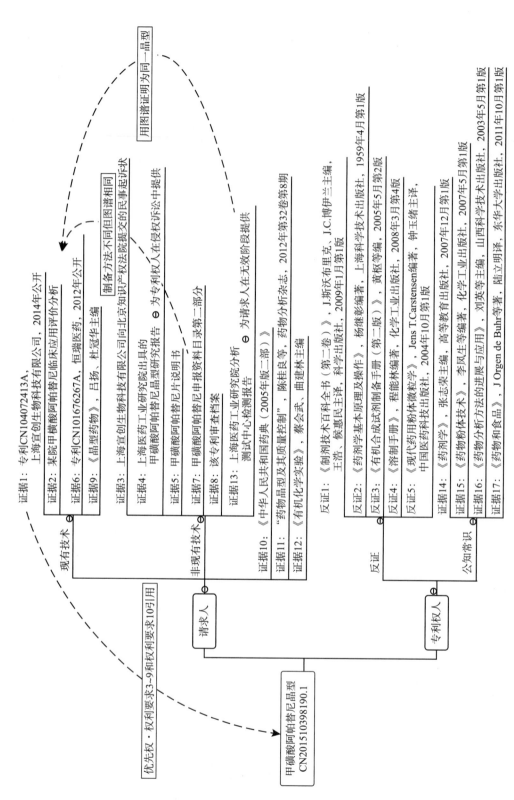

图 2 - 1 双方选用的证据

【争议焦点】

该案争议的焦点之一在于优先权是否成立。

2008 年修正的《专利法》第 29 条第 2 款规定，申请人自发明或者实用新型在中国第一次提出专利申请之日起 12 个月内，又向国务院专利行政部门就相同主题提出专利申请的，可以享有优先权。

要求享受优先权的权利要求应当涉及与在先申请相同的主题，即该权利要求的技术方案应当清楚地记载于该在先申请的文件中，如果该权利要求的技术方案不同于该在先申请的说明书和权利要求书中记载的相应技术方案，那么二者不属于相同主题，该权利要求不能享受该在先申请的优先权。

该案中，请求人主张，证据 1（CN104072413A，即该申请的优先权）的权利要求 1～3、说明书第 25～31 段以及图 1 记载了阿帕替尼甲磺酸盐 A 晶型的 XRPD 图谱数据以及图谱，含水量为 2.5%～4.5%，但没有记载该专利权利要求 3 保护的技术方案，即没有记载 A 晶型为一水合物；同时，证据 1 也没有记载阿帕替尼甲磺酸盐 A 晶型的 DSC－TGA 图谱和分析结果，根据 XRRD 图谱也无法判断出一水合物的存在。权利要求 3 的技术方案没有记载在该专利的优先权文件中，因而不能享受优先权。权利要求 10 引用权利要求 3 的技术方案也不能享受优先权。

专利权人认为，证据 1 中公开了 XRPD 图谱，对于晶体而言是指纹性的，且由相同方法制备相同的化合物，本领域技术人员可以确认为一水合物。

无效宣告请求审查决定中认为，该专利权利要求 3 保护如权利要求 1 所述的 N－［4－（1－氰基环戊基）苯基］－2－（4－吡啶甲基）氨基－3－吡啶甲酰胺甲磺酸盐 A 晶型，其特征在于，所述的 N－［4－（1－氰基环戊基）苯基］－2－（4－吡啶甲基）氨基－3－吡啶甲酰胺甲磺酸盐 A 晶型为一水合甲磺酸盐，引用的权利要求 1 限定了 XRPD 衍射峰和含水量范围。在该专利优先权文件的公开文本中，权利要求 1 和权利要求 3 分别限定了所述 A 晶型的 XRPD 衍射峰和含水量范围，说明书实施例 1～3 记载了烟酰胺类衍生物的甲磺酸盐 A 晶型的制备方法以及所述 A 晶型的含水量，图 1 给出了所述 A 晶型的 XRPD 图谱，说明书以及权利要求 1 和 3 还记载了 A 晶型的 XRPD 衍射峰和含水量范围。该专利说明书中除记载了上述内容外，还增加了实施例 13 和图 6 的 TGA 图谱，通过 DSC－TGA 表征 A 晶型，并确认为一水合物。可见，该专利权利要求 3 相对于优先权文件增加了关于"一水合甲磺酸盐"的内容。

优先权制度是为方便专利申请人在不同国家和地区申请专利提供便利的程序性设计，必须受先申请原则的限制，在优先权日以后所作的任何改进，包括扩大保护范围和增加新的技术特征等，都不能享受在先申请的优先权，避免这一制度为其带来不应有的利益，损害社会公众的利益。

该案中，判断权利要求 3 是否享受优先权，关键在于判断当 XRPD 衍射峰相同时，限定为"一水合甲磺酸盐"的技术方案与未限定"一水合甲磺酸盐"的技术方案是否实质相同。

首先，根据本领域的常规理解，"一水合甲磺酸盐"是指每 1 mol 甲磺酸盐含有 1 mol 水，其含水量是确定的一个具体点值，根据甲磺酸阿帕替尼分子量为 493.58 可计算出一水合甲磺酸盐的含水量应为 $18/(493.58+18) \times 100\% = 3.52\%$，权利要求 3 限定为"一水合甲磺酸盐"相当于是在优先权文件的基础上进一步限定了具体的含水量，但是优先权文件中并未记载具有该含水量的甲磺酸盐晶体，实施例 1~3 所制得晶体的含水量均与之存在较大差异，因此"一水合甲磺酸盐"属于在证据 1 的基础上新增加的技术内容。

其次，在晶体领域，溶剂合物（包括水合物）可以分为化学计量类和非化学计量类，对于非化学计量类溶剂合物而言，溶剂"镶嵌"在晶体结构的空隙中，它们一般不参与结构中分子网络的构建，因而溶剂的含量甚至其存在与否都不会对晶胞结构造成巨大影响，换句话说，当晶体内所含的溶剂含量变化时（从零到某一特定比例），化合物结构的各晶胞参数值仅会轻微变化，但晶胞整体保持基本不变。可见，如果水合物晶体是非化学计量类，水分子一般不参与晶体结构中分子网络的构建，此时水含量变化对各晶胞参数值仅仅轻微变化甚至可能没有变化，这反映在 XRPD 图谱上衍射峰可能基本没有变化而无法区分。因此，尽管对于化合物晶体而言 XRPD 图谱通常具有指纹性，但是在水合物的情况下，具有相同 XRPD 衍射峰的水合物晶体并不必然具有相同的水含量并属于相同的水合物，即便该专利权利要求 3 限定了与证据 1 相同的 XRPD 衍射峰，仍然不能认为二者必然属于相同的水合物晶型。

再次，非化学计量类水合物是本领域的常见现象，优先权文件权利要求 3 的含水量范围与一水合物并非唯一对应关系，该专利权利要求 3 将不明确的比例关系限定为明确的比例关系，不属于从优先权文件记载的内容中能够得到的技术内容。

最后，该专利权利要求 3 相对于优先权文件增加限定"一水合甲磺酸盐"这一技术特征，这种进一步限定与证据 1 中记载的技术方案实质上并不相同，导致二者不属于相同的主题，因此权利要求 3 不能享受在先申请的优先权。

综上所述，该专利权利要求 3 不能享受优先权。

【案例思考】

第一，水合物中水分子的个数由范围变为点值导致产生新的技术方案。

该案中，优先权文件已经记载了和申请文件中相同的 XRPD 谱图，对于化合物的某一确定晶型，其 XRPD 是唯一确定的，即具有指纹性。基于 XRPD 的指纹性，是否可以认为优先权文件已经记载了与申请文件中相同的技术方案？

水合物或溶剂合物，从其定义来看，是含结晶水或结晶溶剂的物质，因此不存在无定形的水合物或溶剂合物。水或溶剂在形成晶体时是否占据晶格中的位点，是不确定的。对于水砌入晶格的晶体，每个化合物分子对应的水分子数量不同，必然具有不同的 XRPD 数据，但如果水分子仅是进入晶胞的内部，形成通道型水合物，则同一晶型不同含水量的晶体 XRPD 数据大致相同。此时，仅根据 XRPD 数据是无法确认晶体中确切的含水量。对于甲磺酸阿帕替尼的水合物，如果能够证实水分子是占据晶格的情况，那么，可认为优先权文件中记载的 XRPD 图谱已经对水合物中水含量进行了进一步的限定。尽管在优先权文件中未明确该 XRPD 图谱对应的就是一水合物，但确实记载了相同的技术方案。如果甲磺酸阿帕替尼的水合物属于通道型水合物，则 XRPD 图谱没有对其中水分子的含量进一步限定，即优先权文件没有明确记载甲磺酸阿帕替尼一水合物的技术方案。基于目前的证据，无法确认甲磺酸阿帕替尼水合物究竟属于哪一种水合物，因此，只能判定甲磺酸阿帕替尼一水合物在优先权文件中并未记载。

第二，如何确定水合物或溶剂合物的类型。

对于水合物或溶剂合物类型的判断，可以有多种方式。首先，对于水或溶剂分子是否占据晶格，单晶衍射是直接的证据，可直观地说明水分子或溶剂分子是否砌入晶格，也可以通过对衍射数据的分析，给出水或溶剂分子的个数。其次，通过 DSC 或 TGA 图谱的特点也能够判断，对于占据晶格的水合物，DSC 图谱脱水峰较尖锐，TGA 图谱质量损失过程比较快，而通道型水合物，DSC 图谱脱水峰较宽，TGA 图谱质量损失过程比较缓慢。最后，通过动态水蒸气吸附（DVS）、卡尔费休法（KF）也可以判断出水分子的个数。

2.3.2.3 药物晶型的物理性质参数与新颖性

与一般化合物新颖性审查相比，晶体采用推定新颖性的方式较多，这也与晶体本身的特点有关。因为对于已知化合物，大部分现有技术在记载化合物的制备方法时，往往描述为得到固体、沉淀、重结晶等。以上描述可以确定化合物为固体或晶体，但没有更多的信息确定其具体的晶型。

最简单的情况是，对比文件已经记载了化合物为晶体，同时记载了晶体的相关参数。如果该申请和对比文件记载的晶体参数完全一致，可以认为该申请不具备新颖性。但由于测试方法、仪器、环境差异等，与对比文件记载的晶体参数完全一致的情况非常少，即使是同样的晶体，在相同的测试条件下多次测定也会存在一定误差。此时则采用推定新颖性的方式。

对于现有技术和该申请中均记载了测试数据的情况。如果对比文件公开的晶体和请求保护的晶体的晶胞参数之间误差或差异在 1% 以内，则可以推定它们的晶胞参数相同或基本相同。如果 XRD 测定的 2θ 值在允许的误差范围内，一般为 ±0.2。如果为宽峰，可适当增加，则可以推定其相同或基本相同。

需要注意的是，同一化合物的不同晶型可能具有相同或接近的熔点、稳定性或吸湿性等，但如果两个晶型的熔点、稳定性或吸湿性有明显差异，则应当认为它们是不同的晶型。

【争议焦点】

在案例 2 - 2 的甲磺酸阿帕替尼案中，另一个争议焦点是新颖性，请求人依据证据 6 主张权利要求 1 ~ 3 不具备新颖性；依据证据 2 ~ 5 主张权利要求 3、10 不具备新颖性。

证据 6 公开了与该专利相同化合物的一种晶体，但未提供该晶体关于晶型方面的信息。从推定新颖性的角度来说，可以认为无法将证据 6 公开的晶体与该专利的 A 晶型区分开。无效宣告请求审查决定中通过考察该专利所述的 A 晶型和证据 6 晶体之间的物理性质参数的异同来判断 A 晶型的新颖性。

① 关于晶体的吸湿性，该专利未测试所述 A 晶型的吸湿性，且未与对比物进行对比，无法确定二者在吸湿性方面的差异。

② 关于晶体的熔点，由于该专利中 A 晶型的熔点采用 DSC 法测定，而证据 6 公开的熔程为常规的熔点测定法，二者无法直接比较，但是无效宣告请求审查决定中认为，该专利实施例 10 按照证据 6 公开的制备方法获得了针状晶体作为对比物，图 2 给出了该对比物的 DSC 图谱，图中显示在 197.69 ℃有一吸热峰，而实施例 13 记载了 DSC 检测所述的 A 晶型在 198 ~ 200 ℃出现一个吸热熔融峰，可见二者用 DSC 法测定的熔点比较接近。

③ 关于晶体的溶解性，证据 6 说明书第 6 页"3. 溶解性"部分公开了所述化合物 A 的甲磺酸盐在水中不溶，乙醇中溶解度为 0.1 g/20 mL（微溶），该专利说明书第 8 页表 1 对比了实施例 4 和 10 分别制备的两种晶型的溶解度，二者在水中均不溶，晶型 A 在乙醇中溶解度为 0.1 g/18 mL，对比针状固体在乙醇中溶解度为 0.1 g/20 mL，可见二者溶解度基本相当。

④ 关于晶体的化学稳定性，证据 6 说明书第 6 页"4. 稳定性"部分公开了所述甲磺酸盐在光照 6 个月、RH 为 90% 6 个月、室温 6 个月和 60 ℃ 6 个月等条件下的稳定性，结果表明所述甲磺酸盐具有非常好的稳定性。该专利实施例 14 测定了 A 晶型的高温稳定性、高湿稳定性和光照稳定性，结果表明在 3 种条件下均具有良好的稳定性，实施例 16 及图 7 ~ 图 9 对比了 A 晶型和对比针状固体在光照 6 个月、RH 为 90% 6 个月、室温 6 个月和 60 ℃ 6 个月等条件下的稳定性，结果表明二者化学性质均很稳定。

⑤ 关于晶型稳定度，该专利实施例 17 和表 3 采用固态表征手段 XRPD 测定了所述 A 晶型和对比针状固体在光照、高湿（RH 为 90%）、室温以及高温（60 ℃）的环境下

分别放置 6 个月的对比结果，其中，对比针状固态在 RH 为 90% 6 个月和室温 6 个月两种条件下均转化为晶型 A，这表明二者本身是不同的晶型。

无效宣告请求审查决定中认为，熔点高低反映了晶体的晶格能大小，熔点可以作为表征晶体的一种物理性质参数，但是由于同一物质的不同晶型也可能具有接近的熔点，该案中不能单独用熔点来确认两种晶型是否相同。固体物的溶解度与晶型、粒径等多种因素有关，也不能单独用来区分同一物质的不同晶型。化学稳定性反映的是物质发生化学反应的能力，理论上与晶型无直接关系，因此依据吸湿性、熔点、溶解度、化学稳定性等性质区分同一物质的不同晶型并不充分，需要结合其他表征手段进行佐证才能确认。固态表征手段例如 XRPD 是目前公认的鉴定晶型的有效手段之一，该专利实施例 17 和表 3 采用固态表征手段 XRPD 对比了二者的晶型稳定度，虽然没有给出具体图谱进行对比，但明确记载了根据证据 6 的方法制备得到的对比针状固体在一定条件下可以转化为 A 晶型，初步表明二者属于不同的晶型，因此，在没有充分证据推翻该专利实施例 17 和表 3 的结论的情况下，不能得出该专利所述的 A 晶型与证据 6 所制得的晶体属于相同晶型的结论。

虽然根据该专利实施例 17 的记载，证据 6 所述的甲磺酸盐在室温下放置 6 个月后客观上可转化为 A 晶型，但是证据 6 并未关注所述甲磺酸盐的晶型问题，更未关注稳定性实验前后晶型会发生变化，本领域技术人员不会由此而获得 A 晶型并加以利用，因此，不能认为证据 6 已经实际公开了 A 晶型。对于请求人的该主张，无效宣告请求审查决定中不予支持。

证据 7 为请求人向国家食品药品监督管理局申报药品注册的关于甲磺酸阿帕替尼生产工艺研究资料，其与证据 6 中的制备方法不完全相同，因此证据 7 不能证明证据 6 所得晶体即为 A 晶型。证据 13 为请求人委托上海医药工业研究院依据证据 6 实施例 4 进行重结晶实验而出具的检测报告，虽然证据 13 显示获得了 A 晶型，但是证据 6 和 13 均未明确溶解和过滤的温度、结晶过程的冷却方法和结晶时间，综合考虑该专利说明书以及证据 6、7、13 的内容，可以认为证据 6 的方法由于对重结晶条件描述不够具体，存在获得多种晶型的可能性，因此，证据 7 和 13 不能证明证据 6 已经制备得到了 A 晶型，也不能认为证据 6 公开了 A 晶型。

证据 2（尹月等，"某院甲磺酸阿帕替尼临床应用评价分析"，《中国药学杂志》，2016 年 12 月第 51 卷第 24 期，第 2139－2142 页）公开了甲磺酸阿帕替尼于 2014 年 12 月 13 日获得国家食品药品监督管理总局（现为国家市场监督管理总局）批准用于治疗晚期胃癌，某院于 2015 年 4 月~2016 年 3 月在临床上使用阿帕替尼（艾坦）。

对于证据 2 考虑的重点在于：药品获得行政机关注册批准是否构成公开销售？临床使用是否构成该专利的使用公开？

无效宣告请求审查决定中认为，使用公开的条件是因使用而导致技术方案的内容处于公众想得知就能得知的状态。在药品行政审批中获得批准仅仅是申请者获得上市销售的许可，并不能证明实际销售行为发生。不能认为于批准日起立即发生了公开销售的事实，使得药物的组成和结构信息处于社会公众想得知就能得知的状态，因而根据证据 2 并不能获知公开销售的准确时间。

临床试验是指由医师或药师将药物提供给患者服用，以验证药物的治疗效果为目的的系统性研究，根据该使用目的，医师或药师通常并不会对药品进行检测以获取其中相关药物成分除药品说明书以外的结构信息，接受治疗的患者更无对药品进行检测的可能性，否则违背临床试验的使用目的。即便该临床试验是公开进行的，相关人员也不会因临床使用而得知甲磺酸阿帕替尼的晶体结构信息，因此本领域技术人员通过该临床使用无法得知甲磺酸阿帕替尼的晶体结构信息，某院的临床试验不能破坏该专利权利要求的新颖性。

【案例思考】

第一，判断是否属于相同晶体的考虑因素。

对于晶体而言，如果按照 XRPD 图谱的指纹性，只要鉴定 2 种晶型在全谱图上的表现一致即可鉴定二者属于相同的晶型，对于该案而言，在试图证明专利的晶型被公开，需要依据证据 6、7、13 的组合，如图 2 - 2 所示。

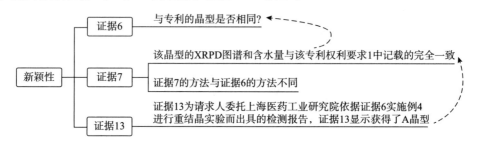

图 2 - 2　新颖性判断证据

无效宣告请求审查决定中没有单独对证据 7 中的图谱与该专利的图谱发表意见，因为证据 7 在无效宣告请求审查决定中的使用公开并没有被单独认可。而证据 13 在重复证据 6 的过程中实验方法稍有不同，使得在认定二者属于相同的晶型上存在困难。

第二，使用公开在新颖性判断中的考量。

从无效宣告请求审查决定中可以看出，使用公开有非常严格的要求。对于药物人体临床试验是否构成发明的公开使用，不仅应当考虑公众是否容易获取，通常还需要结合试验性质、保密责任、实验记录、试验人员是否为发明人、试验数量、试验范围、试验周期等综合考虑。对于在行政审批以及临床试验中的药品，其具体的化合物被知晓的程度控制在一定范围内，并非属于社会公众想得知就能得知的状态，因此，不能被认定为因使用公开而破坏专利申请的新颖性。

2.3.3　药物晶型的不可预期性对专利保护的影响

尽管化合物的多晶现象是普遍存在的，但对于某一个具体的化合物，其是否存在晶体形式、存在多少种晶体形式具有不可预期性。但不可预期性并不意味着某一药物的新晶型一定具备创造性。

2.3.3.1　药物晶型的不可预期性与创造性

创造性判断是药物晶体专利保护中的一个难点，对于晶体化合物创造性的判断，是否完全依据一般化合物的判断标准，一直存在争议。《专利审查指南 2023》第二部分第十章规定，结构上与已知化合物接近的化合物，必须有预料不到的用途或者效果才能认可其创造性。一般而言，请求保护晶体的化合物，都是已知化合物，即化合物本身是现有技术已经公开的，那么化合物的晶体是否属于在结构上与已知化合物接近的化合物呢？在创造性判断的过程中是否需要考虑其聚集形态的差别？是否需要具有预料不到的效果呢？

【案例 2 - 3】　CN200780043154. 7❶

【涉案权利要求】

1. 一种结晶型 1 - (β - D - 吡喃葡糖基) - 4 - 甲基 - 3 - [5 - (4 - 氟苯基) - 2 - 噻吩基甲基] 苯半水合物，其具有包括使用 CuK_α 放射测量的下列 2θ 值的粉末 X 射线衍射图谱：4.36 ± 0.2、13.54 ± 0.2、16.00 ± 0.2、19.32 ± 0.2 及 20.80 ± 0.2。

2. 根据权利要求 1 所述的结晶型 1 - (β - D - 吡喃葡糖基) - 4 - 甲基 - 3 - [5 - (4 - 氟苯基) - 2 - 噻吩基甲基] 苯半水合物，其具有与图 1 所示实质上相同的 X 射线衍射图谱。

3. 根据权利要求 1 所述的结晶型 1 - (β - D - 吡喃葡糖基) - 4 - 甲基 - 3 - [5 - (4 - 氟苯基) - 2 - 噻吩基甲基] 苯半水合物，其具有与图 2 所示实质上相同的 IR 图谱。

4. 一种用以制备根据权利要求 1、2 或 3 所述的结晶型 1 - (β - D - 吡喃葡糖基) - 4 - 甲基 - 3 - [5 - (4 - 氟苯基) - 2 - 噻吩基甲基] 苯半水合物的方法，其包括形成 1 - (β - D - 吡喃葡糖基) - 4 - 甲基 - 3 - [5 - (4 - 氟苯基) - 2 - 噻吩基甲基] 苯的溶

❶　国家知识产权局第 25492 号无效宣告请求审查决定书。

液，并利用沉淀或再结晶将该半水合物从该溶液结晶。

5. 一种医药组合物，包括有效量的根据权利要求 1、2 或 3 所述的结晶型 1 –（β – D – 吡喃葡糖基）– 4 – 甲基 – 3 –［5 –（4 – 氟苯基）– 2 – 噻吩基甲基］苯半水合物及医药上可接受的载体。

6. 结晶型 1 –（β – D – 吡喃葡糖基）– 4 – 甲基 – 3 –［5 –（4 – 氟苯基）– 2 – 噻吩基甲基］苯半水合物用于制备以下药物的用途，所述药物用于治疗或延缓糖尿病、糖尿病视网膜病变、糖尿病神经病变、糖尿病肾病变、延迟性伤口愈合、胰岛素阻抗性、高血糖症、高胰岛素血症、脂肪酸的血中浓度升高、甘油的血中浓度升高、高脂血症、肥胖、高甘油三酯血症、X 症候群❶、糖尿病并发症、动脉粥状硬化症或高血压的进展或发病。

【争议焦点】

该案争议的焦点在于创造性的判断。

权利要求 1 保护的是"一种结晶型 1 –（β – D – 吡喃葡糖基）– 4 – 甲基 – 3 –［5 –（4 – 氟苯基）– 2 – 噻吩基甲基］苯半水合物"，并采用 XRD 图谱进行了限定。证据 1（CN1829729A）公开了一种下式（Ⅰ）的化合物，其医药上可接受的盐或其前药：

（Ⅰ）。

该化合物显示中对哺乳动物的小肠及肾脏中钠依赖型葡萄糖转运体（SGLT）的抑制活性，且可用于治疗糖尿病或糖尿病并发症如糖尿病视网膜病变、糖尿病神经病变、糖尿病肾病以及延迟性伤口愈合（参见证据 1 说明书第 3 页第 5 段）。证据 1 公开了一系列优选化合物、其医药上可接受的盐以及其前药，包括 1 –（β – D – 吡喃葡萄糖基）– 4 – 甲基 – 3 –［5 –（4 – 氟苯基）– 2 – 噻吩基甲基］苯。可见，证据 1 已经公开了该专利权利要求 1 中涉及的具体化合物本身，二者的区别在于，证据 1 并未公开该化合物是结晶型半水合物，也没有公开其 XRPD 图谱。证据 1 指出，由此所得到的该发明化合物可由有机合成化学中的传统公知方法例如重结晶、柱色谱法等分离与纯化。可见，证据 1 已经给出了式（Ⅰ）化合物可以进行重结晶的信息，尽管证据 1 没有公开其涉及的具体化合物的最终形式，但本领域技术人员能够从证据 1 的上述记载获得这样的教导——证据 1 中式（Ⅰ）化合物，包括该专利所涉及的具体化合物在内，是可以尝试

---

❶ 此处"X 症候群"应为"X 综合征"。——编辑注

将其结晶的化合物，且结晶是精制纯化此类化合物的方法之一。

在制药领域，药物的稳定性是药物活性物质被发明后在其最终成为药品的过程中所要解决的技术问题。而在面对这样一个问题时，证据 1 已经给出了式（Ⅰ）化合物是一种可形成晶体的化合物的技术教导，此外，晶体是内部的构造质点（如原子、分子）呈平移周期性规律排列的固体，并具备晶格能，与具有相同化学成分的非晶体相比，晶体更具稳定性，这些内容均促使所属领域技术人员通常会尝试将药物活性物质转化为相应的晶体。专利权人也认同"晶体较之无定形状态更稳定是本领域公知常识"的观点。因此，本领域技术人员出于提高药物化合物稳定性的目的，有动机对该化合物进行结晶化的实践尝试，继而对所获晶体的具体技术参数（例如 XRD 图谱）进行测定，从而形成该专利权利要求 1 的技术方案。

进一步考虑该专利的制备方法，包括将粗产物或非晶型化合物溶解，利用沉淀或再结晶获得结晶型半水合物，可见，该专利制备方法也没有超出本领域技术人员对重结晶的一般认知。并且，证据 1 公开了多种具体化合物，并指出这些化合物可以以相似于上述实施例 1~4 所公开的方法，由相对应的原料制备，表 1 中化合物 84 即该专利式Ⅰ化合物，而证据 1 说明书第 49 页实施例 1 公开了可以以乙酸乙酯萃取产物混合物。可见，证据 1 公开了乙酸乙酯是式Ⅰ化合物的良溶剂。本领域技术人员在尝试获得该发明晶体时，可以从中获得有关适用于重结晶的溶剂的启示，进而获得该专利的结晶型半水合物。

该专利说明书最后没有提供所述结晶型半水合物的任何实验数据，以证明该化合物在稳定性或者其他方面较之非晶体或其他类型的晶体具有超出本领域技术人员预期的更佳效果。因此，权利要求 1 的技术方案相对于证据 1 与公知常识的结合是显而易见的，不具备有关创造性判断的规定。

专利权人在口头审理和庭后代理词中均指出，①证据 1 尽管公开了重结晶，但其是属于得到化合物的方法，而不是晶体，证据 1 没有公开制备晶体的过程。②晶体领域的可预测性低，对于某一化学物质能否形成晶体、形成何种晶体以及如何形成晶体是无法预期的，因此该专利的结晶型半水合物相对于证据 1 是非显而易见的，证据 1 公开的具体化合物多于 200 种，这些化合物哪些能形成晶体、能形成何种晶体都是不可知的，该专利通过了大量的创造性劳动得到了保护的结晶型半水合物，具备创造性。

无效宣告请求审查决定中认为，①本领域公知，重结晶是提纯固体有机化合物的重要方法，选择合适的溶剂，将被提纯的有机化合物在高温时溶解，其杂质或溶解或不溶解，趁热滤去不溶杂质，将滤液冷却，提纯物结晶析出，过滤洗涤溶剂，除去吸附在晶体表面的杂质，以得到纯的晶体化合物，因此，除非特别指出，重结晶操作后得到的产物应是晶体。②该专利涉及的具体化合物是证据 1 说明书第 31~32 页给出的十几个优选化合物之一，本领域技术人员在选择用于结晶的化合物时，显然应当首先考虑这些优选化合物进行尝试。因此，在证据 1 明确教导式（Ⅰ）化合物可以进行重结晶操作，且该专利涉及的化合物是优选化合物的基础上，本领域技术人员结合公知常识获得权利要求 1 的技术方案，无需付出创造性劳动。

【案例思考】

第一，将已知化合物制备为晶体属于本领域公知常识。

对于已知的固体化合物，尤其是药物化合物，将其制备为晶体，能够使得化合物在稳定性等性能上有所提升是本领域技术人员的普遍认知。无论现有技术中是否公开了将所述的化合物制备为晶体，本领域技术人员都有将其制备为晶体以提高其稳定性的动机。

第二，化合物的晶型仅涉及相对于无定形的技术改进不属于预料不到的技术效果。

如前所述，将药物化合物制备为晶体，以获得更为稳定的形态，是药物研发领域的常规思路，且晶体相对于无定形更为稳定也是普遍的认知。如果申请文件中仅仅记载了将无定形化合物制备为晶体后所带来的可合理预期的性能提升，则不属于预料不到的技术效果。

【案例 2 - 4】 CN98802171.4[1]

【涉案权利要求】

26. （-）-6-氯-4-环丙乙炔基-4-三氟甲基-1，4-二氢-2H-3，1-苯并噁嗪-2-酮的 Ⅰ 型结晶，其特征在于其 X 射线衍射图如图 3 所示。

27. （-）-6-氯-4-环丙乙炔基-4-三氟甲基-1，4-二氢-2H-3，1-苯并噁嗪-2-酮的 Ⅱ 型结晶，其特征在于其 X 射线衍射图如图 4 所示。

28. （-）-6-氯-4-环丙乙炔基-4-三氟甲基-1，4-二氢-2H-3，1-苯并噁嗪-2-酮的 Ⅲ 型结晶，其特征在于其 X 射线衍射图如图 5 所示。

29. 如权利要求 19 所述的 （-）-6-氯-4-环丙乙炔基-4-三氟甲基-1，4-二氢-2H-3，1-苯并噁嗪-2-酮的 Ⅲ 型结晶，其进一步的特征在于其 DSC 曲线如图 6 所示。

30. 如权利要求 20 所述的 （-）-6-氯-4-环丙乙炔基-4-三氟甲基-1，4-二氢-2H-3，1-苯并噁嗪-2-酮的 Ⅲ 型结晶，其进一步的特征在于其 TG 分析结果如图 7 所示。

---

[1] 国家知识产权局第 32324 号无效宣告请求审查决定书。

【争议焦点】

该案争议的焦点在于创造性的判断。

该案中，权利要求 26 要求保护（-）- 6 - 氯 - 4 - 环丙乙炔基 - 4 - 三氟甲基 - 1，4 - 二氢 - 2H - 3，1 - 苯并噁嗪 - 2 - 酮的 I 型结晶，其特征在于其 XRD 图谱如图 3 所示。证据 3（CN1090277A）公开了（-）- 6 - 氯 - 4 - 环丙乙炔基 - 4 - 三氟甲基 - 1，4 - 二氢 - 2H - 3，1 - 苯并噁嗪 - 2 - 酮的制备方法，并且在实施例 6 步骤 D 中公开了于热己烷中重结晶，得到（-）- 6 - 氯 - 4 - 环丙乙炔基 - 4 - 三氟甲基 - 1，4 - 二氢 - 2H - 3，1 - 苯并噁嗪 - 2 - 酮的白色结晶。

无效宣告请求审查决定中认为：在晶体化学领域，化合物所表现出的主要活性与其化学结构密切相关，而在化学结构相同的前提下，不同晶型仅是在化合物微观空间结构上存在不同，这种不同通常并不会定性地改变化合物的活性。因此，在判断化合物晶体发明与现有技术中的已知化合物或已知晶体在结构上是否接近时，在化合物的化学结构完全相同或其核心结构相同的情况下，通常认为它们在结构上接近。同时，由于将化合物制备为晶体形式时由晶体及特定晶型自身所决定的某些优点（例如晶体通常具备的相对稳定、纯度高、操作性好等优点）对于本领域技术人员是已知的，在完成化合物产品的开发后，继续研究更具利用价值的晶体以及在制备该化合物的某种晶体后继续研究制备其他晶体是本领域技术人员普遍的研究思路，并且通常也是利用本领域技术人员所知晓的晶体具有的一般性质和效果且利用常规的晶体制备的实验手段完成的。在此情形下，要使得到的化合物晶体取得专利权的独占性保护，则要求该化合物晶体应当相对于与之结构接近的已知化合物或已知晶体，能够具有预料不到的技术效果，这样才能满足专利法对于创造性的要求。

该专利权利要求 26 的化学产品与证据 3 的化学产品属于结构上接近的化学产品，故权利要求 26 的化学产品只有在其具有预料不到的用途或效果的情况下才具有创造性。

专利权人主张：许多因素能够影响结晶过程，能否将一种已知化合物制备成晶体，以及获得何种晶体，存在诸多不确定因素。本领域技术人员仅知道这个过程是不确定的，如何将这些不确定因素确定下来并不是常规技术的选择。另外，该发明的创造性还在于取得了有益的效果。实际上，现有技术并没有公开任何晶体信息，一方面可能是因为没有制备出晶体，另一方面可能是因为没有精制出晶体。总而言之，现有技术没有公开"一致"的晶型 I、II 和 III。再者，该发明的另一显著技术效果在于晶型 I 比晶型 II 稳定（即晶型 II 可以转化为晶型 I），而晶型 III 很难转化为晶型 I。此外，晶型 I 是现有技术中该化合物晶体中熔点最高的，因此稳定性高，具有预料不到的技术效果。

　　然而，该专利对 3 种结晶形式的化学产品的用途或效果在说明书中没有任何描述。仅在说明书第 1 页技术背景部分介绍性说明"在冷却过程中通过成核作用而形成结晶，所形成的结晶是Ⅱ型，当在 90 ℃、真空下干燥时就转化成所需Ⅰ型"；并且，在说明书第 4 页第 1 段中，描述了Ⅲ型结晶较难转变为Ⅰ型。据此，该专利中仅对比了 3 种晶型之间的转化关系，并没有对比该专利中 3 种晶型与现有技术中的白色晶体具有何种更加优异的效果。此外，对于本领域技术人员而言，熔点的高低并不是判断稳定性的考量因素，熔点是指同种物质固相向液相转变的温度，是物质本身的属性；而物质晶型的稳定性是指该晶型是否稳定存在，是否容易向其他晶型转变。晶体稳定性是由分子内各个化学键作用力决定，与分子内的键能有关，共价键越牢固，其化学性质越稳定。两者是不同的概念，因此熔点的高低并不能代表该晶型的稳定性。基于此，即使能够确定晶型Ⅰ的熔点高，也无法证明其具有更加优异的稳定性，熔点仅是物质固有属性，仅体现物理性能的差异。由此可见，并没有任何证据表明该专利中的 3 种晶型相对现有技术中的白色晶体而言具有预料不到的技术效果。在权利要求 26 保护的晶体相对于证据 3 的晶体未能证实具有更加优异效果的基础上，权利要求 26 实际解决的技术问题仅是提供（－）－6－氯－4－环丙乙炔基－4－三氟甲基－1，4－二氢－2H－3，1－苯并噁嗪－2－酮的新晶体。

　　对此，多晶型现象在有机药物化合物中广泛存在，对药物化合物进行晶体学研究，是药物设计研究的重要内容。因此，本领域技术人员在面对现有晶型不具有令人满意的性能时，化合物的新晶体开发是本领域技术人员普遍的研究思路。证据 3 已经公开了获得化合物的白色结晶，并且教导了制备其结晶的一般方法，本领域技术人员有动机并且有能力利用常规的晶体制备的实验手段来完成其他晶型的实践尝试，继而对所获晶体的具体技术参数（例如 XRD 图谱）进行测定，从而形成该专利权利要求的技术方案。因此权利要求 26 相对于证据 3 不具备创造性，不符合有关创造性判断的规定。

【案例思考】

　　在化合物具有多种不同晶型的情况下，最稳定的晶型并非一定具有预料不到的技术效果。

　　多晶型现象在有机药物化合物中广泛存在，一般而言，亚稳态的晶型会向更为稳定的晶型转化。但更好的稳定性并不一定代表产生预料不到的技术效果，因为药物化合物不同晶型之间的稳定性必定存在差异，而这种差异是否能够导致后续制药以及生物利用度的变化并不确定。例如，就溶解度而言，根据热力学原理，稳定性更好的晶型溶解度更小。此外，该案中，仅对比了 3 种晶型之间的转化关系，并没有对比该专利中 3 种晶型与现有技术中的白色晶体具有何种更加优异的效果，即预料不到的技术效果还需要与现有技术进行比较。

【案例 2 - 5】 CN200480017544.3[❶]

该专利涉及磷酸西格列汀。磷酸西格列汀片是全球首个获批的口服二肽基肽酶 - 4 （DPP - 4） 抑制剂，其具有出色的安全性和有效性，每日仅需口服一次即可有效控制血糖水平，达到延缓糖尿病进展的目的。2009 年，磷酸西格列汀片进入中国市场，2020 年销售突破 10 亿元。正因为磷酸西格列汀巨大的销售利益，其专利也受到了多次无效宣告请求审查挑战，并上诉至法院。

【涉案权利要求】

1. 结构式 Ⅰ 的 4 - 氧代 - 4 - [3 - （三氟甲基） - 5，6 - 二氢 [1，2，4] 三唑并 [4，3 - a] 吡嗪 - 7 （8H） - 基] - 1 - （2，4，5 - 三氟苯基） 丁烷 - 2 - 胺的二氢磷酸盐：

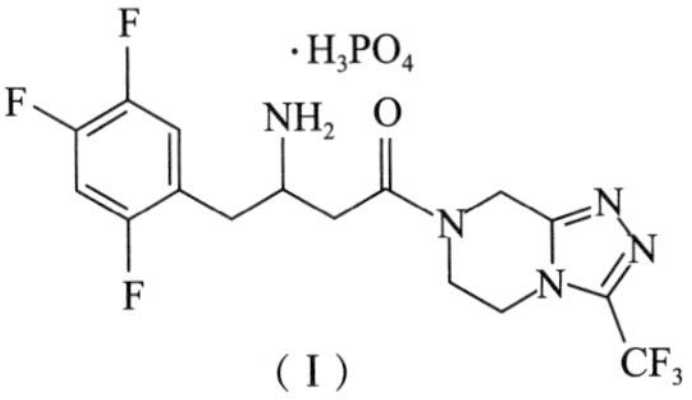

（Ⅰ）

或者其药学上可接受的水合物。

2. 结构式 Ⅱ 的权利要求 1 的盐，其在 * 标记的手性中心具有 （R） - 构型：

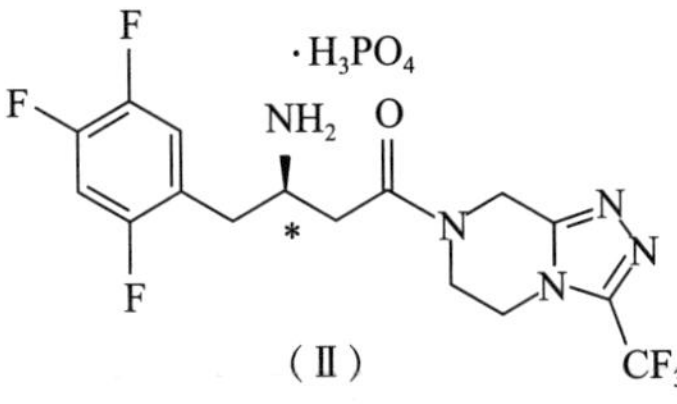

（Ⅱ） 。

3. 结构式 Ⅲ 的权利要求 1 的盐，其在 * 标记的手性中心具有 （S） - 构型：

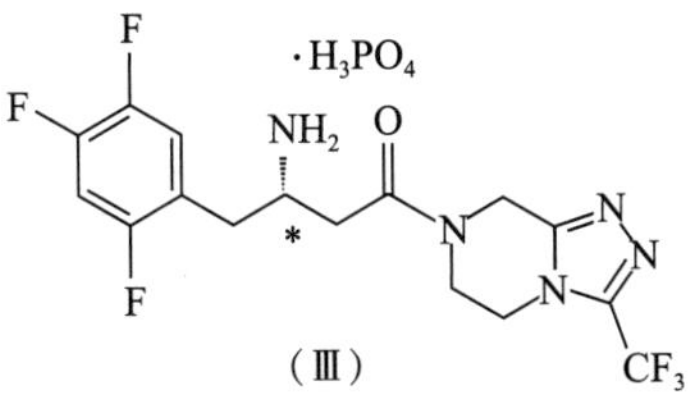

（Ⅲ） 。

4. 如权利要求 2 所述的盐，其特征在于该盐为结晶单水合物。

---

❶ 国家知识产权局第 37963 号、第 48334 号无效宣告请求审查决定书。

5. 如权利要求 4 所述的盐，其特征在于从 X 射线粉末衍射图中获得的、光谱 d 间距 7.42、5.48 和 3.96 埃处的特征吸收谱带。

6. 如权利要求 5 所述的盐，其更进一步的特征在于从 X 射线粉末衍射图中获得的、光谱 d 间距 6.30、4.75 和 4.48 埃处的特征吸收谱带。

7. 如权利要求 6 所述的盐，其更进一步的特征在于从 X 射线粉末衍射图中获得的、光谱 d 间距 5.85、5.21 和 3.52 埃处的特征吸收谱带。

8. 如权利要求 4 所述的盐，其特征在于固态碳 – 13 CPMAS 核磁共振波谱在 169.1、120.8 和 46.5 ppm❶处显示有信号。

9. 如权利要求 8 所述的盐，其进一步特征在于固态碳 –13 CPMAS 核磁共振波谱在 159.0、150.9 和 40.7 ppm 处显示有信号。

10. 所述权利要求 4 所述的盐，其特征在于固态氟 – 19 MAS 核磁共振波谱在 – 64.5、– 114.7、– 136.3 和 – 146.2 ppm 处显示有信号。

11. 如权利要求 10 所述的盐，其更进一步的特征在于固态氟 – 19 MAS 核磁共振波谱在 –96.5、– 104.4、– 106.3 和 –154.5 ppm 处显示有信号。

【审理过程】

在第一次无效宣告请求审查过程中，专利权人两次修改了权利要求，删除了权利要求 1 中的并列技术方案，仅保留了单水合物的技术方案。修改后的权利要求如下：

1. 结构式 Ⅱ 的 4 – 氧代 – 4 – [3 – （三氟甲基）– 5，6 – 二氢 [1，2，4] 三唑并 [4，3 – a] 吡嗪 – 7（8H）– 基] – 1 – （2，4，5 – 三氟苯基）丁烷 – 2 – 胺的二氢磷酸盐：

（Ⅱ）

其在 * 标记的手性中心具有（R）– 构型；

其特征在于该盐为结晶单水合物。

2. 如权利要求 1 所述的盐，其特征在于从 X 射线粉末衍射图中获得的、光谱 d 间距 7.42、5.48 和 3.96 埃处的特征吸收谱带。

3. 如权利要求 2 所述的盐，其更进一步的特征在于从 X 射线粉末衍射图中获得的、光谱 d 间距 6.30、4.75 和 4.48 埃处的特征吸收谱带。

4. 如权利要求 3 所述的盐，其更进一步的特征在于从 X 射线粉末衍射图中获得的、光谱 d 间距 5.85、5.21 和 3.52 埃处的特征吸收谱带。

---

❶ 1 ppm = 10^{-6}，此处指相对化学位移，下同。——编辑注

5. 如权利要求 1 所述的盐，其特征在于固态碳 – 13 CPMAS 核磁共振波谱在 169. 1、120. 8 和 46. 5 ppm 处显示有信号。

6. 如权利要求 5 所述的盐，其进一步特征在于固态碳 – 13 CPMAS 核磁共振波谱在 159. 0、150. 9 和 40. 7 ppm 处显示有信号。

7. 所述权利要求 1 所述的盐，其特征在于固态氟 – 19 MAS 核磁共振波谱在 – 64. 5、– 114. 7、– 136. 3 和 – 146. 2 ppm 处显示有信号。

8. 如权利要求 7 所述的盐，其更进一步的特征在于固态氟 – 19 MAS 核磁共振波谱在 – 96. 5、– 104. 4、– 106. 3 和 – 154. 5 ppm 处显示有信号。

【争议焦点】

该案争议的焦点在于技术效果是否属于可预料的。

第 37963 号无效宣告请求审查决定中认为，权利要求 1 最接近的现有技术为西格列汀盐酸盐，权利要求 1 相对于西格列汀盐酸盐的区别在于：最接近的现有技术没有公开磷酸盐及其结晶单水合物。

根据该专利说明书的记载，该发明涉及二肽基肽酶 – Ⅳ 抑制剂的具体盐及其结晶单水合物，用于治疗和预防需要二肽基肽酶 – Ⅳ 抑制剂的疾病，尤其是肥胖症和高血压。该发明的二氢磷酸盐和结晶单水合物显示出改善的物理和化学稳定性，例如对压力、高温和湿度的稳定性，以及改善的物理化学性质如溶解度和溶解速率，使其更适用于多种药物剂型的生产。式 Ⅰ 的二氢磷酸盐结晶单水合物在水中的溶解度约为 72 mg/mL。该发明的结晶二氢磷酸盐单水合物在常规环境条件下是稳定的，在常规极干燥氮气流中加热至高于 40 ℃，将转换为脱水单水合物，在常规环境条件下脱水单水合物将重新变成单水合物。图 1 公开了式 Ⅱ 二氢磷酸盐结晶单水合物的 XRD 图谱，图 4 公开所述结晶单水合物的热重分析曲线，图 5 公开所述结晶单水合物的差示扫描量热曲线。

（1）关于热稳定性

最接近的现有技术没有公开西格列汀盐酸盐的任何涉及稳定性、相纯度以及溶解度的物理化学性质数据，无法就该专利与其的盐酸盐在以上性能方面直接进行比较。

专利权人在该专利申请日后公开的另一篇专利文献 WO2005/072530A1，其中图 2 和图 3 分别公开西格列汀盐酸盐结晶一水合物的 TGA 曲线和 DSC 曲线，其测试 TGA 曲线与 DSC 曲线所用实验仪器和实验方法与在先专利均一致，尽管该专利文献的公开日晚在先专利的申请日，但是在现有技术公开西格列汀盐酸盐的前提下，该专利文献可以看作在现有技术的基础上测试了西格列汀盐酸盐结晶一水合物的 TGA 和 DSC 曲线，可以用于说明现有技术范围中西格列汀盐酸盐结晶一水合物的热稳定性。

将该专利和专利 WO2005/072530A1 中的 TGA 曲线进行对比可见，二者明显失重温度范围分别是 100 ~ 160 ℃ 和 20 ~ 83 ℃。将该专利和专利 WO2005/072530A1 的 DSC 曲线进行对比，可以看出二者均存在两个吸热峰，该专利分别是 140.66 ℃ 和 213.23 ℃，专利 WO2005/072530A1 分别是 74.43 ℃ 和 170.72 ℃，其中第一个吸热峰是水合物失水温度，第二个吸热峰是化合物熔化温度，第一个吸热峰体现了水合物的热稳定性。比较 TGA 和 DSC 曲线的结果可知，该专利二氢磷酸盐结晶单水合物的失水温度在 100 ℃以上，相当于自由水的蒸发温度，几乎是在专利 WO2005/072530A1 中盐酸盐结晶一水合物的 2 倍，明显高于专利 WO2005/072530A1 中盐酸盐结晶一水合物的失水温度，说明该专利的二氢磷酸盐结晶单水合物较盐酸盐结晶一水合物的热稳定性高。

（2）关于晶型稳定性

该专利公开二氢磷酸盐结晶单水合物在常规环境条件下是稳定的，现有技术未公开所述盐酸盐的理化性能。该专利图 5 记载的 DSC 曲线显示在 0 ~ 100 ℃ 未出现吸热峰，本领域已知，DSC 热分析法可以测定多种热力学参数，例如比热、反应热、转变热等，该专利的 DSC 曲线说明在 0 ~ 100 ℃ 下二氢磷酸盐结晶单水合物是稳定状态，没有发生任何的转变（包括晶型转变），从侧面印证了该专利文字记载的内容，即该专利的二氢磷酸盐结晶单水合物在常规环境条件下是稳定的，其晶型稳定性是药学上可接受的。

（3）关于水溶性

该专利记载式 I 的二氢磷酸盐结晶单水合物在水中的溶解度约为 72 mg/mL，基于该专利说明书整体公开的内容，其制备的二氢磷酸盐结晶单水合物指代的应当是 R 构型的化合物。由此确定西格列汀二氢磷酸盐结晶单水合物在水中的溶解度约为 72 mg/mL，达到易溶的程度。

综合上述对比分析，该专利相对于最接近的现有技术公开的盐酸盐实际解决的技术问题，是获得一种热稳定性更好，晶型稳定性和水溶性在药学上都可接受的西格列汀的盐。

（4）技术启示的判断

虽然现有技术提到，"当化合物为碱时，与其成盐的酸包括乙酸、苯甲酸、甲磺酸、硫酸、酒石酸……特别优选柠檬酸、氢溴酸、氢氯酸、马来酸、磷酸、硫酸、富马酸和酒石酸"，但本领域技术人员基于这一内容所能够预期的是，即便西格列汀与这些酸成盐，其性能也是相似的，并不能预期到当西格列汀形成二氢磷酸盐时，其热稳定性会优于盐酸盐。

虽然现有技术教导了改变成盐方式、晶体形式等技术手段，获得具有合理溶解度、稳定性等物理性质是本领域的常规研究手段；现有技术中公开了大约 1/3 的药物可形成水合物且大部分水合物为一水合物；磷酸倾向于形成热稳定的盐；外消旋体与单一对映体的熔点和溶解度有差异。但均未教导西格列汀的二氢磷酸盐结晶单水合物相对于盐酸盐结晶一水合物热稳定性显著提高，本领域技术人员即使结合这些证据，也不足以得到启示，即当需要改进西格列汀盐酸盐结晶一水合物的热稳定性时，有动机将其制成二氢磷酸盐单水合物的晶体。

以西格列汀碱作为最接近的现有技术，尽管现有技术记载了该碱可以与多种酸成盐的技术信息，本领域技术人员的预期是，西格列汀碱的这些盐具有基本相同的性质，不可能预期二氢磷酸盐结晶单水合物相对于盐酸盐结晶一水合物具有显著提高的热稳定性。因此，该专利的权利要求 1 具备创造性。

该无效宣告请求审查决定在 2018 年 10 月 17 日提交的权利要求第 1～18 项的基础上维持第 200480017544.3 号发明专利权有效。

随后，无效宣告请求人提起了行政诉讼。

北京知识产权法院一审判决维持无效宣告请求审查决定的结论，认同了无效宣告请求审查决定中的观点[1]：现有技术均未教导西格列汀的二氢磷酸盐结晶单水合物相对于盐酸盐结晶一水合物热稳定性显著提高，本领域技术人员即使结合这些证据，也不足以得到启示，即当需要改进西格列汀盐酸盐结晶一水合物的热稳定性时，有动机将其制成二氢磷酸盐单水合物的晶体。

该专利在维持有效的权利要求基础上，又被提起第二次无效宣告请求。

第 48334 号无效宣告请求审查决定中认为，基于无效宣告请求人提供的多组证据的组合，判断该权利要求 1 是否具备创造性，关键在于本领域技术人员基于证据 1 是否有动机采用磷酸与西格列汀游离碱（或盐酸盐）形成盐（或改盐）并将其形成晶体以及相应的技术效果是否可以预期。

该无效宣告请求审查决定中认为，针对西格列汀这一已知化合物，基于现有技术，本领域技术人员均有动机研究其酸的加成盐（包括磷酸盐）及其盐的晶体。即创造性的判断是该专利公开的西格列汀二氢磷酸盐结晶单水合物相对于现有技术是否产生了预料不到的技术效果。

首先，不能直接将这些无水物结晶视为成盐成晶后的一般水平与含水物结晶混杂进行比较，因为其中水分子的存在，将会使二者在性能（如稳定性等）上存在较大差别。故判断该专利的西格列汀磷酸二氢盐单水合物的技术效果是否可以预期，只能以现有技术中的盐酸盐结晶一水合物的技术效果为基础。

其次，关于热稳定性和晶型稳定性。将该专利和证据 4（WO2005/072530A1）的 TGA、DSC 曲线进行对比可见，该专利二氢磷酸盐结晶单水合物的失水温度在 100 ℃以上，相当于自由水的蒸发温度，几乎是证据 4 中盐酸盐结晶一水合物的 2 倍；类似地，与证据 18（CN110857302A）中盐酸盐单水合物的 TGA、DSC 曲线进行对比，该专利二

---

[1]　北京知识产权法院（2019）京 73 行初 2195 号行政判决书。

氢磷酸盐结晶单水合物的失水温度亦有明显提高。这是本领域技术人员基于请求人提供的在案证据所无法预期的。比如，证据7仅教导了磷酸容易形成热稳定的盐和形成水合物的趋势，证据23（《药物分析学》，倪坤仪主编，长春出版社，2000年3月北京第1版，第376页）仅教导无定形相对于结晶热力学不稳定，无定形物有转化成结晶的趋向，并没有给出将盐酸盐水合物的氯阴离子换成二氢磷酸根阴离子将会提高盐型晶体的热稳定性和晶体稳定性。

最后，关于水溶性。证据5（《有机化学》，杨红主编，中国农业出版社，2002年6月第1版，第246–247页）教导了胺能和酸成盐，铵盐都是结晶形固体，易溶于水。证据1公开的西格列汀为胺，本领域技术人员在证据5的教导下可以预期西格列汀的盐均易溶于水，证据18和22公开的西格列汀的盐的水溶性也证实了本领域技术人员的预期。且证据18公开盐酸盐结晶一水合物在水中的溶解度为74.3 mg/mL，该专利二氢磷酸盐结晶单水合物的水溶性相对于上述证据没有达到不可预期的程度。

证据均没有给出涉及热稳定性和晶体稳定性方面的教导。

综上，虽然以证据1为最接近的现有技术，本领域技术人员有动机尝试将西格列汀游离碱成盐成晶，但不足以证明该专利的西格列汀二氢磷酸盐结晶单水合物热稳定性和晶型稳定性方面的技术效果是可以预期的，请求人关于权利要求1相对于证据1结合证据2和/或证据3再进一步结合公知常识不具备创造性的无效宣告请求理由不成立。权利要求2~18直接或间接引用权利要求1，同理，请求人关于上述权利要求不具备创造性的无效宣告请求理由也不成立。最终该专利的全部权利要求被维持有效。

【案例思考】

在化合物具有多种不同晶型的情况下，最稳定的晶型是否一定具有预料不到的技术效果。

尽管制备化合物晶体是本领域的常规技术手段，其相对于无定形更加稳定也属于本领域技术人员可预期的效果，但具体到某一确定的化合物，其热稳定性和晶型稳定性的改进是否属于预料不到的技术效果，需根据现有技术进行判断。

【案例2–6】 CN200780022338.5❶

该案涉及沃替西汀氢溴酸盐。沃替西汀是一种用于治疗重症抑郁和焦虑的药物5–羟色胺再摄取抑制剂，2013年在美国获准上市。由于沃替西汀在水中溶解度极小，导

---

❶ 国家知识产权局第37540、43447、48337、48339、54705号无效宣告请求审查决定书。

致口服生物利用度不佳，因此，市售的沃替西汀片剂中，有效成分为沃替西汀氢溴酸 β 晶型。[❶] 涉及该晶型的专利，在国内授权后收到了多达 5 次的无效宣告请求挑战，但这些无效宣告请求挑战均以失败告终。

【涉案权利要求】

1. 晶体形式的化合物 1 − [2 − (2，4 − 二甲基苯基硫烷基) 苯基] 哌嗪氢溴酸盐，该化合物的 XRPD 如图 3 所示。

2. 根据权利要求 1 所述的化合物，该化合物的粒径分布对应于：

D98%：650 ~ 680 μm，D50%：230 ~ 250 μm，和 D5%：40 ~ 60 μm；

D98%：370 ~ 390，D50%：100 ~ 120 μm，D5%：5 ~ 15 μm；

D98%：100 ~ 125 μm，D50%：15 ~ 25 μm，和 D5%：1 ~ 3 μm；或者

D98%：50 ~ 70 μm，D50%：3 ~ 7 μm，和 D5%：0.5 ~ 2 μm。

3. 一种药物组合物，其包含根据权利要求 1 ~ 2 的任意一项中所述的化合物以及可药用的赋形剂。

7. 根据权利要求 1 ~ 2 的任意一项中所述的化合物在制备用于治疗疾病的药剂中的用途，所述疾病为：情感障碍、抑郁、焦虑、压力性尿失禁、呕吐、IBS、饮食紊乱、慢性疼痛、阿尔茨海默氏症、ADHD、PTSD、热潮、睡眠呼吸暂停、酗酒、尼古丁或碳水化合物成瘾、药物滥用或者酒精或毒品滥用。

8. 根据权利要求 1 ~ 2 的任意一项中所述的化合物在制备药剂中的用途，其中所述药剂用于治疗下列疾病：严重抑郁性紊乱、产后抑郁症、与双相精神障碍有关的抑郁、阿尔茨海默氏症、精神病、癌症、老龄或帕金森氏症、广泛性焦虑症、社交焦虑症、强迫症、惊慌发作、恐慌发作、恐惧症、社交恐惧症、广场恐惧症、部分应答、治疗抵抗性抑郁、认知损伤、精神忧郁症。

在无效宣告请求的过程中[❷]，专利权人修改了权利要求：

1. 晶体形式的化合物 1 − [2 − (2，4 − 二甲基苯基硫烷基) 苯基] 哌嗪氢溴酸盐，该化合物的 XRPD 如图 3 所示。

2. 一种药物组合物，其包含根据权利要求 1 所述的化合物以及可药用的赋形剂。

3. 根据权利要求 1 所述的化合物在制备用于治疗疾病的药剂中的用途，所述疾病为：情感障碍、抑郁或焦虑。

4. 根据权利要求 1 所述的化合物在制备药剂中的用途，其中所述药剂用于治疗下列疾病：严重抑郁性紊乱、阿尔茨海默氏症、广泛性焦虑症、社交焦虑症、强迫症、

---

❶ 周新波. 新型抗抑郁药沃替西汀盐型的筛选及其多晶型研究 [D]. 杭州：浙江中医药大学，2016.

❷ 国家知识产权局第 37540 号无效宣告请求审查决定书。

惊恐障碍或认知损伤。

【争议焦点】

该案争议的焦点在于创造性的判断。

无效宣告请求人提供的证据中，公开了 1－［2－（2，4－二甲基苯基硫烷基）苯基］哌嗪及其药学上可接受的酸加成盐，而权利要求 1 保护的技术方案是哌嗪化合物氢溴酸盐的晶体形式。无效宣告请求审查决定认为：考虑该专利实施例部分的内容，如前所述，实施例部分制备并表征了化合物 I 的多种盐，以及氢溴酸盐的不同晶型，根据测试的熔点、吸湿性和溶解度确定了适合的盐及其适合的晶型，由说明书记载的上述内容可见该专利对化合物 I 常见的盐和晶型进行了相对详尽的比较研究。在说明书给出上述研究结果的基础上，无效宣告请求审查决定中认可了专利权人提出的该专利实际解决的技术问题是提供了一种兼顾低吸湿性和合适溶解性的化合物 I 的盐的具体形式。请求人提供的证据仅仅是泛泛地提到了药物研发中需要关注药物多晶型，以及可通过不同的结晶溶剂来获得药物不同的晶型或一般性地介绍了重结晶操作，并没有涉及任何药物化合物制成氢溴酸盐及特定的晶型能够达到合适的稳定性、溶解度和吸湿性的教导。提供的证据均不涉及将化合物 I 制成某种盐的某种晶型，以达到合适的溶解度和吸湿性，从而有利于制成口服制剂的技术启示，也无助于从所属领域技术人员视角在事实和/或理论上给出足以否定专利权人主张的在所属领域寻求兼顾低吸湿性低和合适的溶解性的化合物 I 的盐的具体形式的价值的有力依据。

在现有技术的教导下，本领域技术人员有动机尝试获得沃替西汀的各种不同的盐型晶体。

请求人的举证未达到可以预期该专利沃替西汀氢溴酸盐 β 晶体的技术效果的程度。

判断是否产生了预料不到的技术效果，一是要确认该专利沃替西汀氢溴酸盐 β 晶体的技术效果，二是要确认证据 1 的技术效果，三是将二者进行对比，最终确定技术效果的差异对于本领域技术人员而言是否可以预料得到。

分析比较各种盐型晶体的熔点、吸湿性和水溶性数据，沃替西汀氢溴酸盐的 α 晶型和 β 晶型相比其他盐型，在保持较高熔点（稳定性）的基础上，保持了基本相当的较低的吸湿性和较高的水溶性，这一综合性能是本领域技术人员基于该专利所列举的诸多盐型晶体所无法预料到的。

即使将该专利对于多种盐型晶体的研究看作是对证据 1 所给出的成盐技术启示的实验验证，由于请求人没有提供充分的证据推翻基于该专利以上实验所确认的结果，原则上应当由请求人承担未证明该专利的技术效果可以预期的法律后果。

【案例思考】

第一，普遍追求与预料不到的技术效果。

尽管在药物晶型的研发中，人们有动机将无定形的化合物制备为晶体，或将已经是晶体的化合物制备为其他的晶型，以寻找稳定性更好的晶型，即晶型这一技术方案本身对于本领域技术人员来说是显而易见的，但这并不意味着药物晶型一定不具备创造性，关键在于创造性的另一个充分条件：预料不到的技术效果。

是否具有预料不到的技术效果判断原则是，首先要考查申请文件中记载的技术效果，其次考查对比文件中记载的效果。最后将两者进行比较判断该申请的技术效果是否属于可预期的技术效果。

第二，技术效果的比较和证明。

在上述案例中，现有技术记载了沃替西汀可以生成不同的盐，但并未公开氢溴酸盐的晶型及其稳定性等技术效果，即存在不能直接比较的情况。而涉案专利中对于沃替西汀的各种盐和晶型进行了研究，分析比较各种盐型晶体的熔点、吸湿性和水溶性数据，沃替西汀氢溴酸盐的 α 晶型和 β 晶型相比其他盐型，在保持较高熔点（稳定性）的基础上，保持了基本相当的较低的吸湿性和较高的水溶性。即通过申请文件的记载可以确认沃替西汀氢溴酸盐的 α 晶型和 β 晶型相对于其他的盐及其晶型而言具有预料不到的技术效果。

第三，补交实验数据对于预料不到的技术效果的证明力。

如果现有技术未记载其无定形或晶型的相关数据，涉案专利本身也未记载与其他晶型的比较数据，那么补交实验数据是否可以证明涉案专利晶型具有预料不到的技术效果可以分两种情况讨论。

第一种情况，涉案专利中有文字性的描述，例如"沃替西汀氢溴酸盐的 α 晶型和 β 晶型相对于其他沃替西汀晶型具有令人惊讶的性质，在保持较高熔点（稳定性）的基础上，保持了基本相当的较低的吸湿性和较高的水溶性。"即补交实验数据欲证明的技术效果在原始申请文件中已经记载，则补交实验数据可以被接受，其欲证明的创造性能够被认可。

第二种情况，涉案专利中没有文字性的描述，或描述与补交实验数据欲证明的效果不符，例如说明书中记载："沃替西汀氢溴酸盐的 α 晶型和 β 晶型具有较好的稳定性。"通过该记载仅能解读出 α 晶型和 β 晶型有较好的稳定性，但参照标准究竟是无定形还是其他晶型无法确定，即无法解读出 α 晶型和 β 晶型相对于其他晶型有出人意料的稳定性，并在保持基本相当的较低的吸湿性和较高的水溶性。在这种情况下，补充实验数据是不能被接受的。

2.3.3.2 药物晶型的不可预期性与专利保护的范围

因为药物晶型的不可预期性，一种新晶型的获得需要依赖于实验结果才能加以确定。在专利保护中，要求权利要求中所限定的晶型应当与实施例实际制备得到的晶型相对应，如果权利要求的技术方案中，包括了由实施例概括得到的晶型，则有理由怀疑这些技术方案中包括了申请人不合理推测的内容，即实际没有制备得到不可预期的晶型。

【案例 2 - 7】 CN02809912.5[❶]

【涉案权利要求】

1. 一种化合物，其为 5，8，14 - 三氮杂四环 [$10.3.1.0^{2.11}.0^{4.9}$] - 十六 - 2 (11)，3，5，7，9 - 五烯的酒石酸盐。

2. 权利要求 1 的化合物，其为 L - 酒石酸盐，并且为无水 L - 酒石酸盐。

3. 权利要求 2 的化合物，其主要特征在于：用铜辐射测定以 2θ 表达的粉末 X 射线衍射图至少有一个选自 6.1、16.8 和 21.9 的峰。

4. 权利要求 2 的化合物，其主要特征在于：用铜辐射测定以 2θ 和 d - 间距表达的粉末 X 射线衍射图具有下列主要峰：

2θ 角度	d 值（Å）
6.1	14.5
12.2	7.2
13.0	6.8
14.7	6.0
16.8	5.3
19.4	4.6
21.9	4.1
24.6	3.6

5. 权利要求 3 的化合物，其主要特征在于：固态 ^{13}C - NMR 谱在 178.4、145.1 和 122.9 ppm 处有共振峰。

6. 权利要求 2 的化合物，其主要特征在于：用铜辐射测定以 2θ 表达的粉末 X 射线

---

❶ 国家知识产权局第 41180 号无效宣告请求审查决定书。

衍射图至少有一个选自 5.9 和 21.8 的峰。

7. 权利要求 2 的化合物，其主要特征在于：用铜辐射测定以 2θ 和 d – 间距表达的粉末 X 射线衍射图具有下列主要峰。

2θ 角度	d 值（Å）
5.9	15.0
12.8	6.9
14.4	6.1
15.3	5.8
16.9	5.2
17.2	5.2
21.8	4.1
23.8	3.7
25.1	3.5

【争议焦点】

该案在无效宣告请求审查的过程中，争议的焦点在于权利要求是否能够得到说明书的支持。

根据说明书的记载，其为 5，8，14 – 三氮杂四环 $[10.3.1.0^{2.11}.0^{4.9}]$ – 十六 – 2(11)，3，5，7，9 – 五烯的酒石酸盐的一种晶体，但原始授权的权利要求 1 仅限定化合物的名称，对其晶体的特性未记载任何的相关数据。在无效宣告请求审查的过程中，专利权人修改了权利要求，将原权利要求 6 作为新的权利要求 1。修改后的权利要求 1 和 3 如下：

1. 一种化合物，其为 5，8，14 – 三氮杂四环 $[10.3.1.0^{2.11}.0^{4.9}]$ – 十六 – 2(11)，3，5，7，9 – 五烯的酒石酸盐，其为 L – 酒石酸盐，并且为无水 L – 酒石酸盐，其主要特征在于：用铜辐射测定以 2θ 表达的粉末 X 射线衍射图至少有一个选自 5.9 和 21.8 的峰。

3. 权利要求 1 的化合物，其主要特征在于：固态 ^{13}C – NMR 谱在 179.2、178.0、144.4、124.8 和 122.5ppm 处有主要共振峰。

该申请的说明书中记载了 5，8，14 – 三氮杂四环 $[10.3.1.0^{2.11}.0^{4.9}]$ – 十六 – 2(11)，3，5，7，9 – 五烯的无水 L – 酒石酸盐有两种不同的晶型 A 和 B，特征峰 5.9 和 21.8 与晶型 B 的特征峰对应，而对于晶型 A，说明书中记载其在 6.1 和 21.9 分别有 2 个特征峰。本领域公知，XRD 测定时，其数值具有 ±0.2 的误差计算，在说明书中也明确记载了这一点。A 晶体上述两个峰在其误差范围之内与权利要求 1 中要求的 5.9 或

21.8 两个峰值分别重叠，即权利要求 1 中仅以 5.9 或 21.8 的峰值来表征的晶体至少包括 A 晶体和 B 晶体两种可能，并且有可能包括不属于 A 或 B 的其他晶型的可能性。可见，仅从说明书数据就可以看出，权利要求 1 中所限定的 5.9 和 21.8 这两个峰值并非特定晶体所独有，本领域技术人员预期并不能够仅凭该峰值将某一晶体与其他晶体或未知形态区分开。因此，权利要求 1 中仅以 2θ 值 5.9 或 21.8 来表示的晶体涵盖了过多可能和涉案专利发明无关的其他晶型或形态。而物质的溶解性、吸湿性等理化性质可能与物质处于何种形态等有关，本领域技术人员难以预期权利要求 1 涵盖的过多未知晶型或形态均可达到该申请的技术效果。

权利要求 3 通过 5 个固态 $^{13}C-NMR$ 谱特征峰对权利要求 1 作出进一步限定。根据说明书及附图的记载，固态 NMR 能够容易区分样品之间的微小物理/化学性质区别，图 7A、图 7B 和图 7C 分别表示晶体 A 和晶体 B 和晶体 C 的 $^{13}C-PMAS$ 光谱，可以看出化合物的光谱性质各自显著不同，说明书中记载的晶体 A、B 和 C 的固态 $^{13}C-NMR$ 共振峰，其中 B 晶体有 7 个峰值，包括权利要求 3 中记载的 5 个峰值，可见权利要求 3 中限定了表 XXI 中的大部分特征峰的峰值。权利要求 3 引用了权利要求 1，通过粉末衍射和固态 $^{13}C-NMR$ 两种方式进行测定，并根据结果对所述晶型综合表征，但没有证据表明采用上述表征会同时表征多个晶体，因此就目前的表征数据而言，不足以使得本领域技术人员推测权利要求 3 会包含除了 B 晶体之外其他的未知晶体或形式而导致不能预期其效果，因此权利要求 3 限定的产品应理解为 B 晶体，本领域技术人员能理解其可以实现说明书所述技术效果，即权利要求 3 能够得到说明书的支持。

最终该案被宣告部分无效。

【案例思考】

对于不同药物的晶体，XRPD 图谱的峰数存在较大的差异，但一般而言，都不会是个位数。在说明书中一般会采用表格形式记载具体峰位置以及强度，并在说明书附图中记载相应的 XRPD 图谱。对于同一化合物的不同晶型，尽管其 XRPD 图谱不可能完全一致，但也可能存在几个相同的峰位置，药物存在的晶型越多，这种重叠的可能性就越大。在权利要求中仅采用其中几个峰进行限定，则有可能概括了说明书中并未制备得到的其他晶型，即权利要求保护了具有所述峰位置的多种晶型，而说明书仅制备得到了其中的一种，导致权利要求保护的范围得不到说明书的支持。

但对于权利要求中究竟采用多少个峰来限定才能得到说明书的支持，并无明确的定论，还需要从请求保护的化合物是否具有多个晶型，这些晶型峰位置的重叠程度来判断。只要峰的数量和位置足以将权利要求保护的晶型与其他晶型区分开，可以认为其保护范围是合理的。就 XRPD 图谱本身的特性来说，低场位置的峰较高场位置的峰更为重要；强度大的峰较强度低的峰更为重要。

对于固态^{13}C NMR 谱特征峰的值同样也是如此，具体峰值的个数与图谱本身具有的峰数以及是否能将其与其他的晶型区分开相关。

2.3.3.3　药物晶型的不可预期性在不同国家专利保护中差异

在我国的药物晶型专利保护实践中，虽然认为一个化合物有多少种晶型是难以预测的，但这种难以预测并不必然使得新晶型具备创造性。美国在判例中也认为晶体相对于无定形不具有非显而易见性，即不具备创造性。然而，其对于晶型的不可预期性是否能够带来创造性持不确定的或者更为谨慎的态度，即不能认为每个多晶型专利都是显而易见的。下文选取中国、美国同族专利案例进行对比。

【案例 2 - 8】　CN200580021661.1

止痛药他喷他多（tapentadol）由强生公司的子公司杨森公司与德国药物公司 Grunenthal GmbH 合作开发的产品，2008 年 11 月 21 日获美国 FDA 批准上市，2011 年强生公司将其美国专利权出售给 Depomed 公司，他喷他多是一种中枢神经作用的新型口服镇痛药，用于缓解中度及重度急性疼痛。

有关他喷他多的相关专利申请如表 2 - 1 所示。

表 2 - 1　有关他喷他多的相关专利申请

申请号	申请日	专利名称	专利到期日	法律状态
CN95108919.6	1995 - 07 - 21	化合物专利	2015 - 07 - 21	专利权到期
CN01822347.8	2001 - 11 - 28	1 - 苯基 - 3 - 二甲基氨基丙烷化合物用于治疗尿失禁的用途		未缴年费终止
CN02825976.9	2002 - 10 - 22	包含 3 - （3 - 二甲基氨基 - 1 - 乙基 - 2 - 甲基 - 丙基）苯酚并能提供活性成分的延迟释放的药物	2022 - 10 - 22	专利权到期
CN200480028966.0	2004 - 08 - 05	防止滥用的剂型	2024 - 08 - 05	专利权到期
CN200480028967.5	2004 - 08 - 05	防止滥用的剂型	2024 - 08 - 05	专利权到期
CN200480041854.9	2004 - 12 - 23	防滥用给药形式的制备方法	2024 - 12 - 23	未缴年费终止
CN200580020544.3	2005 - 04 - 20	防止滥用的剂型	2025 - 04 - 20	未缴年费终止

申请号	申请日	专利名称	专利到期日	法律状态
CN200580021661.1	2005 - 06 - 27	晶型专利	2025 - 06 - 27	宣告无效
CN200580029236.7	2005 - 06 - 29	避免滥用的口服剂型	2025 - 06 - 29	授权
CN200580029320.9	2005 - 06 - 29	防滥用的含有（1R，2R）- 3 -（3 - 二甲氨基 - 1 - 乙基 - 2 - 甲基 - 丙基）苯酚的口服剂型	2025 - 06 - 29	未缴年费终止
CN200580029337.4	2005 - 06 - 29	防止滥用的剂型	2025 - 06 - 29	未缴年费终止
CN200680003854.9	2006 - 02 - 06	防止滥用的给药剂型的制备方法	2026 - 02 - 06	未缴年费终止
CN200680011300.3	2006 - 02 - 06	防止滥用的剂型	2026 - 02 - 06	授权

以涉及晶型的专利 CN200580021661.1 为例，该专利在中国、欧洲和美国均获得授权，其中在中国和美国均被发起无效宣告请求，并被上诉至法院，但在 EPO 授权后并未查到无效宣告请求记录。

（1）他喷他多有关专利中国无效宣告请求情况

【案情介绍】

涉案专利权利要求如下：

1.（-）-（1R，2R）-3 -（3 - 二甲基氨基 - 1 - 乙基 - 2 - 甲基丙基）- 苯酚盐酸盐的晶形 A，当使用 Cu Kα 放射线测量时，该晶型 A 的 X 射线图的数据基本如下表所示。

峰序号	1	2	3	4	5	6	7	8	9
°2θ	9.07	10.11	14.51	15.08	15.39	15.69	15.96	16.62	17.00
峰序号	10	11	12	13	14	15	16	17	18
°2θ	18.24	18.88	20.00	20.39	21.66	22.54	24.27	25.03	25.47
峰序号	19	20	21	22	23	24	25	26	27
°2θ	25.84	26.04	26.94	27.29	27.63	28.33	28.72	29.09	29.29
峰序号	28	29	30	31	32				
°2θ	29.76	30.37	30.74	31.70	34.37				

3. 制备晶型 A 的（－）－(1R，2R)－3－(3－二甲基氨基－1－乙基－2－甲基丙基）－苯酚盐酸盐的方法，通过将晶型 B 的（－）－(1R，2R)－3－(3－二甲基氨基－1－乙基－2－甲基丙基）－苯酚盐酸盐溶解于丙酮、乙腈或异丙醇中，使所述溶液结晶以及分离晶型 A 的（－）－(1R，2R)－3－(3－二甲基氨基－1－乙基－2－甲基丙基）－苯酚盐酸盐的晶体。

16. 制备（－）－(1R，2R)－3－(3－二甲基氨基－1－乙基－2－甲基丙基）－苯酚盐酸盐的晶型 A 的方法，其特征在于在24～168 小时将晶型 B 的（－）－(1R，2R)－3－(3－二甲基氨基－1－乙基－2－甲基丙基）－苯酚盐酸盐冷却至－80 ℃～－4 ℃的温度。

23. 制备（－）－(1R，2R)－3－(3－二甲基氨基－1－乙基－2－甲基丙基）－苯酚盐酸盐的晶型 A 的方法，该方法的特征在于：将晶型 B 的（－）－(1R，2R)－3－(3－二甲基氨基－1－乙基－2－甲基丙基）－苯酚盐酸盐与活性炭一同溶解于乙腈中，加热该溶液到沸点，通过过滤去除活性炭，在40 ℃以下的温度搅拌该溶液，通过过滤去除不溶性残余物以及去除部分溶剂，使晶型 A 的（－）－(1R，2R)－3－(3－二甲基氨基－1－乙基－2－甲基丙基）－苯酚盐酸盐结晶，再将由此得到的晶体溶解在乙腈中，通过过滤去除不溶性残余物以及去除部分溶剂，使晶型 A 的（－）－(1R，2R)－3－(3－二甲基氨基－1－乙基－2－甲基丙基）－苯酚盐酸盐结晶。

24. 药物组合物，其包含作为活性成分的根据权利要求 1 所述的（－）－(1R，2R)－3－(3－二甲基氨基－1－乙基－2－甲基丙基）－苯酚盐酸盐的晶型 A 及至少一种适宜的添加剂和/或辅料。

25. 根据权利要求 1～2 所述的晶型 A 在制备治疗疼痛或尿失禁的药物中的用途。

【审理过程】

恒瑞医药（以下简称"请求人"）于 2015 年 6 月 23 日向国家知识产权局提出了无效宣告请求，其理由是：①该专利权利要求 1～2、24、25 不具有新颖性，不符合 2008 年修正的《专利法》第 22 条第 2 款的规定；②权利要求 1～25 不具有创造性，不符合 2008 年修正的《专利法》第 22 条第 3 款的规定，请求宣告该专利权利要求 1～25 全部无效。

双方选用的证据如图 2－3 所示。

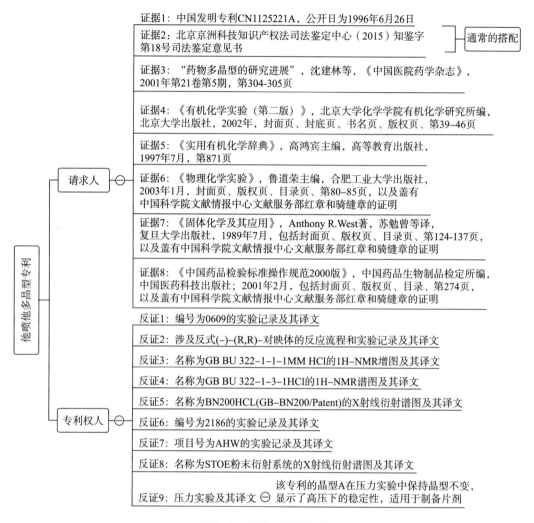

图2-3 双方选用的证据

【争议焦点】

该案争议的焦点在于创造性的判断。

该案中，请求人认为：证据1实例25公开了权利要求1的化合物盐酸他喷他多晶体，与权利要求1的区别在于权利要求1限定了盐酸他喷他多的晶型A的具体X射线图的数据，而证据1没有公开。由于该专利的说明书中没有给出晶体A的具体稳定性数据，因此，无法证明该专利的晶型A较证据1实施例25中制得的晶体更稳定，权利要求1的技术方案相对于证据1实际解决的技术问题仅仅是提供一种替代的盐酸他喷他多晶体。在没有证据证明权利要求1的晶体具有更好的技术效果的情况下，这种替代的晶体不具有创造性。

即使认为晶体A与证据1实施例25中的晶体相比稳定性更好，权利要求1也不具备创造性，理由是：对于有机药物大多存在多晶型，其中存在相对稳定的晶型和不稳定的晶型也属常见的现象，研究制备有机药物的多晶型，并从中寻找更符合生产和使用需要的晶型种类是本领域技术人员普遍存在的动机。尤其是，证据 3 公开了有机药物大多存在多晶型，其中存在相对稳定型的晶型，而且通过不同溶剂重结晶和改变环境温度都可以导致晶型转变。证据 4 记载了重结晶的方法，常见的重结晶溶剂包括丙酮和乙腈，因此，本领域技术人员很容易想到可以使用丙酮和乙腈作为溶剂对盐酸他喷他多进行重结晶，并且对于重结晶的具体条件的调整和选择是本领域的常规手段，不需要付出创造性劳动。权利要求 1 相对于证据 1、证据 3 和证据 4 的结合，或证据 1、证据 3、证据 4 和本领域的公知常识的结合不具有创造性。

专利权人提供了压力实验以证明该专利晶型 A 的有利效果（参见反证 9），认为在压力的影响下（例如药物片剂制备过程中的压力），晶型 B 转化为晶型 A 和 B 的混合物。该专利的晶型 A 在压力实验中保持晶型不变，显示了高压下的稳定性，适用于制备片剂。即便已知一些化合物的一些晶型，但仍不足以使得本领域技术人员能够在不付出创造性劳动的情况下得到一种具体化合物的一种新晶型，换言之，仍不足以使得一种具体化合物的一种新晶型显而易见。因此，该专利权利要求 1 的晶型 A 具有创造性。其他权利要求均涉及晶型 A，至少基于上述理由，也具有创造性。

无效宣告请求审查决定查明：第一，证据 1 实施例 25 实际上公开了该化合物的一种晶体。第二，证据 1 实施例 25 中实际获得的晶体不同于该专利的晶型 A，综上所述，该专利权利要求 1 与证据 1 相比区别仅在于晶型不同：权利要求 1 限定为晶型 A 及其 X 射线图的数据，而证据 1 没有明确其具体晶型，也没有公开 X 射线图的数据。第三，根据该专利说明书的记载，尤其是说明书实施例记载内容，不能确定在环境条件下尤其是室温下晶型 A 是否具有更好的稳定性。除此以外，该专利说明书中没有记载晶型 A 是否具有与效果相关的其他性能，尤其是没有记载在制备药物组合物时晶型 A 与晶型 B 相比较性能有何不同。第四，专利权人主张的反证 9 与专利权人提交的实验数据在该专利原说明书中没有记载，关于晶型 A 在高压下的稳定性的效果属于申请日以后发现的性能，不能作为判断该专利所具有技术效果的依据，不能证明该专利所具有的技术效果。综上所述，该专利权利要求 1 相对于证据 1 并未取得更好的效果，其实际解决的技术问题仅仅是提供一种具有不同晶型的可替代的盐酸他喷他多晶体。

判断权利要求 1 具备创造性的关键在于：①本领域技术人员是否有动机对盐酸他喷他多晶体进行筛选，以获得不同晶型的晶体；②该专利是否取得了预料不到的效果。

无效宣告请求审查决定认为，证据 3 公开了药物多晶型不但与制剂的制备工艺、质量及稳定性有关，而且影响药物的生物利用度和药效。有机药物大多存在多晶型，不同的重结晶条件和不同的环境温度可得到不同的晶型。药物多晶型之间存在晶格能差，低能量晶型为稳定型，高能量晶型为亚稳定型；从能量角度看，前者比后者稳定。也就是说，对于一种固态有机药物而言，最好是获得一种适合药物生产的晶型，其应当具有足够的稳定性，以确保制备工艺和质量的可控性，以达到制剂的稳定性，并且该晶型应当具有适当的溶解性，以利于提高生物利用度和药效。对于同一物质的多晶型而言，每种晶型因晶格能不同而导致稳定性存在差异，研究制备有机药物的多晶型，从中寻找符合药物生产和使用需要的晶型是本领域普遍存在的动机，根据常规方法选择稳定性较高的晶型对于本领域技术人员而言并不存在技术障碍。因此，在证据1已经公开了盐酸他喷他多的一种晶体的基础上，为了获得适合药物生产和使用需要的盐酸他喷他多晶型，本领域技术人员根据证据3容易想到，将证据1的结晶条件进行具体化或者进行常规改变，并根据所得晶体的理化性能进行常规选择，即可得到该专利权利要求1的技术方案。

至于其技术效果，该专利实施例16和实施例5记载了晶型A和晶型B在一定温度下可进行可逆转变，但不能确定在环境条件下尤其是室温下晶型A相对于晶型B是否具有更好的稳定性。根据证据3第4.2节关于药物多晶型对稳定性的影响的描述，从能量的角度分析，晶型A在较高温度下转变成晶型B，而在较低温度下晶型B转变成晶型A，因此，在理论上晶型A可能属于相对稳定型，而晶型B可能属于亚稳定型，但如上所述，对于本领域技术人员而言，存在研究制备有机药物的多晶型并从中寻找符合药物生产和使用需要的稳定型晶型的普遍动机，其在证据1的基础上有动机对该化合物的多晶型进行筛选，直到获得相对更稳定的晶型，因此，该专利晶型A的稳定性效果是本领域技术人员能够预料到的。

对于专利权人主张的反证9显示了晶型A在高压下的稳定性，适用于制备片剂，反证9的真实性不能被认可，并且不能确定其实验样品与该专利中的晶型A、晶型B之间的关系，该效果也没有记载在原说明书中，因此，反证9不能用于证明该专利的效果。可见，该专利的晶型A与证据1公开的晶体相比并未取得预料不到的技术效果。

综上所述，在证据1的基础上结合证据3获得该专利权利要求1的技术方案对于本领域技术人员是显而易见的，因此，权利要求1相对于证据1和证据3的结合不具备有关创造性判断的规定。

【案例思考】

第一，当证据公开的化合物的结构与名称不一致时，如何认定实质公开的技术方案。

证据1实施例25记载了下式化合物和名称（参见证据1说明书第33页实例25）：

（−）-（1S，2S）3-（3-二甲氨基-1-
乙基-2-甲基丙基）-苯酚盐酸盐（-21）

（－）－（1S，2S）－3－（3－二甲氮基－1－乙基－2－甲基丙基）－苯酚盐酸盐
（－21）化合物的结构式与名称不一致。

无效宣告请求审查决定认为，首先，该案内外证据相互印证，具体为：该专利的
专利权人与证据1的申请人相同，根据该专利背景技术部分的记载，通过 XRD 证实证
据1的同族专利 US6344558 和 EP693475B1 的实施例25中的结构图所示的1R，2R 构型
是正确的，表明证据1实施例25实际上公开了（－）－（1R，2R）－3－（3－二甲基氨
基－1－乙基－2－甲基丙基）－苯酚盐酸盐。其次，询问当事人意见，具体在该案中体
现为专利权人并无异议。

综上，当证据公开的化合物的结构与名称不一致时，通过认定客观事实和询问当
事人态度的方式，最终确定认定实质公开的技术方案。

第二，如何确定晶型是否被公开。

关于证据1的晶型，请求人主张证据2按照证据1实施例25的结晶方法获得了晶
型 A，其代表了证据1中实际获得的晶型。而专利权人主张证据2的晶型不能代表证据
1实施例25的晶型，并以反证1~8来佐证其在多次重复试验中均获得了晶型 B。

无效宣告请求审查决定认为，尽管反证1~8的真实性无法得到核实，但该专利说
明书实施例7按照证据1的同族专利 EP693475B1 的实施例25的方法制备得到了晶型
B，实施例10比较了晶型 A 和晶型 B 的 XRPD 图谱及相关数据，实施例12和13分别
对晶型 A 和晶型 B 的单晶结构进行了分析，晶型 B 为正交晶系，而晶型 A 为单斜晶
系，二者明显属于不同的晶型，这表明通过证据1实施例25的方法并未获得晶型 A。
尽管请求人提交了证据2用于证明证据1实施例25的晶型为晶型 A，但由于证据1实
施例24和实施例25并没有对结晶步骤的实验条件进行清楚描述，加之该化合物存在多
种晶型的可能性，证据2并不足以否定该专利实施例7、10和13的结论。因此，证据
1实施例25中实际获得的晶体不同于该专利的晶型 A。

综上，无效宣告请求审查决定遵循内部证据优先于外部证据的原则。具体为：第
一，基于该专利实施例10、12、13，说明书第6~7页表1，第23页表3内容确定二者
明显属于不同的晶型。第二，在证据1和证据2结合证明晶型时，强调由于证据1并没
有对结晶步骤的实验条件进行清楚描述，加之该化合物存在多种晶型的可能性，进而
得出证据2并不足以否定该专利实施例7、10和13的结论。

第三，如何确定该案是否取得了预料不到的技术效果。

首先，结合说明书记载内容，分析稳定性等性能。根据该专利说明书的记载，其
基本目的在于提供可用于治疗疼痛的新的（－）－（1R，2R）－3－（3－二甲基氨基－
1－乙基－2－甲基丙基）－苯酚盐酸盐固体形式。已经发现，可以按可重复的方法制备
两种不同晶型的（－）－（1R，2R）－3－（3－二甲基氨基－1－乙基－2－甲基丙基）－
苯酚盐酸盐。根据该发明的晶型 A 具有与晶型 B 相同的药物活性，但在外界环境条件

下是更为稳定的，其可以用作药物组合物中的活性成分。实施例 1 ~ 16 分别记载了晶型 A 和晶型 B 的制备、XRPD 图谱、红外光谱、拉曼光谱、单晶结构分析，以及在可变温度 XRPD 实验中晶型 A 和晶型 B 的相互转变。在该专利实施例 16 中，从 40 ~ 50 ℃晶型 A 转变为晶型 B，在该专利实施例 5 中，将证据 1 同族专利 EP693475B1 实施例 25 的盐酸盐（晶型 B）在 -40 ℃存放 72 h，生成晶型 A，但说明书中没有提及在 -40 ~ 40 ℃的温度下晶型 A 和晶型 B 是否发生转变，因此不能确定在环境条件下尤其是室温下晶型 A 是否具有更好的稳定性。除此以外，该专利说明书中没有记载晶型 A 是否具有与效果相关的其他性能，尤其是没有记载在制备药物组合物时晶型 A 与晶型 B 相比较性能有何不同。

其次，对于补交实验数据，需要依据适用的有关规定综合考量。该案审查适用《专利审查指南 2001》。具体案情为：专利权人主张，反证 9 显示了晶型 A 在高压下的稳定性，适用于制备片剂，并于口头审理当庭提交了由北京市中信公证处出具的（2015）京中信内经证字第 52057 号、（2015）京中信内经证字第 52058 号公证书，分别用于证明反证 9 的获得途径。对此，无效宣告请求审查决定查明，第 52058 号公证书表明该专利与 EP05770026.2 为同族专利，第 52057 号公证书表明反证 9 来自 EP05770026.2 的 EPO 审查文档，属于专利权人提交的实验数据。但是，反证 9 的压力试验在该专利原说明书中没有记载，关于晶型 A 在高压下的稳定性的效果属于申请日以后发现的性能，不能作为判断该专利所具有技术效果的依据，而且反证 9 中并没有指明所用样品晶型 A、晶型 B 所对应的化合物名称，也没有对所用的晶型 A 和晶型 B 样品进行表征，不能确定其实验样品与该专利中的晶型 A、晶型 B 之间的关系，因此，反证 9 不能证明该专利所具有的技术效果。因此，该专利权利要求 1 相对于证据 1 并未取得更好的效果。

在后续法院审理阶段，北京知识产权法院一审判决和最高人民法院终审判决中均支持了国家知识产权局的观点，[1] 并驳回了格吕伦塔尔有限公司的再审请求。[2]

（2）他喷他多相关专利美国无效宣告请求情况

【案情介绍】

在美国，有无效宣告请求人针对专利 US7994364B2（其为前述 CN200580021661.1 的同族专利）的专利权人提出了双方复审（IPR2016 - 00471），权利要求 1 如下：

1. （ - ）-（1R，2R）-3 -（3 - 二甲基氨基 - 1 - 乙基 - 2 - 甲基丙基）- 苯酚盐酸盐的晶型 A，当使用 Cu Lα 放射线测量时，其在粉末衍射图中至少显示在 15.1 ±0.2、

[1] 北京知识产权法院（2016）京 73 行初 3201 号行政判决书、最高人民法院（2019）最高法知行终 12 号行政判决书。

[2] 最高人民法院（2021）最高法行申 6941 号行政裁定书。

16.0 ± 0.2、18.9 ± 0.2、20.4 ± 0.2、22.5 ± 0.2、27.3 ± 0.2、29.3 ± 0.2 和 30.4 ± 0.2 的 X 射线图谱（2θ 值）。

说明书公开了盐酸他喷他多有两种不同的结晶形式：晶型 A 和晶型 B，其中晶型 A 在环境条件下非常稳定，可用于生产药物组合物。晶型 A 可通过 XRPD 鉴定，如图 2-4 所示。

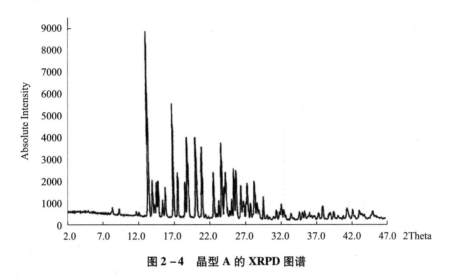

图 2-4　晶型 A 的 XRPD 图谱

无效宣告请求人质疑专利 US7994364B2 的权利要求 1~4 和 24~27 的可预见性（美国专利法第 102 条规定的新颖性），没有在多方复审阶段对显而易见性（美国专利法第 103 条规定的创造性）提出疑问。根据禁止反言原则，针对同一权利要求向 PTAB 提出复审的理由，在法院阶段不允许再次要求，对于该案而言，如果针对权利要求 1~4 和 24~27 的可预见性（新颖性）挑战失败，将不能在法院阶段针对这些权利要求以同样的理由再次提出，但可以提出显而易见性的意见。该案在法院阶段针对专利是否有效的争议的案卷目前尚未公开。

第一，关于新颖性审查。

无效宣告请求人认为权利要求 1~4 和 24~27 基于以下理由应被宣告无效。

理由 1：EP0693475A1，issued january 24，1996（Ex. 1007）. In this decision, we cite to exhibit 1006, the certified english translation of EP '475.

理由 2：Bartholomäus et al.，WO03/035053A1，published may 1，2003（Ex. 1010）. In this decision, we cite to exhibit 1009, the certified english translation of bartholomaus.

PTAB 认为，本领域技术人员应当以现有技术为准，不认可双方当事人的观点；权利要求的解释应当为本领域普通技术人员解读可以理解该发明的通用含义，双方当事人与 PTAB 意见一致。

关于新颖性，PTAB 认为，请求人没有表明研究人员的研究结果必然与普通技术人员按照实施例 25 的步骤获得的结果相同，且研究人员的研究成果和 EP0693475A 的实施例 25 中所述的步骤之间存在差异。对于引用的有关文献资料，请求人认为预先公开了权利要求 1~4 和 24~27 的晶型，同样没有被 PTAB 支持。PTAB 得出该专利满足美国专利法第 102 条新颖性的结论。法院阶段同样维持了权利要求 1~3 以及 25 未被预先公开，得出满足美国专利法第 102 条新颖性的结论。

第二，关于创造性审查。

由于无效宣告请求人（法院阶段为被告）主张权利要求 1~3 以及 25 是无效的理由包含不满足显而易见性。无效宣告请求人引用了 737 专利证据证明他喷他多的晶型 A 已被现有技术公开，同时主张在 737 专利公开的基础上结合所属领域的普通技术知识，得到该专利的技术方案是显而易见的。但所述主张没有得到法庭的支持。

美国新泽西州法院在创造性审查时，经过采用"Graham 事实调查法"和"初步显而易见性"的分析方法，主要观点认为：①对于一个化合物的晶型而言有多少种晶型是难以预先预测的，更无法事先预测盐酸他喷他多的多晶型结构和性质。②在开始实验之前无法知道将如何进行筛选，并且本领域技术人员无法知道是否存在多种形式或物理特性形式。对于"可预测的解决方案"可能会带来困难，因为潜在的解决方案不太可能真正可预测。③虽然用于多晶型筛选的方法在本领域中是已知的，但相关的问题是这些知识是否使得该专利在法院所描述的"明显不可预测的领域"中是显而易见的。法院指出应避免出现极端认识，即认为每个多晶型专利都是明显的。

综上，在无效宣告请求阶段，中国和美国在新颖性审查过程中结论基本一致。但在创造性审查过程中，在并无证据表明新的晶型与已知晶型相比具有预料不到的技术效果的情况下，中国更倾向于认定为不具有创造性，而 PTAB 和法院审查过程中，更倾向于采用"Graham 事实调查法"和"初步显而易见性"的分析方法，则有可能因为考虑晶体属于"明显不可预测的领域"，而认为需要避免出现"每个多晶型专利都是明显的"的极端认识，进而能够认可具有创造性。

【案例思考】

第一，在美国创造性判断过程中，何为"Graham 事实调查法"。

美国联邦最高法院在 KSR 案中所述，Graham 案中建立的"Graham 事实调查法"是客观分析非显而易见性的基础。显而易见性是一个以事实调查为基础的法律问题。"Graham 事实调查法"包括：①确定现有技术的范围和内容；②确定现有技术与要求保护的发明之间的区别；③确定要求保护的发明所属技术领域中普通技术人员的水平。

在某些情况下，还有一些辅助性考虑因素，例如考虑商业上的成功、长期存在而未能解决的需要、他人的失败和预料不到的结果。显而易见性判断必须以这些事实调查为基础。

"Graham 事实调查法"一旦完成，审查员必须确定要求保护的发明是否对所属领域的普通技术人员显而易见。现有技术与要求保护的发明之间的差距可能不会大到使该要求保护的发明对所属领域的技术人员非显而易见。在确定显而易见性时，获得要求保护的发明的具体动机和发明者的问题都不是解答的对照标准。合适的分析方法是，在考虑了所有因素之后，要求保护的发明对所属领域的普通技术人员来说是否已经显而易见。除引用的现有技术所公开的内容外，其他因素也可以为"所属领域的技术人员可以显而易见地弥合该差距"的这个结论提供基础。

第二，在美国创造性判断过程中，如何判断"初步显而易见性"。

初步显而易见性是一种广泛地用于所有条款的审查程序工具。它用于在审查过程的各个阶段分配该由谁来承担举证责任。审查员需要承担显而易见性的初步结论的最初的举证责任。如果审查员不能作出显而易见性的初步结论，申请人就没有义务提交非显而易见性证据。然而，如果审查员作出显而易见性的初步结论，则提供证据或者争辩的责任就转移到申请人一方，其可以提交附加的非显而易见性证据，诸如显示出所要求保护的发明具有现有技术未预料的改进性能的比较实验数据。

2.4　药物晶型专利保护中的思考和启示

案例 2-8 的时间跨度较大，关于晶体化合物审查的侧重点也几经变化，从开始时采用一般化合物的标准对创造性进行质疑，到考虑晶体制备的不可预期性，重点审查其是否充分公开、能否得到说明书支持和具备新颖性，再到重新关注晶体的创造性。审查过程中，关注重点的变化势必对申请文件的撰写产生一定的影响。上述案件的审查以及无效宣告请求审查过程，对如何在申请文件的撰写中突出请求保护的晶体具有预料不到的技术效果，从而证明其具备创造性给出了一定的借鉴和启示。

2.4.1　晶体的确认

对于晶体发明，首先，该晶体需要"充分公开"。说明书中还应当记载至少一种制备晶体的方法和详细条件，并给出实施例。尤其需要注意的是晶体的确认。晶体是化合物的一种特殊形式，对于晶体的确认不仅包括分子内的价键，还包括分子间的微观结构。即在提供能够确认普通化合物的化学名称、结构式或分子式、相关化学或物理性能参数的情况下，一般还需要提供晶胞参数和空间群、晶体 XRPD 图谱（数据）等作为该化合物以晶体形式存在的证据。对于已知化合物的新晶型，可以不提供化合物的确认数据，例如质谱、核磁、红外等，但对于未知化合物的晶体，还需要提供化合物本身的确认数据。

对于水合物和溶剂合物，如果申请文件中并未请求保护具体的晶型，则不必提供晶体相关的确认数据。但是采用其他的测试数据，例如卡尔－费休法等来表征水合物或溶剂合物时，所记载的数据必须使得本领域技术人员能够确认该化合物中水或其他溶剂的摩尔含量。

2.4.2 技术效果的描述

对于已知化合物尤其是药物化合物的新晶型，说明书中可以不记载化合物本身的效果确认数据，例如对于某种酶或细胞的抑制率等。对于未知化合物的晶体或新晶型，则需要与普通化合物一样，记载其效果确认数据。此外，从创造性的角度考虑，还需要记载证明请求保护的晶型优于现有技术已知无定形或其他晶型的数据，这种数据一般涉及稳定性和生物利用度两个方面。

2.4.2.1 稳定性

一般而言，晶体相对于无定形的固体，其稳定性会有比较明显的增加。而稳定性也往往是化合物不同晶型在技术效果方面的重要区别。例如，申请文件中给出了请求保护的晶体的微粉化样品，在40 ℃、RH 为75%的条件下测量 3 天前后的平均粒径数据，经测量仅观察到较小的粒径增长，即证明该晶体是稳定的。本领域技术人员普遍认为晶体相对于无定形更为稳定属于可以预期的技术效果，不同晶型之间稳定性必然存在差异，这种差异并不一定属于预料不到的技术效果。何种程度的提高才属于预料不到的技术效果，还需要结合实际案情考虑。例如，化合物的某种晶型稳定性明显优于其他晶型，且能够解决制药过程中的某些问题。

除了上述案例中提供的在一定温度和湿度条件下的实验数据，能够证明晶体稳定性的实验还有很多，例如晶体破坏过程中最终构象、均方位移、扩散系数、径向分布函数等。只要是本领域技术人员能够用来确认晶体稳定性的数据均可以采用，同时应当注意记载实验的参数条件。

无论是何种类型的实验数据，都应当记载在申请文件中，如果在说明书中仅给出断言性的结论，例如"本申请的晶体稳定性好"，而没有记载相应的实验数据，即不能用来证明其技术效果的，即使是通过补交实验数据进一步提供证明，其证明的技术效果也应当是从原始申请文件中可以得出的。

2.4.2.2 溶解度、溶解速率

一般而言，对于同一化合物，无定形的溶解度最大，溶解速率最快，更利于生物

体的吸收，相应的，也具有更好的生物利用度。但无定形的稳定性比晶体化合物差，因此，更优的溶解度或溶解速率以及更好的稳定性通常是不可兼得的。在对上述性质描述的时候，应当注意侧重点，即针对本申请要解决的技术问题/现有技术存在的问题进行效果的描述。例如，在稳定性已经满足制药过程需求的前提下，可重点描述溶解度的改进。

2.4.2.3　生物利用度

生物利用度是指药物被机体吸收进入循环的相对量和速率。药物化合物的不同晶型技术效果的差异最终会体现在生物利用度上。影响生物利用度的主要因素有溶解度、溶出率、吸收速率与吸收程度，此外，胃肠动力与小肠的渗透性、药代动力学也是影响药物生物利用度的重要因素。即使是溶解性相似的不同晶型，其生物利用度也可能存在差异。因此，直接提供生物利用度的数据是证明技术效果最有效的证据之一。

需要注意的是，晶体的构型在固体制剂中能够得到保存，但在液体制剂中，晶体已经溶解，自然也不存在晶体一说，因此，提供的生物利用度实验数据应当是针对能够保持晶体微观形态的制剂的生物利用度数据。

2.4.3　预料不到的技术效果在创造性判断中的考量

对于药物晶型的申请，无论现有技术已经公开的该化合物是无定形还是另一种晶型，均需要证明该申请的晶型相对于现有技术的晶型具备预料不到的技术效果。

如果现有技术公开的化合物为无定形，则该申请的晶体相对于无定形具有更好的稳定性不属预料不到的技术效果。

由于不同的晶型的物理性质必然存在差异，该申请的晶型与已知的其他晶型相比，其稳定性、熔点、溶解度、吸湿性等性质的改善是否属于预料不到的技术效果，需要结合化合物的实际情况考虑。例如，现有技术中已知的晶型，溶解度较小，不利于后续的吸收并影响生物利用度，而该申请的晶型溶解度有明显提高，则这种性质的改进可以认为是预料不到的技术效果。如果现有技术的晶型溶解度已经足够大，对后续生物利用度的影响较小，该申请的晶型溶解度尽管有所提高，但因提升的程度非常小，则这种溶解度的提高不能被认为是预料不到的技术效果。

2.4.4　补交实验数据的证明力

在化学领域，补交实验数据主要用于证实化合物的公开充分和创造性。《专利审查指南 2023》规定：判断说明书是否充分公开，以原说明书和权利要求书记载的内容为准。对于申请日之后申请人为满足专利法第 22 条第 3 款、第 26 条第 3 款等要求补交的实验数据，审查员应当予以审查。补交实验数据所证明的技术效果应当是所属技术领域的技术人员能够从专利申请公开的内容中得到的。

目前，在药物晶型的专利保护中也遵循上述规定，但根据现有的实施案例来看，通过补交实验数据来证明晶型的创造性在实践中并非易事。

在替格瑞洛晶型专利纠纷案和索拉非尼晶型专利纠纷案中，均涉及专利权人通过提供补交实验数据来证明晶型的创造性。这两件专利都经过了无效宣告请求、一审的行政裁决和二审的司法判决，均认为补交实验数据不能证明涉案专利中的晶型具有预料不到的技术效果，但是对于补交实验数据是否采信以及是否具备证明力，上述两案由于申请文件中关于技术效果文字描述的差异，其判决结果也各有不同。

对于补交实验数据，上述两案的二审判决均认为补交实验数据是否能被采信，应当基于两个条件：①积极条件，即原专利申请文件应当明确记载或隐含公开补交实验数据拟直接证明的待证事实；②消极条件，即申请人不能通过补交实验数据弥补原专利申请文件的固有内在缺陷。

在替格瑞洛晶型专利纠纷案中，由于原专利申请文件中记载了"令人惊讶的高稳定性和生物利用率"，与补交实验数据拟直接证明的待证事实一致，满足了积极条件，因此，补交实验数据予以采信。但对于消极条件，二审判决认为，补交实验数据中对于化合物代谢稳定性的记载与申请文件的记载存在程度上的不一致，在没有进一步证据证明的情况下，难以证明该技术效果达到了本领域技术人员预料不到的程度。

在索拉非尼晶型专利纠纷案中，二审判决认为，补交实验数据涉及的机械加工稳定性在原申请文件中并未记载，即补交实验数据拟直接证明的待证事实在原专利申请文件未明确记载或隐含公开，因此不满足积极条件，补交实验数据不予采信。

综上所述，采用补交实验数据来证明药物晶型技术效果是本领域技术人员预料不到的，进而证明晶型的创造性需要同时满足上述积极条件和消极条件。满足积极条件需要在原申请文件中对于技术效果有文字性的描述，满足消极条件则需要补交实验数据对于技术效果的记载使得本领域技术人员能够确认其与原申请文件的描述一致。

2.4.5 举证责任转移

举证责任转移是诉讼中常见的情况。在药物晶型的专利保护中，举证责任同样也存在转移的情形，主要体现在新颖性的判定中。由于药物晶型在表征上的特殊性，因此推定新颖性是药物晶型专利申请审查中常用的新颖性评述方式，根据《中华人民共和国民法典》（以下简称《民法典》）规定，谁主张谁举证的原则，应当由提出请求保护的晶型不具备新颖性的一方举证，但在专利的实质审查和无效宣告请求过程，举证的责任发生了转移。

对于实质审查过程中，推定不具备新颖性是审查过程中法律赋予审查员的一项权利，其含义是，当审查员检索到一篇现有技术文献，有充分的理由怀疑该文献公开的技术方案与在审申请的技术方案相同时，通过推定在审申请不具备新颖性而要求专利申请人通过实验等方式来证明在审申请的技术方案不同于现有技术，其中主要原因在于审查员不具备实验能力。但是在无效宣告请求阶段，针对一项已经被授予的专利权，请求人认为其不具备新颖性时，则需负有证明该专利权保护的技术方案已经被某一现有技术文献公开的客观证明责任，其不仅需要证明现有技术文献公开的内容，还要证明其公开的技术方案与涉案专利是相同的，而专利权人仅负有抗辩二者不相同的证明责任。当请求人提供的证据只证明二者有可能是相同的，在没有进一步的证据表明二者确定相同的情况下，请求人的证明责任尚未完成。此时，事实处于真伪不明的状态，不利后果应当归于具有客观证明责任的一方，即请求人。

在盐酸沙格雷酯Ⅱ型晶体专利无效审查纠纷案中，请求人认为证据1、2已经公开了盐酸沙格雷酯，本领域技术人员无法将权利要求1~2的盐酸沙格雷酯晶体与上述盐酸沙格雷酯区分开，故推定其晶型相同。无效宣告请求审查决定认为从制备方法、熔点等考虑，基于现有的证据，无法证明证据1、2中公开的盐酸沙格雷酯必然与该专利权利要求1~2的盐酸沙格雷酯Ⅱ型晶体相同，因此证据1、2不足以破坏权利要求1~2的新颖性。

而相同的证据，如果是在专利实质审查阶段，由于无法将该申请请求保护的（±）2–（二甲基氨基）–1–｛[O–（m–甲氧基苯乙基）苯氧基] 甲基｝乙基氢琥珀酸酯盐酸盐的Ⅱ型晶体和证据1、2公开的化合物区分开，可以推定该申请权利要求1~2不具备新颖性，此时，需要申请人举证该申请晶体与证据1、2公开的形态不同。而在无效宣告请求程序中，如果现有技术没有公开化合物是何种具体晶型，请求人也没有提供其他证据证明该现有技术化合物的晶型与涉案专利相同，则依据该现有技术认定涉案专利不具备新颖性的理由不成立。

可见在实质审查阶段，无证据表明不同，则推定相同。无效宣告请求阶段，无证据表明相同，则推定不同。

2.4.6 晶型鉴定机构的选择与证据的证明力

对于药物晶型，结构的鉴定是必不可少的，对于专利申请中记载的鉴定数据，对其鉴定的机构并无特别的要求，但是在后续的专利纠纷中，考虑到证据的真实性等问题，鉴定机构的选择也成为药物晶型专利保护中需要考虑的环节。

在行政裁决和司法审判中，当事人双方均可委托第三方机构针对相关案件事实进行检测并出具实验报告，用以证明相关事实。关于实验证据真实性的审查，一般包括两方面，一是证据形式真实性的审查，包括证据的形成、取得过程、取得主体、收集过程等；二是证据内容真实性的审查，即运用逻辑推理和经验法则，结合证据之间的关系对证据内容的实质真实性作出评价。在甲磺酸阿帕替尼案中，所涉及的鉴定机构为专利权人和无效宣告请求人均信任的中立研究机构，也没有证据证明其与双方当事人存在利害关系，因此其出具的鉴定报告的真实性获得了认可。

选择对不同文献公开的固体状态化合物进行晶型的鉴定是药物晶型专利纠纷的常规选择。在专利纠纷中，鉴定机构出具的报告将面临真实性、合法性、关联性的审查，并最终落脚在该鉴定报告的证明力上。因此，鉴定机构的资质能否得到另一方当事人和法官的认可，其出具的鉴定报告是否具备证明力在药物晶型专利保护中是需要考虑的。

第3章
前药发明专利的审查与保护

3.1 引 言

由于新药研发的成本高、耗时长以及固有的不确定性而导致风险高，前药策略成为一种有效的药物设计方法。前药策略是将已知生物活性的现有药物（又称原药或母药，parent drug）经结构修饰制成前药（prodrug），后者体外无活性或活性较小，在体内经酶促或化学转化而释放出具有所需药理作用的原药而发挥药效。前药不仅能保持或增强原药的药效，还能克服原药的某些不良性质。其作用机制清晰、相对风险较小，开发周期短，因此前药设计在新药研发中越来越受到人们的重视。据统计，世界范围内 2008～2017 年批准上市的药物中约有 12% 可以归类为前药。[1] 随着靶向精准技术的发展，通过靶向精准分配获得活性原药使得前药设计成为提高药物治疗效果和降低副作用的最有效和最有前景的方法之一。

在药物研发中设计并制备前药可以克服活性药物的某些不良性质，例如改善药物的吸收性能、提高生物利用度，增加药物的化学稳定性，延长药物作用时间，提高药物在作用部位的浓度以提高药物的选择性，降低药物的毒副作用，改变溶解度以适应剂型的需要，消除药物的不良气味，配伍增效等。[2]

由于前药分子在体内需要释放出活性药物而发挥其药理作用，因此所开发的前药分子应具备以下条件：①可根据具有生物活性的药物分子性质，按治疗需要进行化学结构修饰；②进入机体后，不论是否需要酶的作用，要保证恢复原来的药物分子；③本身不显示生物活性。[3] 前药的化学结构修饰通常是指前药分子中的官能团，如羟

[1] NAJJAR A，KARAMAN R. The prodrug approach in the era of drug design [J]. Expert Opinion on Drug Delivery，2019，16（1）：1-5.

[2] 张德志，杨帆，陈一岳. 药学概论 [M]. 北京：中国医药科技出版社，2008.

[3] 郭增军，杨帆，陈一岳. 新药发现与筛选 [M]. 西安：西安交通大学出版社，2017.

基、羧基、氨基、羰基等，与无毒性化合物（或称暂时转运基团）相连接而形成酯（如氨基酸酯或磷酸酯）、酰胺、亚胺等易裂解的共价键，或者前药与活性药物之间通过开链或成环而相互转化等。

前药具有改善药物动力学性质、改变理化性质、增加溶解度以及延长药物作用时间等优点，同时能避免直接制备活性药物，其在人体内经过吸收、代谢、分布等过程可转化为活性药物而发挥疗效。因此，通过前药开发策略规避活性药物专利，成为医药企业密切关注的热议话题。鉴于前药与活性药物之间的这种特殊关系，医药创新主体对前药发明专利的申请和保护也存在较大的热情，从而使前药的专利保护、审查规则以及法律适用等，均备受创新主体的关注。而前药专利在审查过程或确权过程中主要涉及创造性问题。前药的侵权判断最近两年也备受关注，不同国家或地区在相关法律规定和判定标准方面均存在差异。以下将从这些角度对相关案例进行解析，以期为医药企业在前药的专利保护和专利确权方面提供参考与借鉴，促进医药领域前药专利的申请、保护和运用。

3.2　前药专利的创造性

3.2.1　美国前药专利创造性判断标准

美国专利法第 103 条规定，如果申请专利的主题与现有技术的区别对于本领域技术人员来说在发明作出时作为整体是显而易见的，则不能被授予专利权。可专利性不应根据作出发明的方式而予以否定。

在美国的审查实践中，对前药化合物的创造性判断没有细化的规定，因此按照通用规则进行判断。

美国专利审查操作指南（第 9 版）规定：在判断非显而易见性的时候，关键的问题不是现有技术和要求保护的发明之间的差别本身是否显而易见，而是要求保护的发明作为一个整体是否显而易见。因此需要对现有技术和要求保护的发明分别作整体考虑。例如将发明提炼为主旨或者要点，就忽略了作为一个整体的要求。发现问题的来源或者原因也是非显而易见性判断的整体考虑的一部分，即便技术问题来源一经发现则其解决方案本身是显而易见的，但是对问题的来源或者原因的发现仍可能使其发明获得专利权。对于现有技术，必须全面考虑现有技术文献，包括其中与发明背离的教导。

可支持显而易见结论的典型理由包括：①根据已知的方法结合现有技术的要素以

产生可预期的结果；②将某一已知的要素简单地替换为另一已知要素以获得可预期的结果；③利用已知技术以相同方式改进类似的设备（方法或产品）；④将已知技术应用于要准备改进的已知设备（方法或产品）以产生可预期的结果；⑤"显然可以尝试"，即从有限数量的确定的、可预期的方案中选择，并能合理地预期成功；⑥基于设计激励或其他市场因素，促使对一个领域中的已知工作作出改变，以用于相同领域或不同领域，前提是这种改变对于本领域技术人员是可预期的；⑦现有技术中的一些教导、启示或动机使得本领域普通技术人员改造现有技术或与现有技术的教导进行结合，以得到要求保护的发明。

3.2.1.1 先导化合物的选择

化学领域中涉及先导化合物的案例构成了替换型显而易见性案例（即用一个已知要素简单地替换另一个，获得可预期的结果）的一个重要分组。从显而易见性的角度出发，任何已知的化合物都可能作为先导化合物，该先导化合物的含义可能与药物化学家所使用的术语含义不同。例如，如果改变现有技术化合物以获得要求保护的化合物的原因与药物活性无关，则可用非活性化合物对要求保护的药物化合物作出显而易见性的驳回意见，而药物化学家则不会认为非活性化合物是一种先导化合物。即药物化学家基于费用或商业考虑而认为不会作为先导化合物的已知化合物，审查员在考虑显而易见性判断时，有可能将其用作先导化合物。

判断一个新化合物相对于特定现有技术化合物是否显而易见，通常遵循如下原则：第一步，确定本领域技术人员是否会选择一个断言的现有技术化合物作为先导化合物或进一步研发工作的起点；第二步，分析是否有理由在具有合理的成功预期的情况下改造先导化合物以获得要求保护的化合物。

【案例 3 -1】 US5691336[1]

涉案专利 US5691336 的权利要求 1 请求保护具有通式 I 结构的化合物或其可药用盐（即吗啡速激肽前药），并公开了福沙匹坦双葡甲胺作为其优选的化合物。

① *Apotex Inc. v. Merck Sharp & Dohme Corp*，案号为 IPR2015 - 00419。

对比文件 1 公开了吗啡速激肽受体拮抗剂通式化合物 $\begin{array}{c}R^3\!\!\diagup\!\!X\!\!\diagdown\!\!R^4\\R^2\!\!\diagdown\!\!\underset{R^1}{N}\!\!\diagup\!\!R^5\end{array}$ 及 601 个具体化合物。

【争议焦点】

请求人主张：在寻找吗啡速激肽受体拮抗剂前药时，本领域技术人员将以对比文件 1 公开的化合物 96（即福沙匹坦母药化合物）作为基础研发其前药，对比文件 1 公开了包含化合物 96 的较窄的优选范围。

专利权人认为：考虑到作出发明之时现有技术的范围和内容，本领域技术人员不会考虑从对比文件 1 开发速激肽受体拮抗剂。即使从对比文件 1 开始，本领域技术人员也不会从几百个化合物中挑选出化合物 96。该专利申请之时，已有许多关于速激肽受体拮抗剂的研究，然而，对比文件 1 中没有关于化合物 96 的生物学和药代动力学数据的记载。本领域技术人员会寻找那些更有前景的先导化合物，而不是化合物 96，从而不会得到化合物 96 的前药即福沙匹坦双甲葡胺。

PTAB 认为：先导化合物是现有技术中最具潜力的可以通过结构修饰以改善活性而获得更好活性的化合物，在确定是否会选择现有技术的化合物作为先导化合物时，以分析该化合物相关性质的证据作为依据。在缺乏活性数据的情况下，化合物 96 不能作为进一步研发的自然选择。对此，请求人未给出充分解释，PTAB 也未找到合理理由说明，在缺乏活性实验数据的前提下，本领域技术人员为何会从对比文件 1 列举的 601 个具体化合物中挑选出化合物 96 进行进一步研究。

【案例思考】

是否给出化合物活性数据，对比文件所列具体化合物的数量是否众多，以及化学通式范围的大小都是能否选择化合物作为研发起点或先导化合物的考虑因素。

3.2.1.2 合理的成功预期

美国专利审查操作指南还规定：显而易见性的问题是在认定基本事实的基础上解决的，包括：①现有技术的范围和内容；②所要求保护的主题与现有技术之间的区别特征；③本领域技术人员的水平；④非显而易见性的客观证据，如辅助考虑因素。辅助考虑因素包括商业上的成功、长期感受但未解决的需求、他人的失败和预料不到的效果。辅助考虑因素是证明非显而易见性的独立证据，使法院避免"事后诸葛亮"的陷阱。非显而易见性分析需要事实发现者进一步考虑本领域技术人员是否有动机结合这些现有技术以及结合时有合理的成功预期。

【案例 3 - 2】 US6436989B1[1]

涉案专利 US6436989B1（申请日为 1997 年 12 月 24 日）的权利要求 1 保护下述结

构的化合物： 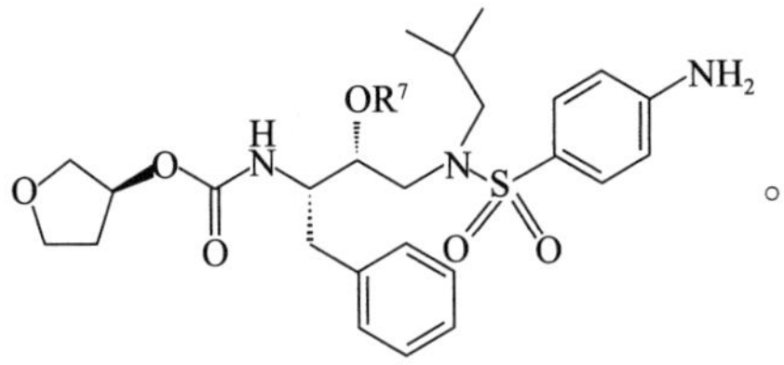 。

权利要求 2 进一步限定 R^7 选自—$PO_3^{2-} \cdot Na_2^+$、—$PO_3^{2-} \cdot K_2^+$ 或—$PO_3^{2-} \cdot Ca^{2+}$，权利要求 3 进一步限定 R^7 选自—$PO_3^{2-} \cdot Ca^{2+}$。权利要求 1～3 涵盖了用于治疗 HIV - 1 的药物 Lexiva（即福沙那韦的钙盐）。

对比文件 1 公开了抗人类免疫缺陷病毒（HIV）的活性化合物安普那韦：

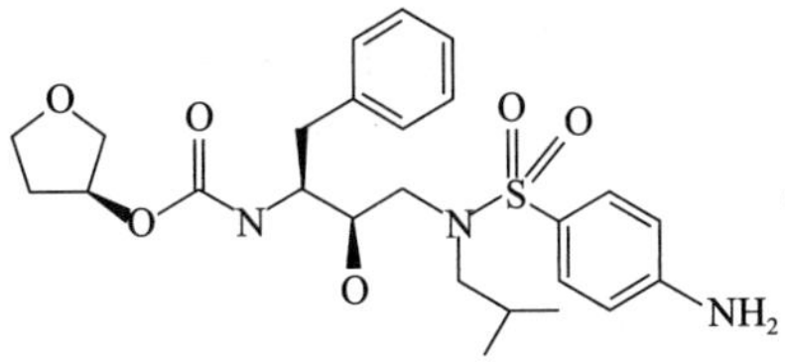

，其受溶解度限制难以形成制剂，并公开了可以改进

溶解性和生物利用度的安普那韦溶液。

对比文件 2 公开了 HIV 蛋白酶抑制剂的溶解度和口服生物利用度低，引入水溶性基团如磷酸或亚磷酸基团的钠盐或钾盐，并制备了具体化合物的磷酸二钠盐前药，测试了在血浆中的前药和药物浓度。

【争议焦点】

请求人主张：权利要求 2～3 以及 4～12 相对于对比文件 1 和对比文件 2 的结合不具备创造性。

对于权利要求 2，对比文件 1 公开了安普那韦是一种有效的 HIV 蛋白酶抑制剂，由于溶解性问题，每一颗胶囊中需要更多助剂以改善口服吸收，导致每颗胶囊中安普那韦相对量减少，因此需要服用更多胶囊以达到治疗剂量，如此大的剂量会对依从性和耐药突变产生影响。因此，本领域技术人员会对安普那韦进行修饰以解决溶解性相关问题。

对比文件 2 教导了在 HIV 蛋白酶抑制剂的—OH 处引入磷酸盐基团可以改进溶解性，并基于比较二者结构的相似性后认为：本领域技术人员将这种结构修饰方法用于

---

[1] *Lupin Limited v. Vertex Pharmaceticals Inc*，案号为 IPR 2016 - 00558。

安普那韦时，成功地制备权利要求所述安普那韦前药并取得类似的改善溶解性和生物利用度具有合理的可能性。

PTAB 认为：①福沙那韦是否为成功的药物没有合理的成功预期。对比文件 2 教导了在低水溶性蛋白酶抑制剂化合物结构中引入磷酸盐基团以改进溶解性和生物利用度，即对比文件 2 提供了使用磷酸盐水溶性基团解决安普那韦溶解性问题的普遍指导，然而发现福沙那韦的成功并不是发现水溶性改善的化合物，而是成功找到具有必要生物利用度的治疗 HIV 并最大限度减少患者产生耐药性突变的化合物。本领域技术人员对于福沙那韦是否具有与母药安普那韦相同或改善的生物利用度没有合理的成功预期。其原因在于：对比文件 2 以及其他证据表明，对比文件 2 的前药化合物在动物模型中并不是总能递送前药；不同剂量的前药化合物在血浆中转化的可变性高。即使依据对比文件 2 的生物利用度数据能够得出其化合物在一定范围内有合理的成功预期，但也不能确定对比文件 2 的前药修饰途径对所有蛋白抑制剂都适用。而且，有证据表明开发 HIV 蛋白酶抑制剂前药并不总是可预测的，转化产生的母药化合物效果也会产生变化。这种可变性部分是由于体内转化的复杂性。体内转化的复杂性是开发 HIV 蛋白抑制剂前药的障碍。除了对比文件 2 公开的化合物，试图将磷酸酯基团置于洛匹那韦和利托那韦中心羟基上的尝试均没有获得可行的前药。与福沙那韦相比，这两种前药在体外磷酸酶作用下没有断裂，在体内不能有效递送母药。因此，在 1997 年福沙那韦是第一个显示良好生物利用度的前药，并且是唯一一个仍在上市的 HIV 蛋白酶抑制剂。综上，使用磷酸酯前体修饰安普那韦会产生成功的化合物没有合理的成功预期，并且体内转化的复杂性使 HIV 蛋白酶抑制剂前药变得不可预期，即安普那韦的磷酸酯前药是否会成功地作为生物可利用的替代品没有合理的成功预期。

② 福沙那韦取得了预料不到的效果。第一，福沙那韦具有不同的耐药性。现有技术显示安普那韦会在 150 V、184 V 等引起突变，而专利权人提供的证据表明：与安普那韦相比，福沙那韦具有改进的耐药性，具体而言，缺乏对 150 V 突变的选择性是出乎预料的，因为福沙那韦是安普那韦的前药。2006 年，有关试验（即未加强的福沙那韦）数据显示，患者仅接受福沙那韦（即未加强的福沙那韦）治疗 3～5 年也不会出现 150 V 和 184 V 突变。请求人邀请的专家也同意该实验。大量证据表明，福沙那韦与安普那韦的耐药性不同是不可预期的，因为福沙那韦是安普那韦的前药。

第二，福沙那韦具有优越的药代动力学和较低的副作用。专利权人认为：和安普那韦相比，福沙那韦具有改善的药代动力学。福沙那韦耐药性的改善与前药药代动力学的改善有关，药代动力学的改善伴随较低的胃肠道副作用。因此，PTAB 认为，大量证据表明与安普那韦相比，前药福沙那韦具有显著的优势是不可预期的。

3.2.2　欧洲前药专利创造性判断标准

EPC 第 56 条规定：如果考虑现有技术，一项发明对于本领域技术人员来说不是显而易见的，应认为该发明具有创造性。

与美国类似，EPO 审查指南和 EPO 上诉委员会判例法对前药发明没有细化的规定，因此前药发明的创造性，按照化合物发明的相关规定进行审查。

【案例 3 - 3】EP2203462B1

【案情介绍】

该案（EP2203462B1，专利权人为吉利德公司）涉及核苷磷酰胺前药，用于抑制丙型肝炎病毒（HCV）的复制和治疗 HCV 感染，于 2014 年 5 月 2 日获得 EPO 授权。其中，

权利要求 1 要求保护具体结构的化合物（即索磷布韦）：；

权利要求 2 和权利要求 3 分别要求保护磷原子处为（S）构型和（R）构型的上述化合物；权利要求 4 ~ 6 保护包括权利要求 1、2 或 3 的化合物和药学上可接受的盐的组合物。

针对该授权专利，10 个异议者于 2015 年 2 月提出了异议，异议庭于 2016 年 10 月 31 日作出了该授权专利修改后可满足 EPC 要求的中间决定（即权利要求为 1 和 4 被允许）。专利权人和 7 个异议者对决定不服而提起了上诉，上诉请求包含了创造性技术启示的判断。因有悬而未决的移交案，何时能作出裁决至口审日无任何消息。而 EPO 上诉委员会中一名成员将于 2023 年 3 月 1 日退休，为避免对程序经济性和法律不确定性产生的不利影响，EPO 上诉委员会考虑各方意见，于 2023 年 2 月 16 日发布了中间决定。

【审理过程】

上诉异议者认为：对于权利要求 1 中的化合物，以证据 33、证据 12（WO2005003147）、证据 10、证据 7 等作为最接近的现有技术。

从证据 33 开始，核苷 RO2433 是最接近的现有技术，是权利要求 1 中的化合物所基于的核苷，证据 33 教导 RO2433 的三磷酸化形式对 HCV 复制具有高度活性。然而，已知 RO2433 是无活性的（证据 10，化合物 9）。而该专利实施例 82 表明，权利要求 1 中的化合物对 HCV 复制具有高度活性。因此，权利要求 1 中的化合物解决了提供一种 RO2433 形式的客观技术问题，该形式成功地递送了可用于治疗 HCV 感染的生物活性形式或生物活性核苷酸。众所周知（该专利第［0014］和［0015］段），核苷是激酶的不良底物，它们可能难以磷酸化，第一磷酸化步骤特别困难。证据 7 通过将核苷衍生为芳基磷酰胺来解决该问题，衍生化的核苷可以毫无困难地磷酸化，直至达到其三磷酸活性形式。此外，众所周知（证据 7、证据 20、证据 37、证据 18 和证据 19），权利要求 1 中化合物的苯基磷酰胺基团提高了核苷活性。例如，证据 7 中活性最强之一的化合物 15 就是这种情况。因此，证据 33 与证据 7 的组合使得权利要求 1 中的化合物是显而易见的。

从证据 12 开始，实施例 12 中具有尿嘧啶碱基的核苷构成了最接近的现有技术，其是权利要求 1 中的化合物所基于的核苷。权利要求 1 中的化合物与其不同之处在于苯基磷酰胺酯部分。由于没有针对证据 12 前药的比较数据，客观解决的技术问题是提供替代的 HCV 抑制剂。证据 7、证据 37 等提出将抗病毒核苷衍生化为芳基磷酰胺前药以提高其活性，均使用权利要求 1 所述化合物的苯基磷酰胺酸部分进行核苷衍生化。

从证据 10 开始，最接近的现有技术是化合物 9，即权利要求 1 中的化合物所基于的核苷。证据 10 发现化合物 9 不抑制 HCV 复制。权利要求 1 中的化合物与化合物 9 的区别在于苯基磷酰胺酯部分。这种差异使得要求保护的化合物抑制了 HCV 复制。因此，客观解决的技术问题是如何修饰证据 10 的化合物 9，使其对 HCV 具有活性。众所周知，核苷是激酶的不良底物，磷酸化是核苷发挥抗病毒作用的限制步骤。本领域技术人员会借鉴解决该问题的证据 7。从证据 33 中得知证据 10 中的化合物 9 的三磷酸化对 HCV 具有活性，按照证据 7 的教导，本领域技术人员通过添加证据 7 中的化合物 15 的芳基磷酰胺部分来衍生证据 10 的化合物 9，是最成功的例子之一。

上诉专利权人认为：从证据 33、证据 12、证据 10 或证据 7 开始，权利要求 1 所述的化合物具有创造性。

从证据 33 开始，必须考虑整个文件的披露情况，主要集中在胞苷核苷 R1656 的代谢和抗 HCV 活性上。因此，最接近的现有技术是 R1656 而不是其尿苷类似物 RO2433。证据 7 没有促使技术人员将 R1656 和 RO2433 衍生为芳基磷酰胺酯。

证据 7 旨在激活已知无活性但以其三磷酸化形式具有高活性的抗病毒核苷。证据 33 教导 R1656 可以在不衍生化的情况下给药，并且它通过两种形式对抑制 HCV 具有活性，即 R1656 和 RO2433 的三磷酸化形式。本领域技术人员不知道 RO2433 是无活性的，因此，没有理由结合证据 7 来提供针对 HCV 的改进化合物；更不可能选择证据 7

中不是活性最好的化合物的磷酰胺部分。在考虑证据 7 的教导之前，本领域技术人员需要测试 RO2433 或了解证据 10 才能意识到 RO2433 无活性。

证据 12 不是最接近的现有技术，因为它的数据仅与胞苷化合物有关，并没有关于尿苷类似物活性的信息；而且，权利要求 1 中的化合物具有更高的抗 HCV 活性。本领域技术人员在寻找更具活性的化合物时没有理由结合证据 7，更没有理由结合证据 7 中的化合物 15。

从证据 10 开始，最接近的现有技术被认定为化合物 1 的胞苷核苷，而不是其尿苷类似物化合物 9；证据 10 专注于化合物 1，提到化合物 9 只是说它对 HCV 没有活性。即使以化合物 9 作为最接近的现有技术，则权利要求 1 中的化合物与化合物 9 的区别在于芳基磷酰胺酯部分不同。权利要求 1 中的化合物对 HCV 具有高活性，而化合物 9 则无活性。因此，权利要求 1 实际解决的技术问题是提供一种用于治疗 HCV 感染的高活性化合物。本领域技术人员没有被提示转向证据 7，即使这样做，也不能合理预期证据 10 中的化合物 9 会以芳基磷酰胺的形式变得有活性；本领域技术人员不知道证据 33 中的教导，即化合物 9 的三磷酸化具有高活性。

【争议焦点】

上诉异议者和专利权人关于权利要求 1 创造性判断中的主要争议焦点在于：证据 7 教导的是对已知无活性但以三磷酸化形式高活性的抗病毒核苷，且证据 7 中与该申请前药修饰方法相同的化合物 15 不是证据 7 中活性最好的化合物，本领域技术人员是否有动机将化合物 15 的前药修饰方法用于证据 33 的化合物 RO2433。EPO 上诉委员会的中间决定如下。

第一，权利要求 1 的化合物为核苷的磷酰胺苯酯前药，结构上分为两部分：负责 HCV 活性的尿苷核苷和克服核苷递送和磷酸化问题的磷酰胺前药部分。

第二，以证据 33 作为最接近的现有技术。

证据 33 研究了基于胞苷的核苷 R1656 在人肝细胞中代谢和抑制 HCV 复制，R1656 是细胞内的主要化合物，R1656 和 RO2433 的三磷酸化物都具有抑制 HCV 复制的效力，三磷酸化的 RO2433 具有更长的半衰期，证据 33 建议对每日施药一次 R1656 治疗 HCV 感染的方案进行研究。证据 33 公开的 RO2433 是权利要求 1 中的化合物所基于的核苷，以该化合物作为最接近的现有技术。权利要求 1 中的化合物与 RO2433 的区别在于其磷酰胺部分。该专利在实施例 82 中显示，权利要求 1 的化合物在亚微摩尔浓度下抑制细胞内 HCV 复制。权利要求 1 实际解决的技术问题是提供一种治疗丙肝病毒感染的有效化合物。证据 7 涉及核苷的激活，细胞测试显示核苷不抑制 HCV 复制，但其三磷酸化形式是良好的 HCV 复制抑制剂；母体核苷无活性的原因可能是其膜渗透性差和/或它是细胞酶磷酸化的不良底物。

专利权人否认该专利第［0014］段和第［0015］段的信息是常识，也不能从该内容推导出RO2433将失去活性以及它是激酶的不良底物。证据10是一份关于特定科学研究结果的期刊文献，不符合代表公知常识的文件资格，因此，证据10中关于RO2433对HCV没有活性的信息不属于本领域技术人员的公知常识。可见，本领域技术人员在阅读证据33时不能获知RO2433不抑制HCV在细胞中复制的信息。

从证据33的化合物RO2433开始，在面对寻找治疗HCV感染的有效化合物的技术问题时，本领域技术人员没有动机结合证据7，因为他们不知道RO2433对HCV没有活性，更不可能知道RO2433缺乏活性的原因是证据7打算克服的那些原因，即膜渗透性差和/或细胞酶磷酸化率差。因此，证据33与证据7的结合是基于"事后诸葛亮"。本领域技术人员首先需要将证据33与证据10结合起来，才有动机结合证据7。这种必要的两步文件结合是"事后诸葛亮"的，表明权利要求1中的化合物从证据33开始并不是显而易见的。

第三，以证据12作为最接近的现有技术。

证据12公开了使用核苷类似物治疗黄病毒科感染，特别是HCV，实施例12公开包含两个核苷结构：胞苷类似物和尿苷类似物。尿苷类似物是权利要求1中的化合物所基于的核苷。权利要求1中的化合物与证据12的尿苷类似物前药的不同之处在于其苯基磷酰胺酸酯部分。证据12没有针对尿苷类似物前药的对比数据，而该专利实施例表明，权利要求1中的化合物抑制HCV复制的摩尔浓度为亚微摩尔级。因此，权利要求1实际解决的技术问题是提供一种治疗丙肝病毒感染的有效化合物。

证据10和证据33不代表公知常识，证据12也未提及它们。因此，本领域技术人员既不知道证据12的尿苷类似物对HCV无活性（证据10），也不知道它的三磷酸化形式具有活性（证据33）。因此，本领域技术人员在面对提供用于治疗HCV感染的有效化合物时，没有动机将证据7的教导用于证据12的尿苷类似物，更不用说制备权利要求1的磷酸化前药了。本领域技术人员也不会转向证据37、证据18等文献。与证据7一样，所有这些文献都涉及将无活性的抗病毒核苷衍生化为芳基磷酰胺酸前药以使其具有活性。因此，权利要求1中的化合物从证据12开始并不是显而易见的。

第四，以证据10作为最接近的现有技术。

证据10涉及新型HCV复制抑制剂，测试了化合物9（即权利要求1中的化合物所基于的核苷）无活性。该专利权利要求1中的化合物与化合物9的区别在于苯基磷酰胺基部分，实际解决的技术问题是提供一种用于治疗HCV感染的有效化合物。在面对提供用于治疗HCV感染的有效化合物的技术问题时，本领域技术人员没有动机结合证据7，因为他们不知道证据10的化合物9为什么无活性，也不知道化合物9无活性是与其较差的细胞渗透性和/或难以被细胞激酶磷酸化有关，所以不能合理预期化合物9将以证据7所教导的芳基磷酰胺形式会变得有活性。为了将证据10与证据7结合，本领域技术人员首先需要基于证据 33 的内容，即化合物 9 的三磷酸盐对 HCV 具有活性，因此，证据 10 和证据 7 的结合建立在"后见之明"的基础之上。

【案例思考】

EPO 上诉委员会对于上述案例关于创造性的判断中更多关注于是否有动机对最接近的现有技术 RO2433 化合物进行改进，进一步延伸到是否能够意识到 RO2433 无活性及无活性的原因，以及必要的两步文件结合是否基于"事后诸葛亮"。

使用证据 33 作为最接近的现有技术，其虽然公开了化合物 RO2433，以及其三磷酸化物可以抑制 HCV 复制，但是未公开 RO2433 无活性，用于结合的证据 7 涉及将无活性的抗病毒核苷衍生化为芳基磷酰胺酸前药以使其具有活性，无活性原因是膜渗透性差和/或细胞酶的磷酸化率差。在面对提供用于治疗 HCV 感染的有效化合物的技术问题时，本领域技术人员没有动机将证据 7 教导的前药修饰方法用于 RO2433，因为他们基于证据 33 不知道 RO2433 对 HCV 无活性，甚至不知道无活性的原因是膜渗透性差和/或细胞酶的磷酸化率差。

虽然在证据 33 的基础上，先结合另一篇期刊文献证据 10 公开的 RO2433 对 HCV 无活性，才有动机结合证据 7 公开的对无活性的抗病毒核苷化合物的前药修饰手段。但是这种必要的两步文件组合在创造性判断中属于"事后诸葛亮"。如果使用证据 12 作为最接近的现有技术，证据 10 和证据 33 不代表公知常识，本领域技术人员不知道证据 12 的尿苷类似物对 HCV 没有活性，也不知道其三磷酸化形式有活性。因此，在面对提供用于治疗 HCV 感染的有效化合物的技术问题时，本领域技术人员没有动机将证据 7 的教导用于证据 12，更无动机制备权利要求 1 的磷酸化前药。

如果使用证据 10 作为最接近的现有技术，在面对提供用于治疗 HCV 感染的有效化合物的技术问题时，本领域技术人员没有动机结合证据 7，因为他们不知道证据 10 的化合物 9 为什么无活性，也不知道化合物 9 无活性与其较差的细胞渗透性和/或难以被细胞激酶磷酸化有关，本领域技术人员首先需要基于证据 33 的内容，知晓化合物 9 的三磷酸盐对 HCV 具有活性，才有动机结合证据 7，但是这种结合建立在"后见之明"基础之上。

3.2.3　中国前药专利创造性判断标准

《专利法》第 22 条第 3 款规定，创造性，是指同申请日以前的现有技术相比，该发明具有突出的实质性特点和显著的进步。判断发明是否具备创造性，应当考察其是否具有突出的实质性特点和显著的进步。《专利审查指南 2023》规定，判断发明是否具有突出的实质性特点，就是判断对于本领域技术人员而言，要求保护的发明相对于现有技术是否显而易见。为了提升判断的客观性，实践中通常采用"三步法"：①确定最接近的现有技术；②确定发明的区别特征和发明实际解决的技术问题；③判断要求保护的发明对本领域技术人员是否显而易见。

由于前药属于化合物范畴，因此其创造性判断可以依据《专利审查指南 2023》第二部分第十章第 6.1 节关于"化合物发明"的规定进行，即判断化合物发明的创造性，需要确定要求保护的化合物与最接近的现有技术化合物之间的结构差异，并基于进行这种结构改造所获得的用途和/或效果确定发明实际解决的技术问题，在此基础上，判断现有技术整体上是否给出了通过这种结构改造以解决所述技术问题的技术启示。如果所属技术领域的技术人员在现有技术的基础上仅仅通过合乎逻辑的分析、推理或者有限的试验就可以进行这种结构改造以解决所述技术问题，得到要求保护的化合物，则认为现有技术存在技术启示。

【案例 3 – 4】 CN200880018024. 2[1]

该专利涉及核苷氨基磷酸酯前药，权利要求 1 保护具体化合物：

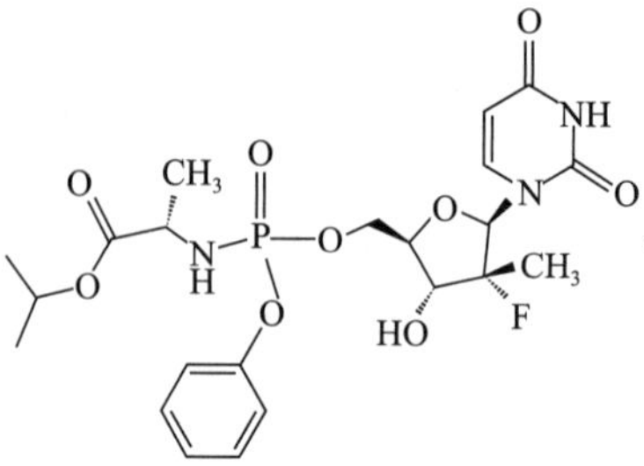

对比文件 2（CN1816558A，WO2005003147 的同族专利）公开了用于治疗黄病毒科感染尤其是 HCV 感染的化合物。二者的区别在于：权利要求 1 使用特定的（苯基）（异丙基 – L – 丙氨酸基磷酸酯）基团对核苷进行了修饰。权利要求 1 实际解决的技术问题是有效改善 HCV 的抑制效果。

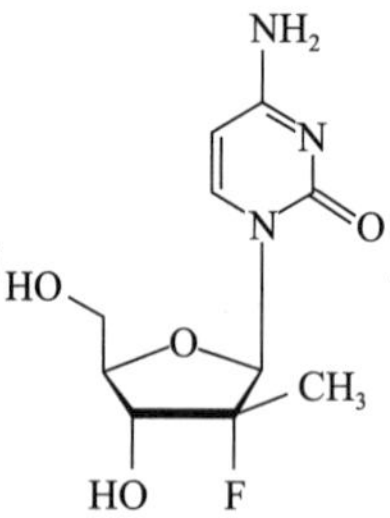

对比文件 3 公开了使用芳氧基磷酸酯 ProTide（Prodrug nucleoTide）技术，通过在细胞内将单磷酸酯化的核苷类似物转化为可透膜的形式，显著提高了核苷酸单磷酸酯

---

[1] 国家知识产权局第 262545 号复审决定书。

类似物的亲脂性，增强了透膜性和细胞内活性；制备了核苷类似物（AZU）的几十种稳定的磷酸酯前药，其中 5′–磷酸酯基团为（苯基）（异丙基–L–丙氨酸基）磷酸酯前药表现出高潜力，是最具活性的氨基磷酸酯之一。该修饰基团与权利要求 1 的修饰基团相同，并且对比文件 3 公开的修饰目的在于使核苷类似物绕过单磷酸化限速步骤并增加亲脂性，从而提高作为 HCV 抑制剂的尿苷类似物的活性、透膜性等。但是对比文件 3 也公开了选择不同的氨基酸和不同的酯基时，会对化合物活性产生明显影响，每个核苷类似物相对于给定靶点需要单独的 ProTide 修饰基团的优化过程。此外，复审请求人还提交了一定程度上对"ProTide 用于不同核苷母核会存在差异"有所支持的多篇文献。

【争议焦点】

复审请求人主张：对比文件 3 的 ProTide 技术不是仅有的核苷类似物的前药制备方法，在该申请的优先权日之前，没有任何 ProTide 技术开发的核苷前药被用于临床试验；对比文件 3 中被修饰的核苷与对比文件 2 公开的核苷结构差异非常大，仅有少量的几种经修饰的化合物具有强的 HCV 抑制活性，并且化合物 15 也不是其中活性最高的，这表明使用 ProTide 技术的结果是无法预测的，本领域技术人员没有任何理由特别选择化合物 15 的磷酸酯修饰基团。

该案中，基于对比文件 2 和对比文件 3 核苷类似物的结构差异以及对比文件 3 同时给出的 ProTide 技术应用于不同核苷母核时的效果差异，本领域技术人员是否有动机从对比文件 3 的众多前药基团中选择某个特定修饰基团，将其用于对比文件 2 的核苷母核上，并预期其能够有效改善核苷母核的活性，成为该案值得探讨的问题。

复审合议组认为：一方面，ProTide 技术在申请日时已成为该领域公知的一项前药化策略，不过彼时技术人员可能仍处于致力将其用于不同核苷酸类似物的前药化探索状态中；另一方面，基于这些证据还不足以认为所属领域技术人员在申请日时尝试应用该技术解决问题存在技术障碍或偏见。但是，在申请文件基础上进一步结合药品索磷布韦上市以来显示出的对于 HCV 的疗效，不可否认权利要求 1 中的化合物作为该药品索磷布韦的活性成分所作出的技术贡献，在对于这种技术贡献是否满足《专利法》有关创造性的要求的评判过程中，考虑到评判者通过现有证据再现申请日之前的发明背景和所属领域技术人员的技术知识认知容易存在局限性。具体就申请日之前将相关结构改造的构思和手段引入最接近的现有技术以达到有效提高 HCV 抑制活性的目的而言，在对所属领域技术人员是否存在合理的成功预期尚存疑虑的情况下，是否应站在驳回决定的立场坚持对这项化合物发明满足创造性的要求提出疑问时，合议组认为秉持审慎的态度更为符合专利制度设立的本意。可见，尽管 ProTide 技术应用于抗病毒以及抗 HCV 的核苷类似物本身是本领域的一项公知技术，但是，本领域技术人员在面临该申请实际解决的技术问题时，尚不能认为从对比文件 2 和对比文件 3 中获得足够的教导或启示，既要选择 ProTide 技术对其进行磷酸酯化，又要从对比文件 3 公开的针对不同化合物的修饰基团中选择上述具体修饰基团应用于对比文件 2 公开的（2′R）-2′-脱氧-2′-C-甲基尿苷，以获得权利要求 1 的具体化合物，有效提高其 HCV 抑制活性。

3.2.3.1　中国和欧洲审查标准的差异

对于案例 3-3，EPO 使用的证据 12、证据 7 分别对应于国家知识产权局审查过程使用的对比文件 2 和对比文件 3。两局审查结果一致，均认可了权利要求 1 索磷布韦相对于对比文件具备创造性，"三步法"创造性判断中，区别特征和实际解决的技术问题认定一致，二者的差异在于是否有结合启示的认定。

EPO 上诉委员会认为：证据 7 进行芳基磷酰胺酸前药修饰的基础是本身无活性但其三磷酸化形式具有活性的抗病毒核苷化合物，无活性原因是膜渗透性差和/或细胞酶的磷酸化率差，而本领域技术人员不知道证据 12 的尿苷类似物对 HCV 无活性，也不知道其三磷酸化形式具有活性。因此，在面对提供用于治疗 HCV 感染的有效化合物时，本领域技术人员没有动机将证据 7 的教导用于证据 12 的尿苷类似物，更没有动机制备权利要求 1 的磷酸化前药。如果使用证据 33 作为最接近的现有技术，则由于本领域技术人员基于证据 33 不知道化合物 RO2433 无活性，因此没有动机结合证据 7，因为在证据 33 基础上基于证据 10 才知道 RO2433 无活性，才有动机进一步结合证据 7，但是证据 10 不是公知常识，这种必要的两步证据组合方式是基于"后见之明"。

中国的复审决定认为：对比文件 3 使用不同氨基酸和酯基即不同前药修饰基团会对化合物活性产生明显影响，使用不同核苷母核的效果存在差异，而对比文件 2 与对比文件 3 的核苷母核在五元糖环上结构差异较大，因此从对比文件 3 的众多前药修饰基团中选择特定前药修饰基团用于对比文件 2 的尿苷化合物时，能否获得有效抑制 HCV 复制的药物的合理的成功预期尚存疑虑。

通过上述对比，可以看出：EPO 上诉委员会认为没有动机将二者结合，中国的复审决定认为将二者结合是否能获得有效药物的合理的成功预期尚存疑虑。EPO 上诉委员会还认为：证据 10 不属于公知常识，将其用于先结合证据 33 或证据 12，再结合证据 7 的必要的两步证据组合属于"后见之明"。

第一，对于是否有结合启示。

有观点认为：EPO 上诉委员会的上述结合启示判断更为严格，体现在使用证据 33 作为最接近的现有技术，未提及 RO2433 化合物无活性，在证据 7 公开对无活性的抗病毒核苷化合物进行芳基磷酰胺酸前药修饰的基础上，限制了将其用于未提及活性的 RO2433 化合物的结构修饰中。因此，本领域技术人员没有动机将二者结合。如果使用证据 12 作为最接近的现有技术，本领域技术人员基于证据 12 不知道其尿苷类似物对 HCV 无活性，也不知道其三磷酸化形式具有活性，因此，没有动机将证据 12 和证据 7 相结合。

相反观点认为：虽然证据 7 公开了对无活性的抗病毒核苷化合物进行芳基磷酰胺酸前药修饰，但未明确排除对未提到活性核苷化合物的修饰，因此不会阻碍将其用于其他未提及活性的核苷化合物的结构修饰。

第二，对于技术启示的判断过程中是否可以使用必要的两步证据组合方式。

有观点认为：EPO 上诉委员会认定证据 10 不属于公知常识，将其用于先结合证据 33 或证据 12，再结合证据 7 的必要的两步证据组合属于"后见之明"。该判断方法较为严格，限制了多步证据的组合。

相反观点则认为：虽然证据 10 不是公知常识，为一篇期刊文献，但是基于其客观公开的内容，本领域技术人员可以在证据 33 或证据 12 的基础上结合该证据公开内容，并进一步结合证据 7 的教导。该多步证据组合方式类似于多篇证据的组合。

3.2.3.2　中国和美国审查标准的差异

在案例 3 - 2 中，PTAB 认为：一方面，福沙那韦是否为成功的药物没有合理的成功预期，福沙那韦相对于安普那韦具有改善的水溶性是基于对比文件 2 引入磷酸盐的水溶性修饰方法可预期的，然而成功发现福沙那韦并不仅是发现水溶性改善的化合物，而是成功找到具有必要生物利用度的化合物治疗 HIV。对比文件 2 的前药化合物在动物模型中并不总是能递送前药，也不能确定对比文件 2 公开的前药修饰途径对所有蛋白抑制剂都适用；而且鉴于体内转化的复杂性、开发 HIV 蛋白酶抑制剂前药并不总是可预测的，有些被磷酸酯基团修饰的前药在体内不能有效递送母药。因此，使用磷酸酯前体修饰安普那韦产生成功的化合物没有合理的成功预期，并且体内转化的复杂性使 HIV 蛋白酶抑制剂前药的发现变得不可预期。另一方面，福沙那韦相对安普那韦有不同的耐药性、改善的药代动力学和副作用是基于安普那韦无法预期的，取得了预料不到的技术效果。

有观点认为，该案有如下三点值得探讨。①PTAB 虽然没有明确权利要求请求保护的福沙那韦相对最接近的现有技术公开的安普那韦实际解决的技术问题，但是从其分析过程可以看出实际解决的技术问题不仅在于水溶性的提高，而且在于生物利用度的改善。②在技术启示的判断过程中，PTAB 不仅考察对比文件 2 公开的前药修饰方法对前药水溶性的影响，还详细考察了对比文件 2 和其他证据中公开的前药修饰方法能否在体内有效递送前药，以判断将该前药修饰方法用于安普那韦，从而成功获得前药是否有合理的成功预期。③对于预料不到的技术效果，该申请说明书仅记载了生物利用度实验数据，但是 PTAB 还考虑了在申请日之后关于耐药性、副作用等的实验数据，国家知识产权局的审查实践中，如果耐药性、副作用等效果在原申请文件中未提及也未记载相应实验数据，提供的证据在申请日后不属于现有技术，因此，这些实验数据以及相应的效果不能作为创造性判断的事实依据。

该案在中国的同族专利包括母案 CN1284071A 和分案 CN101565412A。母案于 2009 年 6 月 24 日已获授权（CN100503589C），其化合物权利要求的保护范围与美国同族专利保护范围相同。分案申请的化合物权利要求请求更大的保护范围。针对分案申请，国家知识产权局在复审审查阶段评述了这些化合物权利要求的创造性，理由为最接近的现有技术公开了天冬氨酰蛋白酶抑制剂母体化合物（即安普那韦），区别在于权利要求 1 中羟基成酯，而对比文件为羟基。权利要求 1 实际解决的技术问题是如何提高天冬氨酰蛋白酶抑制剂化合物的溶解度和生物利用度。为了提高药物的溶解度或改善生物利用度，将羟基进行酯化形成前药是本领域的常规技术手段，而成酯基团是本领域技术人员根据酯化的难易程度、能否在适当条件下水解或酶解成母体药物等因素容易选择和确定的。因此为了提高母药化合物的溶解度或改善生物利用度，本领域技术人员有动机用合适的成酯基团对羟基进行酯化形成前药。并且说明书效果实验部分仅记载了唯一具体化合物的药代动力学试验研究，无法预期权利要求中所有化合物都具有相同或相似的效果。分案申请的复审通知书中评述了化合物权利要求和其他权利要求的创造性，复审请求人在规定期限内未进行答复而视撤。

通过对比可以看出，对于前药发明的创造性审查，美国、欧洲和中国均考虑前药的结构修饰手段是否有技术启示、前药是否取得了预料不到的技术效果，美国还充分考察使用前药修饰手段所得到的前药是否有合理的成功预期。而我国在关于上市药物索磷布韦（案例 3 - 3）的复审决定中也考虑了药物的合理的成功预期。

3.3　中国前药专利的创造性判断

3.3.1　整体判断思路

前药发明的创造性，通常思路是以公开母体化合物或类似结构前药化合物的现有技术作为最接近的现有技术，结合其他现有技术公开的前药修饰手段考察涉案专利的前药发明是否具备创造性。

【案例 3 – 5】 CN200980114293.3[1]

该专利涉及纳美芬前药。使用现有的纳美芬制剂仅在有限时间间隔内获得治疗相关的血浆水平，而使用该申请的纳美芬前药可在长时间期间内获得治疗相关的血浆水平。

权利要求 1 保护前药化合物 ，R 为 $C_{6 \sim 16}$ 烷基，对比文件 1

公开纳美芬 用作抗麻醉剂解决身体依赖成瘾等问题。

二者的区别在于：权利要求 1 中的 3 位羟基上的氢被 $C_{6 \sim 16}$ 烷基羰基取代。权利要求 1 实际解决的技术问题是提供长效的纳美芬前药。对比文件 2 公开纳布啡前药，即 3 位的羟基被脂肪酰基 R′CO 酰化而形成酯（R′是直链或支链烷基），并公开了庚酸酯和癸酸酯肌肉注射后的持续时间较纳布啡延长 30 倍，即对比文件 2 给出了将吗啡类衍生物的 3 – 羟基修饰为长链酯结构可延长药效的技术启示。复审决定认为对比文件 1 结合对比文件 2 可影响涉案专利权利要求 1 的创造性。

3.3.2　最接近的现有技术的选择

创造性"三步法"判断中第一步是确定最接近的现有技术，其首先应该是现有技术。

3.3.2.1　现有技术的认定

现有技术是指在申请日之前国内外为公众所知的技术，包括在申请日（有优先权的，指优先权日）以前国内外出版物上公开发表、国内外公开使用或者以其他方式为公众所知的技术。现有技术应当是在申请日以前公众能够得知的技术内容，即在申请日以前处于能够为公众获得的状态，并包含能够使公众从中得知实质性技术知识的内容。因此，专利法意义上的现有技术具有时间属性（申请日前）、公开属性（能够为公众获得）和技术信息属性（包含实质性技术知识的内容）。

---

[1] 国家知识产权局第 90914 号复审决定书。

【案例 3 – 6】 CN200480002190.5❶

该专利涉及一种"用于联合抗病毒治疗的组合物和方法"。证据 1 是一篇英文报刊文章，报道了吉利德公司在并购三角公司后，将立即开发恩曲他滨（Coviracil）与替诺福韦 DF（Viread）的联合制剂用于治疗 HIV；根据报道内容进一步获知，"药物没有重叠的抗性突变""组合使用时它们将具有高度的相容性""基于这两种组分的物理化学性质，预计在此过程中将不会遇到什么大的挑战""其结果将会是研发出第一种一天一次单片给药的联合产品"。

【争议焦点】

原告主张，证据 1 为公司管理人员的言论，仅公开了研究方向和研究情报，缺乏实验数据支持，不具有技术信息属性，无法使本领域技术人员确信其属于能够实现的技术方案，不适宜作为最接近的现有技术。

原告在该案中针对"最接近的现有技术"的争议，关键并不在于其是否为"最接近"，而是在于证据 1 是否能够构成"现有技术"。

法院认为：现有技术是指在申请日以前公众能够得知的，包含实质性技术信息的内容。这些内容既可以被记载在专利文献中，也可以通过非专利文献得到体现，只要其中包含实质性技术信息，能够促使本领域技术人员以此作为研发起点即可。该案中，证据 1 的上述公开内容都明确指向了恩曲他滨和替诺福韦 DF 联合制剂的开发，并且明确披露了基于药物活性成分理化性质的积极研发前景和所能达到的技术效果。尽管证据 1 在形式上表现为公司相关人员的言论，但并非仅仅提出了笼统的、泛泛的药品开发计划或目标，而是包含了实质性的技术信息。另外，上述言论本身来自长期专注抗病毒治疗的国际知名药企，其对制药行业和本领域技术人员产生的影响不容忽视，尤其是在相关结论并非出自断言，而是具备一定依据的情况下，更是进一步增强了该言论在技术上的可信度，本领域技术人员也能够认识到该言论的技术价值，并以此为起点考虑实际制备一种由替诺福韦 DF 和恩曲他滨组成的联合制剂，故证据 1 构成现有技术。而且，对于此种非专利文献，并不需要强求其包含支持相关技术效果的实验数据，只要本领域技术人员根据已经披露的实质性技术信息，能够运用其所掌握的制药领域的普通技术知识和常规实验能力进行药物研发即可。

【案例思考】

从该案例可以看出，发明创造性评判中作为最接近的现有技术所使用的非专利文

---

❶ 北京知识产权法院第（2018）京 73 行初 3608 号行政判决书。

献，并不强制性要求其必须包含支持相关技术效果的实验数据，只要具备技术属性，即包含实质性技术信息，本领域技术人员根据已经披露的实质性技术信息，能够将该技术信息作为研发起点即可。

3.3.2.2　对比文件是否需要满足充分公开的条件

说明书应当对发明作出清楚、完整的说明，以所属技术领域的技术人员能够实现为准。这是对发明专利说明书的重要要求。但上述公开充分的条件是否也应当适用于现有技术存在争议，下面以两个案例进行解释说明。

【案例 3 – 7】 CN201310465497. X[1]

该案涉及盐酸去亚甲基小檗碱在制备预防和/或治疗急慢性酒精性肝病药物中的应用，权利要求 1 保护"如式（Ⅰ）所示的盐酸去亚甲基小檗碱在制备预防和/或治疗急、慢性酒精性肝病药物中的应用"，对比文件 1 为一篇学术论文。

【争议焦点】

原告主张：对比文件 1 仅从细胞水平研究了小檗碱通过 NF – κB 信号通路抑制乙醛引起的肝癌细胞株 HepG2 的炎症因子 IL – 1β 和 TNF – α 表达，从而推测小檗碱具有治疗酒精性肝病的作用，这样的结论缺乏科学性和严谨性，即并未公开"小檗碱对于酒精性肝病具有治疗作用"，其仅暗示了小檗碱对于治疗酒精性肝病的潜在作用。

法院认为：现有技术的确定是为了合理界定诉争申请或专利申请日之前本领域技术人员能够公开获取的技术内容的范围，以判断涉案申请或专利是否符合授予专利权的条件，而非给予现有技术一定时期的独占权，因此，并不要求对比文件中公开的技术内容必须满足诸如专利法对专利文件关于"公开充分"等授权条件的规定，而仅需使得本领域技术人员在对比文件客观公开内容的基础上能够直接地、毫无疑义地获得相应实质性技术信息即可。对比文件 1 的摘要及结论部分记载提示或暗示了小檗碱对于治疗酒精性肝病具有潜在的作用。

【案例 3 – 8】 CN201380025658.1[2]

该专利涉及治疗肺部疾病的高穿透力前药组合物和医药组合物，权利要求 1 保护

---

[1] 北京知识产权法院（2016）京 73 行初 583 号行政裁定书。
[2] 国家知识产权局第 173127 号复审决定书。

一种治疗肺部疾病的高穿透力前药，对比文件 1 公开了一种抗微生物剂和抗微生物剂相关化合物的具有高穿透性的组合物或具有高穿透性的前药。

【争议焦点】

复审请求人认为：对比文件 1 涉及抗微生物母药的高穿透性前药化合物，披露的技术范围较宽，但仅验证了相对数量较少的化合物，即药物领域可预期性低，而且对比文件 1 的技术方案在审查过程中也受到了不支持的质疑，最终授权方案进行了非常大的实质性修改，说明对比文件 1 的技术方案公开不充分，未经证实，不能用于评价创造性。

复审合议组认为：该申请和对比文件 1 都涉及具有高穿透力的前药，两者的领域相近，对比文件 1 可作为最接近的现有技术评价该申请的创造性；用于评价创造性的现有技术是指在申请日以前处于为公众所获得的状态，公众能够从中获得实质性技术知识的内容即可。对比文件 1 是否公开充分或是否得到说明书的支持，是对比文件 1 作为专利性文件的授权条件，而非以此为标准对其是否属于现有技术予以限定。因此，对比文件 1 在作为创造性评价的现有技术时，只要其给出了创造性评价的启示即可。

【案例思考】

从上述案例可以看出，"说明书是否公开充分""权利要求是否得到说明书支持"是在判断发明是否满足授权条件时需要考量的因素，而现有技术的确定是为了合理界定诉争申请或专利申请日之前本领域技术人员能够公开获取的技术内容的范围，以判断涉案申请或专利是否符合《专利法》第 22 条第 2 款规定的新颖性或《专利法》第 22 条第 3 款规定的创造性，而非给予现有技术一定时期的独占权。因此，发明创造性评判中使用的最接近的现有技术，并不要求其公开的技术内容必须满足诸如专利法对专利文件关于"说明书是否公开充分""权利要求是否得到说明书支持"等授权条件的规定，而仅需使得本领域技术人员在对比文件客观公开内容基础上能够直接地、毫无疑义地获得相应实质性技术信息即可。对于最接近的现有技术是否公开充分或是否得到说明书的支持，是对比文件作为专利性文件的授权条件，而非以此为标准对其是否属于现有技术进行限定。

3.3.2.3 对比文件公开事实的认定

现有技术的认定应当以对比文件客观公开的技术内容为准，该技术内容不仅包括明确记载在对比文件中的内容，也包括对于所属技术领域的技术人员来说，是隐含的且可直接地、毫无疑义地确定的技术内容。若本领域技术人员在对比文件公开内容的基础上可以直接地、毫无疑义地确定相应化合物及其用途时，亦可以认定对比文件公开了该化合物及其用途。

在案例 3 - 7 中法院认为，对比文件 1 的记载提示或暗示了小檗碱对于治疗酒精性肝病具有潜在的作用。虽然其同时使用了"提示、暗示"及"潜在的"的词语，但考虑到学术论文的严谨性，其确切地得出某物质对特定的疾病具有治疗作用，一般会采用类似药品审批程序中确定某物质是否可用于治疗人体疾病的标准，其与专利授权确权程序中确定现有技术内容的标准存在显著的差异。而对比文件 1 中的上述记载同时涵盖了"小檗碱"化合物及其"治疗酒精性肝病"的特定用途，即对比文件 1 客观记载了"小檗碱"及其"治疗酒精性肝病"的用途，因此，根据"提及即公开"的标准，在无其他证据明确证明小檗碱不能够用以治疗酒精性肝病的基础上，可认定对比文件 1 公开了"小檗碱对于治疗酒精性肝病具有治疗作用"。

【案例思考】

化合物的用途发明实质上属于一种方法发明，其技术方案的内容一般由化合物及其用途两部分组成。如果现有技术中已经提到了该化合物及其特定用途，则可以认定现有技术公开了该化合物及所述用途，而不要求该对比文件是否提供了相应的实验数据等用以验证该化合物实际具备该用途。

在专利审查实践中，考虑到药物研发的周期长及成本投入大，从鼓励新药开发及药物研发的角度出发，一般可通过特定的实验模型从细胞水平上得出某类物质的作用机制，本领域技术人员如果根据该作用机制能够推出该类物质具有预防或治疗人体特定疾病的作用，即可以得出该类物质对该特定疾病具备相应的治疗作用。而药品审批过程中确定药物可以用于治疗人体疾病，通常需要经过细胞水平研究、动物水平研究及临床研究等不同的试验阶段。故某种物质是否能够用于治疗人体疾病，在专利审查实践中与药品审批程序中属于不同的概念。如果对比文件中记载了依据特定的实验模型从细胞水平上进行研究的实验数据等，使得本领域技术人员可以得出该特定物质的作用机理，而根据该作用机理能够推出该类物质具有预防或治疗特定的人体疾病的作用，即可认定本领域技术人员在对比文件公开内容的基础上可以直接地、毫无疑义地确定该化合物具备该特定用途，亦可认定该对比文件公开了该用途。

3.3.2.4　最接近的现有技术的考量因素

最接近的现有技术，是指现有技术中与要求保护的发明最密切相关的一个技术方案。它既可以是与要求保护的发明技术领域相同，所要解决的技术问题、技术效果或者用途最接近和/或公开了发明的技术特征最多的现有技术；也可以是与要求保护的发明技术领域不同，但能够实现发明的功能，并且公开的发明技术特征最多的现有技术。但是，最接近的现有技术并非唯一的，符合上述选取规则的技术方案均可能作为最接近的现有技术，除非有证据表明将该现有技术作为最接近的现有技术将带来确定的不同结果。

在案例 3 - 8 中复审请求人认为：对比文件 1 涉及抗微生物母药的高穿透力前药化合物，而涉案专利的权利要求 1 保护抗组胺剂的高穿透力前药化合物，两者的技术领域既不相同也不相近，对比文件 1 不能作为最接近的现有技术。

复审决定认为：该申请和对比文件 1 都涉及具有高穿透力的前药，虽然对比文件 1 主要涉及的药物为抗微生物药物，但公开治疗的疾病中包括肺结核、肺炎等肺部疾病，即给出了药物组合可以穿透靶向肺部治疗的启示，而该申请的药物则是主要涉及用于治疗肺部疾病的前药，即两者的领域相近，对比文件 1 可作为最接近的现有技术评价该申请的创造性。

3.3.2.5 对比文件所排除的化合物能否作为最接近的现有技术

在马库什化合物的权利要求中，常常会出现排除式限定的情形，其排除的化合物是否能够作为最接近的现有技术需要视其排除限定的具体原因而定。

【案例 3 - 9】 CN201080011939.8❶

该专利涉及一种多不饱和脂肪酸的衍生物作为药物的用途，权利要求 1 要求保护用于治疗或预防癌症的 5 个具体化合物及其钠盐。对比文件 1 公开了作为过氧化物酶体增生物激活受体（PPAR）活化剂或调节剂的通式（Ⅰ）化合物，并具体公开了化合物 61 即（全 - Z）- 2 - 羟基 - 9，12，15 - 十八碳三烯酸乙酯，但在其权利要求 1 中排除了该具体化合物 61。

【争议焦点】

原告（专利权人）主张：复审决定所引用的化合物 61 是作为一种中间体化合物公开的，被对比文件 1 明确排除在其通式（Ⅰ）化合物及其声称的活化或调节 PPAR 的用途范围之外，对比文件 1 也没有提供任何实验数据证明任何一种通式（Ⅰ）的化合物具有活化或调节 PPAR 的活性。本领域技术人员从对比文件 1 的公开内容不能得出化合物 61 具有活化或调节 PPAR 的活性，更不用说预防或治疗癌症，因此得出最接近的现有技术选取不当。

复审合议组认为：对比文件 1 公开了作为 PPAR 的活化剂或调节剂的通式（Ⅰ）化合物，并具体公开了其他的优选化合物，包括化合物 61：（全 - Z）- 2 - 羟基 - 9，

---

❶ 北京知识产权法院（2016）京 73 行初 6124 号行政判决书。

12，15 - 十八碳三烯酸乙酯。可见，化合物 61 在对比文件 1 的通式范围内，能够预期其可用作活性成分，具有所述效果。对比文件 1 排除 2 - 羟基取代的多不饱和脂肪酸化合物（如化合物 61）并非认为其不具有治疗作用，而仅仅是出于使权利要求稳定的目的，放弃个别已经被公开的化合物。

　　法院认为：涉案申请权利要求 1 所述化合物与对比文件 1 公开的化合物 61 均为 2 - 羟基取代的多不饱和脂肪酸（PUFA）的合成衍生物，二者的技术领域相同。对比文件 1 公开的通式（Ⅰ）化合物已经涵盖了化合物 61，亦未否定化合物 61 具有预防和治疗相关疾病的效果。况且，对比文件 1 记载了"通过 PUFA 的基因转录的调节对细胞和组织代谢具有巨大作用，且对于疾病（如肥胖症、糖尿病、心血管疾病、免疫 - 炎性疾病和癌症）的引发和预防或改善中涉及的营养基因相互作用提供了合理的解释""在制备用于下述药物中的用途包括活化或调节至少一种人过氧化物酶体增生物激活受体（PPAR）同工型，其中所 PPAR 为 PPARα 和/或 γ"，表明化合物 61 同样可以用作活性成分并具备上述用途。另外，PPAR 被激活后可以抑制肿瘤的增殖是本领域的公知常识，公知常识证据亦有"过氧化物酶体增殖因子活化受体（PPAR）是近年发现的与肿瘤和多种代谢性疾病密切相关的一类核激素受体超家族""PPARγ 被配体激活后可抑制多种肿瘤的恶性增殖"等记载。因此，本领域技术人员结合公知常识能够获知对比文件 1 的化合物 61 同样具有抑制肿瘤增殖的作用。综上，权利要求 1 中的化合物与对比文件 1 公开的化合物均属于 PUFA 的合成衍生物，具有相同的药理活性。将对比文件 1 公开的化合物 61 作为评价涉案申请创造性的最接近的现有技术并无不当。

【案例思考】

　　如果对比文件公开的通式化合物和发明要求保护的化合物所属技术领域相同、活性用途相同，需要根据对比文件内容判断是因为何种原因排除了该具体化合物。如果对比文件未否定该具体化合物治疗相关疾病的效果，仅仅是因为偶然占先等因素排除了该化合物，则不宜认为对比文件 1 所排除的化合物不能作为创造性评判中最接近的现有技术。

3.3.3　实际解决的技术问题的确定

　　"三步法"评价创造性的第二步为"分析要求保护的发明与最接近的现有技术相比有哪些区别特征，然后根据该区别特征所能达到的技术效果确定发明实际解决的技术问题"。在前药发明的创造性判断过程中，前药发明相对于最接近的现有技术的区别特征相对来说比较容易确定，争议较多的是发明实际解决的技术问题和现有技术是否给出技术启示的判断。

在确定发明相对于最接近的现有技术所实际解决的技术问题时，说明书中记载的发明所能取得的任何技术效果都可以作为重新确定技术问题的基础，只要本领域技术人员能够从该专利说明书记载的内容中得知该技术效果即可。此外，说明书虽然未明确记载但是本领域技术人员结合本领域的公知常识可以确认的区别特征所能达到的技术效果，其也可以作为发明实际解决技术问题的依据。实际解决的技术问题存在以下几种情况。

3.3.3.1 实际解决的技术问题不同于声称的技术问题

【案例 3 – 10】 CN201380027239.1❶

涉案专利的权利要求 1 保护 3 个具体化合物。对比文件 2 公开了一种用于治疗肠疾病例如炎性肠病的 4 – 或 5 – 氨基水杨酸衍生物以及具体化合物 XXXV：5 – 氨基 – 2 – 羟基 – 苯甲酸 4 – （5 – 硫代 –5H –［1，2］二硫杂环戊烯 –3 – 基）– 苯基酯。

权利要求 1 的化合物与对比文件 2 公开的具体化合物相比，区别特征在于：权利要求 1 化合物的主体结构 4 – 或 5 – 氨基水杨酸的氨基和羧基上的取代基与对比文件 2 不同。关于化合物的用途，该专利说明书仅描述性地提及"使用它们治疗、预防和/或缓解诸如炎症性肠病的病状的影响的方法""还包括用于治疗胃肠道疾病和炎症的方法，例如炎症性肠病、溃疡性结肠炎"等，未记载任何关于该专利化合物或组合物治疗炎症性肠病及其并发症的效果实验证据。对比文件 2 记载了"包含 5 – 氨基水杨酸（5 – ASA，美沙拉秦）或 4 – 氨基水杨酸（4 – ASA）的药物——氨基水杨酸类有助于控制炎症"；公开的具体化合物即属于对 4 – 或 5 – 氨基水杨酸进行结构修饰后得到的衍生物，通过 H_2S 释放部分与 4 – 或 5 – 氨基水杨酸的共价连接，其衍生物可以作为前药，在肠和上消化道较难吸收，因此更容易到达结肠；并对化合物 XXXV 治疗小鼠诱导性结肠炎的效果进行了验证。

复审合议组认为：鉴于权利要求 1 的化合物和对比文件 2 的化合物均具有 4 – 或 5 – 氨基水杨酸的活性部分，本领域技术人员能够预期该专利和对比文件 2 都具有治疗炎症性肠病的基本效果，而取代基部分可作为载体，使活性部分到达期望的部位。由于该专利说明书中并未记载任何效果实验数据，因此，并无证据证明权利要求 1 的化合物在氨基和羧基上同时连接载体基团后取得了除基本效果外的何种有益效果（例如强化炎症性肠病的治疗效果、更快或更精准地到达起作用部位等），该专利说明书也没有提及为何需要在 4 – 或 5 – 氨基水杨酸的两个基团上连接上述基团。在此基础上可以

---

❶ 国家知识产权局第 141564 号复审决定书。

确定，权利要求 1 的技术方案实际解决的技术问题仅仅是如何丰富治疗炎症性肠病的化合物种类。

【案例思考】

药物的作用或效果可预期性相对较低，通常需要在申请文件中记载相应的实验数据对声称的技术效果进行验证。如果仅在说明书中声称具有某种技术效果而未加以证实，本领域技术人员根据说明书记载以及现有技术公开内容也无法预期具有该效果，则声称的技术效果不足以作为确定发明实际解决技术问题的基础，此时发明实际解决的技术问题不同于声称的技术问题。

此外，如果说明书中声称解决的技术问题已被最接近的现有技术所解决，则发明实际解决的技术问题就不能被认定为说明书声称的技术问题，而应当在考察区别特征的实际作用后，从本领域技术人员的视角重新确定。

3.3.3.2　实际解决的技术问题为声称的技术问题

如果发明声称的技术效果经实验数据证实，而最接近的现有技术的技术效果未经实验证实，发明实际解决的技术问题为声称的技术问题。

【案例 3 – 11】 CN200680055379. X❶

涉案专利涉及具有快速皮肤穿透率的带正电荷的水溶性布洛芬前药，权利要求 1 保护"透皮治疗应用系统，其含有结构式 1 表示的化合物或含有至少一种结构式 1 表示的化合物作为活性成分的组合物，并用于治疗人或动物中的任何布洛芬可治疗的状态"。证据 1 公开了化合物 31，并公开"在用于局部使用的一个典型处方中，如作为一种抗炎药物，展现局部活性的本发明化合物的任何一种与一个局部载体如三醋酸甘油酯相结合，这样活性成分能够以一个有效剂量呈现。该制剂可以简单地局部应用于发炎部位，其中治疗活性化合物在炎症位置经皮吸收"。该专利说明书记载，"本发明的目的是通过提高布洛芬在胃液中的溶解度以及提高布洛芬对生物膜和皮肤屏障的穿透率，使其可通过透皮给药（外用），从而避免布洛芬的副作用。2 –（对异丁基苯基）丙酸二乙氨基乙酯醋酸盐和 2 –（对异丁基苯基）丙酸（布洛芬）在水中的溶解度分别为 >300 mg/mL 和 0.05 mg/mL"。体外皮肤穿透率实验结果证实，2 –（对异丁基苯基）丙酸二乙氨基乙酯醋酸盐在人体皮肤中扩散速度比 2 –（对异丁基苯基）丙酸本身快近 250 倍，比 2 –（对异丁基苯基）丙酸乙酯快近 125 倍，表明二烷基氨基乙基上的正电

---

❶　国家知识产权局第 38911 号无效宣告请求审查决定书。

荷对药物穿过生物膜和皮肤屏障非常重要。体内皮肤穿透实验结果证实，2 -（对异丁基苯基）丙酸二乙氨基乙酯醋酸盐约 30 分钟后浓度达到峰值，峰浓度约为 2 -（对异丁基苯基）丙酸的 60 倍，高出布洛芬的有效血浆浓度 30 倍之多，达峰时间也显著短于布洛芬，其口服需要 1～2 h，表明该前药可以很容易并快速地将有效血浆浓度的布洛芬给入宿主中。在镇痛、退热和抗炎作用实验中，2 -（对异丁基苯基）丙酸二乙氨基乙酯醋酸盐透皮给药均显示出比布洛芬口服给药更好的活性效果。

无效宣告请求审查决定认为：相比于布洛芬原药，该专利提供的前药化合物在水溶性和皮肤扩散速度方面取得了极大程度地提高，能够快速、有效地穿透生物膜和皮肤屏障实现透皮给药，由此避免了口服布洛芬带来的副作用；同时，其透皮给药的血药浓度达峰时间和峰浓度均显著优于布洛芬口服给药，动物实验也证实透皮给药实现了比布洛芬口服给药更加优异的作用效果。相比之下，证据 1 虽然指出其衍生物具有良好的双相溶解性，更易透过生物膜如皮肤、肠道、口腔或直肠黏膜，相比于母药化合物具有更低的刺激性，并且能够提供更高水平的生物利用度，但没有对任何一种具体化合物进行活性研究。对于衍生物的给药途径或剂型而言，证据 1 也仅是泛泛指出可以通过口服剂型或者透皮制剂进行给药，并未揭示透皮给药相对于口服原药能够取得何种技术效果。因此，综合考虑该专利与证据 1 的区别特征以及技术效果可以确定，权利要求 1 实际解决的技术问题是提供一种与口服布洛芬相比副作用更小、治疗效果更加优异的布洛芬前药化合物的透皮制剂。

【案例 3 - 12】CN01813161.1❶

涉案权利要求保护具有结构（Ⅰa）的核苷酸类似物化合物，其盐、互变异构体或游离碱，其富集在下面结构（Ⅰb）的非对映异构体，其基本上不含下式结构（Ⅰc）的非对映异构体。

证据 5 公开了式（8）化合物：

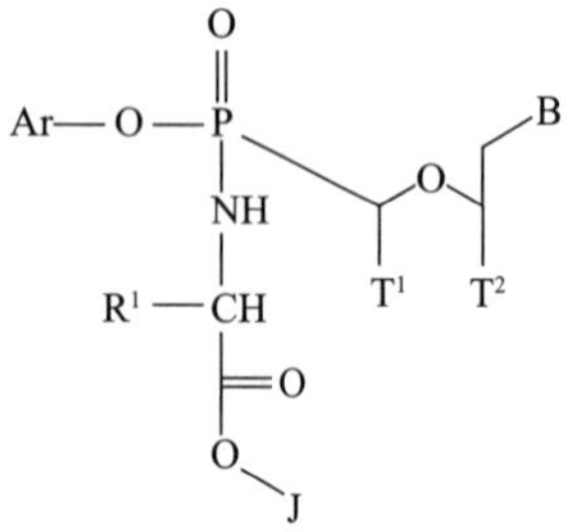

，优选地，Ar 为苯基、3，5 - 二氯苯基、p - 三氟甲基苯基；B 为嘌呤碱基，优选为腺嘌呤；R^1 优选为 Me 或 $PhCH_2$，分别对应丙氨酸或苯丙氨

---

❶ 国家知识产权局第 37633 号无效宣告请求审查决定书。

酸的侧链，所述氨基酸为天然氨基酸，—CHR^1—的不对称中心的立体化学对应 L – 氨基酸。

该专利与证据 5 均涉及具有抗 HIV 治疗活性的核苷酸类似物。二者的区别在于：权利要求 1 涉及具有特定立体构型的具体化合物，而证据 5 公开的是包含权利要求 1 具体化合物的通式化合物。

根据说明书的记载可知，该专利是针对已知的核苷酸甲氧基膦酸酯类似物前药，通过进一步研究提供能够在靶组织中富集并且抗病毒活性增强的前药。

具体到权利要求 1，式（Ⅰa）化合物为已知核苷类药物替诺福韦（PMPA）的前药，其两种非对映异构体（Ⅰb）和（Ⅰc）分别对应实施例化合物 GS – 7340 和 GS – 7339。结合该专利提供的实验研究来看，相对于母体药物 PMPA 而言，其膦酸酯前药富马酸盐替诺福韦二吡呋酯（TDF）具有显著提高的抗 HIV 活性（相差 100 倍），但该专利在 TDF 的基础上，GS – 7340 的抗病毒活性进一步提高了 10 倍，并且其能够增加口服给药时 PMPA 在淋巴组织中的选择性富集，降低 PMPA 在血浆中的暴露。进一步地，该专利的实验数据还表明相对于 GS – 7339，GS – 7340 在磷原子上的特定立体构型使其能够更好地提供靶组织富集，并且具有更高的抗 HIV 活性。证据 5 涉及核苷类似物的结构修饰，通过将其制备为芳基氨基膦酸酯类前药，使其相比于原核苷类似物展示出显著增强的抗病毒效力和降低的毒性。该专利涉及的 PMPA 即属于证据 5 所述核苷类似物的一种，其通过结构修饰得到的前药化合物（Ⅰb）和（Ⅰc）也均落入了证据 5 的通式范围内。结合该专利针对 PMPA 的结构修饰及其取得的技术效果可以确定，权利要求 1 实际解决的技术问题是针对特定的核苷类似物 PMPA，提供一种具有增强的抗病毒活性并且能够使其在淋巴组织中与血浆相比选择性富集的前药。

【案例思考】

如果发明声称的技术效果（如提供能够在靶组织中富集并且抗病毒活性增强的前药）经实验数据证实，且发明除具有与最接近的现有技术相同的效果（如增强抗病毒效力）之外，还具有其他方面的效果（如在淋巴组织中较血浆中选择性富集），则发明实际解决的技术问题为声称的技术问题。

3.3.3.3　发明的技术效果和对比文件 1 的效果无法直接对比

发明声称的技术效果经实验数据证实，最接近的现有技术进行了效果实验但未记载实验数据，所以二者无法进行直接对比，则发明实际解决的技术问题为提供活性相同或相近、结构类似的化合物。

【案例 3 – 13】 CN201080030910. 4[1]

涉案专利涉及多肽和多肽相关化合物的高穿透力前药组合物，权利要求 1 保护"一种肠抑素衍生物，其包括选自于以下结构式组成的集合：

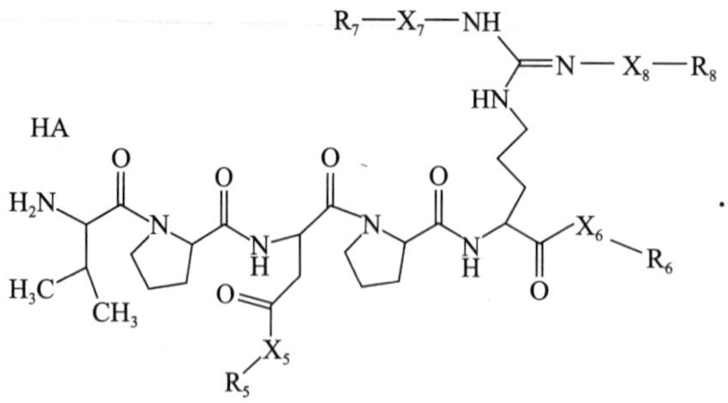

……包括其立体异构物和药用可接受

的盐，其中：X_5 和 X_6 为 O；X_7 和 X_8 为 C ═O；R_5、R_6、R_7 和 R_8 分别独立选自于有以下基团组成的集合……"

权利要求 1 涉及结构式 51 的技术方案与对比文件 1 公开的具体化合物相比，区别在于：①权利要求 1 中 N 端氨基未被修饰，C 端羧基被修饰为 R_6 基酯，而对比文件 1 中 N 端氨基被乙酰基修饰，C 端羧基被修饰为二乙氨基乙酯；②权利要求 1 限定了所述肠抑素衍生物包括其立体异构物和药用可接受的盐，以及还可选自由以下酸组成的集合：无、HBr、HI、硝酸、硫酸。

【争议焦点】

原告（专利权人）主张：无论是基于申请文件记载，还是该案原告提交的证据均可看出，该专利的肠抑素衍生物具有更好地抑制肥胖效果，从说明书记载的药效实验看，抑制肥胖效果非常明显；结合该专利在体外渗透实验中给出的对比文件 1 结构式 6 的修饰方式的结果（参见实例 2），以及在随后的动物体内实验中无一例外地使用权利要求 1 限定的修饰方式（参见实例 4），基于这一事实可以确定，在该申请的申请日，发明人已经认识到权利要求 1 的修饰结构对肠抑素更为有利。

法院认为：对比文件 1 公开了一种提供多肽及其相关化合物的带有正电荷的水溶性前药，前药结构中带有正电荷的氨基大大提高药物在水中的溶解度，亲脂性部分可以帮助提高多肽及其相关化合物穿过生物膜和皮肤屏障的速度，进而解决治疗疾病的多肽及相关化合物在口服时会被蛋白水解酶迅速水解、注射给药时会产生疼痛的技术问题。其中，肠抑素具有调控脂肪摄入，治疗肥胖的功效，其多肽的前药即通式（5C）

---

[1] 北京知识产权法院（2018）京 73 行初 8414 号行政判决书。

所表示的化合物。其次，对比文件 1 公开了最佳的实施方式为将 5 mg/kg 的结构式 6 所示的具体化合物溶于 0.5 mL 水中，并通过透皮给药（"局部给药"的下位概念）于大鼠背部，观察到脂肪摄取的选择性抑制，可用于治疗肥胖。

【案例思考】

在对比文件没有公开结构式 6 所示的具体化合物选择性抑制脂肪摄取、降低体重和血糖水平的相关实验数据的情况下，依据该申请说明书记载内容和对比文件公开内容，本领域技术人员无法比较得出该申请权利要求 1 请求保护的化合物抑制脂肪摄取、治疗肥胖的效果优于对比文件 1。因此，该专利实际解决的技术问题是提供了一种活性相同或相近的肠抑素衍生物、结构相似的肠抑素衍生物。

3.3.3.4　发明记载的技术效果和对比文件 1 的效果均未验证

【案例 3 – 14】　CN03820501. 7❶

涉案专利申请涉及一种用于治疗黄病毒感染的修饰的 2′ – 和 3′ – 核苷前药。权利要求 1 请求保护式（Ⅸ）的化合物，对比文件 1 公开了一种与权利要求 1 化合物结构类似的化合物。共同请求人认为：对比文件 1 和该申请解决的技术问题不完全相同。对比文件 1 明确地表明其用于治疗黄病毒和瘟病毒感染，而不能治疗 HCV 感染，因为 HCV 是一种不同于黄病毒属和瘟病毒属的病毒属病毒。该申请的技术方案不仅能够治疗 HCV 感染，而且能够治疗瘟病毒属、黄病毒属或肝病毒属病毒感染。

复审决定认为：对比文件 1 公开了一种与权利要求 1 的化合物结构类似的化合物，对比文件 1 背景技术部分描述"人们已知，瘟病毒和黄病毒与肝炎 C 病毒一样均属于黄病毒科"。因此，该申请与对比文件 1 均涉及治疗黄病毒科感染的化合物，二者属于相同技术领域。该申请说明书涉及用于治疗黄病毒感染，如 HCV 感染的 6 – 修饰的 1′ –、2′ –、3′ – 或 4′ – 支链嘧啶核苷或 8 – 修饰的 1′ –、2′ –、3′ – 或 4′ – 支链嘌呤核苷的 2′ – 和/或 3′ – 前药；该专利测试了其化合物的抗病毒能力，显示该申请化合物具有抗黄病毒或瘟病毒活性，但未测试该申请化合物具有抗肝炎 C 病毒活性。因此，该申请相对于对比文件 1 实际解决的技术问题是提供一种结构类似、用途相同的抗病毒化合物。

【案例思考】

该案例中，请求人声称该申请化合物具有不仅能够治疗 HCV 感染，而且能够治疗

---

❶　国家知识产权局第 46254 号复审决定书。

瘟病毒属、黄病毒属或肝病毒属病毒感染的技术效果。但是该申请说明书记载的生物学测定方法仅测试了其化合物的抗病毒能力，显示该申请化合物具有抗黄病毒或瘟病毒活性，未测试该申请化合物具有抗 HCV 病毒活性，因此该申请声称的抗 HCV 病毒活性未经验证，而对比文件 1 也未验证。在此基础上确定，该申请相对于对比文件 1 实际解决的技术问题是提供一种结构类似、用途相同的抗病毒化合物。

3.3.3.5 发明所制备和证实效果的化合物未涵盖在权利要求范围之内

发明所制备和证实效果的化合物未涵盖在权利要求保护的范围之内，则不能以这些化合物所具有的优异效果为依据确定权利要求实际解决的技术问题，只能基于这些化合物具有的共同结构预期其具有的技术效果。

【案例 3 - 15】 CN201410321326.4[1]

涉案专利申请涉及用于治疗黄病毒感染的修饰的 2′- 和 3′- 核苷前药。在基于权利要求 1 与对比文件 1 的区别特征而确定权利要求 1 实际解决的技术问题时，合议组查明：该发明说明书记载，考虑到 HCV 的流行程度及其对患者造成的影响，以及其他的黄病毒科病毒的日渐上升的危害，该申请的目的是提供新的有效的且对寄主低毒性的治疗 HCV 或其他黄病毒科病毒引起的疾病的化合物、方法和组合物等。说明书记载了一些化合物实例具有一定活性，如 "其中母体药物任选具有小于 10 或 15 微摩尔的 EC_{50}"；其制备例进一步制备了 24 个具体化合物，并在各种黄病毒科病毒感染的细胞系中测试了 $\beta - D - 2′ - C - $ 甲基 $- 7 - $ 甲基 $- 6 - $ 苯基 $- 3，3a，5，8a - $ 四氢 $- 1，3，4，5，7a - $ 戊 $- $ 氮杂 $- s - indacen - 8 - $ 酮（化合物 F）的体外抗病毒活性，测试结果以 CC_{50} 和 EC_{50} 示之。

合议组进一步核查，该发明说明书中列举的具有一定 EC_{50} 活性的化合物并不包含在权利要求 1 保护范围之内，所制备的 24 个化合物由于部分化合物没有碱基结构，所有化合物的核糖上均不存在氟取代基，更没有涉及核糖 2′ - 向下 - 氟取代基的结构，可见，制备例制备的化合物也不落入权利要求 1 保护范围之内。效果例测试的化合物带有 F 的碱基并非胞嘧啶或尿嘧啶，核糖上均不存在氟取代基，更没有涉及核糖 2′ - 向下 - 氟取代基的结构，可见，效果例测试的化合物也并未落入权利要求 1 保护范围之内。

在此基础上，考虑到权利要求 1 的化合物与该发明测试的化合物均具有核糖及碱基的基本结构，本领域技术人员可以预期权利要求 1 的化合物同样具有抗黄病毒科病

---

[1] 国家知识产权局第 142041 号复审决定书。

毒的活性。由此可以确定该发明权利要求 1 实际解决的技术问题是寻找更多具有抗黄病毒科病毒活性的化合物。

3.3.3.6 实际解决的技术问题与权利要求范围的对应关系

确定实际解决的技术问题所依据的技术效果应该是权利要求的整体范围内都能实现的效果，即以该权利要求所涵盖的所有实施方式作为考察的标准。如果说明书中部分方案取得了有益的效果，但该技术效果仅能代表权利要求内的小范围技术方案，则不能以该技术效果判断权利要求整体技术方案所取得的效果。

【案例 3 – 16】 CN201480037613.0❶

涉案专利申请权利要求 1 保护一种化合物或其立体异构体、互变异构体、药学上可接受的盐或前药在制备用于治疗或预防由耐甲氧西林金黄色葡萄球菌（MRSA）和/或抗万古霉素肠球菌（VRE）引起的细菌感染的药物中的用途，所述化合物选自 NCL023 等一系列具体化合物。

复审合议组经查明该专利申请说明书记载的实验数据后认为：就当前的权利要求 1，其中除涉及对 MRSA1、MRSA2、VRE1、VRE2 均具有较好活性的化合物外，还涉及仅对部分菌株具有活性、对其他菌株活性很低，甚至活性未知的化合物。并且，由该专利申请记载的上述内容来看，化合物对 MRSA、VRE 中某一菌株具有活性，并不意味着其对 MRSA、VRE 中其他菌株也具有抑制活性。另外，从申请文件公开内容来看，无论是 MRSA 还是 VRE，都包含多种菌株。因此，权利要求 1 中涉及的化合物对不同菌株引起的 MRSA、VRE 可能具有抑制活性，但活性可能很低，甚至未知。对比文件 1 公开了诸多用于治疗微生物感染的类似结构的化合物 16 ~ 19，并公开了化合物 18（即表 1 中化合物 1）对 pa – HO 和 nm – HO 的 KD，结果表明，化合物 18 的结合亲和性在微摩尔级别；在大肠杆菌表达系统中抑制 α – 胆绿素的形成；并测试了化合物 1 等 8 个化合物抑制绿脓假单胞菌 MPA01 生长的能力，但没有一个测试化合物抑制 MPA01 的生长在 250 微摩尔以下。即化合物 18 具有一定的抑制绿脓假单胞菌 MPA01 生长的能力，但抑菌能力不是很强。

将该专利申请权利要求 1 与对比文件 1 中公开的化合物 16 ~ 17 相比，权利要求 1 中涉及的化合物主要结构相同，区别主要在于芳香环上的取代基不同。由此可见，权利要求 1 实际能够解决的技术问题是将更多的化合物用于能够抑制由 MRSA 和/或 VRE 引起的细菌感染但活性可能很低的药物的制备中。

---

❶ 国家知识产权局第 213597 号复审决定书。

3.3.3.7 小 结

从上述案例分析可以看出，发明实际解决的技术问题的确定与发明的技术效果密不可分，大致可分为以下几种情况：①如果仅在说明书中声称具有某种技术效果而未加以证实，本领域技术人员根据说明书记载和现有技术无法预期具有该效果，则发明实际解决的技术问题不同于声称的技术问题；②如果说明书中声称的技术问题已被对比文件1所解决，则发明实际解决的技术问题应当在考察区别特征的实际作用后重新确定；③如果发明声称的技术效果经实验数据证实，而最接近的现有技术的技术效果未经证实，则发明实际解决的技术问题为声称的技术问题；④如果发明声称的技术效果和对比文件的技术效果均未经实验验证，二者无法直接对比，则发明实际解决的技术问题为提供用途相同或相近、结构类似的化合物；⑤如果发明所制备和证实效果的化合物未涵盖在权利要求的范围之内，则不能以这些化合物所具有的优异效果为依据确定权利要求实际解决的技术问题，只能基于这些化合物具有的共同结构预期其能取得的效果；⑥确定实际解决的技术问题所依据的技术效果应该是权利要求的整体范围内都能实现的效果，如果说明书中仅有部分方案取得了有益的效果，但该技术效果仅能代表权利要求内的小范围技术方案，该技术效果不能作为评判权利要求整体技术方案所取得的效果。

说明书中未明确记载但是本领域技术人员根据化合物所具有的共同结构确认的区别特征能够起到的作用或效果，虽然可以作为确定发明实际解决的技术问题的依据，但是根据共同结构仅能预期或确定化合物具有基本的作用效果，不能得出可能具有的优异效果，因此，说明书明确记载的化合物所具有的用途或经证实的所能达到的技术效果仍然是确定发明实际解决的技术问题的重要依据。因此，对于申请人而言，建议在申请前药化合物专利时，在说明书中尽量详尽记载体现其技术效果的相应药理实验方法和对声称的技术效果进行验证的实验数据，以期能作为创造性判断中确定实际解决的技术问题的基础。在审查过程中，创造性判断中所确定的实际解决的技术问题不准确或不客观会影响后续技术启示的判断，因此，确定发明实际解决的技术问题时，需要以本领域技术人员的视角，客观分析区别特征所能达到的技术效果，并以此确定发明实际解决的技术问题，所确定的实际解决的技术问题应尽量准确、客观。

3.3.4 技术启示的判断

现有技术是否给出技术启示的一般判断原则，是从最接近的现有技术和发明实际解决的技术问题出发，判断现有技术整体上是否存在某种技术启示，使得本领域技术人员在面对实际解决的技术问题时，有动机对最接近的现有技术进行改进，从而获得发明要求保护的技术方案。

在判断前药发明是否具备创造性时，应考虑现有技术整体上是否给出了技术启示，使得本领域技术人员在面对发明要求保护的技术方案实际解决的技术问题时，有动机改进最接近的现有技术的活性化合物以获得要求保护的前药。因此，在结合启示的判断过程中，既要从现有技术出发进行客观判断，同时要对现有技术进行整体把握。

3.3.4.1　制备前药的部位结构修饰的技术启示

1）通式定义给出可选前药基团的技术启示

【案例 3 – 17】　CN201410059693.1●

该专利权利要求 1 保护"式 ⅡA 的化合物或其药学上可接受的盐：

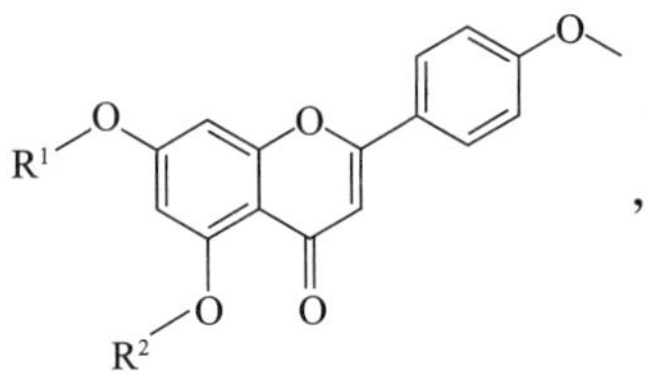

，其中 R^1 是 PO_3M，其中 M 是一个或多个铵离子、碱金属离子或碱土金属离子；R^2 是 H"。说明书实施例实验表明：前药 A 在 Tris 溶液中以及前药 B、C 在水中具有比母体化合物金合欢素更高的溶解度；水溶性前药 A 在体内缺血再灌注大鼠模型中在抗心室心律失常和维持心脏功能方面是有效的；并给出了前药 A、B、C 的先体外后体内药理学活性、水溶性前药的体内转化。该发明解决的技术问题是提高金合欢素药物的水溶性，所采用的关键技术手段是通过在金合欢素结构中引入例如磷酸盐等水溶性基团。

对比文件 4 公开了用于治疗缺血再灌注损伤且具有水溶性的类黄酮化合物：

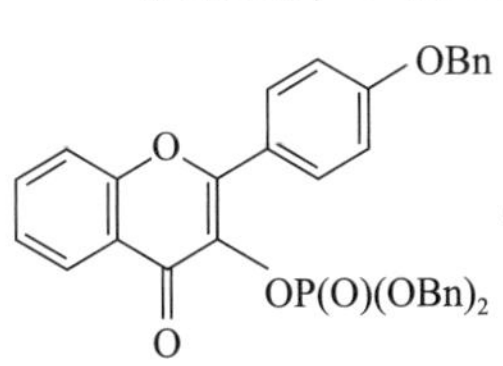

，并公开了许多类黄酮的药物代谢动力学和较差的水溶性限制了它们在需要急性胃肠外使用的治疗例如血管舒张治疗中的应用，仍然需要开发具有改善水溶性和药物代谢动力学的合成类黄酮衍生物，采用的技术手段是在类黄酮的环上引入水溶性基团，从而改善水溶性。

权利要求 1 要求保护的式 ⅡA 化合物与对比文件 4 公开的类黄酮化合物相比，区别特征在于类黄酮 A、B、C 环上的取代基与对比文件 4 不同：权利要求 1 的 A 环的 5 位

● 国家知识产权局第 151006 号复审决定书。

为羟基、7 位为磷酸盐，对比文件 4 的 A 环上的 5 位和 7 位没有取代；权利要求 1 的 C 环的 3 位没有取代，对比文件 4 为 OP（O）（OBn）$_2$；权利要求 1 的 B 环的 4'位为甲氧基，对比文件 4 为苄氧基。

由于金合欢素同样属于类黄酮化合物，该申请与对比文件 4 均是通过在类黄酮的结构中引入水溶性基团从而改善相应母体类黄酮化合物的水溶性。判断该申请是否具备创造性的关键是：由对比文件 4 公开的具体类黄酮化合物是否能够想到在具体的类黄酮化合物金合欢素的结构中引入水溶性基团。而对比文件 4 通式化合物：

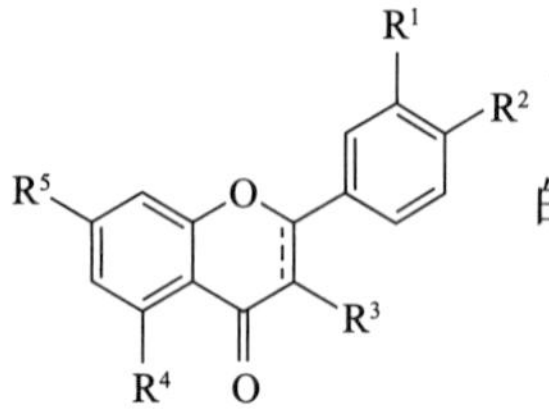

的定义中已给出了 R^4 为 OH（即权利要求 1 中的 R^2 为 H），R^5 为 PO$_3$M（单价或二价阳离子盐或铵阳离子盐）（即权利要求 1 中的 R^1 为 PO$_3$M），R^3 为 H（即权利要求 1 的 C 环的 3 位未被取代），R^2 为烷氧基，所述烷氧基可以为甲氧基（即权利要求 1 中 B 环的 4'位苄氧基可以替换为甲氧基）的技术启示。

【案例思考】

该案例中，该发明的金合欢素化合物与对比文件 4 的通式化合物同属于类黄酮化合物，二者结构类似，通式定义已对区别特征可选的基团给出了教导，且该发明和对比文件 4 的前药均是为了改进水溶性，因此，认为对比文件 4 给出了相应的技术启示。

2）制备前药的技术启示需要一般指引还是具体明确指引

在技术启示的分析过程中，不仅要考虑其他现有技术是否公开了前药修饰的相关技术手段，而且要考虑该技术手段在其他现有技术中所起的作用与其在该专利中的作用是否相同。确定这种技术启示是需要现有技术给出可用于结构类似母药的一般指引还是针对特定结构母药的具体明确指引。

【案例 3－18】 CN201280037040.2[1]

该专利申请权利要求 1 保护一种前药化合物：

---

[1] 国家知识产权局第 120454 号复审决定书。

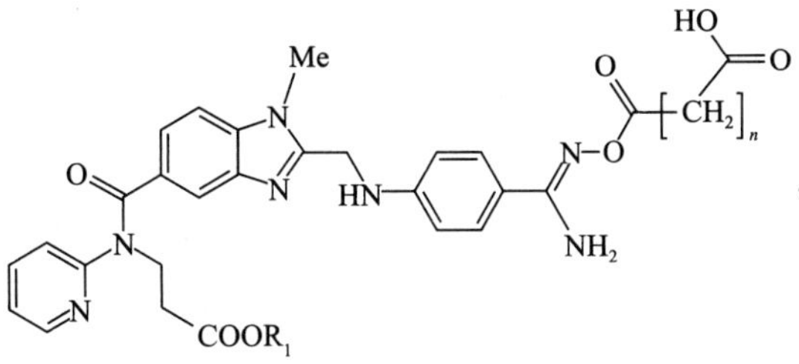

，其中 R_1 为乙基，并且 n 表示 2。

对比文件 1 公开了已知抑制凝血酶化合物达比加群的前药通式（Ⅰ）化合物及其

互变异构体与盐类：

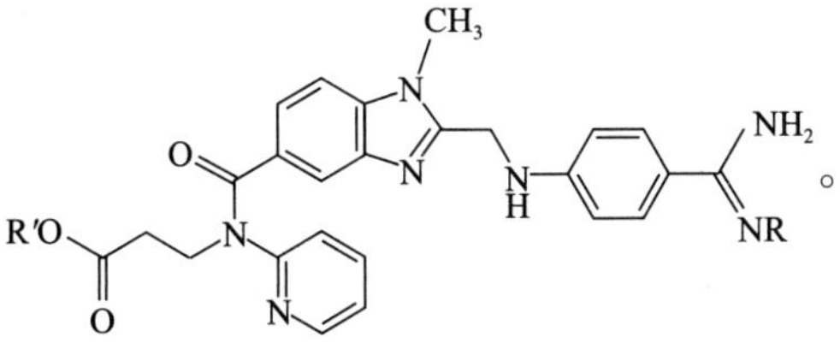

。对于区别特征 2（权利

要求 1 中对应的 R 为

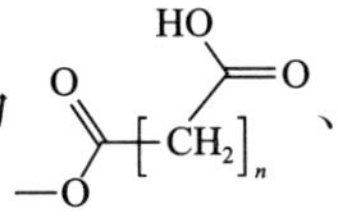

、$n=2$，而对比文件 1 中 R 为羟基），对比文件 2 公

开了式（Ⅰ）即

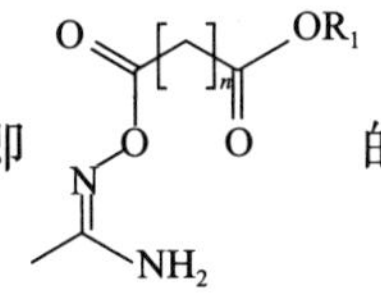

的偕胺肟羧酸酯或式（Ⅱ）即

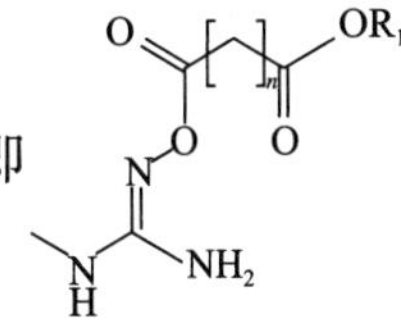

的 N–羟

胍羧酸酯，其中 $n=0\cdots\cdots12$，R_1 选自由氢、烷基和芳基，用于改善药物的溶解度、生物利用率和/或血脑屏障穿透性，药物可为凝血酶抑制剂等，并提及比如美拉加群，可以用来制备偕胺肟羧酸酯前药。可见，对比文件 2 给出了当药物选自凝血酶抑制剂且具有偕胺肟结构时，将其结构转换为偕胺肟羧酸酯可以改善药代特性等的技术启示，而对比文件 1 的达比加群即属于凝血酶抑制剂且具有偕胺肟结构。

【争议焦点】

复审请求人认为，根据对比文件 2 不能使本领域技术人员得出结论：任何凝血酶抑制剂都能通过该策略转化成有用前药；对比文件 1 的达比加群和对比文件 2 的美拉加群虽均有脒基团，但其他部分结构不同，本领域技术人员无法从对比文件 2 出发简单替换美拉加群而得到达比加群的方案。

复审合议组认为，只要对比文件 2 给出了将凝血酶抑制剂的羟基修饰为上述结构的前药（即将偕胺肟替换成偕胺肟羧酸酯）可以改善药物溶解度等药代特性的指引，本领域技术人员就有动机将该策略用于其他凝血酶抑制剂如对比文件 1 中的达比加群，不需要对比文件 2 公开"任何凝血酶抑制剂都能通过该策略转化成有用前药"的内容。

【案例思考】

对比文件 2 已经明确给出对于凝血酶抑制剂的相应修饰可改善药物的溶解度，其指向性较为明显，作用也相同，因此，复审合议组据此判断对比文件 1 和 2 结合可评价该发明的创造性。

3）制备前药存在结合启示的情形

当使用两篇以上对比文件评价前药发明的创造性时，需要考虑：一是现有技术是否公开了区别特征，包括是否公开了相同的结构修饰手段及作用；二是最接近的现有技术与对比文件之间结合的可能性，如果结合的对比文件对于该发明前药修饰的母药结构给出了明确教导或母药可选基团的技术启示，则认为二者存在结合的启示。

【案例 3－19】 CN200910256600.3❶

该专利申请权利要求 1 保护一种基于阿糖胞苷结构的前药作为制备治疗非固体瘤药物的应用，该前药选自一系列在 N^4 和/或 $O^{5'}$ 位置被修饰的阿糖胞苷衍生物，非固体瘤为人体白血病癌 HL60。

对比文件 3 公开了一种已被广泛用于治疗各种癌症的核苷类药物阿糖胞苷，即隐含公开了阿糖胞苷用于制备治疗癌症的药物的应用。

权利要求 1 与对比文件 3 的区别特征在于：①活性化合物不同，权利要求 1 涉及的活性成分是阿糖胞苷在 N^4 和/或 $O^{5'}$ 位置被修饰后的阿糖胞苷前药，而对比文件 3 涉及的活性成分是阿糖胞苷；②对比文件 3 未具体公开阿糖胞苷可用于治疗人体白血病癌 HL60。权利要求 1 相对于对比文件 3 实际解决的技术问题，是提供一种具有改善的溶解性、生物利用度、器官特异性等性质的基于阿糖胞苷结构的前药用于制备治疗 HL60 白血病癌的药物的应用。

【争议焦点】

复审请求人主张：虽然对比文件 3 公开了阿糖胞苷在肿瘤联合化学治疗中的应用，但并非所有的阿糖胞苷化合物都有疗效，有药效的混合物也不是对任何肿瘤都有效。"前药" 和 "药物" 是两个不同的概念，前药是在体内经过酶解或化学转化释放出可以达到预期药理活性的母体药物的生物可逆性衍生物，前药通常没有活性或活性远低于母体药物；不同化合物的药效不同，同一化合物对不同的细胞株的效果也不同。

复审决定认为：对于区别特征①，对比文件 3 已经教导了可以通过 N^4 位修饰改善吉西他滨的溶解性、生物利用度等性质，并且对于吉西他滨的结构修饰同样适用于阿糖胞苷。基于该教导，本领域技术人员为了改善阿糖胞苷的溶解度、生物利用度、器官特异性等性质，有动机在阿糖胞苷的 N^4 也进行相同修饰。此外，本领域技术人员公

---

❶ 国家知识产权局第 81593 号复审决定书。

知，阿糖胞苷通过转化为阿糖胞苷三磷酸而抑制肿瘤细胞脱氧核糖核酸（DNA）的复制。因此，将阿糖胞苷 O^5 位转化为磷酸酯结构有助于阿糖胞苷经由上述转化而激活，而且通过磷酸酯基的引入能够进一步改善阿糖胞苷前药的溶解性，也是本领域技术人员能够预期的。对于区别特征②，权利要求 1 中涉及的活性化合物是一种基于阿糖胞苷的前药。所谓前药，是药物经化学结构修饰后得到的在生物体内转化为活性药物而发挥药效的化合物。形成前药的目的在于改善药物的溶解性、生物利用度等，通常不会对药效产生实质性的影响。本领域技术人员公知，阿糖胞苷是一种嘧啶类抗肿瘤药物，常用于治疗恶性血液病，如急性粒细胞白血病。本领域技术人员能够预期基于阿糖胞苷结构的前药可以在生物体内转化为阿糖胞苷，从而能够用于治疗急性粒细胞白血病。

【案例思考】

该案中，对比文件 3 明确教导了通过 N^4 位修饰可以改善吉西他滨的溶解性、生物利用度等性质，即与该申请阿糖胞苷的作用相同，并且对于吉西他滨的结构修饰同样适用于阿糖胞苷。因此，可以认为对比文件 3 对于区别特征 1 涉及的前药结构修饰方法给出了明确技术启示，本领域技术人员有动机将其与最接近的现有技术相结合。

4）制备前药不存在结合启示的情形

如果结合的对比文件未公开专利要求保护的母药结构，且所公开的母药结构与最接近的现有技术的母药结构差异较大，则通常认为本领域技术人员没有动机对最接近的现有技术的母药结构进行结构改造，不存在将二者进行结合的技术启示。

【案例 3 - 20】CN01813161.1[1]

该专利申请涉及核苷酸膦酸酯类似物前药及其筛选和制备方法，权利要求 1 保护

"具有结构（Ⅰa）　　　　　　　的核苷酸类似物化合物，其盐、互变异构体或游离碱，其富集在下式结构（Ⅰb）的非对映异构体，其基本上不含下式结构（Ⅰc）的

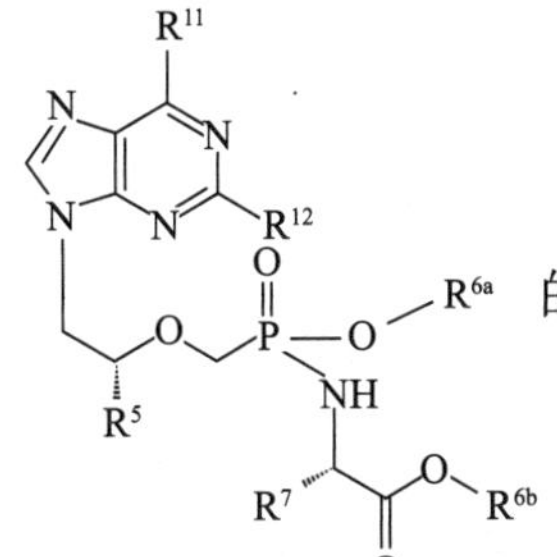

---

[1]　国家知识产权局第 42586 号无效宣告请求审查决定书。

非对映异构体，其中 R^5 为甲基，R^{6a} 为苯基，R^{6b} 为异丙基，R^7 为甲基，R^{11} 为氨基，和 R^{12} 为氢"。

证据 19 公开双（异丙氧基甲基羰基）9 - R -（2 - 膦酰甲氧基丙基）腺嘌呤

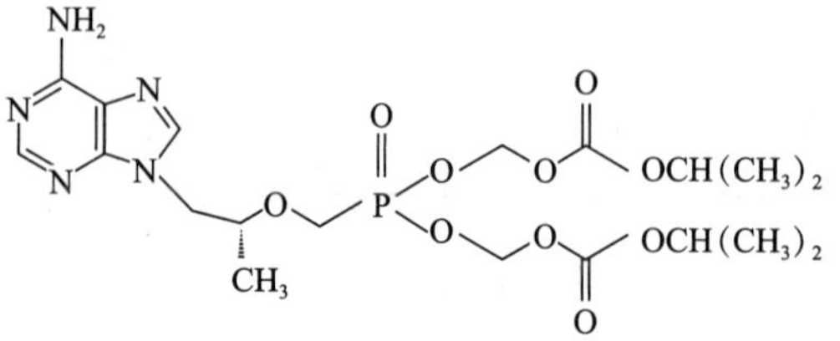

[以下简称"双（POC）PMPA"，是 PMPA 的前药]。

二者的区别在于：①磷原子上的两个取代基不同，权利要求 1 磷原子上的两个取代基分别为苯氧基和取代的氨基，证据 19 磷原子上的两个取代基均为

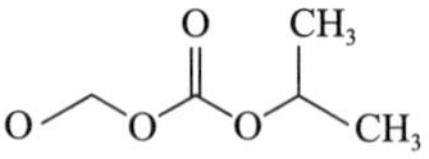

；②证据 19 没有公开磷原子上述两个取代基的具体立体结构。

【争议焦点】

无效宣告请求审查决定认为：权利要求 1 相对于证据 19 的双（POC）PMPA 具有增强的抗 HIV 活性、较高的血浆稳定性以及在体内靶组织中具有较高的富集浓度，权利要求 1 实际解决的技术问题是获得一种具有增强的抗病毒活性、血浆稳定性高且在体内靶组织中选择性富集的抗 HIV 前药。证据 3 公开有关核苷酸前药 1a：

的降解和体外抗 HIV 活性，化合物 1a 与母体核苷类似物相比，具有更好的抗病毒活性，对 HIV - 1 的抑制活性较其高达 450 倍；且其在人血清中的半衰期为 22 h。

无效宣告请求人主张：证据 3 公开了与权利要求 1 几乎相同的前药修饰策略，以及具体的化合物示例 1a，差异仅在于氨基磷酸酯末端的成酯修饰基团不同。证据 3 教导了化合物示例 1a 的前药策略可以使得前药以原形在血浆中显著保持稳定，还公开化合物示例 1a 在胞内容易水解而转运核苷酸，具有增强的抗病毒活性。本领域技术人员出于改善 TDF 血浆稳定性缺陷的目的，在寻找 PMPA 前药的替代方案时，容易想到借鉴证据 3 所示的Ⅲ型前药，对于氨基磷酸酯末端取代烷基的差异和 P 原子立体构型的

选择，均是本领域常规技术手段。

无效宣告请求审查决定认为：证据 3 教导了针对核苷类药物进行磷酸酯结构修饰形成的前药（即化合物 1a），显示出前药相对于母药体外抗 HIV 活性提高，血浆稳定性提高；但是证据 3 的母药与该专利母药（PMPA）结构存在明显差异，本领域技术人员无法预期证据 3 的前药修饰方式应用于该专利的 PMPA 也可以取得相同的技术效果。退一步讲，即使本领域技术人员尝试将证据 3 的前药修饰方式应用于该专利的母药，也无法预期其在体内试验中的效果。一方面因为证据 3 没有公开体内试验，不能明确其前药在体内试验中的效果，另一方面正如专利权人所述体外试验转为体内试验还需要经过四个步骤的检验，因此，根据证据 3 体外试验结果无法预期其体内试验的效果，更无法预期该专利的前药在体内靶组织中选择性富集的技术效果。

该专利的另一无效宣告请求审查决定（第 37633 号）中，证据 9（即作为结合的对比文件）公开了有效的抗病毒尤其是抗 HIV 和/或乙型肝炎病毒（HBV）活性，同时具有良好药物动力学性质和稳定性并显示足够低毒性的化合物

该磷酸芳基酯化合物与其相应的核苷类似物 ［即阿巴卡韦（Abacavir）］相比，在体外试验中显示出明显增强的抗病毒效能。

无效宣告请求审查决定认为：证据 9 仅教导针对特定的核苷类似物阿巴卡韦进行结构修饰，使其在显示有效抗病毒活性的同时，还具有良好的药物动力学性质和稳定性并显示足够低的毒性，但并未教导所述结构修饰同样适用于其他核苷类似物，例如结构与之存在较大差异的 PMPA。本领域技术人员在面对上述实际解决的技术问题时，无法从证据 9 中获得相应的技术启示。

【案例思考】

从上述案例可以看出：虽然与最接近的现有技术所结合的对比文件公开的前药

修饰方法与该专利的前药修饰方法相同，但是其所公开的母药结构与最接近的现有技术母药结构差异较大，本领域技术人员无法预期将所结合的对比文件的前药修饰方式应用于最接近的现有技术母药时，也可以取得相同的技术效果。在此基础上，通常认为本领域技术人员没有动机将所结合的对比文件公开的前药修饰方法用于最接近的现有技术的母药结构，对其进行结构改造，因此也不存在将二者进行结合的技术启示。

5）制备前药非明确技术启示的情形

如果专利保护的特定前药所具有的改善效果在说明书中经过了实验验证，而现有技术给出的结构修饰和效果方面的教导均是一般性的泛泛教导，即使该现有技术披露了相同的结构修饰手段，通常也不认为其给出了引入该区别特征的技术启示。

案例3-12的专利与其证据5均涉及具有抗HIV治疗活性的核苷酸类似物，二者的区别在于：权利要求1涉及具有特定立体构型的具体化合物，而证据5公开的是包含权利要求1具体化合物的通式化合物。

证据5涉及核苷类似物的结构修饰，通过将其制备成为芳基氨基膦酸酯类前药，使其相比于原核苷类似物展示出显著增强的抗病毒效力和降低的毒性。结合该专利针对PMPA的结构修饰及其取得的技术效果可以确定，权利要求1实际解决的技术问题是针对特定的核苷类似物PMPA，提供一种具有增强的抗病毒活性并且能够使其在淋巴组织中与血浆相比选择性富集的前药。

无效宣告请求审查合议组认为，证据5仅一般性教导了通过结构修饰可以增强核苷类似物的抗病毒效力，降低其毒性，对于所述结构修饰，其提供了数量众多的取代基选择。但就特定的核苷类似物PMPA而言，本领域技术人员无法从证据5公开的内容中获得技术启示，促使其通过选择权利要求1所述的取代基组合，特别是磷原子的立体构型，在增强化合物抗病毒活性的同时，使PMPA能够在淋巴组织中与血浆相比选择性富集。即针对该专利实际解决的技术问题，证据5没有给出相应的技术启示。

6）制备前药结构修饰后效果存在差异的技术启示情形

结构修饰后不同母体化合物之间或不同修饰基团之间可能导致前药作为整体存在效果上的差异，这种差异是否会阻碍本领域技术人员进行前药修饰的尝试而认为未给出结构修饰的教导，应当立足于本领域技术人员的知识水平和认知能力，从申请日之前现有技术的整体状况进行分析和判断。

上述案例3-4涉及的第262545号复审决定中涉案专利权利要求1与对比文件2的区别在于：权利要求1使用特定的磷酸酯基团对核苷进行了修饰。权利要求1实际解决的技术问题是有效改善HCV的抑制效果。

复审请求人主张：对比文件3中被修饰的核苷与对比文件2公开的核苷结构差异

非常大，仅有几种经修饰的化合物具有强的 HCV 抑制活性，并且化合物 15 也不是其中活性最高的，这表明 ProTide 技术的结果是无法预测的，本领域技术人员没有任何理由特别选择化合物 15 的磷酸酯。

复审决定认为：一方面，ProTide 技术在申请日时已成为该领域技术人员公知的一项前药化策略；另一方面，基于这些证据还不足以认为所属领域技术人员在申请日时尝试应用该技术解决问题存在技术障碍或偏见。但是，在申请文件基础上进一步结合药品索磷布韦上市以来显示的对于 HCV 的疗效，不可否认权利要求 1 中的化合物作为该药品索磷布韦的活性成分所作出的技术贡献……尽管 ProTide 技术应用于抗病毒以及抗 HCV 病毒的核苷类似物本身是本领域一项公知技术，但是，本领域技术人员在面临该申请实际解决的技术问题时，尚不能认为从对比文件 2 和对比文件 3 中获得足够的教导或启示，既要选择 ProTide 技术对其进行磷酸酯化，又要从对比文件 3 公开的针对不同化合物的修饰基团中选择上述具体修饰基团应用于对比文件 2 公开的（2′R）－2′－脱氧－2′—C—甲基尿苷，以获得权利要求 1 的具体化合物并有效提高其 HCV 抑制活性。

该案在技术启示的判断过程中，基于对比文件 3 公开的多种前药修饰基团中，选择不同的氨基酸和不同的酯基对化合物活性产生明显影响、不同核苷母核结构导致的效果差异，即由对比文件 2 与对比文件 3 核苷母核在五元糖环上的结构差异而考量了从对比文件 3 的众多前药修饰基团中选择特定修饰基团用于对比文件 2 尿苷化合物时的合理成功预期，以及考量了选择并非对比文件 3 中活性最好的前药修饰基团却得到权利要求 1 中的化合物（索磷布韦）所显示的对 HCV 的良好疗效，从而认可了权利要求的创造性。

因此，在前药技术启示的判断中，不仅要考量不同前药修饰基团对化合物性能的影响，而且要考虑不同母核结构的影响。

值得注意的是，索磷布韦作为成功的上市药物毋庸置疑，但是鉴于商业上的成功影响因素较多，不能证明商业上的成功是由于使用特定结构前药基团所致，故复审决定并未直接认可其作为上市药物所取得的商业上的成功，而是从申请日前将特定前药结构改造的构思和手段引入最接近的现有技术的动机以及该前药修饰手段对有效提高 HCV 抑制活性是否有合理的成功预期的角度进行考量而作出了相应的审查结论。

上述案例 3－13 的涉案专利中，权利要求 1 保护一种肠抑素衍生物，法院认为：权利要求 1 涉及结构式 51 的技术方案与对比文件 1 公开的具体化合物相比，区别在于：①权利要求 1 中 N 端氨基未被修饰，C 端羧基被修饰为 R_6 基酯；而对比文件 1 中 N 端氨基被乙酰基修饰，C 端羧基被修饰为二乙氨基乙酯。②权利要求 1 限定了所述肠抑素衍生物包括其立体异构物和药用可接受的盐，权利要求 1 实际解决的技术问题是提供一种活性相同或相近的肠抑素衍生物、结构相似的肠抑素衍生物。

原告（即专利权人）主张：①对比文件1整体上未给出使用区别特征的启示。基于对比文件1公开的结构式6及前药设计原则，本领域技术人员并没有动机使用区别特征。对于多肽及相关化合物前药的设计原则仅是宽泛的、原则性的教导，涵盖了多种类型的修饰方式，并非具体明确的技术手段，不能就该发明的区别特征给出相应的教导。可见，对比文件1给出的通式显然是在该原则指导下得到的，本领域技术人员没有动机突破对比文件1的通式教导，对N端去保护而不作任何修饰。②本领域技术人员没有动机将对比文件1公开的阿片肽的修饰结构用于肠抑素。对比文件1只在一类作用完全不同的多肽上尝试使用了如该申请权利要求1所限定的修饰结构，而且效果变差。鉴于此，本领域技术人员也没有动机将结构式7的修饰结构用于肠抑素。另外，在对比文件1无论是肠抑素前药通式，还是具体实施例的结果，均给出具体的结构趋势即结构式6修饰方式的情况下，复审决定认为本领域技术人员会使用权利要求1的修饰方式，有违非显而易见性的判断。

关于"是否存在技术启示"，法院认为：对比文件1公开了设计多肽及其相关化合物的带有正电荷的水溶性前药的一般性原则，其中结构式6所示的肠抑素前药、结构式7所示的阿片肽前药B、结构式8所示的阿片肽前药C的修饰方式均是对比文件1公开的设计多肽及相关化合物前药一般性原则下的具体实例。虽然阿片肽前药B（对扭体的抑制率为75%）显示出略劣于阿片肽前药C（对扭体的抑制率为85%）的透皮效果，但仍然显示出了较高的扭体抑制率，而并非透皮效果达到无法实际应用的程度，在没有任何证据证明存在何种技术障碍的情况下，阿片肽前药B相比于阿片肽前药C具有略逊的透皮效果并不会影响本领域技术人员在基于对比文件1公开的一般性设计原则及在该原则指导下的具体实施例即阿片肽前药B的结构进行修饰以提高脂溶性的技术启示。在该启示下，本领域技术人员容易想到将阿片肽前药B结构修饰引入对比文件1公开的结构式6所示的肠抑素前药的结构以获得替代的肠抑素衍生物前药，其技术效果也是本领域技术人员可以合理预期并通过有限的试验加以确定的。

从该案例可以看出：结构改造后的不同前药均符合改进前药某种性质的一般性修饰原则，虽然与发明保护的前药修饰方法相同的对比文件前药较其他方法修饰的前药，在某项效果方面存在一定差异，但是所述前药的效果均在较高水平，且这种差异并未达到无法实际应用的程度，则认为这种略差的效果并不会影响本领域技术人员基于对比文件公开的一般性设计原则及在该原则指导下的具体结构修饰手段以提高某种相应前药性质的技术启示。

3.3.4.2 前药其他位置基团替换的技术启示

母核结构相同的药物化合物通常具有相同或相似的药理活性，在本领域寻找具有相同或相似药理作用的新化合物的过程中，在保持母核结构不变的基础上对其结构中的可变取代基进行简单的结构改造属于本领域的常规技术手段。如果药物母核结构相同，结构修饰仅仅是对母核上的取代基进行同族原子或者结构类似基团的替换，那么这种替换只要符合一般预期通常即认为存在技术启示。

【案例 3 – 21】 CN03820501.7[1]

该专利涉及一种用于治疗黄病毒感染的修饰的 2′- 和 3′- 核苷前药，权利要求 1 请求保护式 Ⅸ 的化合物。对比文件 1 公开了一种与权利要求 1 化合物结构类似的化合物。二者均涉及黄病毒科，且母核结构完全相同，区别仅在于取代基 R_{13} 不同：权利要求 1 中将 R_{13} 限定为氟，而对比文件 1 中相应位置为溴。该申请相对于对比文件 1 实际解决的技术问题是提供一种结构类似、用途相同的抗病毒化合物。

法院认为：母核结构相同的药物化合物通常具有相同或相似的药理活性，在本领域寻找具有相同或相似药理作用的新化合物的过程中，在保持母核结构不变的基础上对其结构中的可变取代基进行简单的结构改造属于本领域的常规技术手段。氟与溴同属卤素原子，二者作为取代基的性质通常相似。在对比文件 1 已公开了相同取代基位置上为溴的情况下，本领域技术人员自然可以想到用同属卤素一族的氟代替溴的化合物也应具有相同或相似的性质。

虽然共同申请人主张：由附件 1~3 表明，氟性质明显不同于其他卤素原子，本领域技术人员不能得出 2′- 氟取代的核苷与 2′- 溴取代的核苷具有相似的性质。附件 1~3 虽列举了氟与其他卤素原子的一些区别，但本领域技术人员已知，氟与其他卤素原子同属一族，其在多数情况下一般具有相似的性质，由一种卤素原子如溴能够预期其他卤素原子也应具有相似的性质，本领域技术人员只要符合一般预期通常即认为存在技术启示。如果主张用氟代替其他卤素原子如溴对化合物的性质产生了意想不到的技术效果，则需要通过实验数据加以证明，而共同申请人并未提供这样的证据来证明这种意想不到的技术效果。

【案例思考】

对于采用生物电子等排体替换现有前药化合物结构中的基团并获得改善的效果，

---

[1] 北京市高级人民法院（2014）高行（知）终字第 2662 号行政判决书。

而现有技术未给出这种具体替换获得改善的结果是可预期的启示,那么这种替换是非显而易见的;相反,如果仅获得相似的活性,而本领域技术人员在结构修饰时可以预期这些生物电子等排体之间替换后所获得的前药化合物具有类似的活性,则发明不具备创造性。

【案例 3 – 22】 CN200480019148.4[❶]

涉案专利申请涉及修饰的氟化核苷类似物,权利要求 6 保护通式如下的 β – D –
(2′R) –2′ – 脱氧 –2′ – 氟 –2′ – C – 甲基核苷或其药学上可接受的盐:

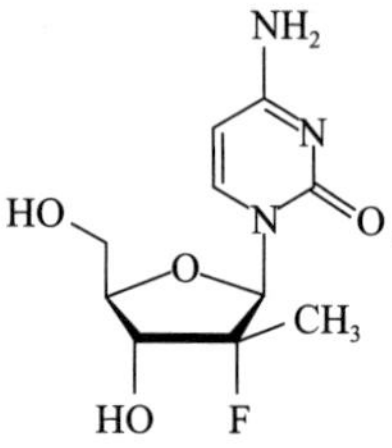

证据 4 公开了一系列抗 HCV 化合物,如具体化合物 β – D – 2′ – CH$_3$ – 胞苷和 β – D – 2′ – CH$_3$ – 尿苷:

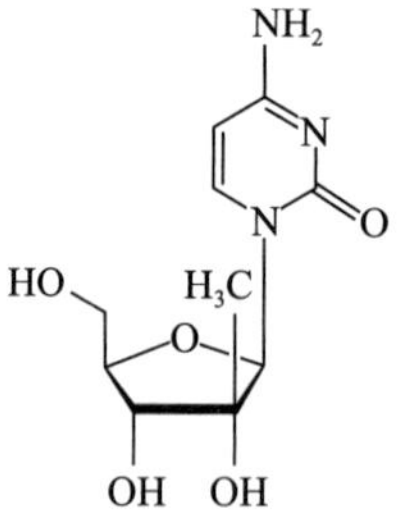

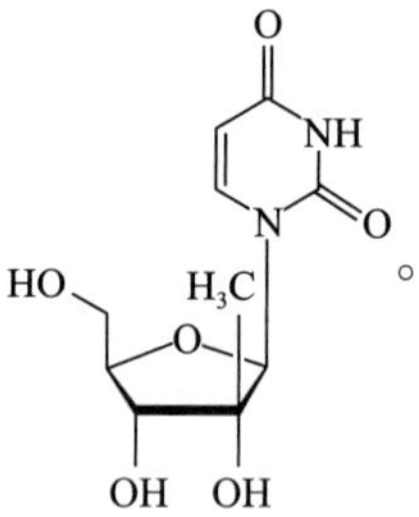

权利要求 6 与证据 4 公开的内容相比,区别在于:证据 4 中五元环上 2 位的 α 位为羟基,而该专利权利要求 6 在该位置为 F。

无效宣告请求审查决定认为,权利要求 6 相对于证据 4 实际解决的技术问题是获得改善的抗 HCV 活性并降低细胞毒性。

【争议焦点】

判断权利要求 6 是否具备创造性的焦点在于,现有技术中是否存在技术启示将证据 4 中五元环上 2 位的 α 位上的 OH 替换为 F 以取得提高抗 HCV 活性并降低细胞毒性的效果。

无效宣告请求审查请求人主张:证据 5 作为公知常识性证据,用以证明 F 与 OH 是电子等排体;证据 6 明确教导了 F 与 OH 为电子等排体类似物,可以在若干抗病毒的核

---

❶ 国家知识产权局第 36170 号无效宣告请求审查决定书。

苷中用 F 代替 2′ – α—OH 形成抗病毒的 2′ – 氟代核苷，这样可以提高核苷的稳定性和体内半衰期；证据 7 教导了核苷的 2′ 位置基团对已知 HCV 的核糖核酸（RNA）聚合酶 NS5B 的重要意义，以及抑制 RNA 的复制；证据 8 公开了"将氟取代基掺入核苷的碳水化合物环中。将 F 建议为取代基，因为它可能作为羟基的等极和等体积的模拟物"。权利要求 6 相对于证据 4 与证据 5，或证据 4 与证据 6 ~ 7，或证据 4 与证据 8 的结合不具备创造性。

无效宣告请求审查决定认为：证据 5 仅泛泛提到 F 和 OH 可以作为电子等排体相互替换，对于证据 4 中的 OH 替换为 F 后能产生何种活性效果没有进行说明。证据 6 虽然提到将 α – F 取代基并入糖环的 2′ 位置，可能提高核苷的稳定性，以及改进该化合物的体内半衰期，但对于能够产生何种药理活性效果并未提供具体的教导。证据 7 仅说明对 2′ 取代基的存在可能使对病毒 RNA 聚合酶的已知相对于对所测试的人 DNA 聚合酶的抑制具有特异性，即对核苷 2 位进行修饰很重要，但采用何种具体的取代基进行修饰以及修饰后的活性效果没有进一步的教导。证据 8 仅涉及核苷化合物研发历史的综述，公开了在设计新的生物活性核苷化合物时存在将氟取代基掺入核苷的碳水化合物环中的可能性，但并未对证据 4 的核苷化合物中将 2 位上的 OH 替换为 F 后产生何种活性效果有任何说明。因此，上述证据尚不足以证明现有技术中存在将证据 4 中五元环上 2′ – α – OH 上的 OH 替换为 F 以取得提高抗 HCV 活性并降低细胞毒性的技术启示。现有证据及组合无法破坏权利要求 6 的创造性。

【案例思考】

对于采用生物电子等排体替换现有前药化合物结构中的基团并获得经验证的药理活性效果，现有技术虽然存在该生物电子等排体之间相互替换的技术启示，但是对于该替换能够产生何种活性效果没有相应教导或者虽然说明了该替换可能产生的效果，但是该效果是笼统或上位的描述，对该专利的药理活性效果未给出具体的教导，故认为这种替换是非显而易见的。

3.3.4.3 化合物发明到其盐的技术启示

如果专利保护已知药物化合物的盐，本领域技术人员有动机研究其可药用的盐，如酸加成盐，但是，并不意味着该化合物所形成的酸加成盐一定不具备创造性，关键在于：基于说明书所记载的该专利的盐所能得到的技术效果，确定该专利保护的盐相对于游离碱药物化合物本身解决的技术问题，以及现有技术是否给出了将化合物成盐以解决该技术问题的技术启示。

一般而言，化合物的母体结构是化合物生物活性的决定性因素，成盐后的化合物通常会保有与原化合物类似的药理活性，不会导致药理活性的彻底颠覆或消失。对于有药用价值的化合物而言，在获得该化合物的基础上，进一步研究和制备该化合物的各种盐，从中寻找更适合生产、储存以及实际使用的盐的种类是本领域普遍存在的动机和会作出的常规选择。

【案例 3 – 23】 CN98807435.4❶

涉案专利申请涉及一种修饰的氟化核苷类似物，权利要求 1 保护式（1）结构的复合物或盐：

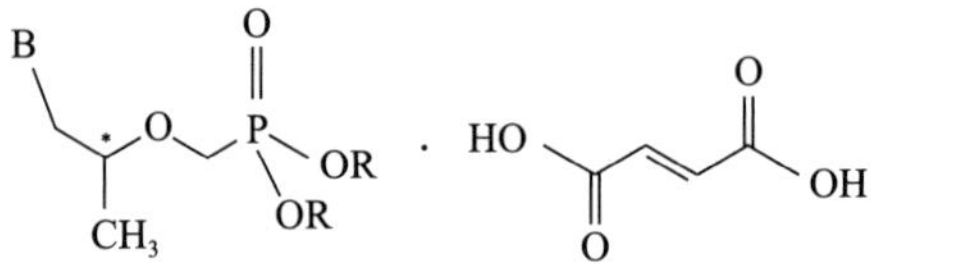

其中 B 为腺嘌呤 – 9 – 基，两个 R 均为—CH_2—O—C(O)—O—CH$(CH_3)_2$。

【争议焦点】

无效宣告请求人主张以证据 1、2 的结合评述权利要求 1 的创造性。证据 1 公开了双（异丙氧基羰基氧甲基）PMPA［双（POC）PMPA］。权利要求 1 与证据 1 的区别特征仅在于：证据 1 公开了化合物本身，而权利要求 1 保护化合物的富马酸复合物或盐。说明书实施例 3 对双（POC）PMPA 富马酸盐晶体和双（POC）PMPA 柠檬酸盐的固态化学稳定性进行比较，表明在温度和 RH 较高条件下，双（POC）PMPA 富马酸盐晶体出人意料地更稳定。但是比较的对象只有其柠檬酸盐，且根据说明书也看不出单单选择柠檬酸盐进行比较的理由。由于比较对象单一，无法得出富马酸盐相比游离碱和其他盐具有出人意料的最佳理化性质的结论。综上，本领域技术人员通过说明书的记载仅能预料该发明的双（POC）PMPA 富马酸盐具有成盐化合物通常所具有的性质，例如，具有与化合物相同的活性，且相对于化合物具有相对较高的溶解度和稳定性等，即说明书实施例 1 所公开的双（POC）PMPA 富马酸盐的性质。因此，权利要求 1 相对于证据 1 所解决的技术问题只是在保持相同活性的情况下，通过将化合物双（POC）PMPA 转化为盐的形式从而获得成盐化合物通常所具有的相对较高的溶解度和稳定性等性质。证据 2 涉及具有抗病毒活性的核苷酸磷酸酯衍生物或其药用盐

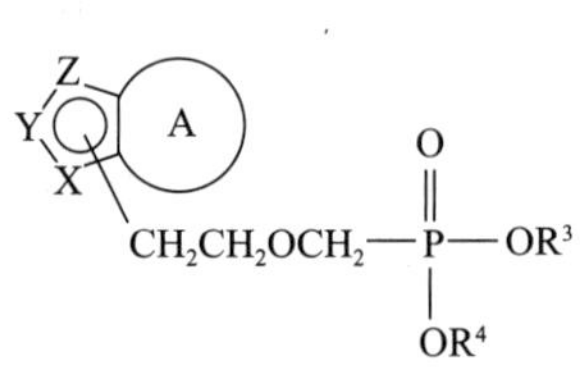

以及表格化合物，证据

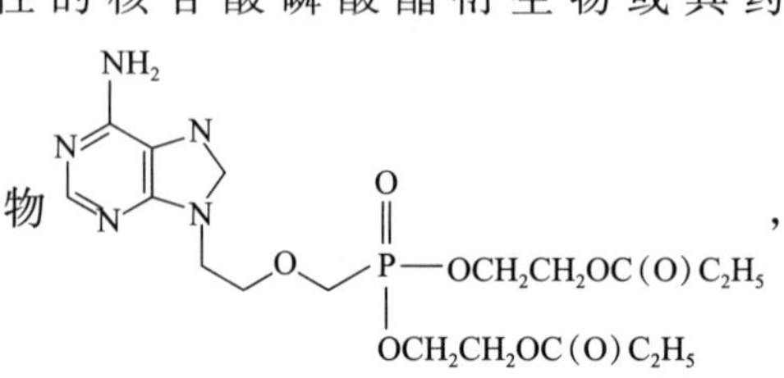

---

❶ 国家知识产权局第 20990 号无效宣告请求审查决定书。

2 公开的核苷酸磷酸酯衍生物与该专利化合物 PMPA 结构极为相似，二者均属于核苷酸磷酸酯衍生物，均具有抗病毒活性。证据 2 进一步公开了"上述通式（Ⅰ）表示的本专利的核苷酸磷酸酯衍生物可以形成其药用盐。作为这些盐的具体例子，当存在有碱性基时，可以形成盐酸盐等无机酸盐、甲磺酸盐、苯磺酸盐、对甲苯磺酸盐、富马酸盐、马来酸盐、柠檬酸盐等有机酸盐"。可见，证据 2 给出了与该专利结构相似的核苷酸磷酸酯衍生物与有机酸成盐的启示，并列出了可能与核苷酸磷酸酯衍生物成盐的十几种有机酸，其中包括富马酸，在此基础上，将双（POC）PMPA 与富马酸成盐并由此获得成盐化合物通常所具有的性质，是本领域技术人员基于本领域普遍存在的动机作出的常规选择。因此权利要求 1 相对于证据 1 和证据 2 的结合不具备创造性。

专利权人认为：①证据 1 没有认识到该专利所要解决的技术问题，证据 2"仅泛泛提到可以将化合物形成各种药用盐，却没有公开任何一个化合物所形成的稳定的盐，本领域技术人员知道并非所有的碱都能够与任一有机酸或者无机酸形成稳定的盐或结晶盐，能否成盐是无法预期的（参见反证 5 和反证 13），且双（POC）PMPA 能够与富马酸这样的弱酸形成稳定的、能够结晶的盐本身就超出了本领域技术人员预期的想象（参见反证 6），因此证据 1 和证据 2 以及现有技术均没有给出教导使得本领域技术人员有动机使用富马酸；②专利权人尝试很多盐后发现，除了富马酸盐，没有一种盐的性质适用于制备该药物的口服固体制剂，实施例 3 是对该发明的盐所具有的优秀的固态化学稳定性的一个验证，并不反映实际筛选过程，相比于柠檬酸盐，该发明的富马酸盐具有出色的化学稳定性，这种化合物成盐后的变化是无法简单通过对应的酸或碱的结构预测的。

无效宣告请求审查决定认为：①判断权利要求 1 是否具备创造性的关键在于，本领域技术人员在面对权利要求 1 相对于证据 1 实际解决的技术问题时，能否从现有技术中获得启示得到权利要求 1 的技术方案并解决其技术问题，而非证据 1 是否提出该技术问题。将现有技术中已知的药物化合物形成盐，寻找更适合生产、运输、使用的目标物质是本领域普遍存在的动机，在证据 2 公开了同为核苷酸磷酸酯衍生物的化合物可与有机酸成盐并列出富马酸的情况下，将双（POC）PMPA 与富马酸成盐是本领域技术人员基于本领域普遍存在的动机作出的常规选择。反证 5、6、13 只是论述了化合物成盐的不可预期性，并未给出与该专利技术方案相反的教导。②从该专利说明书无法得出富马酸盐相比游离碱和其他盐具有出人意料的最佳理化性质以及良好的口服生物利用度的结论，该专利相对于现有技术化合物所解决的技术问题只是在保持相同活性的情况下，通过将化合物转化为盐的形式从而获得成盐化合物通常所具有的相对较高的溶解度和稳定性等性质，这些是本领域技术人员能够预期的。

【案例思考】

从上述案例可以看出：对于有药用价值的已知化合物而言，在获得该化合物的基础上，进一步研究和制备该化合物的盐，以寻找更适合生产、运输、使用的目标物质是本领域普遍存在的动机。在发明要求保护的化合物相对于现有技术化合物所解决的技术问题只是在保持相同活性的情况下，通过将化合物转化为盐的形式从而获得成盐化合物通常所具有的相对较高的溶解度和稳定性等性质，是本领域技术人员能够预期的。

虽然将药物制备成相应的盐以提高水溶性属于本领域的公知常识，但是不能据此认为利用改善的水溶性进一步获得良好的透皮性等技术效果也是可以预期的。

【案例 3 – 24】 CN201510594392. 3[1]

该专利涉及维生素 A 酸类和类维生素 A 酸化合物的前药，权利要求 1 请求保护：

由结构式 1 所示的化合物

，其中，R 代表直链或支链—（CH_2）$_n$—，

其中 $n = 1$、2、3、4、5、6、7、8、9 或 10；R_1 和 R_2 各自独立时可代表相同或不同的基团，可以是 H，1 ~ 12 个碳原子的烷基、烯基或炔基；R_3 代表 H；X 代表 O、S 或 NH；X_1 ~ X_6 代表 H；A^- 代表 Cl^-、Br^-、F^-、I^-、AcO^- 或柠檬酸根；条件是所述烯基和炔基不包括 1 个碳原子的烯基和炔基。

对比文件 3 公开了用于局部或系统治疗皮肤疾病的维生素 A 酸酰胺及其组合物，

具有式 I 结构：

，其中 R_1 和 R_2 是

低级烷基；实施例 2 公开了维生素 A 酸 2 – 二乙基氨基乙基酰胺。

权利要求 1 和对比文件 3 的区别在于：权利要求 1 中化合物的烷基氨基的氮原子上带有氢，并因 A^- 离子的存在而带有正电荷，链烯烃为顺反构型，X 除 NH 外还可以为 O、S，权利要求 1 还包括其他结构类似的化合物。

根据说明书的记载，该申请要解决的技术问题是通过提高维生素 A 酸类及类维生素 A 酸化合物在皮肤表面水分中的溶解度以及提高其对生物膜和皮肤屏障的穿透速度，使其可通过透皮给药（外用）。为解决该技术问题，采用的关键技术手段是利用所述化

---

[1] 国家知识产权局第 228494 号复审决定书。

合物结构中相同的结构特点，它们有一个亲脂性的部分和一个在生理 pH 条件下以质子化形式存在的一级、二级或三级胺基团（水溶性部分），使氨基带有正电荷以大大增加药物在水中的溶解度，具体而言，就是利用药物结构中氨基上的氮原子将药物制成季铵盐前药。该申请说明书提供了实验数据来证明该申请化合物的药效，具体公开了 5 种具体化合物的制备、确认和药效数据，例如皮肤穿透速率快、前药至母药的代谢反应和低毒等效果。

【争议焦点】

复审合议组认为：虽然将药物制成盐以提高其水溶性在本领域属于公知常识，但现有技术均未给出该申请二烷基胺基乙基上的正电荷对药物穿过生物膜和皮肤屏障的作用或影响；而该申请验证了 N，N‐二乙氨基乙基 9‐顺式‐维生素 A 酸酯氢溴酸盐的透皮效果，包括皮肤穿透速率快、前药至母药的代谢反应和低毒等。对比文件 3 未给出对化合物作如权利要求 1 那样的具体选择后得到的前药化合物可以解决通过提高维生素 A 酸类及类维生素 A 酸化合物在皮肤表面水分中的溶解度以及提高其对生物膜和皮肤屏障的穿透速度，使其可通过透皮给药（外用）的技术问题的任何技术启示。因此，在对比文件 3 的基础上得到权利要求 1 请求保护的化合物是非显而易见的。

【案例思考】

从上述案例可以看出：虽然将药物制成盐以提高其水溶性属于本领域的公知常识，但是权利要求保护的前药化合物不仅提高了水溶性，而且相对于母药还能解决其他给药方面的技术问题，例如穿透皮肤屏障和生物膜，使其可通过透皮给药；而现有技术未给出对母药化合物进行所述结构修饰后可以解决这些技术问题的技术启示，则权利要求保护的前药化合物是非显而易见的。

3.3.4.4　小　结

发明创造性的判断过程，是站位本领域技术人员的知识水平，尽量还原发明的技术事实发展变化以及还原发明实际产生的过程。基于相同的现有技术证据，不同审级有时会得出完全不同的技术启示认定。因此，技术启示的分析判断中需要审慎判断，审查员或者法官肩负着查明案件技术事实，对案件技术事实的认知努力达到本领域技术人员水平的责任。如果没有站位本领域技术人员水平，仅仅依据对比文件的文字记载，进行简单或片面的逻辑推理，而貌似会得出技术启示是存在的；但如果充分了解技术事实、厘清技术发展脉络，可能会得出不同的结论。因此，技术启示的分析判断中本领域技术人员不应忽视对技术事实的了解以及对现有技术发展状况的把握，尤其是当技术启示存在正向或反向教导时，需要站位本领域技术人员水平，厘清相关技术的发展脉络，为准确、客观地判断技术启示奠定基础。应避免仅仅因为现有技术已经公开相关技术内容，就认为存在改进的动机，而陷入"事后诸葛亮"的判断误区。

3.3.5 技术效果的考量

在化合物的创造性判断中，结构与已知化合物接近的化合物，需具有预料不到的用途或者效果。由于前药与母体药物通常具有相同的基本结构单元，因此前药的创造性判断不仅需要考察现有技术是否给出了对母体药物进行结构改造的动机，还要考察结构改造后是否取得了预料不到的技术效果。

3.3.5.1 不同数据形式的对比

【案例 3 - 25】 CN97197460.8[1]

该涉案专利中，权利要求 2 涉及具体化合物：

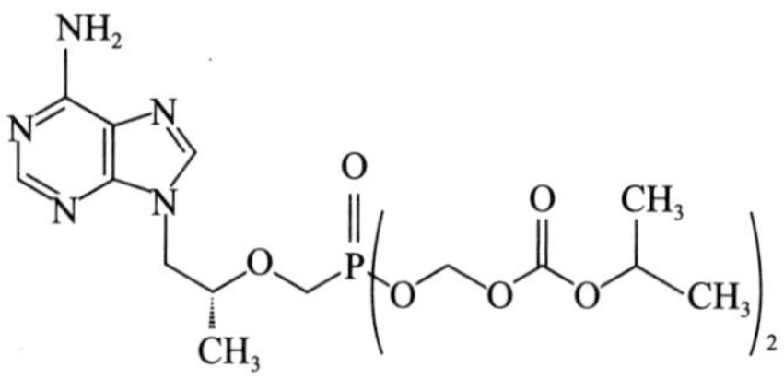

[以下简称"双（POM）PMPA"]。证据Ⅱ-2 公开了 9-（2-膦酰甲氧基丙基）腺嘌呤化合物（PMPA）以及 9-（2-膦酰甲氧基丙基）腺嘌呤双（特戊酰氧甲基）酯

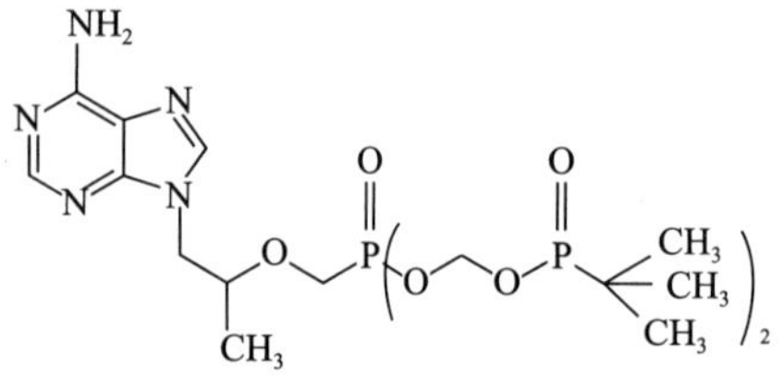

[以下简称"双（POM）PMPA"]，并公开这类化合物也具有抗 HIV 活性；许多五环核苷膦酸酯包括聚甲基丙烯酸乙酯（PMEA）、PM-PA 等的双（特戊酰氧甲基）[双（POM）] 衍生物的抗病毒活性是其相应未修饰化合物的 9 ~ 23 倍。

该专利权利要求 2 相对于证据Ⅱ-2 公开的双（POM）PMPA 的区别特征仅在于：①膦酸酯基上连接的修饰基团不同；②权利要求 2 限定了化合物为 R 构型，而证据Ⅱ-2 中未明确公开构型。

专利权人吉联亚公司提出该专利说明书实施例 16 给出的实验数据与证据Ⅱ-2 相

---

[1] 最高人民法院（2018）最高法行申 5793 号行政判决书。

比具有良好的技术效果，并提出反证Ⅲ－13 用以证明。反证Ⅲ－13 公开了在 MT－2 细胞和 PBMC 中确定 PMPA 及其前药的抗 HIV 活性的实验数据，通过 XTT 测定来监视复制培养基中的细胞活性。表 1 记载，双（POC）PMPA 的 EC_{50} 为 0.007 μm、IC_{50} 为 22 μm，双（POM）PMPA 的 EC_{50} 为 0.05 μm、IC_{50} 为 7.5 μm。

【争议焦点】

关于该专利实施例 16 能否证明权利要求 2 的技术方案取得了较好技术效果的问题：

无效宣告请求审查决定和一审法院认为，该专利公开的是 IC_{50}、CC_{50}、SI（CC_{50}/IC_{50}）值，证据Ⅱ－2 中公开的是 ED_{50}、IC_{50}、SI（IC_{50}/ED_{50}），二者试验条件不同，获取的数据形式也不同，不能进行直接比较。即使认为该专利的化合物在化学稳定性以及选择性指数上相对于证据Ⅱ－2 具有改善的作用，实际解决的技术问题是提供稳定性更高或选择性指数更高的 PMPA 前药化合物，权利要求 2 仍然不具备创造性。

二审法院认为：虽然该专利实施例 16 未明确记载其采用的试验方法，但根据说明书实施例 16 和证据Ⅱ－2 的记载可知，两者都在 MT－2 细胞中测定抗病毒活性效果。虽然该专利实施例 16 使用了 IC_{50} 和 CC_{50} 两个指标，而证据Ⅱ－2 使用了 ED_{50} 和 IC_{50} 两个指标。但根据该专利说明书和证据Ⅱ－2 的记载，上述指标分别反映了 50% 抑制时的浓度和杀灭 50% 细胞时的浓度以及 50% 有效量和 50% 抑制的浓度，上述数据形式都是表征化合物抗病毒活性和细胞毒性水平的指标。该专利说明书实施例 16 和证据Ⅱ－2 分别记载了通过类似的实验方法获得的该专利权利要求 2 的双（POC）PMPA 以及证据Ⅱ－2 公开的双（POM）PMPA 与相同原药 PMPA 相比在抗病毒活性和细胞毒性水平上的改善情况，上述实验数据对于评判该专利权利要求 2 是否取得预料不到的技术效果具有参考意义。其次，关于反证Ⅲ－13 是否接受且能否证明该专利权利要求 2 的技术方案取得了较好技术效果的问题。反证Ⅲ－13 是 1998 年 3 月发表的科学论文，其公开日早于无效宣告请求日，在无相反证据的情况下，其真实性可以确认。反证Ⅲ－13 采取的实验方法与现有技术即证据Ⅱ－2 相同，均为 XTT 试验，故反证Ⅲ－13 采取的实验方法是该专利申请日前的实验方法，且反证Ⅲ－13 亦记载了具体的实验步骤。同时，反证Ⅲ－13 记载的有关抗病毒活性和细胞毒性的技术效果是该专利说明书实施例 16 已经明确记载的技术效果，反证Ⅲ－13 对该专利权利要求 2 的双（POC）PMPA 与证据Ⅱ－2 公开的双（POM）PMPA 的抗病毒活性和细胞毒性进行了平行对比，因此，反证Ⅲ－13 是针对特定对比文件提供的实验数据。综上，虽然反证Ⅲ－13 是该专利申请日之后形成的实验数据，但能够客观反映该专利的技术贡献，接受该实验数据并不会为专利权人带来不当利益，因此，在对该专利权利要求 2 进行创造性评价的过程中应予采信。结合考虑该专利说明书实施例 16 与证据Ⅱ－2 和反证Ⅲ－13，可知该专利权利要求 2 的双（POC）PMPA 比证据Ⅱ－2 公开的双（POM）PMPA 获得了更优异的抗病毒活性和更低的细胞毒性。

再审法院认为：该专利说明书实施例 16 以及证据 II－2 都在 MT－2 细胞中测定抗病毒活性效果，虽然该专利说明书实施例 16 使用的两个指标是 IC_{50} 和 CC_{50}，而证据 II－2 使用了 ED_{50} 和 IC_{50} 两个指标，但根据该专利说明书和证据 II－2 的记载，上述指标分别反映了 50% 抑制的浓度和杀灭 50% 细胞的浓度以及 50% 有效量和 50% 抑制的浓度，上述数据形式都是表征化合物抗病毒活性和细胞毒性水平的指标。该专利说明书的实施例 16 和证据 II－2 分别记载了通过类似的实验方法获得的该专利权利要求 2 的双（POC）PMPA 以及证据 II－2 公开的双（POM）PMPA 与相同原药 PMPA 相比在抗病毒活性和细胞毒性水平上的改善情况。二审法院认定上述实验数据对于评判该专利权利要求 2 是否取得预料不到的技术效果具有参考意义，并无不当。

【案例思考】

从上述案例可以看出，二审法院和再审法院认为：该专利使用的指标 IC_{50}、CC_{50} 和证据 II－2 使用的指标 ED_{50}、IC_{50}，都是表征化合物抗病毒活性和细胞毒性水平的指标，通过该专利权利要求 2 和证据 II－2 的记载可知，二者通过类似实验方法得到该专利权利要求 2 的双（POC）PMPA 以及证据 II－2 的双（POM）PMPA 与相同原药 PMPA 相比在抗病毒活性和细胞毒性水平上的改善情况。虽然无法直接对比，但是通过反证 III－13 作为桥梁，结合考虑该专利说明书实施例 16 与证据 II－2 以及反证 III－13，可知该专利权利要求 2 的双（POC）PMPA 比证据 II－2 公开的双（POM）PMPA 获得了更优异的抗病毒活性和更低的细胞毒性。

前述案例 3－20 涉及核苷酸膦酸酯类似物前药及其筛选和制备方法，该专利权利要求 1 请求保护"具有结构（Ia）的核苷酸类似物化合物 ，其盐、互变异构体或游离碱"。

无效宣告请求人认为，证据 19 公开的化合物双（POC）PMPA［核苷酸逆转录酶抑制剂（TD）］与该专利化合物的母核结构完全相同，差别仅在于磷酸酯的酯基部分不同，该专利权利要求 1 的两个酯基分别是苯氧基和 L－丙氨酸异丙酯，TD 化合物的酯基为两个碳酸酯。证据 19 公开作为 PMPA 的前药，TD 化合物抗 HIV 活性比 PMPA 大 100 倍，但是其血浆持久性差。因此，权利要求 1 实际解决的技术问题是提供一种基于 PMPA 的 TD 的替代前药，以改进 TD 血浆稳定性缺陷，从而促进靶细胞内 PMPA 的递送，最终增强药物的抗病毒活性。对于上述区别特征，证据 3 教导了化合物 1a 的前药策略可以使得前药以原形在血浆中显著保持稳定，还公开化合物 1a 在胞内容易水解而转运核苷酸，具有增强的抗病毒活性的技术效果。

专利权人认为，该专利权利要求 1 与证据 19 的 TD 化合物的区别除请求人所述外，磷酸酯上连接的两个取代基的立体结构也没有公开，丙氨酸上与氨基连接的甲基的构型也没有公开。体外试验与体内试验效果差异大，体外试验转为体内试验还需要经过四个步骤的检验：①前药化合物口服后能够在酸性的胃肠道系统中免于被首次代谢并且吸收进入血液；②前药化合物能够被靶细胞充分摄取；③前药化合物能够有区分地进入不同组织，并且在体内优先进入 HIV 富集的靶组织；④前药化合物优先被靶组织吸收之后能够迅速且充分地代谢为活性物质。本领域技术人员仅根据血浆稳定性提高无法预期体内靶组织富集的技术效果。该专利相对 TD 化合物具有改善的抗 HIV 效力和在口服施用后，其药物的活性形式在淋巴样组织例如外周血单核细胞（PBMC）中与非靶位点相比的富集。现有技术中不存在普遍适用的前药策略，适用于一个化合物的前药策略不能随意扩展到其他结构的化合物，现有技术中完全没有公开在靶组织例如淋巴组织中与非靶组织相比富集的用于治疗 HIV 的 PMPA 的改善的口服生物可利用前药。

双方争议的焦点在于，①该专利实际解决的技术问题是否包括该专利化合物更易在靶组织例如淋巴组织中富集；②如果该专利解决了所述技术问题，现有技术对于上述技术问题的解决是否给出了技术启示。

无效审查合议组查明：证据 19 公开双（异丙氧基甲基羰基）9 – R –（2 – 膦酰甲氧基丙基）腺嘌呤的前药。双（POC）PMPA 的抗人类免疫缺陷病毒活性在已建立的 T 细胞系和初级外周淋巴细胞血中比 PMPA 均大于 100 倍，PMPA 用于治疗 HIV 感染。双（POC）PMPA 对血清酯酶高度敏感，限制了其在血浆中的持久性及其直接与靶细胞的相互作用。

该专利权利要求 1 的化合物与证据 19 公开的双（POC）PMPA 的区别在于：①该专利与证据 19 磷原子上的两个取代基不同，该专利磷原子上的两个取代基分别为苯氧基和取代的氨基，证据 19 磷原子上的两个取代基均为 ；②证据 19 没有公开磷原子上述两个取代基的具体立体结构。

根据该专利说明书的记载，其目的是提供一种对周围组织毒性较低而对母体核苷酸甲氧基膦酸酯类似物治疗的 HIV 靶组织具有较强效力的母体药物，优选的靶组织是淋巴组织，淋巴组织包括 CD4 细胞、淋巴细胞、淋巴结、巨噬细胞以及包括诸如外周血单核细胞（PBMCs）和神经胶质细胞的单核细胞的巨噬细胞样细胞，淋巴组织中还包括诸如肺、皮肤和脾的淋巴组织或细胞内富集的非淋巴组织。说明书实施例 2 制备了化合物 GS-7171（即该专利权利要求 1 的式Ⅰa 化合物），实施例 3 通过色谱法将其拆分为非对映异构体 GS-7339（该专利权利要求 1 的式Ⅰc 化合物）和 GS-7340（该专利权利要求 1 的式Ⅰb 化合物），实施例 4 制备了 GS-7340 的富马酸盐 GS-7340-02。实施例 9 采用 GS-7340（游离碱）、TD、TDF 和 PMPA 进行前药非对映异构体的体外研究，表 1 给出了这 3 个化合物的体外活性（HIV-1、细胞毒性）和稳定性实验数据，实施例 11 测定了 GS-7340 在犬体内生物分布与使用 TDF（GS-4331）的数据对比。

无效宣告请求审查决定认为，该专利的对照化合物 TD 即为证据 19 的双（POC）PMPA，说明书中公开的 GS-7340 的技术效果可以代表该专利权利要求 1 的技术效果。要对该专利权利要求 1 与证据 19 进行技术效果的比较，首先应当明确两者是否可以进行比较。该专利所述 TDF 是 TD 的富马酸盐，对于体外试验而言，盐的活性最终表现为其生物碱的活性，因此，该专利表 1 记载的 TDF 的活性可以代表 TD 化合物的活性；对于体内试验而言，由于实施例 11 测试时采用口服给药，通常在该给药方式下盐的生物利用度高于其生物碱，因此表 7 记载的 TDF 的活性数据应当高于 TD 化合物的活性，如果表 7 中显示的 GS-7340 浓度高于 TDF，则其必然高于 TD 的浓度。该专利表 1 的数据显示，GS-7340 相对于 TDF 的抗病毒活性增加到 10 倍并且在血浆中的稳定性增加到 200 多倍。表 7 显示 TDF 和 GS-7340 在不同的体内分泌物或组织中 PMPA 浓度分布不同，在靶组织例如淋巴结中，按 PMPA 浓度计，GS-7340 是 TDF 的 5~15 倍，而在非靶组织，例如肝、肾当中，两者 PMPA 浓度相当。因此，该专利权利要求 1 的化合物相对于证据 19 的 TD 具有增强的抗 HIV 活性、较高的血浆稳定性以及在体内靶组织中具有较高的富集浓度。

经上述分析，权利要求 1 相对于证据 19 实际解决的技术问题是获得了一种具有增强的抗病毒活性、血浆稳定性高且在体内靶组织中选择性富集的抗 HIV 前药。

无效审查合议组进一步调查了请求人在技术启示部分使用的证据 3、证据 11 和公知常识（证据 14 和证据 16~17）。

经查，证据 3 公开的有关核苷酸前药 1a 的降解和

体外抗 HIV 活性，化合物 1a 与母体核苷类似物相比，具有更好抗病毒活性，对 HIV-1

的抑制活性高达 450 倍，其在人血清中的半衰期为 22 h。

证据 11 公开具有式 I 结构的核苷酸类似物酰胺化物或其生理学上可接受的盐

$$O\!=\!P\!\overset{\underset{\displaystyle L^2}{|}}{\overset{\displaystyle L^1}{|}}\!Z\!-\!B$$

，表 1 列出了具有结构（L^1）（L^2）P（O）- Z - B 的一组式（1）的示例

性核苷酸类似物，其中公开了通式化合物 38.2.3.1，即 L^1 为—O—C_6H_5，L^2 为
—NH—CH（CH_3）—C（O）—OR^4（标号 2），Z 为—CH_2—O—$C^\#$H（CH_3）—CH_2—B（标
号 3），B 为腺嘌呤—9—基（标号 1），R_4 包括 H、丙基、异丙基等。其活性试验分别
测试了 PMEA 对 MA104 细胞中 HSV 的抑制作用和 PMEA 的口服生物利用度，但其没有
公开通式化合物 38.2.3.1 中的任何化合物的活性试验。证据 14 概括了前药的定义和设
计合成前药的目的，但其没有提及 PMPA 及其前药，更不涉及 PMPA 及其前药的生物
活性；证据 16 涉及新型立体异构体药物的开发介绍，但其没有提及任何具体化合物及
其生物活性；证据 17 涉及手性活性物质的研究介绍，其也没有提及任何具体化合物及
其生物活性。

无效宣告请求审查决定认为，证据 3 公开教导了针对核苷类药物进行磷酸酯结构
修饰形成的前药（即化合物 1a），显示出前药相对于母药体外抗 HIV 活性提高，血浆
稳定性提高。但是，证据 3 的母药与该专利母药（PMPA）结构存在明显差异，本领域
技术人员无法预期证据 3 的前药修饰方式应用于该专利的 PMPA 也可以取得相同的技
术效果。退一步讲，即使本领域技术人员尝试将证据 3 的前药修饰方式应用于该专利
的母药，也无法预期其在体内试验中的效果。一方面因为证据 3 没有公开体内试验，
不能明确其前药在体内试验中的效果，另一方面正如专利权人所述体外试验转为体内
试验还需要经过四个步骤的检验，因此，根据证据 3 体外试验结果无法预期其体内试
验的效果，更无法预期该专利的前药在体内靶组织中选择性富集的技术效果。证据 11
没有对 38.2.3.1 结构所述化合物进行活性试验，更没有提及所述化合物抗 HIV 活性、
血浆稳定性以及在体内靶组织中选择性富集的特性。证据 14 和证据 16～17 既没有公开
具体化合物也没有公开任何涉及 PMPA 及其前药的生物活性的内容。即使在证据 19 和
证据 3 结合的基础上再进一步结合证据 11 和公知常识（证据 14 和证据 16～17），本
领域技术人员也无法预期该专利的前药相对于 TD 可以获得在体内靶组织中选择性富集
的技术效果。

从上述案例可以看出：虽然涉案专利说明书关于体外、体内试验中记载的均是该
专利化合物 GS－7340 与 TDF 的对比，TDF 不同于作为最接近的现有技术的证据 19 公
开的化合物 TD，无法将该专利化合物与证据 19 化合物进行直接对比。但是通常体外试
验中，盐的活性最终表现为其生物碱的活性。该专利表 1 记载的 TDF 的活性可以代表
证据 19 中 TD 化合物的活性；而体内试验中，采取口服给药时，通常在该给药方式下

盐的生物利用度高于其生物碱，因此，表7记载的TDF的活性数据应当高于TD化合物的活性，如果表7中显示的GS－7340浓度高于TDF，则其必然高于TD的浓度。鉴于体外、体内口服给药时生物碱与其盐通常所显示的活性关系，依据该专利说明书所记载的该专利化合物GS－7340与TDF的对比可以得出，该专利化合物GS－7340与证据19的TD之间的活性关系。

3.3.5.2　预料不到的技术效果

预料不到的技术效果是创造性判断的重要考量因素。

案例3-4的涉案专利申请保护核苷氨基磷酸酯前药，权利要求1保护索磷布韦化合物。

复审决定认为：对比文件3公开了该申请化合物的5′－磷酸酯的修饰基团，且修饰目的在于使核苷类似物AZU绕过单磷酸化限速步骤并增加亲脂性，提高作为HCV抑制剂的尿苷类似物的活性、透膜性等，还教导ProTide技术应用于不同核苷母核时效果存在差异，每个核苷类似物需要单独的ProTide修饰基团。不足以认为尝试使用ProTide解决问题存在技术障碍或偏见，但结合该申请索磷布韦上市以来的疗效，不可否认该申请化合物作为索磷布韦活性成分作出的技术贡献。

可见，药物所带来的技术效果在创造性判断中起到了决定性的作用。下述案例示例性地说明了预料不到的技术效果的判断方法。

【案例3-26】　CN200810167832.7[❶]

该专利涉及一种含胍基的药物的脂质前药及其药质体，权利要求1保护一种两亲性脂质前药，其为棕榈酰－二甲双胍 $C_{15}H_{31}-\overset{\overset{O}{\|}}{C}-\overset{H}{N}-\overset{\overset{NH}{\|}}{C}-\overset{H}{N}-\overset{\overset{NH}{\|}}{C}-N\diagup$ 。

对比文件1公开了用于治疗肥胖2型糖尿病患者的药物二甲双胍及其制备方法。由于二甲双胍可引起金属味、腹泻、恶心、呕吐等副反应，权利要求1与对比文件1公开的二甲双胍相比，区别在于：化合物的结构不同，权利要求1为二甲双胍的脂质前药。

【争议焦点】

该申请想要解决的技术问题是如何提高二甲双胍的生物利用度并减少药物对胃肠道的刺激，所采用的技术手段是将其制成棕榈酰二甲双胍，以达到较好的缓释效果。

复审通知书指出：对比文件 2 给出了可以通过强水溶性药物的氨基与长链脂肪酸的羧基发生酰胺化反应生成相应脂质前药的方式增加药物摄取和改善体内分布的教导，且无证据显示棕榈酸的选择给该申请带来了预料不到的技术效果。因此，权利要求 1 相对于对比文件 1 与对比文件 2 的结合不具备创造性。

复审请求人在答复复审通知书时未进行修改，其采用该申请实施例 4 方法，制备了二甲双胍与不同脂肪酸形成的脂质前药的药质体，并对粒径、稳定性、载药量和半衰期进行了检测，与该申请实施例 4～5 记载的棕榈酸酯质体的实验数据进行了对比。

附图 2 显示，实施例 5 中该申请棕榈酰二甲双胍的半衰期较长，约 8.5 h；且由实施例 4 可知，其载药量也较高，可达 1.75 g/L。请求人在答复复审通知书时采用该申请实施例 4 方法，分别制备二甲双胍与不同脂肪酸形成的脂质前药的药质体，并对药质体的粒径、稳定性、载药量和半衰期进行了检测结果显示：辛酸、癸酸制备的二甲双胍脂质前药无法形成混悬液，不能制备药质体，其粒径小，介于 5～10 nm；使用月桂酸时可以获得药质体但稳定性差，且载药量低，体内半衰期没有明显延长；采用油酸、亚油酸和二十四烷酸时能够获得药质体但稳定性差、粒径大、载药量低，体内半衰期短。而采用棕榈酸和硬脂酸制备的二甲双胍脂质前药，粒径为 200～250 nm，且均能形成稳定的悬浮液，载药量明显高于其他脂肪酸，与二甲双胍相比在体内半衰期明显延长，其中又以棕榈酸的效果更为突出，关于棕榈酰二甲双胍的相应参数与说明书的原始记载也一致。

在此基础上，复审合议组认为：虽然对比文件 2 公开了可用脂肪酸类化合物制备脂质前药的一般性教导，但通过检测结果可以明确地看出，二甲双胍并非与任意长度的脂肪酸结合，都能得到可以解决该申请技术问题的脂质前药。尤其地，棕榈酸与二甲双胍形成的药质体在稳定性、载药量和半衰期等方面都明显优于其他脂肪酸与二甲双胍形成的药质体，是本领域技术人员基于对比文件 1 和 2 以及其掌握的普通技术知识无法预期的，因此，权利要求 1 的技术方案取得了预料不到的技术效果。

【案例思考】

从上述案例可以看出：虽然现有技术给出了用脂肪酸类化合物制备脂质前药的一般性教导，但是该申请通过实验数据显示：棕榈酸与二甲双胍形成的药质体在稳定性、载药量和半衰期等方面都明显优于其他脂肪酸与二甲双胍形成的药质体，是本领域技术人员无法预期的，因此，权利要求 1 的脂质体前药基于证据取得了预料不到的技术效果。

3.4 前药专利的侵权判定

前药是由原药化合物经结构修饰而来的，在体内经转化而释放出具有药理活性的原药化合物。传统的化合物专利侵权判定标准涉及全面覆盖原则（如字面侵权）、等同原则（以基本相同的方式执行基本相同的功能而获得基本相同的效果）等。如果一项发明专利保护一种具有一定药理学活性的原药化合物，若他人实施该原药化合物的前药，由于前药结构不同于原药化合物结构，因此不构成字面侵权，但可能构成等同侵权或间接侵权（例如帮助侵权和诱导侵权）。此外，由于前药化合物在体内转化为母药，因此，前药的销售可能诱导服用前药的患者构成间接侵权。

对于前药专利是否侵犯原药化合物的专利权，在不同国家或地区的法律有不同规定和判定标准。

3.4.1 美国前药专利的等同侵权与体内转化间接侵权

在美国关于前药专利侵犯原药化合物专利权的侵权诉讼中，存在使用等同侵权和间接侵权的司法判例。

3.4.1.1 美国前药专利的等同侵权

在 *Ortho Pharmaceutical Corp. v. Smith* 案[1]中，涉案专利保护化合物炔诺孕酮（即权利要求 5 的化合物）和醋酸炔诺孕酮（即权利要求 19 的化合物），而被告制备和销售的化合物为诺孕酯（即醋酸炔诺孕酮中 3 位酮的 $C=O$ 形成 $C=N-OH$ 结构）。

地区法院认为：根据等同原则，上述权利要求 5 和 19 的专利权被侵权，因为根据血液中代谢物水平的测试结果，Ortho 制药公司的诺孕酯已被证明在体内代谢为诺孕酮和醋酸炔诺孕酮，这两种代谢产物主要负责诺孕酯的生物活性，即以同样的方式达到基本相同的避孕效果。

3.4.1.2 美国前药专利的间接侵权

美国专利法第 271 条规定：①除该法另有规定外，在专利保护期间内，任何人未

---

[1] *Ortho Pharmaceutical Corp. v. Smith*（WL 121353）（E. D. Pa. 1990）.

经许可在美国境内制造、使用、许诺销售或销售取得专利权的发明的，即侵犯了专利权。②任何人积极诱导侵犯专利权的，应作为侵权人承担责任。③任何人在美国销售、许诺销售或向美国进口获得专利权的机器、产品、结合物或组合物的零部件，或者用以实施专利方法的材料或设备，而此种部件、材料或设备是构成发明的重要组成部分，且明知这些物品是为了侵犯此种专利权而特别制造或改造的，而非通用产品或非用于实质性非侵权用途的商品的，应作为帮助侵权人承担责任。

1）美国前药专利的体内转化理论

对于间接侵权，按照美国专利法第 271 条的规定，其是以直接侵权为基础的，进行该主张，专利权人必须证明存在直接侵权以及被控侵权人明知被诱导者的行为构成专利侵权。基于该主张，使用前药的用药者为直接侵权者，用药者在体内将前药转化为母体药物构成了直接侵权，而生产前药的生产商为诱导侵权者，生产商诱导用药者使用落入涉案专利保护范围的母体药物构成了诱导侵权。因此，通过体内转化理论主张前药侵犯母药化合物专利权时，专利权人负有举证责任，需要提供证据证明被诉前药在体内确实转化为母药化合物。

2）美国前药专利提供有效证据证明体内转化的发生

在 *Zenith Labotaratories. v. Bistol Myers – Squibb* 案❶中，法院认为：没有已知可行的方法可以在精准的时刻对患者胃内的物质进行采样并进行必要的分析以确定患者摄入的化合物在体内转化为专利化合物，即不足以证明经过用药者的体内代谢确实产生了落入涉案专利保护范围的母体化合物。法院同时指出：法院不是审判科学真理的最佳场所，上诉法院也没有能力在相互冲突的科学理论中作出选择，法官依据提交给他们的科学证据的质量和强度，根据最有依据的猜测来确定其立场，这是审判的意义所在。

专利权人通过体内转化理论主张前药侵犯其母药化合物专利权时，需提供有效的证据证明患者在服用前药后经体内转化确实得到了主张保护的母药化合物，否则不能得到法院的认可。

在 *Hoffman – La Roche v. Ranbaxy* 案❷中，专利权人未能有效举证被控侵权人制备的缬更昔洛韦盐酸盐在体内转化为专利保护的缬更昔洛韦盐酸盐晶体，因此法院认定不构成侵权。被控侵权人罗氏公司主张：Ranbaxy 公司诱导侵权，因为其故意使用生产片剂的工艺，该片剂允许晶种存在，当暴露于空气水分子时，晶种促进了向缬更昔洛韦盐酸盐结晶形式的转化；罗氏公司直接侵权，因为片剂中的缬更昔洛韦盐酸盐在摄入后会转化为结晶形式；以及 Ranbaxy 公司帮助侵权，患者将片剂储存在药盘中，缬更昔

---

❶　*Zenith Labotaratories v. Bistol Myers – Squibb*, 19 F. 3d 1418, 1423 – 1424（Fed. Cir. 1994）.

❷　*Hoffman – La Roche Inc. v. Ranbaxy LABS LTD.*, WL 3261252（D. N. J. 2009）.

洛韦盐酸盐将转化为结晶形式。法院不认为 Ranbaxy 公司侵犯了罗氏公司的专利权，因为罗氏公司仅仅依据单一峰数据提出主张，依据单一峰数据而没有其他更多峰数据，不能作为侵犯专利权的决定性因素。

此外，体内转化理论涉及用途权利要求的侵权判断时，由于权利要求中还存在使用量如"有效量"等的限定，实际判断过程中存在对"有效量"范畴的认定标准以及用药量是指体外使用量还是体内转化量的不同认定，使得情况更为复杂，因此专利权人的举证责任和法院的判断更为困难❶。

如果组成原药化合物专利权的权利要求中除包括化合物结构特征外，还包括参数限定、使用量等技术特征，则专利权人除了需要提供有效证据证明体内转化事实的发生外，还需要进一步测试体内转化所得化合物的相应参数，并与涉案专利要求保护的化合物相应参数进行比对，以证明体内代谢确实产生了落入涉案专利保护范围的母体化合物，因此，在实际应用中存在一定的证明难度。

还有一些主张前药侵犯母药化合物专利权的案例未得到法院的支持，主要判断标准为：确定母药化合物权利要求的保护范围是否包括体内代谢产物和代谢产物专利的固有预期方面。

3）美国前药专利权利要求保护范围的确定

在 *Marion Merrell Dow Inc. v. Baker Norton Pharmaceuticals Inc.* 案❷中，涉及被告通过已过期的美国专利 US3878217 生产和销售特非那定（Seldane）的仿制药。原告拥有专利 US3878217 的专有权，于 1994 年到期。专利 US3878217 涵盖了化合物特非那定及其给药治疗过敏反应。被告于 1994 年向美国 FDA 提交了简化新药申请（ANDA），寻求在专利 US3878217 到期后实施。作为回应，原告立即提起诉讼，指控被告对特非那定的制造和销售侵犯了原告持有的未过期专利 US4254129。专利 US4254129 涵盖了特非那定酸代谢物（TAM）的化合物及其给药用于治疗过敏反应。TAM 是由特非那定在肝脏中的代谢而产生的，专利 US4254129 于 1998 年到期。

该案原告主张，被告提出的涵盖特非那定及其给药的专利 US3878217 的做法实际上侵犯了专利 US4254129，因为患者服用被告的药物后，肝脏中必然会产生 TAM。因此，被告制备和销售的特非那定被患者服用后在体内转化为特非那定的代谢物 TAM 而构成诱导侵权。

法院认为：双方争议焦点集中在权利要求所使用的"化合物"一词的含义上。

对于该争议焦点，原告认为：权利要求中的 TAM 化合物，包括通过肝脏代谢（体内转化）产生或者合成方式产生的 TAM。被告则认为，专利 US4254129 所使用的"化

❶ 彭晓琦，邓声菊. 中美前药制备专利侵权风险判定规则初探［J］. 中国新药杂志，2017（8）：860–864.
❷ *Marion Merrell Dow Inc. v. Baker Norton Pharmaceuticals Inc.* 948 F. Supp. 1050（1996）.

合物"一词仅指合成生产的 TAM，虽然权利要求中没有明确将"化合物"一词限制为合成的 TAM，但也没有以任何方式提及为体内转化的 TAM。

法院认为：该案的在后权利要求 10 保护了有效量的 TAM 与药学上可接受的载体组合以制备单位剂型，如果认为权利要求 1 涵盖了保护由体内转换产生的 TAM 代谢物，那么在后权利要求 10 就包括了将体内转化的代谢物取出，然后结合其他载体制备单位剂型的方案，该解读是荒谬的。因此，法院认为涉案专利只保护了化学合成的 TAM，进而被告不构成对专利 US4254129 的侵犯。

原告还主张：即使认为被告没有侵犯专利 US4254129，则根据等同原则，如果产品以基本相同的方式执行基本相同的功能并获得相同的结果，则被告侵犯了依据等同原则所主张的权利要求。

法院认为：等同原则不是在审查完成后扩大专利保护范围，等同原则是一种衡平法原则，旨在防止不构成字面侵权但责任适当，且实质上对专利权人的发明构成侵害的情形。而被告的行为既不是需要衡平法补救的情形，也不是责任适当的情形，因此不适用等同原则。

由上述案例可以看出：法院认为化合物权利要求保护范围的解释只限于保护合成的化合物，不包括体内代谢产物。因此，涉案专利保护代谢产物时，被告涉及的前药化合物不构成对代谢产物专利权的侵犯。可见，专利权人在通过体内转化理论主张前药的使用侵犯其母药化合物专利权时，法院对化合物权利要求保护范围的解读会使体内转化理论的适用受到一定的限制。

（4）固有预期理论

在 *Schering Corporation v. Geneva Pharmaceutieals Inc.* 案❶中，专利权人 Schering 公司拥有氯雷他定前药化合物专利和其 N－去乙氧羰基氯雷他定（DCL）代谢物专利，与传统的抗组胺药不同，氯雷他定不会引起嗜睡，DCL 也不会引起昏昏欲睡。前药氯雷他定专利已过期，专利权人试图以代谢物专利阻止其他公司生产销售前药。

法院认为：氯雷他定前药专利明确公开了对患者使用前药，而且有广泛的证据表明，前药的使用不可避免地会在体内代谢而产生代谢物 DCL，没有相反证据表明服用氯雷他定后不会代谢为 DCL，因此，DCL 是患者服用氯雷他定后的自然结果，是现有技术所固有的。即后来的代谢物 DCL 专利被前药化合物的在先使用所预期，即在先前药影响了在后代谢物专利的新颖性，因此，代谢物专利被宣告无效。

由该案例可以看出：前药化合物的公开可以预期其体内代谢产物，导致代谢物专利固有预期而被宣告无效。因此，如果前药的早期使用产生了专利代谢物，则即使专利权人利用代谢物专利主张侵权，也将由于前药的在先使用导致代谢物被固有

---

❶ *Schering Corporation v. Geneva Pharmaceutieals Inc.* , 339F. 3d 1373（Fed. cir. 2003）.

预期，从而使代谢物专利被宣告无效。可见，体内转化理论的适用是一把双刃剑，适用该理论本是专利权人意在通过主张体内转化理论而获得前药侵犯其母药化合物专利权的判定，但是反过来会伤及自身，会使专利权人自己持有的母药化合物专利权被判无效。

3.4.2 英国的发明精髓、目的解释和等同原则

《欧洲共同体专利公约》第 26 条涉及 "禁止对发明的间接利用"，其第 1 项规定：如果第三人明知或者根据实际情况应知某种产品可以用于实施真实有效的专利，仍然未经许可而在成员国领土范围内向他人提供或承诺提供，则虽然第三人没有直接实施侵犯专利权的行为，但是专利权人仍然有权予以禁止。❶

EPO 没有法律权限处理和决定各成员国的专利侵权案件，EPC 第 64 条第（3）款规定：任何对欧洲专利的侵权行为均应由国家法律处理。

笔者主要对欧洲两大主要国家英国和德国的前药间接侵权法律规定和适用原则展开研究。

英国专利法第 60 条第（2）款规定：在专利有效期内，未经专利权人同意，在英国境内向非被许可人或无权实施该发明的人，提供或表示愿意提供任何有关发明关键组成部分的手段，使发明得以实现，而行为人知道或应当知道这些手段会用来实施该项发明，行为人的行为构成侵权。第（3）款规定：上述第（2）款的行为不适用于提供一般的生活必需品，除非提供或帮助的目的就是促使接受提供的人或导致接受提供的人实施第（1）款规定的行为。❷

从上述规定可以看出，英国间接侵权的构成要件包括：帮助行为，即提供和表示愿意提供的意愿；行为对象，即提供的对象是非被许可人或无权实施专利权的人；主观条件，行为人知道或应当知道其提供的手段会被他人用于侵犯专利权。

英国的间接侵权判定经历了发明精髓原则、目的解释原则到等同原则的发展过程。

3.4.2.1 发明精髓原则

1977 年英国的 *Beecham v. Britol* 案❸中，法院认为：由于海他西林（即氨苄西林的丙酮缩合物）在体内能转化为氨苄西林，因此销售前药海他西林的行为侵犯了母药氨苄西林的专利权。在该案的判定中，英国法院适用了发明精髓原则，即确定权利要求

---

❶ 李照东. 专利间接侵权制度研究 [M]. 北京：知识产权出版社，2023.

❷ 刘友华，魏远山. 欧洲系统专利间接侵权认定及其借鉴 [J]. 知识产权，2018（11）：87 - 96.

❸ DIVISION J C. Beecham group limited v. bristol laboratories limited and others [J]. Reports of Patent Design & Trade Mark Cases，1978，5：153 - 204.

中的实质特征和非实质特征，对于权利要求中构成发明的实质特征，不能使用等价手段来扩大其保护范围。[1]

英国在前药侵权判断中的发明精髓原则，与美国的体内转化理论相似，并且是早期等同原则的雏形。适用发明精髓原则时，需要区分权利要求中的实质特征和非实质特征，对于权利要求中构成发明的实质特征，不能使用等价手段来扩大其保护范围。

3.4.2.2　目的解释原则

1979~1980 年发明精髓判定原则逐渐被 *Catnic* 案所采用的"目的解释原则"所代替，"目的解释原则"是本领域技术人员结合对发明目的的理解解释权利要求，将与权利要求字面含义有差别的变换物认定在保护范围之内。该原则体现出应当重视专利权人的意思，但不是指专利权人内心的意思，而是指本领域技术人员所理解的专利权人的意思。

3.4.2.3　等同原则

在 2017 年的 *Eli Lilly v. Actavis UK Ltd* 案[2]中，涉案专利的权利要求 1 保护用培美曲塞二钠制造与维生素 B_{12}（或者叶酸）联合用于治疗癌症的药物，被控侵权方产品的活性成分是培美曲塞二酸。

关于被控侵权方产品的使用是否构成侵权，英国最高法院推翻了之前的判定原则，采用等同原则认定被告的产品侵犯了原告专利权。

由于涉案权利要求中"培美曲塞二钠"的字面含义不包括培美曲塞二酸，因此一审和二审法院认为不适用等同原则，按照目的解释方法认定培美曲塞二酸不在权利要求培美曲塞二钠的范围之内。但英国最高法院推翻了该判定，英国最高法院的法官提出了判断被控侵权物（即变换物）是否落入涉案专利保护范围的两个步骤：第一步是通过字面解释认定该变换物是否落入权利要求范围；第二步是判断该变换物是否与发明的差异不重要，从而进行是否侵犯权利要求的认定。第二步不再是仅仅局限于解释权利要求，而是参考事实和专家证言，不仅要确定权利要求中用语的含义，而且要考虑突破该含义可以得到的保护范围，即实质上是根据等同原则进行判断。根据该判断原则，英国最高法院最终得出了被控侵权产品的使用实际上构成了侵权。该案以字面解释和等同原则取代了之前的目的解释原则。

上述案例中的培美曲塞二酸和培美曲塞二钠虽然不是严格意义上的母药和前药化合

---

[1]　KOMATANNI T S. Scope of protection of a patent directed to prodrugs, metabolites and the like [J]. Pharm. Patent Analyst., 2014, 3 (6): 567–570.

[2]　闫文军, 罗治成. 英国专利侵权判断中的等同原则和禁止反悔原则 [J]. 科技与法律, 2017 (3): 1–9.

物的对应关系，但是该案对判断前药是否侵犯母药化合物的专利权有一定的借鉴意义。在 *Merrell Dow Pharmaceuticals Inc. v. HN Norton & Co. Ltd.* 案❶中，1972 年原告在英国获得了特非那定的专利权，之后发现了在肝脏中形成特非那定的酸代谢物，并为此申请了专利。1980 年获得授权（具体为权利要求 24）。1992 年特非那定专利权到期，其他制药公司开始生产和销售特非那定，并向公众提供了特非那定。

对此，原告向法院提起诉讼，其主张：未经其同意，其他制药公司向患者提供特非那定侵犯了其代谢物专利权。

法院认为：权利要求 24 保护特非那定酸代谢物，作为产品，其保护范围包括肝脏中产生的酸代谢物，正如同合成过程所产生的。而在先的特非那定专利说明书公开了：摄入特非那定将在人体内产生抗组胺化学反应，以这种形式实现该发明目的。该内容是对产生酸代谢物的充分描述，表明酸代谢物是在先的特非那定专利即现有技术公开的一部分。因此，特非那定酸代谢物是现有技术的一部分，可以向公众提供使用。法院驳回了原告的侵权诉讼请求。

该案例包含了对特非那定化合物权利要求保护范围的解读以及基于披露内容的预期，不同于美国的固有预期理论，不是基于体内转化的固有预期，而是基于在先专利公开内容的预期。

3.4.3　韩国前药专利的侵权判定原则

韩国专利法第 94 条规定，专利权人具有在事业上实施专利发明的独占权利；同时，第 2 条规定，"实施"是指以下任何一种行为：①制造、使用、转让、出租、进口或者许诺转让或者出租（包括为转让或者出租而展示）专利产品的行为；②使用专利方法的行为；③除第②项中规定的行为外，使用、转让、出租、进口或者许诺转让或者出租使用专利方法而制造的产品的行为。❷

在韩国 *Dong‑A ST v. Astra Zeneca* 案❸中，涉案专利保护达格列净，原告开发的药物为甲酸达格列净（即达格列净的甲酸酯），甲酸达格列净被患者服用后在体内被转换为达格列净，实际发挥药理活性的化合物为达格列净。

法院认为：被告的专利没有保护前药酯的形式，因此，原告开发的甲酸达格列净不构成字面侵权，但是它仍然在达格列净专利所涵盖的等同范围之内，二者结构近似，

❶ Merrell Dow Pharmaceuticals Inc. v. HN Norton & Lo. Ltd. [EB/OL]. [2024‑04‑20]. https：//www. casemine. com/judgement/uk/5a8ff7af60d03e7f57eb1351.

❷ 申慧恩. 韩国专利权间接侵权制度研究 [J]. 知识产权，2015（4）：143‑148.

❸ Korean patent court confirms for the first time that a pharmaceutical compound patent corers generic prodrugs [EB/OL]. [2024‑04‑20]. https：//www. lexology. com/library/detail. aspx?g＝0b7f86d8‑1cc4‑45a8‑8adf‑87d44288f541 (2022.4).

使用相同的问题解决原理达到了与专利相同的效果。因此根据等同原则，原告的甲酸达格列净落入涉案达格列净专利的保护范围。

法院还驳回了被告删除"前药酯"意味着其试图将前药酯排除在专利范围之外的主张。理由是从审查过程来看，专利权人是出于在权利要求中使用"前药"一词不被允许以及为克服关于形式原因的审查意见而删除了该特征。即被告从权利要求中删除"前药"一词是为了克服形式问题，并不表示专利权人有意将前药酯排除在其保护范围之外。

上述案例表明，韩国在前药酯是否侵犯母药化合物专利权的侵权判定中适用了等同原则。与美国的等同原则类似。虽然该案授权的权利要求仅涉及母药化合物，但是在原始权利要求中包含了前药酯的特征，授权的权利要求是在审查过程中出于满足形式方面的要求而删除了该特征，并非刻意排除。对于原始申请文件中仅有母药而不包含前药特征的权利要求是否在韩国还适用等同原则，从该案的判决中难以得出相应结论。

3.4.4　中国前药专利的侵权判定标准

3.4.4.1　中国的法律规定

对于间接侵权，《专利法》中没有明确的规定。在法院的审判实践中，与之相关的是司法解释和《民法典》。

在 2020 年 12 月 23 日发布的《最高人民法院关于修改〈最高人民法院关于审理侵犯专利权纠纷案件应用法律若干问题的解释（二）〉等十八件知识产权类司法解释的决定》中规定，将《最高人民法院关于审理侵犯专利权纠纷案件应用法律若干问题的解释（二）》［以下简称"司法解释（二）"］中的第 21 条修改为："明知有关产品系专门用于实施专利的材料、设备、零部件、中间物等，未经专利权人许可，为生产经营目的将该产品提供给他人实施了侵犯专利权的行为，权利人主张该提供者的行为属于民法典第 1169 条规定的帮助他人实施侵权行为的，人民法院应予支持。明知有关产品、方法被授予专利权，未经专利权人许可，为生产经营目的积极诱导他人实施了侵犯专利权的行为，权利人主张该诱导者的行为属于民法典第 1169 条规定的教唆他人实施侵权行为的，人民法院应予支持。"

《民法典》第 1169 条规定：教唆、帮助他人实施侵权行为的，应当与行为人承担连带责任。

从上述司法解释（二）第 21 条可以看出，承担诱导、教唆即间接侵权导致的侵权连带责任至少需要满足：他人的行为侵犯了专利权（即构成了侵权）、明知（即行为人存在主观故意）、为生产经营目的。

在前药的使用过程中，虽然前药在体内转化成了涉案专利所保护的母体药物，但是"在体内转化过程中生成"能不能认为属于"实施了侵犯专利权的行为"即构成直接侵权，以及该过程是不是属于"为生产经营目的"，需要通过司法实践的具体案例加以诠释。

3.4.4.2　中国的司法实践

我国司法实践中主张前药化合物侵犯代谢物（即母药）专利权的案例几乎没有，吉利德（上海）医药科技有限公司（以下简称"吉利德上海公司"）诉凯因科技公司关于索磷布韦代谢物专利权纠纷案是唯一一例涉及主张前药侵犯母药专利权的案例。

【案例 3 - 27】CN200480019148. 4❶

该案涉及修饰的氟化核苷类似物，用于治疗黄病毒科感染，尤其是丙型肝炎病毒，申请号为 CN200480019148.4，公开号 CN1816558A，申请日为 2004 年 4 月 21 日，申请人为法莫赛特股份有限公司。

该案专利于 2009 年 6 月 24 日获得授权（CN100503628B），授权的权利要求涉及通式化合物、具体化合物、药物组合物和化合物制备方法。专利权人于 2012 年 11 月 6 日变更为吉利德制药有限责任公司，并于 2021 年 12 月 8 日再次变更为吉利德科学股份有限公司。专利权于 2024 年 4 月 21 日有效期届满。

原告吉利德上海公司诉称：被告一凯因科技公司制造并销售、被告二凯因生物公司销售商品名为赛波唯的索磷布韦片（以下简称"被诉侵权产品"），被诉侵权产品必然导致在患者体内代谢产生落入涉案专利权利要求 2 ~ 4 的药学活性成分，故两个被告的行为构成对涉案专利的直接侵权行为。

吉利德上海公司起诉凯因科技公司和凯因生物公司侵犯其上述专利，请求法院判令两个被告停止侵权，并赔偿原告经济损失。

【争议焦点】

吉利德上海公司诉称：①凯因科技公司制造并销售、凯因生物技术公司销售的索磷布韦片必然导致在患者体内代谢产生落入涉案专利权利要求 2 ~ 4 的药学活性成分 GS - 461203，两个被告直接实施 GS - 461203 的生产和使用行为，构成对涉案专利的直接侵权行为；②两个被告明知 GS - 461203 是被诉侵权产品的体内代谢物，且被诉

---

❶ 北京知识产权法院（2021）京 73 民初 664 号行政判决书。

侵权产品是专门用于实施专利产品 GS - 461203 的起始物质，但未经专利权人许可，为生产投放市场，直接导致涉案专利的实施（即在患者体内产生并利用专利产品 GS - 461203），即两个被告为生产经营目的将被诉侵权产品索磷布韦片提供给患者实施 GS - 461203 化合物的行为构成间接侵权行为。

两个被告声称：①在实质审查过程中，专利权人为克服审查意见通知书指出的权利要求得不到说明书支持的缺陷，主动删除并放弃了权利要求中涉及前药的技术方案，根据禁止反悔原则，前药不应再纳入权利要求的保护范围；②被诉侵权产品是前药，涉案专利化合物是原药，二者化合物结构不同，且手段、功能和效果均存在较大差异，被告生产和销售的产品与涉案专利权利要求 2～4 保护的产品既不相同也不等同，不满足全面覆盖原则，不构成直接侵权；③被告将被诉侵权产品提供给患者的行为不满足间接侵权的构成要件，不构成间接侵权。

该案中，法院判决从以下两个方面进行了分析❶。

（1）被控侵权行为是否构成直接侵权行为

法院认为：对于产品权利要求而言，专利产品是指使用了权利要求所记载技术方案的产品，原告有权禁止他人制造、销售的专利产品是落入涉案专利权利要求保护范围的产品。

专利权的保护范围以权利要求的内容为准，说明书和附图仅可用于解释权利要求，而不能限定权利要求。对于涉案专利权利要求 2～4 的保护范围，应基于权利要求记载的内容进行理解。而根据权利要求的记载，无法看出权利要求 2～4 的保护范围内包含前药的技术方案。

而且，在专利授权阶段，为克服授权缺陷，专利权人明确放弃了前药技术方案，根据禁止反悔原则，在侵犯专利权纠纷案件中专利权人不得又将其纳入专利权保护范围。即从禁止反悔的角度，权利要求 2～4 同样不包含前药的技术方案。

综上，无论基于权利要求的记载还是基于禁止反悔原则，涉案专利的权利要求 2～4 的保护范围均不包括所限定化合物的前药的技术方案。被诉侵权产品即前药化合物未落入涉案专利权利要求 2～4 的范围。因此，制造、销售被诉侵权产品的行为不构成直接侵权。

（2）被控侵权行为是否构成帮助侵权行为

法院认为：修正后的司法解释（二）第 21 条第 1 款的规定涉及两种行为：侵害专利权的行为，即实施专利的行为，包括制造、使用、许诺销售、销售、进口涉案专利产品的行为；提供行为，即提供用于实施涉案专利的材料、设备、零部件、中

---

❶ 北京凯因科技股份有限公司董事会. 北京凯因科技股份有限公司关于公司涉及诉讼一审判决结果的公告 [EB/OL]. [2024 - 04 - 20]. https://notice.10jqka.com.cn/api/pdf/4d880b65a09aa38a.pdf.

间物等的行为。存在"实施专利的行为"是"提供行为"构成帮助侵权行为的前提条件之一。

原告认为被告的行为构成帮助侵权的根本原因在于，被告实施了提供被诉侵权产品的行为，而患者在服用该产品后在体内产生的代谢物落入权利要求 2~4 的保护范围。原告的主张意味着患者的行为对应实施涉案专利的行为。如前所述的 5 种行为中，制造行为是核心，使用、许诺销售、销售、进口行为均是对已制造产品的后续利用行为。发明及实用新型产品的制造行为应是在产业上可实施的行为，产品必须在产业中能够制造，产业包括工业、农业、林业、水产业、畜牧业、交通运输业等行业。

该案中，落入涉案专利权利要求 2~4 保护范围的化合物是被诉侵权产品在患者体内代谢产生的代谢产物，如果代谢产物对应专利产品，则代谢过程对应专利产品的制造过程。而制造行为仅可能发生在产业中，人体内的代谢过程与产业无关，即该过程不可能属于对专利产品的制造行为。

专利产品除了可被在产业上制造，还可以在市场上流通，并可被主动使用。但该案中，代谢产物处于人体中，既不能作为被制造的产品在市场上流通，也不可能被主动再次使用。即代谢产物不符合专利法对专利产品的相关要求。

综上可知，无论从产业的关系角度，还是从专利产品应有的性质角度出发，该案中均不存在对专利产品的制造行为。由于制造行为是其他专利实施行为的前提，在不存在制造行为的情况下，不可能存在其他实施专利的行为。故该案中不存在任何实施涉案专利的行为。

【案例思考】

对于是否构成直接侵权行为，需要注意的是，专利权人有权禁止他人制造、销售的专利产品应该是落入涉案专利权利要求保护范围的产品。而该案权利要求 2~4 记载的内容中不包括前药的技术方案，且是在授权阶段为克服授权缺陷而删除了前药相关内容，基于禁止反悔原则，不得在专利权纠纷案件中又将其纳入专利权保护范围。所以，被诉侵权产品即前药化合物未落入涉案专利权利要求 2~4 的保护范围。因此，制造、销售被诉侵权产品的行为不构成直接侵权。即该案前药化合物与母药化合物具有不同的化学结构，二者属于不同的化学产品，因此，前药化合物不构成母药化合物专利权的字面侵权。

对于母药化合物权利要求的保护范围是否能延及该化合物的前药，该案中，法院未对是否属于等同侵权作出认定，而是基于禁止反悔原则，否定了母药化合物的专利保护范围中涵盖前药的技术方案。实际上，即便考虑等同原则，由于前药化合物是在母药化合物的基础上进行结构改造而获得的，前药化合物通常会比母药化合物具有更好的功能或者效果，通常不符合"以基本相同的手段、实现基本相同的功能、达到基本相同的效果"的条件，因此，该案前药化合物通常不构成母药化合物专利权的等同侵权。

对于是否构成帮助侵权，法院分析了人体内的代谢过程是否存在《专利法》第 11 条提及的 5 种行为，并认为：人体代谢过程与专利法意义上的产业无关，不属于对专利产品的制造行为；代谢产物也不符合《专利法》对专利产品的相关要求。即人体代谢过程不存在对专利产品的制造行为，由于制造行为是实施其他行为的前提，因此，也不可能存在其他实施专利的行为，所以人体代谢过程不构成未经专利权人许可而进行"生产、使用、销售和许诺销售、进口"中的任何一种行为，即不存在侵害专利权的行为，从而向患者提供前药的行为也不构成诱导侵权或帮助侵权，因此，该案前药化合物不构成对母药化合物专利权的间接侵权。

3.5　前药专利保护相关建议

3.5.1　母药及前药的专利布局

新药研发投入高、周期长、风险高，研发企业的技术创新和可持续发展与核心有效专利的持有量息息相关。因此，如何进行专利布局是医药领域创新主体必须考虑的重要问题。在中国，对于专利权人而言，主张前药侵犯母药化合物的专利权，不管从等同侵权还是间接侵权角度，都难以得到法院的支持。因此，这种专利维权的途径并不可靠，而为了更加有效地保护母药/前药化合物发明，建议改进专利保护方式、完善专利申请。即创新主体在专利申请阶段要完善专利申请文件撰写，对于母药/前药化合物发明，在获得相关实验研究数据的基础上，提交专利申请时，权利要求要尽可能在得到说明书支持的情况下覆盖母药和前药化合物，为在后的专利审查和专利保护奠定基础。

在前述基础上，为了避免竞争对手效仿跟进，可以先申请母药化合物基础专利，在母药化合物基础专利申请公开之前再提交前药化合物专利申请。通过专利池合理布局母药与前药化合物专利。如果有意使前药化合物走向国外，应考虑提交国外同族专利申请。由于专利权同时覆盖了母药和前药化合物，则他人实施母药或前药化合物都会构成直接侵权，无须再通过母药化合物专利权主张前药侵权，避免适用等同原则、体内转化理论、固有预期等的不确定性，减少以母药化合物专利主张保护前药而不被法院支持的风险。

对于仿制药制造商，基于药物研发成本和研发风险等情况，可以重点关注在先药物的母药化合物基础专利，及时跟进并开展前药研发。这样既可以合理规避侵犯母药化合物的专利权，同时相对于创新原药的研发投入而言，可以降低研发成本、风险和技术难度，加快研发进程。由于前药的研发是基于已有活性的母药化合物为基础的，一定程度上可以提高研发成功率。更为重要的是，如果仿制药制造商在结构改造中所使用的修饰手段在现有技术中不存在技术启示或者经结构修饰后前药取得了预料不到的技术效果，还可以提交相应的前药专利申请，以构建前药保护策略，提高专利保护防御能力。

3.5.2　实验数据的记载

对于前药发明，说明书中应当记载前药化合物的制备方法、结构确认数据以及前药化合物的体内转化数据、在血浆中的稳定性、生物利用度等实验数据以证明前药化合物能实现所述医药用途，避免在审查或诉讼阶段被质疑前药发明的说明书公开不充分；同时针对前药化合物权利要求的概括得不到说明书支持的审查质疑或无效宣告请求，可在说明书中记载一定数量的关于不同前药结构的实施例。

当然，说明书中记载前药化合物的药效或药理学实验数据对审查、无效宣告请求和诉讼过程中的创造性评价起到重要作用，因为创造性判断中权利要求保护的前药化合物实际解决的技术问题的确定，离不开对前药化合物所能达到的技术效果的考量，而判断技术效果能够实现的基础是说明书中所记载的前药化合物的药效或药理实验数据。因此，建议创新主体在申请前药化合物专利时，在说明书中应尽量详尽记载体现其技术效果的相应药理实验方法和对声称的技术效果进行验证的实验数据，以期作为创造性判断中确定实际解决的技术问题的基础，也便于在审查或确权阶段，为证明发明保护的化合物相对于最接近的现有技术具有更为优异的技术效果时，可以作为补交实验数据的基础。

3.5.3　前药创造性意见的抗辩

对于授权确权、诉讼阶段的创造性审查意见或质疑意见，创新主体可以从创造性"三步法"判断中的每一步骤寻找可抗辩的切入点，例如：所选择的最接近的现有技术是否适合作为发明的起点，区别特征的认定是否全面准确，不同特征之间是否存在协同关系，实际解决的技术问题认定是否准确恰当，是否忽视了本申请说明书记载的技术效果或者忽视了经说明书实施例验证的技术效果，本申请和对比文件的实验数据是否能够直接对比，现有技术给出的前药修饰的教导是泛泛教导还是具体明确的教导，对比文件是否给出了反面教导，不同对比文件结合时是否结构差异大而无法预期效果，前药化合物是否取得了预料不到的技术效果以及是否可以通过补交实验数据证明更优异的技术效果等。

而仿制药制药商在专利无效宣告请求或者诉讼阶段，可以从对比文件公开事实和本申请公开事实等方面进行深度挖掘。在对比文件公开事实方面，例如查找对比文件是否隐含公开了更多技术信息，考察对比文件是否存在更为接近的化合物而更适宜作为研发的起点；在本申请公开事实方面，通过核查本申请说明书记载以确定本申请声称解决的技术问题是否得到了实验验证，以及说明书所制备和证实效果的化合物是否未涵盖在权利要求保护范围之内而导致实际解决的技术问题缺乏事实依据等角度进行抗辩。

对于在美国申请的专利还可以从选择的最接近的现有技术化合物是否适合作为先导化合物（例如福沙那韦案中在缺乏活性数据的情况下，对比文件公开的几百个化合物中选择某个具体化合物，可能不能作为进一步研究开发的自然选择）或者前药结构修饰是否有合理的成功预期等方面进行答复。对于在欧洲申请的专利可以从结构修饰在现有技术是否给出了明确启示而有动机结合（参考案例 3 - 3，认为证据 7 教导将无活性的抗病毒核苷衍生化为芳基磷酰胺酸前药以使其具有活性，由于证据 12 未提及化合物活性，没有动机将二者进行结合）以及是否取得了预料不到的技术效果等方面进行答复。

3.5.4 前药侵权主张或诉讼应对

由于各国的专利法对间接侵权的法律规定和前药侵权判定标准不同，因此，前药化合物涉及在不同国家销售时，专利权人或仿制药制造商应该充分了解各国关于侵权判定的相关法律规定或判定标准。

如果母药专利权人主张他人实施的前药侵犯了母药化合物专利权，由于举证责任在专利权人，专利权人需要提供有效证据以证明前药在体内确实转化为母药化合物、落入了涉案母药化合物专利的保护范围之内，同时还需要注意在美国可能会由于前药在体内转化的固有预期性而使代谢物即母药化合物专利被判无效。

对于被控侵权人而言，在中国可以从前药化合物在体内转化不构成侵权的角度进行积极抗辩；涉及在其他国家的侵权指控时，注意区分不同国家或地区的法律规定和侵权判定标准的差异，根据相关国家或地区的法律规定和判定标准，针对性提出抗辩理由，合理应对侵权指控。

第 4 章
药物制剂的专利保护策略

4.1 引 言

4.1.1 药物制剂的基本概念和技术发展

1847 年，德国药师莫尔编著了第一本药剂学教科书《药剂工艺学》，使得药剂学成为一门独立的学科。[1] 药剂学（pharmaceutics）是研究药物制剂的基本理论、处方设计、制备工艺、质量控制和合理使用等内容的综合性技术科学。20 世纪 60 年代后，药剂学结合先进科学技术，在现代理论指导下逐步发展并诞生了许多分支学科，例如工业药剂学、物理药剂学、生物药剂学、药物动力学、药用高分子材料学、临床药剂学等。这不仅丰富了药剂学的内容，也极大地推动了药剂学的发展，使药剂学成为一门综合性学科。[2] 人们通常将片剂、胶囊剂、软膏剂等称为普通制剂，其是为了使用方便而解决药物"成型"的问题。自 20 世纪 90 年代以来，药物制剂由过去的简单"成型"向精准化、智能化的药物递送系统（DDS）转变。基于 DDS 技术支撑，高端制剂快速发展，如口服缓控释制剂、速释制剂、肿瘤靶向治疗脂质体、新型乳剂、聚合物胶束、脂质纳米粒、长效微球注射剂、黏膜给药制剂、雾化吸入、经皮给药等。高端制剂凭借更佳的依从性、耐受性、服用便利性等优势已逐步成为药物制剂领域研发的主要方向。[3] 现代药剂学是一门开放性和交叉性的学科，其发展有赖于新剂型、新释药系统、新材料、跨领域知识的应用。目前，我国药剂学的基础研究或者产品开发同国际领先水平仍有一定差距。在有限的资源分配下，唯有创新才能缩小差距。因而开发具有自

---

[1] 平其能，等. 现代药剂学 [M]. 北京：中国医药科技出版社，1998.
[2] 崔福德. 药剂学 [M]. 北京：中国医药科技出版社，2002.
[3] 谷友刚. 国内制药企业高端制剂发展概况及挑战 [J]. 中国药业，2021（9）：4-7.

主知识产权的新制剂和新技术，对提高我国的药物制剂发展水平具有重要的作用。

4.1.2　药物制剂专利保护的历史沿革

根据 1984 年通过的《专利法》的有关规定，药品被明确排除在可授权的范围，仅对药品的方法发明予以保护，作为方法专利的一种，物质的医药用途也可获得专利保护，因此，药物制剂的专利发明在我国《专利法》诞生伊始，可以通过制备方法和用途两个方面进行保护。1992 年修正的《专利法》将药物的产品纳入保护范围，药物制剂的专利发明可以通过产品、制备方法和用途进行全面的保护。2008 年修正的《专利法》则增加了不视为侵犯专利权的 Bolar 例外条款，其规定为提供行政审批所需要的信息而制造、使用、进口专利药品的行为不构成侵犯专利权。由于上市药品均是药物制剂产品，因此，该 Bolar 例外条款与药物制剂专利密切相关。通过上述不同时期《专利法》的相关规定可以发现，药物制剂专利的保护力度整体呈现出由弱到强，随后再平衡的状态。由于 1984 年通过的《专利法》只对方法专利进行保护，因此，其整体保护力度是较弱的，为我国薄弱的制剂工业留下了较大的发展空间。随着国际形势的发展变化，1992 年修正的《专利法》对药物的产品实施保护无疑增加了药物制剂专利的保护强度，这对于制剂工业水平明显落后的我国仿制药企业而言是非常不利的，但从另一个角度来讲，其对于刺激国内企业转型创新具有积极的效应。2008 年修正的《专利法》增加 Bolar 例外条款的规定，其不仅有利于在原研药物制剂专利即将到期前，我国企业尽早启动仿制研发和报批程序，而且在不构成侵权的情况下，保证了在药物制剂专利到期的第一时间国内的仿制药可以上市，满足了药品的可及性需求。

正因为药物制剂处于化学制药行业产业链的下游，其专利申请的特点也随之表现出与专利保护客体、产业发展水平和国家医药政策的密切关联性。早期的药物制剂专利申请集中于制备方法和常规制剂的研究方向。随着 DDS 技术的发展以及鼓励改良型新药政策的出台，21 世纪以来，高端制剂的专利申请逐渐增多并成为热点。尤其是 2016 年国家食品药品监督管理总局正式发布实施了《化学药品注册分类改革工作方案》，该方案重新定义了新药及仿制药的范围和概念，使得改良型新药的概念正式面世。2020 年，国家药品监督管理局制定并发布了《化学药品注册分类及申报资料要求》，其中与药物制剂相关的注册分类分别对应于 2 类境内外均未上市的改良型新药，即含有已知活性成分的新剂型（包括新的给药系统）、新处方工艺、新给药途径，且具有明显临床优势的制剂；3 类仿制境外上市但境内未上市原研药品的药品，即具有与原研药品相同的活性成分、剂型、规格、适应证、给药途径和用法用量的原料药及其制剂；4 类仿制境内已上市原研药品的药品，即具有与原研药品相同的活性成分、剂型、规格、适应证、给药途径和用法用量的原料药及其制剂。该文件规定的创新药强调含有新的结构明确的、具有药理作用的化合物。改良型新药是在已知活性成分基础上进行优化，强调具有明显的临床优势。仿制药要求与原研药品具有相同的活性成分、剂型、规格、适应证、给药途径和用法用量，不强调处方工艺与原研药品一致，但强调仿制药品必须与原研药品质量和疗效一致。基于上述医药政策出台的影响，越来越多的药物制剂专利集中于已知活性成分的新剂型、与原研药对标一致的新制剂、优于原研药的新制剂、基于纳米技术和生物技术开发的 DDS 技术、基于新材料应用的靶向给药和自调式智能给药系统等，并逐渐在药物制剂专利申请中占据重要的地位。

4.1.3 药物制剂专利保护的重要意义

对于药物制剂专利发明，根据技术主题的不同，其发明类型涵盖产品、制备方法、用途等；根据技术水平的不同，其发明类型又分为常规制剂和高端制剂等；根据技术贡献的不同，其发明类型包括新材料、新处方、新剂型、新工艺、新技术、新设备等。

通常而言，化合物专利作为核心专利，对医药的创新成果起到基础保护的作用。而药物制剂专利作为外围专利，是化合物原料药用于人体时必不可少的形式。因此药物制剂专利的保护意义重大，其也成为原研企业设置壁垒和仿制药企业突破防御的必争之地。

从专利攻防的角度来讲，对于原研企业而言，随着化合物核心专利逐渐到期，其通过常规制剂到高端制剂的分时间分阶段的布局，可以延长对市场的专利垄断期限，不断攫取巨大的经济利益。对于仿制药企业而言，因药物制剂创新的角度较为丰富，可以通过改进原研药的处方组成，开发尚未被专利保护的新剂型等，规避原研制剂的侵权风险，并形成具有独特优势的制剂专利产品抢占原研制剂的市场份额。

从专利研发的性价比来讲，药物制剂专利相较于化合物专利具有研发周期短、风险低、投入少、成功率高的特点。而且随着制剂水平的不断发展，逐渐打破了化学结构是唯一决定疗效的传统观念，药物制剂的改进可以进一步提高药物的安全性、有效性、可控性、稳定性、顺应性，在弥补原料药理化性质天生不足的同时，可以降低药物的毒副作用，增加人体的吸收利用，从而进一步提高疗效。因此，从研发投入、失败风险、提高药效角度而言，药物制剂专利有时会更具性价比。

从产业发展的角度来讲，药物制剂专利可以起到鼓励制剂创新的作用：制剂企业通过获得市场独占权取得丰厚的回报，从而激励企业投入更多资源进行研发；高校和科研院所通过专利转化运用获得经济收入，为进一步开展制剂前沿技术的研究打下良好基础，而这都将有助于整个产业持续不断的发展。

从药品的可及性来讲，开发更多的药物制剂专利产品，可以避免垄断行为的出现，为公众提供了更多更好的治疗选择，有利于降低市售产品价格，而且在专利保护到期后，可以有更多企业利用制剂专利处方和技术进行仿制药开发，使得公众能够以更低廉的价格获得效果一致的制剂产品，从而提高药品的可及性，保障民生需求和公共健康安全。

4.2　主要国家或地区对于药物制剂专利保护的现状

为研究中国对于药物制剂专利的相关审查标准是否完善，以及审查实践是否客观、合理，本节对于欧洲、美国涉及药物制剂的相关法律规定、审查标准及典型判例进行梳理，以供参考。

4.2.1　欧　洲

4.2.1.1　欧洲相关法律规定

EPC 第 52~57 条对授予专利权的条件作了详尽的规定。

EPO 审查指南（2024 年）F 部分和 G 部分分别对欧洲专利申请和可专利性进行了详细规定和说明。

EPO 上诉委员会判例法（第 10 版）第 I 部分通过大量案例对可专利性进行了更加详细的解释和说明。

EPO 审查指南 G 部分第 Ⅵ 章第 6.1.2 节对 EPC 第 54 条第 5 款规定的治疗用途作了进一步的解释，明确了通过不同的治疗方法治疗相同的疾病，所述不同的治疗方法例如在剂量、给药方案、受试者组或给药途径方面不同（G 2/08），可以作为第二医药用途申请专利并获得授权。

EPO 审查指南 G 部分第 Ⅶ 章第 7 节对"组合与并置或聚集"进行了规定，明确了权利要求仅仅是"特征的聚集或并置"不具备创造性（T 389/86 和 T 204/06），而"特征的组合"由于是单个特征之间的相互作用产生了协同效应而具备创造性（T 9/81）。

EPO 审查指南 G 部分第 Ⅶ 章第 10.2 节对"预料不到的技术效果；奖励效果"进行了规定，明确了预料不到的技术效果可以被认为是具有创造性步骤的指示。由于缺乏替代方案，从而产生"单行道"情况，则预料不到的效果仅仅是不能赋予所要求保护的主题创造性的奖励效果（T 231/97 和 T 192/82）。但模糊陈述的效果不被认可，产品或方法不必要求比已知的产品或方法"更好"，不要求不可预期的性质或效果。

EPO 审查指南 G 部分第 Ⅶ 章第 12 节对"选择发明"进行了规定，明确了选择要与特定的技术效果相关，如果不存在引导本领域技术人员进行选择的提示，则接受创造性。同时认为，在所选择的范围内产生的该技术效果也可以是与用更宽的已知范围获得的效果相同的效果，但达到难以想象的程度，也是认可创造性的。

EPO 审查指南 G 部分第Ⅶ章第 13 节对"生物技术领域的创造性评估"进行了规定，明确了"成功的合理预期"不应与"成功的希望"相混淆。如果研究人员为了获得技术解决方案，不仅需要技术技能，而且需要作出正确的非平凡决定的能力，不能被认为是"成功的合理预期"。

EPO 审查指南 F 部分第Ⅳ章第 6.5 节对于权利要求功能特征的支持问题进行了相应的规定，其认为如果本申请的全部内容传达了一种功能将以特定方式执行的印象，则权利要求包含执行该功能的其他装置或所有装置的范围不被支持。此外，如果仅仅以模糊的术语描述可以采用其他装置，但是不清楚它们可能是什么，则同样不被支持。

EPO 上诉委员会判例法（第 10 版）第Ⅰ部分第 D 章创造性步骤第 9.17 节对"参数优化"进行了规定，明确了所采用的各个参数区域本身是已知的事实并不意味着将它们具体组合以解决技术问题是显而易见的（T 500/89）。

4.2.1.2 欧洲相关审查和司法判例

【案例 4-1】 T 2015/20

【涉案权利要求】

1. 一种供吸入的药剂组成物，包含干粉形态阿地铵（aclidinium）的药理学上可接受的盐，并与一药理学上可接受的干粉载体相混合，提供有一相当于约 400 微克阿地溴铵（aclidinium bromide）的阿地铵定量标称剂量。

11. 为药理学上可接受的盐的形态的阿地铵用于治疗患有哮喘病患的用途，该用途包括干粉吸入一相当于约 400 微克阿地溴铵的阿地铵单一定量标称剂量一天一次或一天两次。

16. 为药理学上可接受的盐的形态的阿地铵用于制造治疗患有哮喘病患的药物的用途，该用途包括干粉吸入一相当于约 400 微克阿地溴铵的阿地铵单一定量标称剂量一天一次或一天两次。

【争议焦点】

该案在说明书中指出，对于呼吸系统疾病，特别是哮喘和慢性阻塞性肺疾病（COPD）的治疗，阿地铵在以约 400 μg 计量标称剂量的剂量通过吸入施用时是最有效的，并通过实施例 1 的试验结果得到证实。文献 1 描述了 M3 毒蕈碱受体拮抗剂如阿地溴铵与 PDE4 抑制剂的组合，优选以用于吸入的组合物的形式，可用于治疗呼吸障碍如哮喘和 COPD。其提到 20～1000 μg 作为待使用的 M3 毒蕈碱受体拮抗剂的合适剂量单位，并优选 50～300 μg 的剂量单位。因此，文献 1 实际上教导旨在通过使用药剂的组合来降低各个药剂的剂量，以减少副作用，其没有提供关于 400 μg 的优化剂量的任何建议。文献 2 提供了一个简短的实验总结，其中 COPD 患者被施用 100 μg、300 μg 或 900 μg 的单剂量的阿地溴铵。300 μg 和 900 μg 剂量产生相似的峰值 FEV1 效应，并且这些效应比 100 μg 的效应更大且更早，所有剂量均表现良好耐受。因而在 300 μg 甚至更低的剂量下已经可以实现最佳效果，没有理由选择 400 μg 的给药剂量。基于上述事实，EPO 上诉委员会认为，权利要求 1 不是常规实验的明显结果，而是取得了预料不到的效果，并得出结论，权利要求 1 具备创造性。同理，涉及用途的权利要求 11 和 16 也具备创造性。

【案例思考】

EPO 认可给药剂量等使用方法对于产品和用途权利要求均具有限定作用，并能赋予创造性。在该案中，打破现有技术的教导和本领域技术人员的普遍认知，在增加给药剂量提升药效的同时没有出现副作用，其给药剂量的选择不符合本领域以更低剂量兼顾有效性和安全性的常规实验筛选逻辑，因而在该给药剂量下取得的技术效果被认为是预料不到的。在制剂的研发过程中，往往会因为制剂处方的改进或剂型的改变，带来给药剂量等使用方法上的不同，相应带来技术效果上的显著差异。因此，该案例对于制剂专利审查标准的研究尤其对于我国制剂专利创造性的判断具有一定的启发和参考意义。

【案例 4 – 2】 T 259/15

【涉案权利要求】

1. 一种包含含有丁丙诺啡或其药学上可接受的盐的聚合物基质层的丁丙诺啡透皮递送装置，其用于以至少 7 天的给药间隔治疗人的疼痛，其中所述透皮递送装置包含 10 重量% 的丁丙诺啡碱、10 重量% 至 15 重量% 的乙酰丙酸、约 10 重量% 的油酸油醇酯、55 重量% 至 70 重量% 的聚丙烯酸酯和 0 重量% 至 10 重量% 的聚乙烯吡咯烷酮。

【争议焦点】

无效宣告请求人认为：权利要求 1 与文献 1 的不同之处主要在于透皮递送装置用

于至少 7 天的给药间隔。在给药期间长时间使用透皮装置对于患者来说在舒适和方便性方面是有利的。文献 1 中公开的透皮装置是用丁丙诺啡贴剂治疗疼痛的有希望的候选药物。这将教导本领域技术人员观察到文献 1 的贴剂可以在至少 7 天的给药期间有效地使用。因此，该专利的权利要求 1 不具备创造性。

专利权人认为：文献 1 主要目的是提供更好的渗透促进剂，其没有提供给药间隔或有效血浆浓度的任何信息。本领域技术人员基于现有技术公开的内容会意识到丁丙诺啡不能很好地渗透人皮肤，并可能引起刺激，当考虑到在至少 7 天的给药期内使用文献 1 的贴剂的可能性时，本领域技术人员将具有非常低的成功预期，这将阻碍本领域技术人员进行临床试验。

EPO 上诉委员会决定认为：现有技术有报道丁丙诺啡贴剂不会引起皮肤刺激，且患者皮肤刺激的任何可能的问题也可通过停止施用贴剂来处理，因此，使用文献 1 的贴剂引起的任何可能的皮肤刺激问题的担忧不会阻碍本领域技术人员对其进行测试。出于舒适和方便的原因，本领域技术人员对确定透皮装置有效应用的最大持续时间存在考察动机。根据 EPO 上诉委员会的既定判例法，"合理的成功预期"概念背后的一般思想是，如果本领域技术人员没有合理成功预期，则可能避免进行麻烦的实验。在此基础上，即使现有技术包含遵循该方法的教导，也可以承认创造性步骤。然而，当现有技术建议的方法的实施和测试不涉及任何特定的技术困难时，本领域技术人员更倾向验证所设想的潜在解决方案是否有效。该案中，验证文献 1 贴剂所需的实验相对简单，不涉及对志愿者的重大风险。因此，并非每当涉及对人类患者的测试时，本领域技术人员都将系统地避免"试 - 看"方法。所以，该权利要求 1 不具备创造性。

【案例思考】

对于需要开展临床试验才能获得的研究成果，往往研发过程中需克服招募、安全性、技术性、伦理、患者配合、资金等诸多的困难，因此，抱有"试 - 看"心理的"成功的希望"，并不能使本领域技术人员有动机和勇气去克服大量困难进行相应的实验考察并获得结果。同时，在"试 - 看"方法的适用上，应当注意制剂使用时客观存在的副作用问题并不会构成本领域技术人员进行尝试的主要障碍，提高患者的给药便利性和顺应性是制剂改造的普遍需求，且在临床的"试 - 看"过程不存在技术困难和重大风险的情况下，没有足够的"合理的成功预期"并不会阻碍本领域技术人员有动机尝试并获得相应的结果。由于制剂研发最终均需要通过临床试验体现其安全性和有效性，而在我国制剂专利性的判断中并没有明确给出类似的将开展临床试验的诸多困难作为考量因素，即存在将"成功的合理预期"与"成功的希望"相混淆的情况。

4.2.2　美　国

4.2.2.1　美国相关法律规定

美国专利法第 101 条、第 102 条及第 103 条对发明的专利性作了一般性规定。

美国专利法第 112 条对说明书和权利要求进行了规定，规定了权利要求可以使用功能限定装置或步骤，并且这样的权利要求应该被解释为覆盖在说明书中所描述的对应结构、材料或行为及其等同物。

美国专利审查操作指南也有以下相关规定。

一是对可专利性进行了详细规定和说明。

二是规定了方法限定的产品权利要求不受限于记载步骤的实施，只受限于步骤所隐含的结构。

三是规定了支持显而易见性判断的合理理由包括 7 个方面的内容以及 Graham 要素调查包括 4 个方面的内容。

在依据"（A）根据已知的方法结合现有技术的要素，产生可预期的结果"进行驳回时，审查员在 Graham 要素调查后，需确认 4 个方面的内容。如果任何一个不能实现，则不能用于支持权利要求对于本领域技术人员是显而易见的结论。

在依据"（E）显易尝试，从确定的有限数量的、可预期的方案中选择，并能合理地成功预期"进行驳回时，审查员在 Graham 要素调查后，需确认 4 个方面的内容。如果任何一个不能实现，则不能用于支持权利要求对于本领域技术人员是显而易见的结论。

四是对于相似或重叠范围、量和比例的显而易见性进行了规定，同时认为可以通过证实现有技术在任何实质性方面的教导都背离了请求保护的发明进行辩驳。

4.2.2.2　美国相关审查和司法判例

【案例 4 - 3】US4786505A、US4853230A[❶]

【涉案权利要求】

1. 一种口服药物制剂，其包含

（a）核心区域，其包含有效量的选自奥美拉唑加碱性反应化合物、碱性奥美拉唑

---

❶　In re Omeprazole Patent Litigation, 536 F. 3d 1361, 87 USPQ2d 1865（Fed. Cir. 2008）.

盐加碱性反应化合物和单独的碱性奥美拉唑盐的材料；

（b）置于所述核心区域上的可溶于水或在水中快速崩解的惰性底衣，所述底衣包含一层或多层选自片剂赋形剂和聚合物成膜化合物的材料；以及

（c）设置在所述底衣上的外层，所述外层包含肠溶衣。

2. 一种药物制剂，其包含：

（a）碱反应核，所述碱反应核包含酸不稳定的药物活性物质和不同于所述活性物质的碱反应化合物、酸不稳定的药物活性物质的碱盐或酸不稳定的药物活性物质的碱盐和不同于所述活性物质的碱反应化合物；

（b）置于所述核心区域上的在水中快速溶解或崩解的惰性底衣，所述底衣包含一层或多层，所述层包含选自片剂赋形剂、成膜化合物和碱性化合物的材料；以及

（c）包围所述底衣层的肠溶衣层，其中所述底衣层将所述碱反应核心与所述肠溶衣层隔离，使得所述制剂的稳定性增强。

【争议焦点】

该案涉及在一种奥美拉唑的药丸上使用两层涂层的技术方案。侵权方认为，奥美拉唑涂层片剂是现有技术已知的，而且双涂层在药物制剂领域也是常见的，没有证据表明应用两个不同的肠溶涂层于奥美拉唑是不可预期的。专利权人该案设置内涂层的原因在于屏蔽现有涂层与奥美拉唑之间产生的相互作用，防止活性成分退化。现有技术没有揭示奥美拉唑与现有涂层相互作用会导致退化这一问题。因此，地区法院认为，本领域技术人员没有理由在奥美拉唑药丸剂型中加入内涂层从而认可创造性。联邦巡回上诉法院肯定了地区法院的判决，认为由于改进现有剂型缺陷的问题尚未被认识，所要求保护的剂型就是非显而易见的。即使本领域技术人员已认识到这个问题，也可能会选择不同的改变方式。

【案例思考】

该案涉及美国支持显而易见性判断的合理理由 7 个方面中的第 1 个方面，即"（A）根据已知的方法结合现有技术的要素，产生可预期的结果"。但在实际判断时，不符合在 Graham 要素调查后，需确认内容的相关规定。因每个要素并非执行与单独执行时相同的功能，且本领域技术人员不能认识到该组合的效果是可以预料的。因为基于现有技术对于奥美拉唑涂层片剂的了解，并没有发现奥美拉唑和涂层之间存在不利的相互作用，本领域技术人员无法预期加入内涂层能够赋予最终产品具备何种特定性质上的改进，因而也就没有动机和理由付出额外的时间和费用以增加另一涂层。我国在审查实践中也存在类似的操作，即认识发明所要解决的技术问题已经超出了本领域技术人员的能力或水平，但问题一经提出，其解决手段是显而易见的，此时，发明与现有技

术相比是非显而易见的，应当认可其创造性。当然，该案也可以从我国《专利审查指南》对应的"组合发明"角度加以理解，即从组合后的各技术特征在功能上是否彼此相互支持、组合的难易程度、现有技术中是否存在组合的启示以及组合后的技术效果等方面进行分析判断。通常而言，制剂领域药物和辅料的种类、制备工艺的操作步骤均是现有技术中已知的，但其组合在一起的动机、难度和效果，各技术特征发挥的是自身作用还是协同作用，是否解决了本领域技术人员尚未意识到的问题等，这都是药物制剂专利性判断需要认真考虑的方面。

【案例 4 - 4】 US6124355A❶

【涉案权利要求】

1. 一种用于患者口服给药的缓释奥昔布宁制剂，其包含治疗剂量的奥昔布宁，所述奥昔布宁选自奥昔布宁及其药学上可接受的盐，所述奥昔布宁在 0 至 4 小时内递送 0 至 20% 的奥昔布宁，在 0 至 8 小时内递送 20% 至 50% 的奥昔布宁，在 0 至 14 小时内递送 50% 至 85% 的奥昔布宁，并且在 0 至 24 小时内递送大于 75% 的奥昔布宁，用于治疗患者的失禁。

【争议焦点】

该案请求保护高水溶性药物奥昔布宁的缓释制剂，其中药物在 24 h 内以特定速率释放。现有技术 1 教导了高水溶性药物的缓释组合物如吗啡的缓释制剂，并公开奥昔布宁属于高水溶性药物。现有技术 2 教导了奥昔布宁的缓释制剂，但释放速率不同于该案。现有技术 3 给出了一种在 24 h 内输送药物的普适方法，提到该方法适用于奥昔布宁所属的药物分类。美国联邦巡回上诉法院认为，由于奥昔布宁的吸收特性在该发明时是可以合理预测的，因此有合理的预期将会成功开发出请求保护的奥昔布宁缓释制剂，并在已知的方法中选择尝试制备获得该专利。

【案例思考】

该案涉及美国支持显而易见性判断的合理理由 7 个方面中的第 5 个方面，即"（E）显易尝试，从确定的有限数量的、可预期的方案中选择，并能有合理地成功预期"。根据案情分析，其符合在 Graham 要素调查后，需确认内容的所有相关规定。即在本领域中具有高水溶性药物制备缓释制剂的公认问题或需求，现有技术中也存在现有技术 3

---

❶ *Alza Corp. v. Mylan Labs. , Inc. ,* 464 F. 3d 1286, 80 USPQ2d 1001（Fed. Cir. 2006）.

等解决相同技术问题的有限数量的确定的可预期的潜在方案，本领域技术人员能够合理预期采用现有技术3可以取得成功。我国《专利审查指南2023》中关于"选择发明"创造性的判断，规定了如果发明仅是从一些已知的可能性中进行选择，或者发明仅仅是从一些具有相同可能性的技术方案中选出一种，而选出的方案未能取得预料不到的技术效果，则该发明不具备创造性。其与美国专利审查操作指南中"显易尝试"规定的内涵是类似的。在我国制剂专利创造性的评判中也采用了基本相同的思路，缺乏绝对可预测性的结果并不会阻碍本领域技术人员在制剂改进时从现有技术解决相同技术问题的其他活性成分制剂中进行借鉴和选择。

【案例 4 – 5】 US6787531B1[●]

【涉案权利要求】

1. 一种药物组合物，其包含2~4 mg的微粉化屈螺酮颗粒、0.01~0.05 mg的17α – 炔雌醇，以及一种或多种药学上可接受的载体，所述组合物为口服剂型，在溶解时暴露于胃环境，并且所述组合物对于人类女性的口服避孕是有效的。

【争议焦点】

该案要求保护的是一种含微粉化屈螺酮的口服避孕药。现有技术已知屈螺酮是一种水溶性差、酸敏感的有避孕效果的化合物。本领域也公知微粉化能够提高水难溶性药物的溶解度。然而原告发现普通药片和肠溶涂层药片具有相同的生物利用度，据此开发了该案的微粉化屈螺酮普通片剂。地区法院认为，现有技术表明具有相似结构的螺利酮也是酸敏感的，但在体内可以被吸收。虽有其他文献教导屈螺酮在接触人体胃酸模拟液时会发生异构，但该研究存在缺陷，且有证据表明肠溶涂层不是必要的。联邦巡回上诉法院认为，现有技术已限制性地提供了两种选择，本领域技术人员不需要像在未被现有技术简化的领域中那样尝试所有可能性。因而，该案不具备创造性。

【案例思考】

该案同样涉及美国支持显而易见性判断的"显易尝试"的相关规定。但与案例4 – 4不同的是，其存在药物屈螺酮本身是酸敏感，并有证据表明屈螺酮在接触人体胃酸模拟液时会发生异构的不利教导，使得本领域技术人员在作出相应选择时由于预期的不确定性增加，即使在选择数量范围较小的情况下，仍然存在避开获得该案的技

● *Bayer Schering Pharma A. G. v. Barr Labs.，Inc.*，575 F. 3d1341，91 USPQ2d 1569（Fed. Cir. 2009）.

术方案的可能。但通过地区法院的事实认定可以发现，现有技术并非都认为屈螺酮不适用于口服给药，一些不利教导本身的说服力也不够。因此，最终仍从"显易尝试"的角度没有认可该案的创造性。该案在制剂专利创造性的评判过程中具有一定代表性，因在审理过程中各方均会提供各种正反两方面的证据针锋相对，此时需要客观分析各方证据的说服力，是否构成了真正的相反教导，还是仅仅增加了对结果预期的不确定性，而在选择范围极其有限且明确的情况下，本领域技术人员作出相应选择获得方案本身仍然是显而易见的。

4.3　中国药物制剂专利保护的法律相关规定和实践

4.3.1　中国相关法律规定

《专利审查指南 2023》第二部分第十章第 5 ~ 6 节分别对化学发明的新颖性和创造性予以规定，药物制剂产品和用途发明的新颖性判断可参考第 5.2 节组合物的新颖性、第 5.3 节用物理化学参数或者制备方法表征的化学产品的新颖性，以及第 5.4 节化学产品用途发明的新颖性的相关规定。药物制剂用途发明的创造性判断可参考第 6.2 节化学产品用途发明的创造性的相关规定。

《专利审查指南 2023》第二部分第三章和第四章对新颖性和创造性的通用性规定中，药物制剂产品的新颖性判断可参考第三章第 3.2.5 节对于包含性能、参数、用途、制备方法等特征的产品权利要求新颖性的审查。药物制剂产品的创造性判断可参考第四章第 4.2 节组合发明、第 4.3 节选择发明、第 4.6.2 节要素替代的发明，以及第 4.6.3 节要素省略的发明的相关规定。

然而上述规定只是给出了该类主题审查的上位性、原则性的审查理念和法律原则。药物制剂作为化学发明一个特殊的分支，有其自身的审查重点和难点。例如药物制剂通常是已知活性成分和已知辅料的组合，但其组合后的效果并非都是通过单独分析每一个辅料的功能性质即可叠加预期。同一剂型的处方设计也并非可以照搬应用于不同的药物活性成分。因此，药物的新剂型、药物已有剂型的改进发明的审查可能存在"事后诸葛亮"的错误判断。此外，使用方法、功能或效果等特征的限定是否能体现出对药物制剂产品结构和/或组成带来的影响。发明贡献在于物理性质和理化参数的选择方面，如何能够准确地分析其数据体现的规律和物理性质背后隐含的技术逻辑？在具备授权前景的情况下，如何基于说明书有限的效果实施例给予合理的保护范围？上述问题和困扰在中国、美国、欧洲等主要国家或地区的审查标准执行方面也存在一定的差异，因而很容易成为药物制剂专利审查实践中的难点和争议的焦点。

4.3.2 使用方法限定的新颖性判断

药物制剂设计的基本原则包括安全性、有效性、可控性、稳定性、顺应性，制剂研发的成果不仅体现在剂型和制剂组成上，而且其效果还需要结合使用方法的改进来体现在安全有效和提高患者的顺应性方面。因此，申请人希望通过使用方法特征的限定，突出其区别于现有技术的发明贡献。而我国《专利审查指南2023》规定，对于使用有关的特征需判断其是否对制药过程产生影响，例如给药剂量、给药对象、给药方式、途径、给药间隔和频次等均是与使用有关的技术特征。在实际审查过程中，分析判断该类特征的限定作用到底体现在制药过程还是用药过程，或是二者中均存在，往往具有一定难度，从而最终影响案件是否具备新颖性和创造性结论的判断。

【案例4 –6】CN201110003484.1

该案涉及一种透皮治疗系统，历经实质审查阶段驳回、复审阶段维持驳回、一审判决、二审判决和再审裁定均维持驳回的审理过程。

【涉案权利要求】

1. 游离碱或药学上可接受的盐形式的利凡斯的明在制备用于预防、治疗痴呆或阿尔茨海默病或延迟其恶化的药物中的用途，其中利凡斯的明在 TTS 中给药并且利凡斯的明的起始剂量等同于具有 9 mg 利凡斯的明负载剂量的 5 cm^2 双层 TTS 产生的剂量，其中所述双层 TTS 的一层：

具有 60 g/m^2 的单位面积重量和如下组成：

利凡斯的明游离碱	30.0%重量百分比
Durotak® 387 – 2353（聚丙烯酸酯黏附剂）	49.9%重量百分比
Plastoid® B（丙烯酸酯共聚物）	20.0%重量百分比
维生素 E	0.1%重量百分比

并且其中所述层被提供单位面积重量为 30 g/m^2 的硅氧烷黏附层，所述硅氧烷黏附层具有如下组成：

Bio – PSA® Q7 – 4302（硅氧烷黏附剂）	98.9%重量百分比
硅氧烷油	1.0%重量百分比
维生素 E	0.1%重量百分比。

2. TTS，其给予与具有 9 mg 利凡斯的明负载剂量的 5 cm^2 双层 TTS 产生的剂量等同

的利凡斯的明剂量，其中所述双层 TTS 的一层：

具有 60 g/m² 的单位面积重量和如下组成：

利凡斯的明游离碱	30.0% 重量百分比
Durotak® 387 – 2353（聚丙烯酸酯黏附剂）	49.9% 重量百分比
Plastoid® B（丙烯酸酯共聚物）	20.0% 重量百分比
维生素 E	0.1% 重量百分比

并且其中所述层被提供单位面积重量为 30 g/m² 的硅氧烷黏附层，所述硅氧烷黏附层具有如下组成：

Bio – PSA® Q7 – 4302（硅氧烷黏附剂）	98.9% 重量百分比
硅氧烷油	1.0% 重量百分比
维生素 E	0.1% 重量百分比。

【审理过程】

（1）复审阶段❶

合议组认为：对比文件 1 公开了游离碱形式的利凡斯的明在制备用于治疗阿尔茨海默病的药物中的用途，且其中利凡斯的明是在经皮治疗系统（TTS）中给药的。权利要求 1 对起始剂量的限定是与使用该药物相关的特征，其对制药用途没有限定作用。权利要求 2 中对给予所述 TTS 时产生的剂量的限定不能使请求保护的 TTS 本身的结构或组成与对比文件 1 相区别。此外，减少副作用的效果也是由给药方法特征所必然带来的。因此，相对于对比文件 1 公开的内容，权利要求 1 ~ 2 不具备有关新颖性判断的规定。

复审请求人认为：基于现有技术的教导，考虑到关于利凡斯的明的已知信息和在优先权日时管理机构提供的制备改良的释放制剂的教导，本领域技术人员没有动机选择这样的剂量，且不能预期与采用批准的口服起始剂量相比增加效力的同时，成功地减少副作用的技术效果。

（2）司法阶段❷

原告认为：①关于药物使用方法特征不产生限定作用的内容最早出现在《审查指南 2006》中，《审查指南 2001》对此并未规定，故被诉决定适用法律错误。②医药用途发明，本质是药物的使用方法发明，如何使用药物的技术特征，应当属于化合物的使用方法的技术特征，对权利要求具有限定作用。实践中也有对使用剂量、起始剂量等给药特征进行改进以获得意料不到技术效果的需要。③起始剂量将直接影响制药阶段药品说明书、标签的撰写，对制药过程具有限定作用。④剂量的不同影响 TTS 辅料

---

❶　国家知识产权局第 119882 号复审决定书。

❷　北京知识产权法院（2017）京 73 行初 6655 号行政判决书、北京市高级人民法院（2019）京行终 3302 号行政判决书、最高人民法院（2020）最高法行申 15078 号行政裁定书。

种类的选择、用量及活性剂的配比，因此对于 TTS 透皮治疗系统具有限定作用。

各级判决认为：①化学产品的医药用途发明属于使用方法发明，该使用方法约束的是如何使用化学产品以获得新的医药用途，而不是如何使用化学产品以诊疗疾病。对于化学产品医药用途权利要求中经常出现的与使用有关的特征，如果仅涉及药物施用于人体的具体用药方法，与制药过程没有直接、必然的关联性，则对权利要求请求保护的化学产品的医药用途本身不具有限定作用，不应作为新颖性判断的基础。上述内容属于根据 2000 年版《专利法》的规定作出的解释，并不因《审查指南 2001》和《审查指南 2006》表述内容的差异发生矛盾与冲突。②虽然药品说明书、标签的撰写等工作也是制药过程的工序，但这些工序未采用技术手段解决技术问题，不属于获得新的医药用途的技术方案的一部分。③原告所主张的给药特征对制药中辅料种类、用量、配比的影响，可根据给药量进行函数关系反推，仅为陈述一种可能性，本领域技术人员并不能明确是否具有限定作用及有何限定作用。

【案例思考】

该案根据说明书发明内容部分的表述，其发明点在于剂型转变带来了更高起始剂量的使用等预料不到的技术效果。但由于最接近的现有技术公开了相同的剂型，申请人为强调其剂型转变在治疗疾病时改变以往通常使用剂量的突出优势，通过给药剂量特征分别对制药用途和产品进行限定，以期能够体现对现有技术的发明贡献。对于该类案件，需关注如下考量因素。

（1）不同版本专利审查指南关于药物使用方法特征对医药用途限定作用的内涵

《审查指南 2001》对于已知物质用途发明的新颖性部分规定：原先作为洗涤剂的物质 X，后来有人研究发现将它配以某种添加剂后能作为增塑剂。那么如何配制、选择什么添加剂、配比多少等就是使用方法的技术特征。这时，审查员应当评价该使用方法本身是否具备新颖性和创造性，而不能依据物质 X 是已知的理由驳回该用途发明。

《审查指南 2006》规定了对于涉及化学产品的医药用途发明，其新颖性审查应考虑：给药对象、给药方式、途径、用量及时间间隔等与使用有关的特征是否对制药过程具有限定作用，仅仅体现在用药过程中的区别特征不能使该用途具有新颖性。

因此可以看出，自 2006 年修订专利审查指南以来，不同版本的专利审查指南关于药物使用方法特征对于医药用途权利要求是否产生限定作用的规定没有发生任何变化，即相关的审查标准是一致且延续的。《审查指南 2001》虽然没有予以明确，但其规定了需要判断如何配制、选择什么添加剂、配比多少等使用方法的技术特征本身是否具备新颖性和创造性，其列举的配制过程、添加剂种类、配比均是与制备过程相关的技术特征。因而，不同版本专利审查指南对于使用方法特征对医药用途限定作用的内涵并不存在相互矛盾的地方。

（2）制药用途是保护制药的方法，不是药物的使用方法

自《审查指南 2001》以来均规定了，对于用途权利要求：化学物质（产品）的用途发明是基于发现物质（产品）新的性能并利用此性能而作出的发明。无论是新物质（产品）还是已知物质（产品），其性能是物质（产品）本身所固有的，用途发明的本质不在于物质（产品）本身，而在于物质（产品）性能的应用。不同版本专利审查指南的规定均表明用途发明是一种方法发明，其权利要求属于方法类型。但是该使用方法约束的是如何使用化学产品以获得新的医药用途，而不是如何使用化学产品以诊疗疾病，因后者违反《专利法》关于疾病的诊断和治疗方法的规定是不能被授予专利权的。因此，制药用途保护的是制药的方法，不是药物的使用方法。

（3）单位剂量和给药剂量的区别

药物制剂专利中经常存在单位剂量和给药剂量的限定，由于表述的近似性，容易对这两个概念形成混淆。单位剂量通常是指每一药物单位中所含药物的量，该含量取决于配制药物时加入的药量。给药剂量是指每次或每日的服药量，指药物的使用分量，一般由医生或服药者决定，如一天两次或一天三次地给药，属于药物的使用方法。因此，本质上二者属于不同的概念。从专利的角度而言，单位剂量无论是对药物制剂的产品、制备方法还是制药用途均具有限定作用。而给药剂量体现在用药过程，与制药过程没有直接、必然的关联性，因此，对于药物制剂的产品、制备方法和制药用途不具有限定作用。实际审查过程中，在表述不清的情况下，需要申请人在权利要求、说明书以及意见陈述中明确到底是单位剂量还是给药剂量，既有助于审查员作出正确判断，也使权利要求的保护范围更加清楚明了。

（4）药品说明书、标签对制药用途和制剂产品限定作用的判断

该案申请人一再强调，药品制备并非单纯原料药或药物制剂的制备，还包括出厂包装前的所有工序。起始剂量特征将直接影响制药阶段生产的药品的单位剂量和药品说明书、标签的撰写，实际对制药过程具有限定作用。但正如二审判决认为，并非制药过程中的所有工序都属于获得新的医药用途的技术方案的一部分，虽然药品说明书、标签的撰写等工作也是制药过程的工序，但这些工序未采用技术手段解决技术问题，因此，给药剂量特征是否对这些工序有限定作用对判断制药用途的新颖性并无影响。基于以上分析，由于药品使用说明书、标签等本身记载的文字信息不构成药品本身的技术特征，因此与现有技术相比，区别仅在于药品使用说明书及其记载信息的药物制剂产品权利要求也不具备新颖性。

（5）使用方法特征对制药阶段的方法、步骤、单位剂量、辅料选择等限定作用的判断

该案申请人认为，对于 TTS 透皮治疗系统而言，剂量的不同影响 TTS 辅料种类的选择、用量以及活性剂的配比，因此具有限定作用。一审、二审判决和再审裁定则认

为权利要求的内容并未对请求保护的 TTS 本身的结构和组成进行限定。本领域技术人员不能仅通过该剂量特征的记载明确其对 TTS 辅料种类的选择、用量以及活性剂的配比是否有限定作用及有何限定作用。由此引发思考，对于给药剂量、给药对象、给药形式、给药间隔和频次等与使用方法有关的特征是否对药物制剂的制备具有限定作用，从而能够最终体现在产品结构和/或组成上的不同。以给药剂量为例，该案无论是产品权利要求还是用途权利要求，均通过给药剂量进行限定，虽然在给药剂量中限定了其等同于特定结构组成的 TTS 所产生的剂量，但其实质仍是对给药剂量的限定，并未体现出对 TTS 本身的结构和/或组成有何影响，更未表明其结构和/或组成是该等同剂量的 TTS，因而没有起到实质的限定作用。

药物制剂专利文件通常基于发明点等因素的考量进行使用方法的限定，其不仅局限于给药剂量，也包括给药对象、给药形式、给药间隔和频次等与使用有关的特征，对该类特征仍然应分析其限定作用体现在制药过程还是用药过程。比如与现有技术相比，仅给药对象不同的产品权利要求通常不具备新颖性：现有技术公开了采用大鼠模型证明含 A 的药物制剂具有治疗高血压的作用，则治疗人类高血压病的含 A 的药物制剂权利要求不具备新颖性。比如药物制剂权利要求中包含特定给药途径或方式特征时，需要考量这些特征是否隐含药物组合物在结构和/或组成上的区别：口服溶液和注射液均为液体溶液剂，但给药途径不同，对其制剂的质量标准要求是不同的，通常注射液质量标准高于口服溶液，且有等渗需求，即特定给药途径暗示药物组合物中含有特定的药用辅料，这会对产品的结构和/或组成产生影响，因此，无法直接得出口服溶液与注射液的结构和/或组成是相同的结论。

此外，该案的一审、二审判决和再审裁定认为无法明确其对 TTS 辅料种类的选择、用量以及活性剂的配比是否有限定作用及有何限定作用，即已经多次给予申请人进行举证的机会。但申请人仅是陈述可根据药物起始量通过函数关系推导获得其相应的制剂组成，并未给出不同的给药剂量对应不同制剂组成的直接证据，以明确区分于现有技术的产品。因此，使用方法并非绝对的没有限定作用，需要充分结合本领域知识加以分析，并利用举证机会提供令人信服的证据。

（6）对于使用方法取得的预料不到技术效果的可授权角度分析

该案申请人陈述的理由是剂型转变后给药途径或是使用方法上的不同，取得了增加药效、获得更大耐受剂量且不发生副反应的预料不到的技术效果。因为给药途径由口服给药换成透皮给药，而透皮给药可以避免肝脏首过效应，生物利用度更高，因而本领域技术人员并无动机增加药物的给药剂量。对于该类发明，能否获得授权的核心在于产品的结构和/或组成上是否能够相对于现有技术具有非显而易见性。如果发明的贡献在于不仅实现了药物的剂型变化，且单位剂量在剂型转变后没有调整的动机或是基于剂型特点存在相反调整剂量的启示，那么发明不仅在剂型转变上存在授权可能，且具体药物含量的选择上也不是显而易见的，其取得更好的疗效和减少副反应的效果也是预料不到的，从而存在专利授权的可能。如果是相同的剂型或是相同的制剂形式，仅是由于改变了使用方法取得更好的效果，则其发明点在于用药过程不在制药过程，基于前述观点仍然不能获得专利授权。

（7）中国、美国、欧洲同族专利审查结论的思考

横向比较中国、美国、欧洲的同族专利审查结果，该案的欧洲同族专利 EP10179085A 采用使用方法限定的产品和用途权利要求均获得了授权，其审查结论体现了 EPO 审查指南（2024）第Ⅵ章第 6.1.2 节的相关规定，即认为使用方法特征对于产品和用途权利要求均具有限定作用。而美国在同族专利 US201313906922A 的审查意见中认为，该功能性的表述没有体现产品的详细结构，仅是一种不太确定结构的 TTS，没有认可其创造性。美国专利审查操作指南规定了方法限定的产品权利要求不受限于记载步骤的实施，只受限于步骤所隐含的结构。方法限定的产品权利要求中缺乏物理描述使对权利要求的可专利性的确定更加困难，因为尽管权利要求可以仅由记载方法限定，但是必须确定要求保护的产品的可专利性，而不是被记载的方法步骤的可专利性。当现有技术公开了一种产品，该产品看起来合理地与方法限定的产品权利要求中要求保护的产品相同或仅略有不同时，基于美国专利法第 102 条或美国专利法第 103 条的驳回是公平合理的。即美国在此类案件的审查过程中也会关注方法限定本身是否隐含对产品结构的影响。因此，通过上述分析可知，中国对于使用方法限定的用途权利要求持更加严格的审查标准，美国虽然可以对药物的使用方法予以保护，但在审查过程中同样也会考虑起始剂量等的限定作用，而欧洲则对使用方法等给药特征的限定持更加开放的态度。因此，对于发明体现在用药过程中的药物制剂专利申请，申请人可基于不同国家审查标准的差异在不同国家有选择地进行专利布局，或选择符合相应国家审查标准的可被接受的撰写和修改方式进行申请和答复。

4.3.3　物理性质限定的创造性判断

由于药物制剂学的发展与突破更多依赖于新材料的出现，因此在药物制剂研发过程中，较多聚焦于对材料的微观性状和物理化学性质的研究，从而在药物制剂专利申请中出现大量以物理性质如形态、粒径、晶型、硬度、密度、黏度、空气动力学参数等限定的技术特征以体现发明贡献。这一类专利，由于涉及较为专业的本领域知识或跨领域知识，因此往往在审理过程中存在较多的争议焦点。

【案例 4 - 7】CN201280064016.8

该专利涉及一种包含无定形艾默德斯的制剂，历经实质审查阶段驳回、复审阶段

维持驳回、一审判决和二审判决均维持驳回的审理过程。

【涉案权利要求】

1. 制剂，其在聚乙烯基吡咯烷酮基质中包含无定形形式的艾默德斯，所述制剂为熔融挤出物。

【审理过程】

（1）复审阶段❶

合议组认为：①权利要求 1 请求保护的技术方案与对比文件 3 公开内容的区别特征在于：权利要求 1 限定了在聚乙烯基吡咯烷酮基质中包含无定形形式的艾默德斯，所述制剂为熔融挤出物。实际解决的技术问题是如何改善艾默德斯制剂的生物利用度。对比文件 3 明确教导了艾默德斯为溶解不太好的活性成分，《药剂学》公开了固体分散技术能将药物高度分散，形成分子、胶体、微晶或无定形形态，若载体材料为水溶性的，可大大改善药物的溶出与吸收，从而提高生物利用度；在常见的水溶性载体材料中，聚乙烯吡咯烷酮对许多药物有较强的抑晶作用，用其制成固体分散体，体外溶出度有明显提高，在体内起效快，生物利用度也有显著改善；熔融挤出物是固体分散体的常见形式。因此，本领域技术人员结合对比文件 3 和公知常识得到权利要求 1 请求保护的技术方案是显而易见的，不具备有关创造性判断的规定。②该案并未提供试验数据证明艾默德斯为无定形状态，无法确定 C_{max} 和生物利用度改善是由药物的无定形状态带来的。③证据《药剂学》是对如何改善药物生物利用度的一般性教导，本领域技术人员有动机尝试选择。④该案的实施例中并未记载艾默德斯溶液进入体内后为无定形形式还是结晶形式。该案对比例中的艾默德斯丙缩酮甘油溶液进入胃内的亲水性环境中后，由于溶剂系统发生较大变化，其仍然会面临溶出和吸收差的问题。⑤该案未证明采用无定形形式能够保持不析晶等稳定性效果。

复审请求人认为：①该案说明书记载了非常好的生物利用度是因为无定形形式，该效果已在实施例部分验证。②审查意见中引用的公知常识证据《药剂学》没有提及究竟哪些具体的药物制备成固体分散体后将具有良好的生物利用度，其公开的亲水性载体不仅包括聚乙烯吡咯烷酮（PVP），还包括聚乙二醇（PEG）、有机酸等，其公开的 4 种分散形式（分子、胶体、无定形、微晶）中，推荐的应当是分子分散，这正是该案对比例中艾默德斯在丙缩酮甘油溶液中的存在形式，而该发明的制剂取得了比该丙缩酮甘油溶液还高的生物利用度，应当被认为超出了本领域技术人员的预期，此外，《药剂学》不推荐在熔融挤出物使用 PVP，并公开了低共融混合物中的药物一般以微晶

---

❶ 国家知识产权局第 168834 号复审决定书。

形式存在。因此权利要求 1 具备创造性。

（2）司法阶段●

原告认为：①该案实际解决的技术问题应为改善艾默德斯制剂的生物利用度，达到显著优于艾默德斯丙缩酮甘油溶液的程度。②艾默德斯丙缩酮甘油溶液完全免除活性成分溶出过程，该案取得了相当于丙缩酮甘油溶液的 1.5～2 倍的生物利用度改善的预料不到的技术效果，其与对比文件 3 相比出现了创造性的"量"的变化。③该案尽管涉及使用固体分散技术，但无定形形式才是该案的发明点。《药剂学》实现的技术效果从根本上讲是药物的溶出，其没有暗示固体分散技术必然总是能取得改善的生物利用度。无论是无定形还是固体分散技术，都不是本领域惯用的改善生物利用度的技术手段。

一审、二审判决认为：①在重构技术问题时，不应从在某一具体实施例中得到的技术效果出发，片面理解发明实际要解决的技术问题。该案实施例和对比例的基质组成并不相同，对比例未指明艾默德斯是结晶形式，因此，该案实际解决的技术问题是，如何提高艾默德斯生物利用度。②如果通过对比实验来证明效果是预料不到的，则对比对象应当基于最接近的现有技术。该案说明书中不是与现有技术中的结晶艾默德斯进行比对，因此，不具有取得预料不到技术效果的证明力。鉴于《药剂学》公开的无定形形式的性能，本领域技术人员能够合理预期无定形形态有助于改善药物的溶出与吸收，从而提高生物利用度。③药物溶解度是药物制剂改进的重要考虑因素，通常药物的溶出速度会随着固体分散度的增加而提高，改善药物的溶出与吸收有利于提高药物生物利用度的效果。依据《药剂学》的明确记载，本领域技术人员为改善艾默德斯制剂的生物利用度，存在将艾默德斯制备成固体分散体的技术动机。

【案例思考】

该案根据说明书发明内容部分表述，其发明点在于选择了药物的无定形状态，从而取得了预料不到的技术效果。但根据上述审理过程分析可以看出，药物的无定形状态仅仅是药物在最终制剂中的一种物理状态形式，其实质仍然是剂型转变所带来的原料存在形式的一种客观体现。即其发明点在于剂型转变，并非单纯对原料物理状态的选择。对于该类案件，需关注如下考量因素。

（1）直接从该发明对比实验得出的结论往往会干扰实际解决技术问题的准确判断

《专利审查指南 2023》规定，在审查中应当客观分析并确定发明实际解决的技术问题。为此，首先应当分析要求保护的发明与最接近的现有技术相比有哪些区别特征，

● 北京知识产权法院（2019）京 73 行初 8188 号行政判决书、最高人民法院（2020）最高法知行终 591 号行政判决书。

然后根据该区别特征在要求保护的发明中所能达到的技术效果确定发明实际解决的技术问题。审查过程中，由于审查员所认定的最接近的现有技术可能不同于申请人在说明书中所描述的现有技术，因此，基于最接近的现有技术重新确定的该发明实际解决的技术问题，可能不同于说明书中所描述的技术问题；在这种情况下，应当根据审查员所认定的最接近的现有技术重新确定发明实际解决的技术问题。

该案中，申请人与法院在认定该发明实际解决的技术问题时存在明显的分歧。申请人从实施例取得的对比效果出发，认为该案实际解决的技术问题应为改善艾默德斯制剂的生物利用度，达到显著优于艾默德斯丙缩酮甘油溶液的程度。但一审和二审判决观点认为，在重构技术问题时，不应以从某一具体实施例中得到的技术效果出发，而应全面理解区别特征在该案中所能达到的技术效果进行客观认定。由于该案对比例和最接近的现有技术的方案不同，因此，无法仅从该案实施例的对比情况直接认定发明实际解决的技术问题。该案启示申请人在研发过程中应注意实验设计的科学性和证明力，对比实验能够代表现有技术的典型状况，使其实验结果能够对应所要解决的技术问题。

（2）药物制剂专利中物理性质限定的创造性判断考量因素

《专利审查指南2023》规定，对于用物理化学参数表征的化学产品权利要求，如果无法依据所记载的参数对由该参数表征的产品与对比文件公开的产品进行比较，从而不能确定采用该参数表征的产品与对比文件产品的区别，则推定用该参数表征的产品权利要求不具备《专利法》第22条第2款所述的新颖性。但是有证据表明，该发明和现有技术确实存在物理性质的区别时，则不再适用新颖性的规定。例如根据说明书的记载，其和对比文件公开的制备方法存在明显不同，且制备方法对最终产品的物理性能会产生显而易见的影响；或是该发明是对现有已知产品物理性能的改进，能够区别于现有技术产品；或是申请人提供证据表明该发明和现有技术产品存在物理性质的差异。此时，认为无法区分于现有技术继续质疑发明的新颖性已然不合适。如该案所示，应判断物理性质限定的产品是否具备创造性，即需要在物理性质、技术手段和技术效果之间寻找关联性，探究获得相应技术效果的实质过程，透过现象看清本质。通过说明书发明内容或实施例了解技术效果是通过某种特殊的工艺获得，或是某种常规制剂技术客观带来，或是通过特定的筛选过程进行的选择发明。如果是通过某种特殊的工艺制备获得，此时需判断该特殊工艺对于获得该物理性质的产品是否显而易见。如果是某种常规制剂技术客观带来，那么需要站位于本领域技术人员，知晓申请日之前本领域的普通技术知识，如该案所示，通过无定形状态的药物活性成分包覆于聚乙烯吡咯烷酮中的物理状态，结合挤出方法制备，能够分辨出其实质是固体分散体的制备方法和剂型结构状态。进而知晓该案相对于现有技术的贡献在于剂型的转变，再结合该剂型自身的特点，以及物理药剂学中晶格、自由能等常识，判断PVP抑晶特性为显而易见。如果是通过特定的筛选过程进行的选择发明，比如通过单因素的考察确定优选的物理性质，或是通过处方筛选获得优选的物理性质，此时需判断单因素的影响是否具有规律性，比如粒径越小药物的分散性越好，释放越快；比如片剂的硬度越高，则越难崩解。这些都是有规律可循的，其物理性质改变带来的效果是可以预期到的，本领域技术人员在熟知相应规律和辅料性质的情况下，有动机通过采用常规实验手段获得相应物理性质的产品。到底属于预料不到的，还是属于相应制剂技术或剂型的特点所带来的技术效果，这是基于本领域普通技术知识分析物理性质的改变与技术效果之间的对应关系可以得到的。当然，说明书实验数据的证明力也是应当考虑的因素。该案存在的问题还在于选择的对比例是艾默德斯丙缩酮甘油溶液，其溶剂不是水，不能模拟体内环境，该溶剂体系也不是本领域常规的生物利用度实验模型，因而其选择的对比例不是本领域公知公认的对照标准，不能代表药物活性成分任何典型的物理状态，所以其核心的对比实验结果不具说服力，既不能体现无定形相对于结晶状态具有更好的效果，也不能证明药物生物利用度的提高与溶出增加无关。因此，该案从多角度表明了不断夯实与全面掌握本领域普通技术知识的重要性，技术事实的准确认定已成为该类案件评判的关键。

（3）中国、美国、欧洲同族专利审查结论的思考

横向比较中国、美国、欧洲的同族专利审查结果，除中国外，美国和欧洲的同族专利至少获得了一项的授权，且欧洲专利授权的保护范围更大，而中国则通过引入较多的公知常识证据，结合对说明书发明内容的理解，表明本领域技术人员存在采用固体分散技术及 PVP 作为载体的动机和合理预期效果的分析判断。而对于欧洲专利的授权，笔者认为其可能的原因是该案不属于 EPO 审查指南规定的缺乏替代方案的"单行道"情况，且现有技术没有公开和教导本领域技术人员选择艾默德斯的无定形状态进行固体分散体的制备，在有实验支撑的情况下，接受其创造性的贡献。而美国专利授权的考虑应当是基于显易尝试的角度，纵观审理过程，在申请人陈述认为现有技术使用的是艾默德斯的晶体状态，本领域技术人员一般会倾向采用热力学稳定的晶体状态，熔融挤出获得无定形状态的工艺较为复杂等理由后，USPTO 最终作出了授权的决定。

4.3.4 辅料选择的创造性判断

药物制剂研发的一大特点在于现有已知辅料的选择。通常来讲，研发过程中使用的药物活性成分和辅料均是现有技术中已有的，其发明点往往在于不同辅料选择和组合后的效果差异上。不同药物活性成分的理化性质存在较大差异，且活性成分与辅料成分之间也会发生不可预期的相互作用，因而即使同一处方或是同一辅料，针对不同药物设计往往也会存在显著不同的效果，即存在不可预期性。此外，从数量众多的辅料中筛选获得效果满意的甚至是符合临床应用价值的药物制剂处方，本身也需要付出

大量创造性的劳动。目前，药物制剂的辅料及其含量选择占据了制剂专利申请数量的一大部分，现有技术公开的程度如何，能否给出选择该辅料的技术启示和教导，在选择该辅料后取得的技术效果能否预期，这些都会因为案情和个人理解的不同造成案件评判的差异。

【案例 4 – 8】 CN201410181750.3

该专利涉及一种包含苯并氮杂䓬的药物固体制剂及其生产方法，历经实质审查阶段驳回、复审阶段驳回、一审判决和二审判决均驳回的审理过程。

【涉案权利要求】

1. 一种药物固体制剂，包含：

（ⅰ）由以下产生的非晶形组合物：

（a）7 – 氯 –5 – 羟基 –1 –［2 – 甲基 –4 – （2 – 甲基苯甲酰氨基）苯甲酰基］ –2，3，4，5 – 四氢 –1H – 苯并氮杂䓬和/或其盐；和

（b）包含 50% 或更大量的羟丙氧基的羟丙基纤维素；和

（ⅱ）（c –1）具有 45 ~ 65 μm 的平均粒径和 150 ~ 200 μm 的 90% 累积粒径的低取代羟丙基纤维素，

其中所述低取代羟丙基纤维素的含量基于所述药物固体制剂的总量为 3 重量% ~ 15 重量%。

【争议焦点】

（1）复审阶段[●]

合议组认为：①对比文件 1 公开了含有权利要求 1 中（ⅰ）组分的固体药物制剂。二者区别在于：权利要求 1 还包含特定粒径和含量的低取代羟丙基纤维素。该案要解决的技术问题是提供一种具有优良崩解性质，从而可以使苯并氮杂䓬类活性成分制备为在胃肠道中具有良好溶解性和吸收性的药物固体制剂。对比文件 1 公开制备剂型时可以加入崩解剂等常用辅料，崩解剂可以为低取代羟丙基纤维素、羧基淀粉钠等。根据 2005 年由化学工业出版社出版的《药用辅料手册》，本领域公知低取代羟丙基纤维素存在多种型号，LH – 11 主要用于直接压片的崩解剂，其使用浓度为 5% ~ 25%。本领域技术人员在面对需要提供优良崩解性质的制剂的问题时，在常用低取代羟丙基纤维素中进行选择不需要花费创造性劳动。因此，权利要求 1 不具备有关创造性判断的

[●] 国家知识产权局第 137487 号复审决定书。

规定。②对比文件 1 是否在实施例中使用崩解剂不影响其给出了可用低取代羟丙基纤维素的技术教导，具体型号、性能和用量等都是本领域公知的，对其进行选择从而得到该发明的方案是显而易见的。③《药用辅料手册》公开了低取代羟丙基纤维素 LH - 21、LH - 11、LH - 31 粒径不同而导致的用途方面的差异，因此该案对比的崩解效果并未超出预期。

复审请求人认为：低取代羟丙基纤维素仅是对比文件 1 泛泛公开的崩解剂的一种。而该案说明书中清楚表明，并不是使用任何崩解剂均可以实现所需的崩解性能，仅包含所限定重量的低取代羟丙基纤维素，例如 LH - 11 的药物制剂具有优异的崩解性和优良的溶解性。因此，权利要求 1 具备创造性。

（2）司法阶段●

原告认为：对比文件 1 没有关注活性成分的崩解问题，其仅是在泛泛公开的崩解剂中包含了低取代羟丙基纤维素。根据该案说明书表 1 数据，权利要求之外的 LH - 11 含量均会存在崩解性能恶化。因此，该案属于具有预料不到的技术效果的"选择发明"的情况。

一审、二审判决认为：①对比文件 1 明确给出的 3 种崩解剂选择中包括了低取代羟丙基纤维素，《药物辅料手册》公开了低取代羟丙基纤维素可作为片剂和胶囊剂的崩解剂。在此基础上，本领域技术人员当然有动机选择该发明。②该案所限定粒径的崩解剂对应于已有的市售产品 LH - 11，《药用辅料手册》教导其主要用于直接压片的崩解剂，该案实施例中均采用的是直接压片的方式，因此，对于 LH - 11 的选择无需创造性劳动。③依据《药用辅料手册》可知，一般低取代羟丙基纤维素使用浓度为 5% ~ 25%，该案实施例中所采用的含量均落入该常规范围内。根据说明书的实验结果无法看出 3% ~ 15% 的选择具有预料不到的技术效果。因此，权利要求 1 具备创造性的理由不能成立。

【案例思考】

该案的发明目的在于提供一种具有快速崩解释放的固体制剂，在说明书部分通过对比实验体现了具体崩解剂的选择具有更快的崩解速度。申请人试图通过该对比表明该案是选择发明，取得了预料不到的技术效果。但审查意见则基于对比文件已公开该辅料的选择，以及公知常识证据表明该辅料选择取得的效果是本领域已知的，因而未认可该选择存在难度，其技术效果可以预期。对于该类案件，需注意如下考量因素。

（1）选择发明创造性评判需要考虑的方面

《专利审查指南 2023》规定，选择发明，是指从现有技术公开的宽范围中，有目的

● 北京知识产权法院（2018）京 73 行初 5730 号行政判决书、最高人民法院（2020）最高法知行终 607 号行政判决书。

地选出现有技术中未提到的窄范围或者个体的发明。在进行选择发明创造性的判断时，选择所带来的预料不到的技术效果是考虑的主要因素。①如果发明仅是从一些已知的可能性中进行选择，或者发明仅仅是从一些具有相同可能性的技术方案中选出，而选出的方案未能取得预料不到的技术效果，则该发明不具备创造性。②如果发明是在可能的、有限的范围内选择具体的尺寸、温度范围或者其他参数，而这些选择可以由本领域的技术人员通过常规手段得到并且没有产生预料不到的技术效果，则该发明不具备创造性。③如果发明是可以从现有技术中直接推导出来的选择，则该发明不具备创造性。④如果选择使得发明取得了预料不到的技术效果，则该发明具有突出的实质性特点和显著的进步，具备创造性。

从《专利审查指南 2023》的相关规定可以看出，现有技术的公开程度、选择范围的大小、选择手段的难易、合乎逻辑的分析推导、预料不到的技术效果均是选择发明予以考虑的方面。

现有技术的公开程度决定了其给出相应选择启示的强弱。对于辅料的种类，存在最接近现有技术明确不能使用该发明辅料、没有公开使用该类辅料、仅提及上位辅料概念、提及与该发明同类的辅料、提及的辅料中包含了该发明的辅料种类、使用相同的辅料等多种情况，其启示力度是逐渐增强的。该案属于在最接近现有技术提及的辅料中包含了该发明辅料种类的情形，本领域技术人员在进行制剂研发时，容易受到最接近现有技术的启发，优先从其给出的崩解剂种类中选择制备。就选择范围的大小而言，该案中，最接近现有技术明确公开了 3 种崩解剂，即使考虑低取代羟丙基纤维素包括 LH-11、LH-21、LH-31 等型号，其选择范围也是非常有限的，本领域技术人员在此教导和选择范围内尝试崩解剂的种类不需要付出太大的劳动量。至于选择手段的难易，药物制剂领域均有常规的筛选处方的技术手段、科学的实验设计和统一的评判标准，因此不存在技术困难的情况，一般选择手段的难易不构成主要的障碍。就合乎逻辑的分析推导和预期效果而言，该案采用粉末直接压片技术进行制备，公知常识已经教导 LH-11 低取代羟丙基纤维素是主要用于直接压片的崩解剂，因此，选择该型号的崩解剂符合本领域的常规逻辑，其取得的快速崩解的技术效果也在预期范围内。

对于辅料含量的选择，同样适用于上述判断法则。以该案为例，虽然最接近现有技术未公开该崩解剂的含量，但不可忽视公知常识证据作为现有技术的一部分所发挥的作用。作为固体制剂或具体到片剂中经常用到的崩解剂低取代羟丙基纤维素，有其常规的用量范围，因此，该案中崩解剂的用量并非毫无依据或教导的非常规选择。对于选择范围的大小，公知证据给出了 5%～25% 的用量范围，本领域技术人员可以通过非常有限的试验在该范围内进行筛选获得效果较好的含量。该案并非在常规用量范围外进行选择，且未有实验数据表明，在权利要求限定的 3%～15% 用量情况下，可以获得更加优异的或是预料不到的技术效果。

（2）关于辅料具体种类的识别

辅料种类的识别存在若干种可能的情况：一是权利要求明确限定已有的具体辅料型号；二是权利要求限定的是已有辅料的具体性状表征；三是权利要求限定的是新合成的辅料。对于第一种限定方式，无论对于申请人、审查员还是社会公众均容易理解和判断。但是第二种限定方式，则存在明显的迷惑性，如果说明书中未解释该性状表征的辅料是已有市售产品，则很容易误认为是第三种情况，即申请人自己合成的辅料新种类。因此，申请人如果采用第二种方式进行限定，可以算是一种迷惑审查员和公众的撰写技巧，但同时也存在授权专利不稳定的风险。审查员则需要提高警惕，识别其是已有产品还是新的发现。这也是本领域技术人员的基本要求，即充分了解现有技术的实际状况，知晓申请日之前发明所属技术领域的所有普通技术知识，能够获知该领域中所有的现有技术，并且具有应用申请日之前常规实验手段的能力，避免作出错误的事实认定。

（3）最接近现有技术与该发明关注点不同，对具体辅料选择的影响

以该案为例，最接近现有技术的具体方案未使用崩解剂，其关注点在于解决活性成分的溶解性问题，仅在说明书其他部分提到在制备固体制剂时可以使用包括低取代羟丙基纤维素在内的崩解剂，而该案关注点在于快速崩解，进一步专注崩解剂的选择。然而，制剂改进的动机和启示，需要站位本领域技术人员和业内研发人员的角度予以考虑。即使最接近现有技术关注点与该案所要解决的技术问题存在不同的情况，但是诸如溶解、溶出、崩解、释放、稳定性、安全性等均是制剂在研发过程中必须密切关注或是改进的方面，因为药物产品需要满足严格的质量标准才可以批准上市，不会因为最接近现有技术未提及或只是提及了其中个别方面，本领域技术人员就会忽略其他方面的基本要求，从而没有动机加入相应功能的辅料进行制备。

（4）中国、美国、欧洲同族专利审查结论的思考

从中国和欧洲的选择发明，以及美国显易尝试的相关规定可以看出，各国或地区对于类似案情的审查标准和考虑因素方面具有类似性。横向比较中国、美国、欧洲的同族专利审查结果，可以看出除中国同族专利外，美国和欧洲的同族专利至少获得了一项授权。欧洲虽然在检索意见中没有认可创造性，但仍以原始权利要求给予了最大保护范围的授权。而美国在该案的走向较为纠结，申请人一再强调 LH-11 及其含量的选择取得了预料不到的技术效果，最终审查员在发出了十次审查意见通知书后获得授权，且以制备方法对产品进行限定的方式使得保护范围较为狭窄，因此申请人后续不断提出分案申请。而中国通过引入公知常识证据，使技术方案显而易见化、技术效果可预期化，在创造性的评判标准上把握得最为严格。

4.3.5 药物新剂型的创造性判断

在最新的化学药品注册分类中，含有已知活性成分的新剂型（包括新的给药系统）、新处方工艺、新给药途径，且具有明显临床优势的制剂，属于2.2类改良型新药标准。基于政策的激励作用和国内创新水平的提高，药物新剂型的发明是近些年来专利申请的热点。对于这一类专利申请，由于药物、剂型、辅料的性能特点均为现有技术已知，因而在审理过程中容易作出"事后诸葛亮"的错误判断，认为技术方案的获得是显而易见的，甚至经常认为必须取得预料不到的技术效果才能认可创造性。而申请人则会基于各药物性质的不同、药物与辅料间存在的相互作用、组合后的效果不可预期等角度予以争辩。

【案例4-9】 CN02123000.5

该案涉及丁苯酞环糊精或环糊精衍生物包合物及其制备方法和用途，历经实质审查阶段授权、无效宣告请求阶段第一次宣告专利权部分无效、第二次维持专利权有效的审理过程。

【涉案权利要求】

1. 一种丁苯酞环糊精衍生物包合物，其特征在于：含有丁苯酞和环糊精衍生物，丁苯酞与环糊精衍生物的分子摩尔比为1:1~10；环糊精衍生物为羟丙基-β-环糊精。

【审理过程】

（1）第一次无效宣告请求阶段❶
无效宣告请求人认为：证据4公开了l-芹菜甲素和dl-芹菜甲素均为淡黄色油状物，不溶于水。权利要求1与证据4的区别在于：证据4未公开丁苯酞由羟丙基-β-环糊精包合以及二者分子摩尔比。证据5公开了羟丙基-β-环糊精的水溶液对从无环到四环结构的化合物具有非常有效的增溶效果，且毒性较低。本领域技术人员容易想到将羟丙基-β-环糊精与不溶性药物丁苯酞形成包合物来提高药物的溶解度，并且可以预期形成的包合物毒性低、对血管的刺激性小。因而，权利要求不具备有关创造性判断的规定。

---

❶ 国家知识产权局第36374号无效宣告请求审查决定书。

　　合议组认为：药物领域中优良助剂的出现仅仅提供了制备优良制剂的可能性。包合物的形成受到多种因素影响，证据 5 对不同化合物的增溶效果参差不齐、差别巨大。羟丙基 – β – 环糊精能否增溶丁苯酞及增溶程度均是不可预期的。该案中丁苯酞被羟丙基 – β – 环糊精包合后其溶解度提高了几十倍，直接为将丁苯酞制备成注入体内的针剂等剂型提供了可能性，而这对于丁苯酞的临床应用是极为重要的突破，足以证明二者的结合取得了预料不到的技术效果。因此，权利要求 1 的技术方案相对于证据 4 和证据 5 的结合具备创造性，符合有关创造性判断的规定。

　　（2）第二次无效宣告请求阶段❶

　　无效宣告请求人认为：①证据 1 公开了芹菜甲素（即丁苯酞）在制备预防和治疗脑缺血引起的疾病的药物中的应用。权利要求 1 与证据 1 相比，区别特征为：证据 1 未公开丁苯酞由羟丙基 – β – 环糊精包合以及二者分子摩尔比。证据 2、4、5、8、11、10 均就此给出了技术启示，或者上述区别属于本领域的公知常识。因而，权利要求不符合有关创造性判断的规定。证据 6 或证据 7 可作为最接近的现有技术替代证据 1。②该案取得的 924 mg/100 mL 的溶解度在证据 2 的表格中不算是增溶倍数很高的技术效果，因而并没有达到预料不到的程度。③证据 2 给出了用环糊精包合丁苯酞等抗惊厥类药物的技术启示。④证据 4 公开了环糊精对与丁苯酞结构近似的阿司匹林的溶解度和稳定性的研究。⑤证据 5 公开了采用水溶性环糊精对难溶性药物进行增溶优于其他增溶方式。⑥证据 8 公开了一种茶芎挥发油 – β – 环糊精包合物的制备方法，苯酞类成分占茶芎挥发油的 90% 左右，因此，给出了羟丙基 – β – 环糊精能够包合丁苯酞的技术启示。⑦证据 11 公开了 β – 环糊精的包合原理。⑧证据 10 公开了 2 – 羟丙基 – β – 环糊精用于脑血管扩张药尼莫地平等药物注射剂的研制。⑨证据 3 公开了环糊精包合时主分子和客分子的用量比。

　　合议组认为：①证据 2 公开了羟丙基 – β – 环糊精对 34 种药物的增溶效果参差不齐，且这些药物的结构与丁苯酞差异很大。包合物的形成受到多种因素影响，效果不可预期。②不同药物的溶解度增加程度的意义和价值各不相同，其取决于药物、剂型的医学价值，能够治疗疾病的严重程度，是否具有其他可替代药物，增溶后药物使用的安全性等诸多方面的因素。丁苯酞溶解度的增加，为将其制备成注入体内的针剂等剂型提供了可能性，临床治疗价值巨大，相关针剂也在临床上广泛应用，因此，能够认为达到了预料不到的技术效果的程度。③证据 2 可以治疗相同疾病的化合物的药效原理和化学结构等有可能完全不同，因此，不具有技术启示。④证据 4 中丁苯酞和阿司匹林的结构存在明显的差异，其记载了预测环糊精对药物增溶作用的程度是困难的。⑤证据 5 只涉及 2 – 羟丙基 – β – 环糊精作为增溶剂的可能性。⑥证据 8 没有公开包合

❶　国家知识产权局第 43478 号无效宣告请求审查决定书。

前后丁苯酞溶解度的变化情况，因而无法预料可以取得的技术效果。⑦本领域技术人员根据证据11能够确定的仅有呈线条状的分子不能被包合，不能明确何种带有苯环的化合物能够被包合。⑧证据10中尼莫地平结构上与丁苯酞差异较大，不能因为二者能够治疗相同的疾病，就认定其在各方面的性能都一致。⑨证据3没有给出羟丙基-β-环糊精能够包合丁苯酞的技术启示。

【案例思考】

该案属于研究药物新剂型的典型案例。通过案情分析可知，现有技术中未有将丁苯酞制成环糊精包合物这一剂型，已知丁苯酞由于溶解性问题只能口服给药，该案通过环糊精包合显著提高药物溶解性从而使其能够制成注射剂型，这种给药方式上的首次突破符合国家2.2类改良型新药标准，因此，这一类药物制剂专利到底需要达到什么样的创造性高度，才能获得专利权，相信也是很多制剂创新主体十分关心的问题。该案之所以在被多次无效宣告请求的情况下，仍能保持专利权稳定，法院的观点及其背后的逻辑值得深入思考和研究。对于该类案件，可以注意如下考量因素。

（1）制剂剂型设计或剂型转换的难度因素

将国外尚未上市的由口服、外用或其他途径改变为注射途径给药的新药，或由局部用药改为全身给药的新药归类为国家2类新药标准，已经表明对药物新剂型的首次尝试，特别是对于给药途径或给药方式发生显著变化的剂型设计或转换本身就存在较大的技术难度。一是药物制剂研发成品的标准较高，并非仅将药物制成剂型即可，其需要满足该新剂型一系列的质量标准要求。以片剂为例，需要满足片剂硬度、脆碎度、崩解时限、溶出释放、稳定性、安全性、药代动力学等诸多要求。因此，研发成功一款药物的新剂型需要符合多方面标准才能达到上市要求，否则无任何市场价值。二是既然对于药物该剂型的研究较少，并无太多可以成功借鉴的参考文献。因此，大部分情况是研发人员自己摸索并不断积累经验，其需要付出大量开拓性的劳动。三是给药途径或给药方式上的转变跨度较大，增加了剂型研发的难度，因为不仅药物活性成分存在的形式需要满足不同的要求，而且使用辅料的安全质量标准也会产生差异，同时还需考虑影响药效的工艺条件和体内代谢方式等不确定因素和需克服的技术困难等。以该案为例，现有丁苯酞制剂产品为口服给药，该案为环糊精包合物用于注射给药，国内外并无任何相同剂型的上市产品，甚至没有药物相关剂型的研究参考文献。因此，基于上述因素的考虑，该案制剂剂型设计或剂型转换的难度本身较大。

（2）制剂剂型设计或剂型转换的效果预期因素

剂型改造均涉及剂型设计或剂型转换，但不同剂型的研发历史、研发深度、技术成熟度等也会存在不同。片剂、胶囊、口服液等传统剂型的研发的技术效果可预期程度较高，本领域技术人员具有较好的技术和效果掌控度。而对于环糊精包合物、脂质体、微囊、微球等所谓的药物递送系统，由于大部分研究历史较短，对于相应辅料的性质研究不够透彻，且辅料组合后相互间的影响因素也较为复杂，剂型改造后的效果如何，存在诸多不确定性，因此不同剂型设计或转变所能够取得的技术效果的可预期性上存在难易程度的不同。通常来讲，固体制剂的可预期性大于液体制剂的，传统制剂的可预期性大于新剂型新技术的。以该案为例，丁苯酞现有技术制剂为口服软胶囊，既属于固体制剂，也属于传统制剂；而该案专利为丁苯酞环糊精包合物，既属于液体制剂，也属于新剂型新技术。具体而言，环糊精包合物本身就是一种较为难以预测的制剂类型。包合物的形成依赖于环糊精与被包合物之间的范德华力、疏水、氢键等作用，包合的程度取决于环糊精的内部空间、亲水基团与疏水基团的分布，被包合物分子的结构、大小、极性，制备时二者的比例、溶剂种类等多种因素的影响。因此，该案中剂型设计或转换的效果可预期性较低。虽然无效宣告请求人试图引入多篇证据表明，可以预期到环糊精能够增加丁苯酞溶解度的技术效果，但该类证据针对的要么是难溶性药物，要么是治疗相同疾病的药物，而上述药物的结构与丁苯酞存在较大的差异，决定了其理化性质也会不同，因而各证据给出的教导不具有参考性和可借鉴性。

（3）取得预料不到技术效果的认定判断

由于药物制剂专利的特殊性，往往预料不到技术效果的认定成为双方争议的焦点。《专利审查指南 2023》规定，发明取得了预料不到的技术效果，是指发明同现有技术相比，其技术效果产生"质"的变化，具有新的性能；或者产生"量"的变化，超出人们预期的想象。这种"质"的或者"量"的变化，对所属技术领域的技术人员来说，事先无法预测或者推理出来。以该案和案例 4-8 进行对比分析可知，技术效果上，该案并未有证据给出羟丙基-β-环糊精相对于其他环糊精种类具有更好增溶效果的技术启示，且无效宣告请求人提供的证据本身就表明羟丙基-β-环糊精针对不同药物的增溶效果会相差近千倍，而该案中羟丙基-β-环糊精对丁苯酞的增溶达到了将原本难溶且只能口服的丁苯酞制成了可供注射剂使用的程度，即其产生"量"的变化达到了超出人们预期想象的程度。而在案例 4-8 中，公知常识证据已给出相应型号低取代羟丙基纤维素适用直接压片工艺，因而其说明书对比实验中崩解效果的差异是本领域技术人员可以预期到的，其既未达到"质"的飞跃，也未产生"量"的超期变化。因而两个案例在预料不到技术效果的认可上呈现出完全相反的结论就不难理解了。同样的，以该案和案例 4-7 进行对比分析可知，二者均属于药物新剂型的开发，案例 4-7 强调其相对于对比例取得了预料不到的技术效果，但其没有被认可的关键原因在于其实验设计本身存在证明力不足的缺陷，即艾默德斯丙缩酮甘油溶液不是本领域公认的生物利用度实验对照模型，因而相对于对照例具有更好的效果，其实无法让本领域技术人员能够确信实际取得了预料不到的技术效果。因此，预料不到的技术效果的判断除了可以从现有技术和公知证据中得到心证，也可以从案件自身数据的证明力角度进行分析。

(4) 医学价值和技术突破的考量

在该案审理过程中，合议组多次强调该案的贡献还在于医学价值和技术突破。丁苯酞作为治疗脑缺血和血栓药物，均需要具有快速释放达到靶向治疗的目的，而静脉注射是临床上治疗急性病症的最佳方法之一。该案直接为将丁苯酞制备成注入体内的针剂提供了可能，具有极其重大的临床应用价值。而《专利审查指南 2023》规定了判断发明创造性时需考虑的其他因素中也提到了，如果发明解决了人们一直渴望解决但始终未能获得成功的技术难题，这种发明具有突出的实质性特点和显著的进步，具备创造性。而在 EPO 审查指南和美国专利审查操作指南规定的辅助考虑因素中，也将"长期感到的需求"和"长期存在但未满足的需求"作为创造性考量的因素之一。因此，申请人在提交专利申请文件和进行创造性抗辩时，可以从药物和剂型的医学价值、能够治疗疾病的严重程度、是否具有其他可替代药物等角度重点阐释和说明其医学价值和技术突破难度。这应是在各国审查评判过程中普遍适用的法则。

4.3.6 处方改进的创造性判断

在最新的化学药品注册分类中，开发具有与原研药品相同的活性成分、剂型、规格、适应证、给药途径和用法用量的原料药及其制剂，其目的是仿制境外上市但境内未上市原研药品的药品，属于 3 类仿制药标准。开发具有与原研药品相同的活性成分、剂型、规格、适应证、给药途径和用法用量的原料药及其制剂，其目的是是仿制境内已上市原研药品的药品，属于 4 类仿制药标准。由于仿制药不强调处方工艺与原研药品一致，且与 1 类仿制药相比，具有研发周期短、风险低、投入少、成功率高的特点，因而对标原研药品质量和疗效甚至部分指标效果更优的制剂专利同样是近年来制剂研发的热点。对于这一类专利申请，通常现有技术已经存在相同药物的相同制剂形式，区别在于具体处方的不同。能否准确预期处方调整相对于原研药或现有技术可以取得何种技术效果的变化，对于判断案件的创新程度具有重要的意义。

【案例 4 - 10】CN201410317142.0

该案涉及一种环孢素脂肪乳注射液，历经实质审查阶段驳回、复审阶段撤销驳回、实质审查阶段二次授权的审理过程。

【涉案权利要求】

1. 一种环孢素脂肪乳注射液，其特征在于：该脂肪乳注射液的原辅料由环孢素、甘油三酯、卵磷脂、渗透压调节剂、pH 调节剂和注射用水组成；

所述甘油三酯为长链甘油三酯和中链甘油三酯的混合物；

所述脂肪乳注射液中，环孢素含量为 0.1% ~ 1.0% g/mL，甘油三酯含量为 10% ~ 20% g/mL，卵磷脂含量为 0.6% ~ 1.2% g/mL，甘油含量为 17% ~ 25% g/mL，pH 调节剂调节 pH 至 6.5 ~ 9.5，渗透压调节剂调节渗透压在 250 ~ 450 mOsm/kg。

【审理过程】

（1）实质审查阶段

驳回决定（专利申请 CN201410317142.0）认为：对比文件 2 公开了一种环孢菌素 A - 纳米乳输液剂。权利要求 1 与对比文件 2 的区别特征在于：权利要求 1 还使用了渗透压调节剂，没有使用泊洛沙姆，限定了甘油三酯为长链甘油三酯和中链甘油三酯的混合物。权利要求 1 实际解决的技术问题是稳定注射用乳剂的渗透压。对比文件 3 公开其脂肪乳注射剂的乳化剂可以单独或混合使用磷脂类成分、泊洛沙姆。在注射剂中使用渗透压调节剂，甘油三酯为长链甘油三酯和中链甘油三酯的混合物均是本领域的常规选择。各成分含量均已被对比文件 2 公开，渗透压数值也是本领域的常规范围。对比文件 2 同样具有粒径均一性和稳定性好的特点，无法表明该案在技术效果上的进步。因此，权利要求 1 不符合有关创造性判断的规定。

申请人认为：①现有技术（附件 1 ~ 3）公开的环孢素 A 脂肪乳中，大多联合使用卵磷脂和非离子共聚物表面活性剂作为混合乳化剂。本领域技术人员会优先考虑联合使用卵磷脂和表面活性剂。②对比文件 3 并未提及针对某种具体的活性成分，有效成分与选用辅料应为一个整体。③该案的环孢素脂肪乳注射液平均粒径为 250 nm 左右，粒径均一性和稳定性均很好。由于未使用泊洛沙姆减少了辅料种类及用量，而且加入了渗透压调节剂，因此提高了用药安全性。

（2）复审阶段❶

复审请求人认为：①该案的发明点在于不使用泊洛沙姆作为表面活性剂，对比文件 2 存在添加该表面活性剂的反向教导。该案仅使用卵磷脂作为唯一的乳化剂，通过原料的特定组合，能够制备得到稳定性更好的环孢素脂肪乳注射剂。②对比文件 3 只是泛泛地列举了多种乳化剂种类，其对于碳水化合物脂肪乳剂中关于乳化剂的教导无法应用于该案的环孢菌素脂肪乳。③按照对比文件 2 公开的处方和工艺制备了对比制剂 2，发现其稳定性较差。④该案产品已获得临床批件，在此之前尚无脂肪乳注射剂获批。

前置审查意见认为：该案没有任何对"乳化剂"进行筛选的记载，即在申请日前

---

❶　国家知识产权局第 208207 号复审决定书。

该案的申请人并没有关注到"乳化剂"筛选对稳定性的影响。申请人补交的实验数据引入了一个在原始申请文件中从未记载的技术效果"未使用泊洛沙姆能够提高产品的稳定性",这不能被接受。市场价值与创造性之间无必然联系,因而坚持驳回决定。

合议组认为:①该案实际解决的技术问题是:如何提供一种不含泊洛沙姆且乳粒分布较窄、稳定性较好的环孢素脂肪乳注射液替代方式。对比文件2以蛋黄磷脂和泊洛沙姆F68作为乳化剂获得了较均匀的粒径,可以推知,泊洛沙姆F68是实现其技术效果的重要技术手段之一。公知证据教导粒径大小是衡量乳剂质量的重要指标,乳化剂是影响乳剂稳定性的重要因素。本领域技术人员没有动机删减对比文件2中的重要组分泊洛沙姆F68,且无法合理预期删减带来的后果。②该案权利要求1以及说明书实施例1~5记载的环孢素脂肪乳注射剂中,均不包含除卵磷脂外的其他乳化剂。乳化剂的选择是乳剂制备过程中必然要进行的步骤,因而不能得出申请人在申请日前未关注乳化剂筛选的结论。③复审请求人补交的实验数据是针对最接近的现有技术提出的,且该案说明书记载了与之对比的数据和效果描述,因此不能认为补交的实验数据所涉及的技术效果不能从该专利申请公开的内容中得到。④对比文件3针对的是含有碳水化合物成分的脂肪乳注射剂,未教导乳化剂的选择对于脂肪乳注射液的粒度分布和稳定性有何影响。附件1~3未教导单独的卵磷脂和"卵磷脂+泊洛沙姆"具有相似的乳化效果。因此,驳回决定、前置审查意见中所指出的权利要求1~5不符合有关创造性的判断的规定理由不成立。

【案例思考】

该案同样属于药物制剂专利的典型案例,通过案情分析可知,现有技术中已有将环孢素制成脂肪乳的剂型,基于目前国内制剂研发的水平,该案通过改变制剂处方能够取得相似或更好的技术效果,这是国内制剂创新主体绕开专利壁垒的主要设计思路。因此,这一类药物制剂专利的授权标准,是很多制剂创新主体十分关心的问题。该案实质审查阶段被驳回,在复审阶段直接撤销驳回后得到授权。因此,对于该类案件,需注意如下考量因素。

(1)满足质量和疗效一致性评价或突破原研壁垒的策略考虑

该案和最接近现有技术均属于环孢素脂肪乳注射剂,且具有类似的粒径均一、稳定性好的效果。我们不妨假设最接近现有技术的环孢素脂肪乳注射剂是原研产品,该案是在此基础上进行仿制或改进。一般而言,该类制剂专利获得授权的高效方式,就是在原研专利处方的基础上,进行具体的选择发明、要素省略或要素替代。由于选择发明在前述案例中已经涉及,在此不再赘述。

《专利审查指南》规定,要素省略的发明,是指省去已知产品或者方法中的某一项或者多项要素的发明。如果发明省去一项或者多项要素后其功能也相应地消失,则该发明不具备创造性；如果发明与现有技术相比，发明省去一项或者多项要素后，依然保持原有的全部功能，或者带来预料不到的技术效果，则具有突出的实质性特点和显著的进步，该发明具备创造性。以该案为例，合议组认为，相对于最接近现有技术，该案提供一种不含泊洛沙姆且乳粒分布较窄、稳定性较好的环孢素脂肪乳注射液替代方式。该案可对应于《专利审查指南2023》中的要素省略发明加以理解。首先，应当考虑是否存在省略辅料泊洛沙姆的动机和启示。最接近现有技术已经公开了相同的环孢素脂肪乳剂，且该乳剂中采用复合乳化剂磷脂＋泊洛沙姆取得了较好粒径和稳定效果的情况下，本领域技术人员没有动机省略泊洛沙姆。由公知常识证据可知，泊洛沙姆作为乳化剂，其是乳剂的重要核心辅料，影响着乳剂的粒径和稳定性。为保证质量和效果，本领域技术人员通常不会对核心辅料进行省略，因其对制剂最终效果产生的影响不可预期。其次，对比文件3针对的是含有碳水化合物营养成分的脂肪乳剂，与该案以及最接近现有技术对比文件2针对的环孢素药物不同，且其仅是对于乳化剂的选择泛泛而谈，未提及单一乳化剂的选择对于脂肪乳注射剂的粒度分布及物理稳定性有何影响。而该案在省略核心辅料后，仍然取得了与现有技术相似的效果，符合要素省略发明的属性，因而获得了专利权。

《专利审查指南2023》规定，要素替代的发明，是指已知产品或方法的某一要素由其他已知要素替代的发明。如果发明是相同功能的已知手段的等效替代，或者是为解决同一技术问题，用已知最新研制出的具有相同功能的材料替代公知产品中的相应材料，或者是用某一公知材料替代公知产品中的某材料，而这种公知材料的类似应用是已知的，且没有产生预料不到的技术效果，则该发明不具备创造性。如果要素的替代能使发明产生预料不到的技术效果，则该发明具有突出的实质性特点和显著的进步，具备创造性。因而，为突破原研专利的壁垒，通过要素替代发明的策略同样不失为一种高效的选择。

（2）关于补交实验数据能否接受的基本要求

《专利审查指南2023》规定，对于申请日之后申请人为满足《专利法》第22条第3款、第26条第3款等要求补交的实验数据，审查员应当予以审查。补交实验数据所证明的技术效果应当是所属技术领域的技术人员能够从专利申请公开的内容中得到的。由于申请人在研发时选择的对比例未必是审查员使用的最接近的现有技术中的方案，为体现相对于最接近的现有技术仍然具有更好或预料不到的技术效果，申请人通常会补交实验数据以体现效果差异。该案中，对于申请人补交的实验数据，实质审查和复审阶段存在截然不同的观点。实质审查阶段中，审查员认为该案原始申请文件没有任何对"乳化剂"进行筛选的记载，可见在申请日时，申请人并没有关注到"乳化剂"筛选对稳定性的影响。申请人补交的实验数据至少引入了一个在原申请文件中从未记载的技术效果，即"未使用泊洛沙姆能够提高产品的稳定性"，这种补交的实验数据不能被接受。而合议组认为，乳化剂的选择是乳剂制备过程中必然要进行的步骤，仅因为该案的说明书中没有记载乳化剂筛选过程，不能得出申请人在申请日前未关注乳化剂筛选的结论。该案说明书实施例中均使用单一乳化剂不含有泊洛沙姆，并与对比例进行了单一和复合乳化剂的效果比较，即已经体现了对于乳化剂种类的关注。此外，由于复审请求人补交的试验数据是针对最接近的现有技术进行测试提出的，其比较的数据已经记载于该案说明书中，因此不能认为补交的试验数据所涉及的技术效果不能从该案公开的内容中得出的结论。对于如何判断补交试验数据所证明的技术效果是否属于本领域技术人员能够从专利申请公开的内容中得到：首先，需要分析补交的实验数据是针对该发明还是对比文件，如果针对对比文件进行实验补充，以体现与该案效果的不同，是不会对该案原始公开内容带来影响的。其次，如果补交实验数据是针对该案进行的，这时就要判断补交实验证明的结果是否从原始申请文件中可以直接地、毫无疑义地得出。此外，对于申请人强调的理由和补充的数据，还需从本领域技术人员角度出发，结合剂型特点整体考量申请文件原始记载的内容。

（3）基于国内产业发展水平和政策倡导的考虑

目前，国内制剂创新主体的研发思路主要是围绕化学药品注册分类体系中的2.2类、3类和4类药品标准进行，进而在药物制剂专利的发明构思中得以体现。基于国内制剂产业发展的水平，以仿制药研发思路的制剂申请数量不在少数。由于已经存在国内外上市的原研药品，在绕开原研药品专利壁垒的同时，还能获得质量和疗效一致性或更优效果的情况下，国内创新主体一般会对来之不易的研发成果申请专利保护。对于此类专利的授权标准把握，显然会对研发主体的创新积极性和资本投入产生显著影响。因此，对于该类具有较高产业价值的制剂专利的创造性评判需要格外审慎。

4.3.7 工艺优化的创造性判断

除了制剂配方的辅料组成，药物制剂的制备工艺对于制剂产品的性能同样至关重要。从固体到液体，从宏观到微观，药物制剂的制备工艺会涉及有机化学、无机化学、物理化学等诸多方面的化学知识，而且不同剂型的制备方法、影响因素、生产设备均不相同且各有特点，并非简单的物理混合就能实现。虽然不同剂型的制备工艺不尽相同，但通常而言，其生产工艺的具体操作步骤均是已知的。在剂型确定的情况下，本领域技术人员会根据该剂型常规的制备工艺进行具体操作条件的摸索，从而获得效果较为满意的结果。因而，在制剂产品的创造性得到认可的情况下，其常规的制备工艺的创造性也会得到认可。但是，在现有制剂产品单纯的工艺优化方面，比如进一步改进现有工艺的相关操作或条件以取得更好的技术效果，或是为规避已有的制备专利，开发一种具有类似效果的不同构思的制备工艺，由于具体的操作手段及发挥的作用仍然是已知的，工艺参数和条件的优化通过常规实验可以筛选和测定，那么对于这样纯粹的工艺改进的专利申请，其创造性的高度在审查实践过程中该如何把握，创新主体到底选择公开换保护，还是认为即使公开也未必获得授权而选择放弃专利，转而作为技术秘密加以保护。这都是值得深入研究探讨的内容。

【案例 4 – 11】　CN201810675962.5

该专利涉及一种利培酮缓释微球制备方法，历经实质审查阶段驳回、复审阶段撤销驳回、实质审查阶段二次授权的审理过程。

【涉案权利要求】

1. 一种利培酮或其衍生物缓释微球的制备方法，包括以下步骤：

（1）将丙交酯 – 乙交酯共聚物和利培酮或其衍生物溶于二氯甲烷中形成溶液，其中所述丙交酯 – 乙交酯共聚物的分子量为 15000 Da，利培酮或其衍生物与二氯甲烷的重量/体积比为 1 g：15 mL 至 1 g：25 mL；

（2）将步骤（1）得到的溶液添加到聚乙烯醇水溶液中，乳化分散得到乳液并继续搅拌；其中所述聚乙烯醇水溶液的质量比浓度为 2.0%，所述乳化分散采用转速为 2000 rpm 的机械搅拌；

（3）将步骤（2）得到的乳液离心，洗涤，冻干，得到利培酮或其衍生物缓释微球。

【审理过程】

（1）实质审查阶段

驳回决定（专利申请 CN201810675962.5）认为：①对比文件 1 公开了一种利培酮的长效缓释微球的制备方法。权利要求 1 与对比文件 1 的区别在于：丙交酯 – 乙交酯共聚物（PLGA）的分子量，利培酮或其衍生物与二氯甲烷的重量/体积比，聚乙烯醇浓度，乳化分散时机械搅拌的速度，收集微粒的方式不同。权利要求 1 实际解决的技术问题是如何提高利培酮缓释微球的通针性。而离心和过滤是本领域收集微粒的常用方式。对比文件 2 给出随着 PLGA 分子量的增大，利培酮微球的粒径也随之增大的技术启示。因而，本领域技术人员有动机降低对比文件 1 的 PLGA 分子量以提高通针性。工艺参数的选择，通过常规实验筛选即可获得。因此，权利要求 1 不符合有关创造性判断的规定。②对比文件 1 公开了可使用 20000 Da 分子量的丙交酯 – 乙交酯共聚物，而该案中，分子量为 15000、20000 Da 的丙交酯 – 乙交酯共聚物的通针性相当。对比文件 1 制得的微球粒径明显小于 6、7 号针头的孔径。因而并无直接证据表明，该案的效果好于对比文件1。该案并未证明丙交酯－乙交酯共聚物分子量降低后仍然保持了较小的突释效果。本领域技术人员会基于对比文件2给出的启示，在降低丙交酯－乙交酯共聚物分子量的同时，注意通针和减少突释的平衡。即使对比文件1~2未提及通针性，其也是本领域普遍寻求解决的问题，存在改进的动机。③本领域公知二氯甲烷用量、聚乙烯醇浓度和机械搅拌转速会对乳化体系产生影响，因而有动机进行实验考察筛选。④对比文件1也取得了降低突释和缓释，以及高载药量的技术效果。

申请人认为：①对比文件1和对比文件2均不关注通针性问题。对比文件2使用30000 Da的PLGA制备的微球也可以容易地通过6、7号针头，且得到的结论是PLGA的分子量越大，微球的粒径越大，突释量越小，药物释放越慢。因此，为了降低突释，没有动机减小粒径。②在该案二氯甲烷的用量、聚乙烯醇的浓度、搅拌转速的参数下效果较好，这不是显而易见的。③该案取得了高包封率和高载药量的效果。

（2）复审阶段❶

复审请求人认为：①对比文件1和该案是为实现各自目的而采用不同技术手段的两个完全不同的发明。该案通过控制工艺参数取得了高载药率、高包封率和良好通针性的效果。对比文件1为了解决其技术问题，采用的都是相对较高分子量（均高于24000 Da）的PLGA，实施例1表明一旦分子量降低，则微球载药量会大幅降低。②对比文件2得出的结论是必须在其方法的参数下才适用，本领域技术人员没有动机根据对比文件2去降低对比文件1的PLGA分子量。③说明书已经证明了工艺参数的选择对最终微球性质的重要影响，审查意见中的分析都是孤立的影响，其与高载药率、高包封率和通针性之间没有明确的因果关系。

前置审查意见认为：①对比文件1实施例1的情况不具可比性，因其药物为恩替卡韦。对比文件1实施例4和实施例9选择的药物为利培酮，其PLGA分子量由实施例9的28000 Da降到实施例4的24000 Da，但仍然取得了35%的载药率。因此，基于对比文件1，不能得出PLGA分子量降低会造成载药率损失的结论。②对比文件2的表1中PLGA分子量由25000 Da降至20000 Da，其载药量和包封率变化并不显著，因而不构成与该案相反的技术教导。③本领域公知相应的工艺参数都会影响并决定制备微球的载药率、包封率和通针性等效果，有动机进行实验考察筛选。因此，坚持驳回决定。

合议组认为：①从该案说明书提供的实验结果来看，区别特征对微球性能的影响是综合复杂的，例如可以获得高包封率和载药量的因素（高PLGA分子量）不一定能获得良好的通针性。②对比文件1给出的教导是使用分子量≥20000 Da的PLGA，其实施例结果的趋势是PLGA分子量越小，制备得到的微球的载药率越低。对比文件2实验结果显示PLGA分子量为10000~30000 Da对粒径影响不大。因而，本领域技术人员没

---

❶ 国家知识产权局第1437126号复审决定书。

有动机在粒径差别不大的情况下损失载药率来降低 PLGA 分子量制备利培酮缓释制剂。③对比文件 1~2 的重点在于对所用高分子材料的选择，而该案重点在于对工艺参数进行选择，且该案实验表明参数选择对微球性能的影响并非简单的线性关系。④该案区别特征应作为一个整体考量，现有技术中并未予以关注。因此，驳回决定、前置审查意见中所指出的权利要求不符合有关创造性判断的规定的理由不成立。

【案例思考】

该案属于优化现有制剂产品工艺的典型案例，通过案情分析可知，现有技术中已经存在利培酮缓释微球的制剂产品，该案选择了与现有技术相同的原料和制备方法，区别仅仅在于原料的规格和工艺参数上。对于这一类看似构思简单且焦点突出的案件，到底能否获得授权，相信无论从审查的角度还是从申请人的角度都是十分关心的问题。该案实质审查阶段被驳回，在复审阶段直接撤销驳回后获得授权，且无论在实质审查阶段还是复审阶段，均对该案和对比文件的实验数据进行了大量的分析，相信其中一些针锋相对的观点都会引发大家深入的思考和研究。

（1）实验数据抽丝剥茧的理性分析判断

由于影响药物制剂产品性能的因素较多，为证明其辅料、含量、工艺、参数等选择的特殊性、合理性且取得了预料不到的技术效果，往往专利申请文件中会包括大量的实验方法设计（单因素考察、正交设计等），评判标准（口感、外观、硬度、崩解、溶出、释放、包封率、载药量、稳定性、刺激性等），效果数据（表格数据、附图数据、对比数据等）。此时，如何客观看待其实验方法设计的科学合理、评判标准的权威有效、效果数据的趋势规律以及能否对应所要解决的技术问题，同样是药物制剂专利申请评判的一大难点。通常而言，实验方法设计和评判标准在《药剂学》等教科书以及各国药典中均有确切的规定，较为前沿的制剂技术也可以通过文献查阅获得通用做法，因此，实验数据的客观理性分析成为其中的重点。就该案而言，在说明书背景技术、发明内容和有益效果部分，均旗帜鲜明地指出，其目的是提供一种新的利培酮缓释微球的制备方法，微球粒径可以通过 6 号和 7 号针头，减轻使用时的疼痛感，提高患者依从性，同时具有高包封率和高载药量，可显著降低突释、长时间平稳释放活性成分的有益效果。实施例 1~2 为该案的最佳效果例，实施例 3~5 和 8 则是在实施例 1~2 工艺参数的基础上，分别考察了二氯甲烷用量、乳化时的转速、PLGA 分子量和 PVA 浓度对制得微球的载药量、包封率以及通针性的影响。实施例 6 考察不同 PLGA 分子量制备微球的外形，实施例 7 涉及实施例 1~2 以及现有技术（CN1137756A 实施例 1 和 CN103338752A 实施例 1）微球的粒径。首先，从总的实验设计的目的和考察的数据来看，均是围绕 6 号和 7 号针头的通针性，以及微球载药量和包封率展开，即其设计的实验均是对应其所要解决的技术问题。其次，从实验数据的结果来看，在 6 号和 7 号针头中，该案工艺制得的微球均能顺利抽取和推出而不堵塞，且能保持较高的载药量和包封率，以及外形圆整规则。即实验结果表明技术方案确实能够解决其所要解决的技术问题。再次，进一步分析实验数据的内在规律，可以发现不同因素除对载药量和包封率的影响为线性外，对微球通针性等性能的影响趋势均为开口向下的抛物线。即各因素对效果的影响不是一成不变的，不存在规律性。因而，通过上述从整体到细节的分析可以发现，该案制备工艺获得的微球能够解决发明所要解决的技术问题，同时也表明制备工艺中的不同因素对微球性能的影响是错综复杂的。比如更高的 PLGA 分子量可以获得更高的包封率和载药量，但随之会带来通针性下降的问题，因此，在制备工艺条件的摸索过程中，需要在各因素和效果之间均衡考量，且由于每一因素对通针性的影响不是线性的，因此，获得相对最佳效果的交集条件需要通过实验一步步摸索才能得到。

此外，对现有技术中实验数据的深度分析同样至关重要，如果专利申请的研究成果在现有技术中已经公开或是给出了相应的趋势，那么工艺条件的摸索就简单得多，本领域技术人员仅需在现有技术给出启示和实验规律的引导下，进行合理预期的验证即可实现。就该案而言，对比文件 1 的目的是提供一种无明显释放延迟或突释、能够快速达到稳态血药浓度、单次给药就能在数周或更长时间内维持波动幅度较小的血药浓度的长效缓释药物制剂，采用的方式主要是通过选择合适规格的 PLGA 来实现。因此，其大篇幅的实验数据均集中于实施例 15 ~ 16 的表格数据和附图数据，关注点均是体外释放和体内血药浓度。但是在实施例 1 ~ 14 中，针对多种不同的水难溶/微溶性药物制备了微球，并给出了相应的微球粒径和载药率数据。由于每个实施例的 PLGA 规格和工艺条件参数不尽相同，因此，其并没有直接给出二氯甲烷用量、乳化转速、PLGA 分子量、PVA 浓度对最终通针性、载药量和包封率影响的确切结论。但可以确定的是，对比文件 1 的实施例 1 ~ 14，分别选择了 20000 ~ 50000 Da 不同分子量的 PLGA 制备微球，其载药率从 20000 Da 分子量时的 22.59% 逐渐提高到了 50000 Da 分子量时的 55.19%，即分析其数据可以得出 PLGA 分子量越小，微球的载药率越低的趋势。对比文件 2 重点研究 PLGA 分子量及其单体组成比例对利培酮微球性质的影响，在 PLGA 分子量 10000 ~ 30000 Da 内，PLGA 的分子量越大，微球的粒径越大，突释量越小，药物从微球中的释放越慢。但仔细分析可以发现，在该分子量区间内，其微球粒径 20 ~ 43 μm 的跨距相差不大，均显著小于 6、7 号针头。因而，综合分析对比文件 1 ~ 2 的实验结论和数据趋势，本领域技术人员为满足载药率的要求，显然没有动机进一步选择分子量小于 20000 Da 的 PLGA 进行微球的制备，即在粒径差别不大的情况下通过损失载药率的代价降低 PLGA 分子量制备利培酮缓释制剂是不合常理逻辑的。

由上述分析可知，如果仅从表面来看，区别特征仅为辅料规格和工艺参数，在对比文件 2 给出 PLGA 分子量越大，微球粒径越大的结论情况下，本领域技术人员为减小微球粒径利于通针，有动机降低对比文件 1 的 PLGA 分子量，工艺参数对于制剂效果存在影响是公知的，因此该案的技术方案仅是在现有技术的启示下通过常规实验获得的逻辑似乎是合理的，这也是实质审查阶段驳回决定的观点。但通过深入分析上述对比文件的数据又会发现，本领域技术人员恰恰不会基于对比文件公开的数据和体现的内在规律进行如此操作，因为制剂有其各方面的质量评价标准，不会一味追求某方面的突出效果而放弃其他方面的基本要求。由此追本溯源到《专利审查指南 2023》第二部分第四章第 2.2 节规定，如果发明是所属技术领域的技术人员在现有技术的基础上仅仅通过合乎逻辑的分析、推理或者有限的试验可以得到的，则该发明是显而易见的，也就不具备突出的实质性特点。因此，一切合乎逻辑的分析、推理或者有限的试验的基础均是现有技术。现有技术公开的内容不仅限于其文字的表达，其数据客观呈现的规律也是其技术教导和启示的重要方面。如果其使本领域技术人员没有动机在最接近现有技术基础上朝着该案的方向改进，那么该发明就不是显而易见的。因此，对实验数据抽丝剥茧的理性分析判断十分重要，直接决定了其技术启示是否客观存在。

（2）不应孤立看待区别特征及其泛泛而知的影响

《专利审查指南 2023》第二部分第四章第 3.2.1.1 节规定，对于功能上彼此相互支持、存在相互作用关系的技术特征，应整体上考虑所述技术特征和它们之间的关系在要求保护的发明中所达到的技术效果。

在药物制剂的研发过程中，通常会基于各因素对最终效果的影响权重确定最优化的工艺条件。就该案而言，实验结果已经表明二氯甲烷用量、乳化转速、PLGA 分子量、PVA 浓度均对最终微球的通针性、载药量和包封率产生影响，因此，它们属于功能上彼此相互支持、存在相互作用关系的技术特征，这时，应整体上考虑各技术特征和它们之间的关系在要求保护的发明中所达到的技术效果。驳回决定认为二氯甲烷是油相的溶剂，聚乙烯醇起到乳化稳定体系的作用，机械搅拌的转速对于乳化分散和粒径等会产生影响，因而本领域技术人员有动机对上述影响因素进行常规实验考察确定最优方案。从以上评述思路来看，其均是孤立看待区别特征各自发挥的作用，忽视了它们是作为一个相互配合的整体共同构成了整个制备工艺的特殊要件，而且泛泛提到的二氯甲烷、聚乙烯醇、机械搅拌转速的影响并没有具体到与该案所取得的技术效果上。因而，本领域技术人员没法预期工艺参数的选择会对制得的制剂产品性质有何种趋势性的影响，这种泛泛提到的影响由于缺乏方向性和目的性，使得本领域技术人员没有动机对参数进行具体选择并预期可以取得的效果。

这种情况在药物制剂领域的审查实践中特别典型。药物制剂的制备方法和辅料通常均为本领域已知工艺和辅料的集合，其药物和辅料之间、各辅料之间、各成分用量比例之间以及各操作步骤和参数之间均是彼此相互支持、存在相互作用关系的。之所以原研药在处方和工艺均已公开的情况下，仿制药一致性评价通过仍然是一大难点，问题在于它是在特定组成和工艺条件下制备而成的，其中任何一个环节的变化调整都可能对产品性能产生不可预期的影响。因此，在实际研发过程中，泛泛提及并没有太多实际的意义，实际实施仍然存在盲目性和不可预期性。

所以，从审查的角度而言，应当站位于本领域技术人员，客观看待研发过程泛泛提及面临的诸多不确定性，将技术方案的各技术特征作为一个整体，考量其取得的技术效果。对创新主体而言，在说明书中应客观陈述其研发面临的困难、通过实验体现各技术特征之间的错综复杂性和效果的不可预期性，从而使审查结果能够更加客观、公正、合理。

（3）研发成果的保护策略探讨

研发成果的保护策略更多在于专利和技术秘密的选择。如果选择公开换保护的专利，则需要承担一定的风险，即一旦不能获得授权，反而公开了研究成果。即使获得了授权，由于制备工艺专利的侵权举证困难较大，往往也会面临侵权无法胜诉的结果。但制备工艺专利作为药品专利的重要组成部分，无论对于原研企业延长其专利垄断地位，还是对于仿制药企业突破原研壁垒，均具有重要的意义。尤其对于反向工程较难破解的工艺成果，到底是选择专利还是技术秘密加以保护，需要创新主体根据需要权衡考量。

实验数据详略的选择同样是一把双刃剑，为了强调单因素对实验结果的影响、取得的突出效果，以及不可预期性等。申请文件中往往会列出大量的实验数据和对比数据，这样做的好处是丰富的证据能够提高授权的可能性，但缺点是影响效果的因素过多，使审查意见往往会以不支持为由将权利要求保护的范围限制得过于狭窄，其实对创新主体是不利的，过窄的保护范围很容易被规避使得专利的价值大打折扣。而如果选择针对个别技术特征进行深入的研究，以突出其为发明点，认为其他技术特征是常规筛选可得，虽然可以获得更大的专利保护范围，同时也可以作为隐藏最优工艺条件的策略，让公众无法轻易破解难题，取得以小博大的结果，但是一旦个别技术特征的作用被现有技术公开，则同样存在不能授权的风险，这也需要创新主体权衡考量。

4.3.8 功能或效果限定的不支持判断

《专利法》关于功能或效果限定的不支持的规定，一方面旨在限制专利权人在发明技术尚未成熟便过早提出专利申请，不正当获得专利权保护从而损害其他发明人的权利。另一方面旨在保证专利权人对专利的保护范围明确披露，从而使社会公众能够清楚地了解专利权的边界。药物制剂专利通常会采用功能或效果限定的方式撰写权利要求的特征部分，该撰写方式能够更加突出体现与现有技术具备的功能或效果的不同，在审查员难以用现有技术进行新颖性和创造性判断的情况下，因功能性限定本身覆盖了所有能够实现所述功能或效果的实施方式，则会出现无法确定权利要求具体保护范围而不能授权的局面。即通常由于发明仅验证了有限的实施方式，导致本领域技术人员不能确定权利要求还包括了哪些能够实现所述功能或效果的实施方式，但申请人通常会基于其发明构思认为发明点已经体现在权利要求中，因而对于权利要求是否支持存在争议。相对于案件授权还是驳回的两种截然不同的可能，授权专利的保护范围大小同样至关重要，如果保护范围过大，则对社会公众不利；而保护范围过小，又很容易规避，则其授权的价值有限。药物制剂领域不可预见性较高，在有授权前景的情况下通常会围绕不支持的规定产生争论，因而有必要进行深入的探讨。

【案例 4-12】 CN201110006323.8

该专利涉及延缓释放阿立哌唑的可注射组合物，历经母案实质审查阶段不支持驳回、复审阶段维持不支持驳回、一审判决和二审判决均驳回；分案实质审查阶段不支持驳回、复审阶段维持不支持驳回、一审判决驳回的审查过程。现仅以分案审理过程为例进行分析。

【涉案权利要求】

复审请求人提出复审请求时提交的权利要求 1 如下：

1. 一种用于延缓释放阿立哌唑的可注射组合物，该组合物包括在注射媒介物中至少 10 毫克/毫升阿立哌唑的混合物，以及含有或不含有增黏剂，其中阿立哌唑的释放至少持续 7 天。

复审请求人答复复审通知书时提交的权利要求 1 如下：

1. 一种用于阿立哌唑的可注射组合物，该组合物包括悬浮在注射媒介物中至少 10 毫克/毫升阿立哌唑的混合物，并且包括一种增黏剂。

【审理过程】

（1）复审阶段[1]

合议组认为：①该案所要解决的技术问题是如何提供一种用于延缓释放阿立哌唑的可注射组合物，其中阿立哌唑在哺乳动物的血清中可以达到至少持续 7 天的释放效果。该案说明书仅提供了一个实施例实现了该效果，其采用的注射媒介物是特定组成的。由于水性媒介物的组成及其含量均有可能影响药物制剂中活性成分的释放，本领

---

[1] 国家知识产权局第 82003 号复审决定书。

域技术人员不能概括出权利要求的技术方案。②附件 1 不能证明药物释放与浓度有关而与水性媒介物无关，相反，其表明即使水性媒介物均为常见的缓释型辅料，但具体种类不同时，即使药物浓度达到一定数值，也会对药物的释放产生影响。③该案实施例中制备的 3 种制剂的注射媒介物均是相同的，其仅能说明在特定注射媒介物组成下，可以实现所述技术效果。④即使删除权利要求中"延缓释放""其中阿立哌唑的释放至少持续 7 天"，添加"悬浮"的技术特征，并不意味着该案所要解决的技术问题发生了改变，该案所要解决的技术问题及实现的效果应基于说明书的整体记载而确定，不取决于权利要求中功能性限定的特征是否存在。

复审请求人认为：①附件 1 证明对于水不溶性药物，当药物浓度达到一定数值时，其缓释效果不再与所使用的水性媒介物有关。②该案出乎意料地发现，高浓度的不溶性药物阿立哌唑，在常见的注射媒介物中可以实现持续释放的效果。说明书中给出了 3 种不同的药物浓度悬浮在注射媒介物中的阿立哌唑制剂均能取得相似效果。③答复复审通知书删除了不能得到说明书充分支持的功能性限定。

（2）司法阶段❶

原告认为：根据说明书的相关记载，权利要求所要求保护的全部技术方案都在该案所公开的范围之内，从而必定可以得到说明书的支持。注射媒介物的组分并不影响阿立哌唑的缓释效果。

一审判决认为：①该案和母案的争议焦点核心问题均在于注射媒介物的组分是否会影响阿立哌唑的缓释效果。由于存在水不溶性物质在不同组分的溶液中呈现不同溶解度的情况，在说明书仅给出一个具有实验数据论证的实施例的情况下，本领域技术人员难以预料改变上述实施例中给出的媒介物的组分及配比能够达到同样的技术效果。②该案 3 种不同的阿立哌唑制剂的注射媒介物组分完全相同，仅在注射的阿立哌唑含量上存在不同，其仅可以说明，对于该特定的注射媒介物而言，注射不少于 10 毫克/毫升的阿立哌唑可以达到该案欲达到的技术效果，但并不能据此证明在所有组成和含量的注射媒介物中均能达到相同效果。因此，权利要求得不到说明书的支持。

【案例思考】

该案和母案均采用了功能或效果结合其他特征进行限定的方式，在审查过程中审查员和法院均保持了一致的观点，即在说明书仅验证了唯一注射媒介物的情况下，不能明确此功能或效果还可以采用未提到的其他替代方式来完成。即使申请人通过删除功能或效果限定的表述以期弱化，仍然不能改变发明所要解决技术问题的事实。因而，

---

❶ 北京知识产权法院（2015）京知行初字第 5251 号行政判决书。

在发明仅进行有限验证的情况下，权利要求通过功能或效果限定，或是未对解决技术问题的必要技术特征进行完整限定，一般难以被接受。对于该类案件，需注意如下考量因素。

（1）功能或效果限定在《专利审查指南 2023》中的相关规定

《专利审查指南 2023》规定，对产品权利要求来说，应当尽量避免使用功能或者效果特征来限定发明。只有在某一技术特征无法用结构特征来限定，或者技术特征用结构特征限定不如用功能或效果特征来限定更为恰当，而且该功能或者效果能通过说明书中规定的实验或者操作或者所属技术领域的惯用手段直接和肯定地验证的情况下，使用功能或者效果特征来限定发明才可能是允许的。对于权利要求中所包含的功能性限定的技术特征，应当理解为覆盖了所有能够实现所述功能的实施方式。对于含有功能性限定的特征的权利要求，应当审查该功能性限定是否得到说明书的支持。如果权利要求中限定的功能是以说明书实施例中记载的特定方式完成的，并且所属技术领域的技术人员不能明了此功能还可以采用说明书中未提到的其他替代方式来完成，或者所属技术领域的技术人员有充分理由怀疑该功能性限定所包含的一种或几种方式不能解决发明或者实用新型所要解决的技术问题，并达到相同的技术效果，则权利要求中不得采用覆盖了上述其他替代方式或者不能解决发明或者实用新型技术问题的方式的功能性限定。

（2）制剂产品权利要求中的功能或效果限定能否得到说明书支持的判定

通常，在药物制剂专利的审查意见通知书中，会以在权利要求的保护范围内未必均能实现声称的技术效果从而解决所要解决的技术问题为由，指出权利要求存在不支持的缺陷。申请人则会采取直接将取得的功能或效果限定在权利要求中，或与部分技术特征进行限定的方式，以表明未能取得相应功能或效果的方案不在权利要求的保护范围内，并且该功能或效果限定隐含了对产品的结构和/或组成有特殊的要求，因而可以克服权利要求不支持的缺陷。此外，药物制剂专利存在另一种情形，即撰写原始权利要求时就以功能或效果特征进行限定的方式，既能体现其区别于现有技术的发明贡献，同时以期获得更大的保护范围。以该案为例，申请人在权利要求中均使用了"延缓释放""其中阿立哌唑的释放至少持续 7 天"的功能或效果的限定方式。虽然在该案实施例中制备了以不同药物浓度悬浮在注射媒介物中的 3 种不同的阿立哌唑制剂，但是这 3 种制剂的注射媒介物均是相同的，对于上述功能或效果而言，仅能说明在特定注射媒介物组成下可以实现。而该案注射媒介物中含有的 CMC 和 Tween 20 均是本领域已知的影响药物释放的辅料，本领域技术人员根据现有技术是难以预料改变该案实施例中给出的媒介物的组分及配比仍然能够达到同样的技术效果。即该案权利要求中限定的功能或效果是以说明书实施例中记载的特定方式完成的，并且本领域技术人员不能明确此功能或效果还可以采用说明书中未提到的其他替代方式来完成，属于《专利审查指南 2023》规定的权利要求中覆盖了其他替代方式或者不能解决发明技术问题的方式的功能性限定，因而得不到说明书支持。对于药物制剂专利而言，一般其功能和效果的取得都是通过特定结构和组成配比的组合物所带来，因此，纯功能或效果限定的权利要求得不到说明书的支持，也不存在技术特征无法用结构特征来限定，或者技术特征用结构特征限定不如用功能或效果特征来限定更为恰当的情况。对于功能或效果结合其他技术特征进行限定的情形，这时就需要判断解决技术问题的必要技术特征是否已经体现在权利要求中。该案除功能或效果外，还限定了药物的浓度以及注射媒介物是水性且包含增黏剂的技术特征。申请人认为高浓度的不溶性药物如阿立哌唑，在常见的注射媒介物中可以实现持续释放的效果，只要是水性媒介物，阿立哌唑在其中的溶解度就不会有实质上的改变。因而权利要求限定的水性注射媒介物的组成属于本领域技术人员可以合理预测的。申请人试图通过药物"悬浮"状态的限定，体现药物在媒介物中是难溶的，可以达到缓慢释放的效果。但实质上，该案并未对药物在多种组成和性质不同的水性注射媒介物中的缓释性质进行考察研究，仅是验证了在唯一水性注射媒介物中的效果，而其中的辅料 CMC 和 Tween 20 均对药物释放具有显著的影响。因而根据目前说明书记载和验证的程度，本领域技术人员无法确定到底是利用了一定浓度的难溶药物在水性媒介物中的不溶性质，还是在特定处方下实现了相应的缓释效果。即该案通过功能或效果结合其他技术特征的限定方式并不能完整体现已经包含了解决发明技术问题的必要技术特征，所以权利要求得不到说明书的支持。

（3）权利要求有无功能或效果限定对于实际解决技术问题确定的影响

《专利法实施细则》第 23 条第 2 款规定，独立权利要求应当从整体上反映发明或者实用新型的技术方案，记载解决技术问题的必要技术特征。《专利审查指南 2023》规定，判断某一技术特征是否为必要技术特征，应当从所要解决的技术问题出发并考虑说明书描述的整体内容，不应简单地将实施例中的技术特征直接认定为必要技术特征。在判断权利要求是否得到说明书的支持时，应当考虑说明书的全部内容，而不是仅限于具体实施方式部分的内容。如果说明书的其他部分也记载了有关具体实施方式或实施例的内容，从说明书的全部内容来看，能说明权利要求的概括是适当的，则应当认为权利要求得到了说明书的支持。从《专利法实施细则》和《专利审查指南 2023》的相关规定可以看出，发明所要解决的技术问题和必要技术特征的判断，是分析权利要求能否得到说明书支持的关键，而必要技术特征的得出又是首先从准确理解发明所要解决的技术问题为出发点。以该案为例，申请人企图通过删除权利要求中"延缓释放""其中阿立哌唑的释放至少持续 7 天"的技术特征弱化功能或效果，以期克服功能或效果限定带来的权利要求不支持的缺陷。然而发明所要解决的技术问题及实现的效果应基于说明书的整体记载而确定。通过说明书的相关内容可以确定该案并非提供一种具有常规释放形式的药物制剂，而是提供一种用于延缓释放阿立哌唑的可注射组合物，其中阿立哌唑在哺乳动物的血清中可以达到至少持续 7 天的释放效果。因而，可以看出该案通过修改权利要求的方式并不能改变发明所要解决技术问题的基本事实，从而无法通过删除功能或效果的限定方式克服权利要求得不到说明书支持的缺陷。对于该案必要技术特征的判断，已在上文中予以分析，此处不再赘述。同时需要注意的是，药物制剂属于化学领域，存在不可预见性，但在审查实践中被无限放大作为不支持规定质疑的理由也是不恰当的。例如认为辅料的简单替换、含量的调整均会对制剂的效果产生不可预期的影响，仅认可将权利要求的保护范围修改为若干具体实施例的操作也是不够客观的，严重损害了申请人的利益。正如前述《专利审查指南 2023》所规定，不应简单地将实施例中的技术特征直接认定为必要技术特征，还是要从说明书的全部内容来看权利要求的概括是否适当。在有多个实施例和效果数据的认证或者有充分理由的情况下，应当允许申请人对权利要求的保护范围进行适当的概括。

（4）中国、美国、欧洲同族专利审查结论的思考

横向比较中国、美国、欧洲的同族专利审查结果，除中国外，在美国和欧洲的同族专利均至少获得了一项授权，其中欧洲同族专利 EP04779411A 获得授权的保护范围最大，美国则获得了 4 项同族专利的授权 US20080251656A、US201213420822A、US201213648544A、US202318121883A，且保护范围的大小和角度各有不同，而中国基于说明书仅验证唯一注射媒介物基质的情况下，始终坚持权利要求得不到说明书支持的观点。因此，在对技术方案发明贡献的本质认识上，在专利具备授权前景条件下权利要求保护范围的尺度上，中国与欧洲、美国存在明显的差异性。但从各国对于权利要求中的功能或效果限定的相关规定来看，中国和欧洲的表述较为近似，而美国对于功能限定的解释上则被限缩为覆盖说明书记载的相应结构、材料或者行为及其等同方式，其范围相对于中国和欧洲的规定更小。

4.4　药物制剂专利保护中的思考和建议

4.4.1　药物制剂专利保护策略的考量

4.4.1.1　专利保护路径的选择

虽然相对于化合物专利，药物制剂专利属于外围专利，但是化合物专利保护路径较为单一，比如只能保护化合物结构、制备方法和制药用途等。而药物制剂本身可研

究的角度非常多,其专利保护的路径较为丰富,几乎研发获得的所有成果均可以通过申请专利加以保护。比如根据发明贡献的不同,包括前述治疗方案的改进、原料物理性状的选择、辅料的选择、新剂型的开发、处方的改进以及工艺优化。根据药物释放性质的不同,包括常规制剂、缓控释制剂以及速释制剂。此外,还包括侧重结构设计的多层片、渗透泵等,新辅料的合成和应用如共聚物、修饰物等,新载体的开发如红细胞、干细胞、外泌体等,纳米材料的运用如金银纳米粒子等,以及光、热、磁等智能感应材料在诊断靶向制剂中的应用。因此,药物制剂创新成果的方方面面皆可以通过专利予以保护,创新主体研发选择的角度是非常广泛的。对处于不同研发状况和市场地位的创新主体,其可以选择有利于自身的专利布局。以原研药和仿制药企业为例,对于持有核心化合物专利的原研药企业而言,其通常可以在化合物专利保护的早期阶段选择开发片剂、胶囊、注射剂等技术难度并不高的常规制剂获得尽早上市以迅速占领市场。随着化合物核心专利的保护到期,原研药企业可以对现有药物的剂型进行改良,如由常规剂型转变为高端剂型,不仅具有更好的疗效优势,还能进一步提高患者服药的安全性和顺应性等,从而提高专利壁垒,延长市场的专利垄断期。对于仿制药企业而言,针对药物制剂创新角度丰富的特点,可以选择制订适合自身发展的策略。比如改进原研药的处方组成,开发尚未被专利保护的新剂型等以规避原研药的专利侵权风险。此外,对于高校科研院所而言,合成开发新辅料、新载体、新剂型等更具技术优势,同时也有利于产业更深远的发展。总之,药物制剂专利的创新角度较多,各创新主体可结合自身特点以及市场状况,选择具体的方向进行立项和开发。由于药物和辅料的种类较为丰富,在专利申请阶段,后续的新药申报临床数据也不是必须的,因此,药物制剂专利的研发成本和周期相对于化合物专利而言具备明显优势,在做好技术跟踪的情况下,寻找合适的专利保护路径并不是十分困难。

4.4.1.2 关注技术动向调查和可专利性分析的重要性

药物制剂在研发的早期立项阶段,就应当对于现有技术的发展状况进行充分的检索,了解行业的整体发展水平,确定竞争对手和对标产品,做好技术动向调查和可专利性分析。药物制剂专利涉及大量的选择发明,而现有技术的公开程度、选择范围的大小、选择手段的难易、合乎逻辑的分析推理、预料不到技术效果的取得均是药物制剂选择发明创造性评判时予以重点考虑的方面。对于每一个已知药物而言,现有技术对其理化性质的研究、治疗疾病的种类、面临的技术难题、上市产品的种类、已报道的制剂形式和研发状况等均存在差异,因此,检索的全面性以及在此基础上对该药物制剂情报信息的客观深入的可专利性分析至关重要。做好可专利性分析将有助于申请人从上述选择发明评判关注的角度出发,开发出创造性高度能够被认可的制剂发明。如前述案例4-8和案例4-9的比较可以发现,二者均涉及辅料的选择,但在案例4-

8 中，公知常识证据已给出相应型号低取代羟丙基纤维素作为常用崩解剂适用直接压片工艺，而在案例 4 – 9 中，则未有证据表明羟丙基 – β – 环糊精相对于其他环糊精种类具有更好增溶效果的技术启示。因此，两件技术改进点均涉及选择发明的专利申请，审查结论却完全相反的启示表明，深入全面的技术动向调查和可专利性分析将有助于大大提高科研成果的专利授权可能。

4.4.1.3　从专利侵权的判定规则看待药物制剂专利保护

基于药物制剂领域的特点，无论是专利权人还是仿制药企业，都应当注意灵活运用专利侵权的判定规则。专利侵权的判定原则主要包括全面覆盖原则、等同原则、禁止反悔原则、捐献原则等。基于全面覆盖原则的考虑，只要没有覆盖已有专利的全部技术特征，即可以排除该侵权判定原则的风险。但是等同原则，往往是最容易忽视或是误判的。仿制药企业可能认为在原研制剂处方的基础上对个别辅料稍加替换，不构成侵权。然而专利权的保护范围以权利要求书中明确记载的必要技术特征所确定的范围为准，也包括与该必要技术特征相等同的特征所确定的范围。根据最高人民法院关于修改《最高人民法院关于审理专利纠纷案件适用法律问题的若干规定》的决定和2017 年发布的《专利侵权判定指南》可知，我国对等同原则采用"三个基本相同 + 一个无须创造性"的四要件原则进行判断，等同特征是指与所记载的技术特征以基本相同的手段，实现基本相同的功能，达到基本相同的效果，并且本领域普通技术人员在被诉侵权行为发生时无须经过创造性劳动就能够联想到的特征。因此，即使表面上看似不同的药物制剂处方仍可认定为侵权，不同之处仅仅在于同类辅料的简单替换、作用类似的操作步骤的简单调整等。对于常规制剂而言，由于其研发的难度较低，因此仿制药的处方可以通过和原研配方完全不同的方式较容易地避开原研专利。对于缓控释制剂，则可以采用不同的缓释机理材料加以规避。

下面以案例 4 – 10 为例进行简单解析。该案与最接近的现有技术均涉及环孢素脂肪乳注射液，假设最接近的现有技术为专利产品，该案与其处方均包括药物活性成分、油相、水相、乳化剂、pH 调节剂，即从原料种类上，该案已经覆盖了最接近的现有技术全部类别的技术特征，所不同的仅是将乳化剂由卵磷脂 + 泊洛沙姆替换为卵磷脂，将中链甘油三酯替换为中链甘油三酯 + 长链甘油三酯。由于油相已经覆盖了中链甘油三酯，因此仅需判断乳化剂种类的调整是否属于等同替换。基于前述案例的分析可知，将卵磷脂 + 泊洛沙姆的组合替换为卵磷脂是需要付出创造性劳动的，因而该案可以获得专利授权的同时不存在侵权的风险。作为专利权人，应当充分运用等同侵权的判定原则，对专利权利要求的字面保护范围适当延伸，使自己的专利权益最大化。

此外，作为专利侵权判定原则的禁止反悔和捐献原则同样重要，在药物制剂的专利申请和审查过程中，专利权人作出的任何放弃声明、并列方案的删除、意见陈述的解释，都会影响将来等同原则的运用。因此，作为专利权人，应当谨慎删除和陈述可授权的技术特征和并列方案，这在日后的侵权判定中都将会产生负面的影响。对于仿制药企业，需要密切跟踪相关案件的审查过程，充分利用禁止反悔原则为侵权抗辩。由于药物制剂处于化学制药产业链的下游，其产品为直接供患者使用的商品，且原研的制剂专利处方和工艺往往具有独特的体内外优势，因此药物制剂专利的侵权风险较大，侵权的角度和案情也更为复杂。各方应当充分利用规则为己所用，争取利益的最大化。

4.4.1.4 专利保护和技术秘密的选择和考量

医药研发具有研发周期长、技术壁垒高、资金投入大、失败风险高等特点，专利和技术秘密作为研发成果的可选保护方式，各有优缺点。如果选择公开换保护的专利，其优点在于专利有效期内享有市场的独占权，可以获得巨大利益，缺点是如果不能获得授权，反而会泄露自己的研究成果，而且专利到期后，会被竞争者仿制。而技术秘密的优点在于只要不外泄，就可以一直持续获得保护，缺点在于一旦泄露，其成果会被他人无偿使用，并可能反过来被抢先申请专利，受其制约。因此，从上述二者的比较可以看出，专利和技术秘密彼此具有互补的优缺点。对于药物制剂专利而言，同样可以根据实际情况在专利和技术秘密之间进行分阶段有选择的保护。如在研发的早期阶段，对相应的研发成果可以采取技术秘密的方式加以保护，在即将开始临床试验和注册审批阶段进行专利申请，尽可能地延长专利的实际有效保护时长。虽然通过专利的形式对药物制剂处方进行了保护，但对于实际使用的药物晶型、辅料的特殊规格作为技术保密进行保护。又如通过专利的形式对药物制剂的制备工艺进行保护，但对于实际使用的最优工艺参数和最佳制备条件加以隐藏，正如在前述案例 4 - 11 的分析讨论中所提及的，即使药物制剂的制备工艺获得了授权，但制备工艺专利的侵权举证困难较大，在司法实践上往往较难界定，尤其对于反向工程较难破解的研究成果，到底是选择专利还是技术秘密加以保护，需要申请人综合多方面利弊权衡考量。

4.4.1.5 政策倡导和产业发展民生需求的考量

根据 2020 年国家药品监督管理局制定并发布的《化学药品注册分类及申报资料要求》的通知文件规定，其中与药物制剂相关的注册分类分别对应于：2.2 类境内外均未上市的改良型新药：含有已知活性成分的新剂型（包括新的给药系统）、新处方工艺、新给药途径，且具有明显临床优势的制剂。3 类仿制境外上市但境内未上市原研药品的药品：具有与原研药品相同的活性成分、剂型、规格、适应证、给药途径和用法用量的原料药及其制剂。4 类仿制境内已上市原研药品的药品：具有与原研药品相同的活性成分、剂型、规格、适应证、给药途径和用法用量的原料药及其制剂。国家制定相应的药品注册分类标准是基于国内产业发展水平、民生需求等多角度综合考虑的，围绕着化学药品注册分类体系的新药标准进行创新，符合国家政策导向，并且从客观上也能体现出其相对于现有技术的创新程度。因此，一方面，国内医药企业应当优先制定符合政策倡导、产业发展水平和民生需求的药物制剂专利策略。这些制剂的创新成果能够绕开原研药品的专利壁垒，在某些剂型方面率先取得突破，或是在规避侵权风险的情况下，获得质量和疗效一致性或更优效果，由于其本身已经体现了创新程度和技术贡献，获得专利授权是一种优选的结果。例如根据现有技术公开的程度来判断，前述案例 4-9 中丁苯酞环糊精注射剂符合 2.2 类改良型新药的标准，案例 4-10 中环孢素脂肪乳注射剂至少也符合 3 类以上药品标准，二者最终均获得了授权。另一方面，作为国内制剂企业研发的主要方向——改良型新药和仿制药，申请人可以在申请文件或是意见陈述中有所记载或提示，并从技术角度陈述其剂型设计或制剂改造的难度因素、效果不可预期因素、后期的临床表现等，以更加充分全面地展示产业现状、技术贡献、民生需求等，避免审查意见低估发明的技术价值和医学价值。此外，关键的是，专利的价值在于获得垄断地位和经济利益，即符合产业发展方向和充分满足民生需求的专利才是真正具有市场价值能够为企业获得利益的最佳选择。

4.4.2　药物制剂专利申请策略的考量

4.4.2.1　重视权利要求的撰写方式

对于药物制剂专利，其权利要求的撰写方式和最终保护范围是专利存在价值的直观体现。因此，权利要求撰写质量的好坏，无论在审查阶段还是后续的保护阶段均是至关重要的。《专利审查指南 2023》中规定，独立权利要求应当从整体上反映发明的技术方案，记载解决技术问题的必要技术特征。但是从实践来看，尤其是在药物制剂领域，国内外专利申请文件的权利要求撰写质量还是存在明显的区别。

结合上述案例可知，案例 4-9、4-10、4-11 均是国内申请，其中案例 4-9、4-10 涉及药物制剂的产品发明，其均在权利要求 1 中对剂型、药物和辅料的具体种类和用量比例进行了限定。案例 4-11 涉及药物制剂的制备工艺发明，其在权利要求 1 中对具体步骤、原料及其比例、工艺参数均进行了详细的限定。而案例 4-6、4-7、4-8、4-12 是国外申请，其中案例 4-6 在权利要求中限定了药物制剂的具体处方，但其保护的却是与之具有类似效果的所有可能方案。案例 4-7 的权利要求对单纯的药物和辅料的物理状态进行限定，没有限定具体的剂型和原料的用量比例。案例 4-8 的权利要求通过平均粒径和累积粒径的方式对辅料种类进行限定。案例 4-12 的权利要求采用部分的必要技术特征结合效果特征进行限定的方式。通过上述分析可以看出，国内药物制剂专利申请的权利要求一般会撰写得较为具体，其包括药物、剂型、辅料、比例、工艺步骤及参数等均限定在权利要求 1 中，整体保护范围较小。而国外药物制剂专利申请，则撰写得较为抽象、上位和灵活，这在理解、审查方面设置了一定的难度和障碍，同时为专利性抗辩留有一定的空间，比如案例 4-7 中制备的是固体分散体剂型，但是容易给人一种单纯原料物理状态选择的迷惑性，而且当现有技术给出固体分散体剂型的启示和教导时，申请人也可以从物理状态选择的角度予以抗辩。又比如案例 4-6 中，申请人并不满足于保护具体的制剂处方，而是意图保护与之具有类似效果的所有可能的实现方式，其不仅突出了区别于现有技术的发明贡献，而且扩大了保护范围。案例 4-12 用部分的必要技术特征结合效果限定的方式，同样是国外申请人惯用的撰写方式，通常抗辩时会认为其余技术特征均是在满足效果条件下通过常规实验可以获得的，其保护范围涵盖了所有包括该必要技术特征的且具有相同效果的制剂方案。又比如案例 4-8，同样存在明显的迷惑性，如果说明书中未解释该性状表征的辅料是已有市售产品，则很容易误认为申请人自己筛选或合成出的辅料新种类，在事实认定和检索方面均设置了一定的障碍。此外，药物制剂专利的价值不仅在于获得权利要求保护范围的大小，还在于其市场的独占性上，即能否有效结合阻击后来者，从而获取最大的经济利益，这同样是在撰写专利申请时应当予以考虑的。

结合以上述国内外申请的撰写方式进行对比可以发现，案例 4-9、4-10、4-11 为国内药物制剂专利申请，其权利要求 1 对于药物、剂型、辅料、比例、工艺步骤及参数等均进行了明确的限定，基于侵权判定的原则，仿制药企业如果想要规避，可以通过在众多的要素中，改变其中部分或个别要素较容易地达到规避目的。因此，从专利本身的属性可以这样认为，即使获得了专利授权，如果不能有效阻击竞争对手或是后来者，都会使专利保护的价值大打折扣。当然并不是说案例 4-9、4-10、4-11 的专利保护毫无价值，比如案例 4-9 已经在研发阶段通过一系列实验发现，只有羟丙基-β-环糊精在众多的环糊精衍生物中效果最好，那么即使能够开发出规避侵权风险的其他丁苯酞环糊精衍生物包合物的注射剂，其市场价值和临床意义也很难实现超越。诸如案例 4-12，通过必要技术特征结合给药效果限定的方式在药物制剂的国外专利申请中不占少数，甚至会出现将给药效果限定到具体的某个时间点的释放度或是体内药代动力学参数的情况，其这样撰写的目的何在，这种将保护范围限定到如此具体的效果到底有没有价值。试想这些国外专利申请主体大多是原研企业的话，那么国内企业若想通过仿制药一致性评价获得上市，其一般需要满足体外溶出释放和体内吸收代谢的一致性要求。

由此可见，与药学等效的溶出释放情况，与生物等效密切相关的药代动力学参数均是一致性评价至关重要的参考指标，一旦仿制药的溶出释放曲线或药代动力学参数相同则会构成专利侵权，如果不同，则无法满足仿制药一致性评价的要求，不能取得上市许可。因此，这种看似保护范围较小的权利要求，却实现了精准的阻击效果，使竞争者和后来者望而生畏。所以，药物制剂专利的权利要求保护范围要"稳、准、狠"，才能实现有效的独占垄断权益。综合上述分析，药物制剂因其自身创新角度的特点，其权利要求的撰写方式并不像化合物专利那样单一，笔者通过上述国内外专利申请的对比，试图抛砖引玉，启发国内申请人可以通过更多撰写方式的设计和运用谋求更大的保护利益，实现有效阻击对手的实战效果。

4.4.2.2　关注技术特征是否具有实质的限定作用

申请人应熟悉各国的审查标准，灵活运用规则使自己的利益最大化。这在案例 4 - 6 中体现得淋漓尽致。该案中存在使用方法、单位剂量、给药剂量、药品说明书、标签等技术特征限定的认定。对于使用方法的技术特征，由于包括给药剂量、给药对象、给药形式、给药间隔和频次等，需要结合具体情况具体分析，由前述分析可知，判断的落脚点还是在于对最终药物制剂结构和/或组成的影响上，如果有证据表明或是结合本领域技术人员的理解，其确实隐含了具体结构和/或组成上的不同，则该特征仍然是有限定作用的。而如果是使用方法上的不同，虽然可以取得更好的效果，但其体现在用药过程不是制药过程中，则不能起到实质的限定作用。据此需要强调的是，由于药品说明书、标签的撰写等工作虽然是制药过程的工序，但这些工序未采用技术手段解决技术问题，即药品使用说明书、标签等本身记载的文字信息不构成药品本身的技术特征，因此其同样不具有限定作用。

在药物制剂专利中，单位剂量和给药剂量两个表述方式极为近似容易混淆的技术特征，其是否有限定作用的结论是完全相反的，这同样需要引起大家的注意。此外，性能效果参数的限定也需要考虑其是否能够区别于现有技术的相关制剂产品，如果仅是已知物质或产品的固有属性，或即使通过该方式限定不足以区分于现有技术，则采用该种方式撰写权利要求的风险较大，很容易被认定为不符合新颖性。同时，需要申请人关注各国审查标准的差异，选择符合各国相应审查标准的可被接受的方式进行撰写和修改。例如通过案例 4 - 6 的分析可知，中国对于使用方法限定在产品权利要求和用途权利要求中的情形持严格的审查标准；美国则是允许对药物的使用方法进行保护；而欧洲从 2010 年开始，认可使用方法等给药特征对产品权利要求的限定作用，并不再承认瑞士型权利要求的撰写方式。由此可知，申请人在尽可能构建权利要求更大保护范围的同时，需要权衡其撰写的技术特征是否具有限定作用，以及能否区分于现有技术，避免因小失大，得不偿失。此外，需关注各国审查标准的差异和实时动态，在不同地域采取符合其授权标准以及可被接受的方式进行权利要求的撰写和修改。

4.4.2.3　重视实验设计和实验数据的重要性

药物制剂属于化学领域，实验结果的可预期性低，需要实验数据证明确实取得了声称的技术效果解决了所要解决的技术问题。在整个研发过程中，通常会设计单因素考察、正交试验、对比试验等，其中对比试验最具直观性和代表性，往往被用于证明发明相对于现有技术取得了显著的进步。因此，对比试验的设计，尤其是比较对象的选择至关重要，通常而言，原研制剂、已上市产品、相似制剂的处方等均可以作为比较的对象。但需要注意的是，该比较对象必须具有典型性和代表性，否则比较的结果很难具有说服力。如前述案例4-7中，对比例选择了药物的丙缩酮甘油溶液体系，其既不是本领域常规的生物利用度实验模型，也不是公认的其他模型的标准对照品形式，因此，该案中对比实验的结果无法体现药物的无定形状态相对于结晶等其他物理状态具有更好的效果。此外，药物制剂的制备方法和辅料通常均为本领域已知工艺和辅料的集合，由于不同药物活性成分的理化性质会存在较大差异，药物与辅料成分之间、辅料与辅料成分之间也会发生不可预期的相互作用，各组分含量的调整、各操作步骤和工艺参数同样也会导致制剂整体功效的变化。因此，药物制剂中的各要素往往属于功能上彼此相互支持、存在相互作用关系的技术特征，从整体上考量各技术特征和它们之间的关系在要求保护的发明中所达到的技术效果是评判专利性的基本法则。在案例4-10中，最接近的现有技术中存在两种乳化剂，合议组认为泊洛沙姆作为乳剂的重要核心辅料，本领域技术人员没有省略的动机。在案例4-11中，合议组认为各工艺参数的不同选择会对最终微球制剂通针性、包封率、载药量的效果产生不可预期的影响。在案例4-12中，审查和判决意见认为该案取得特定时长的缓释效果是在特定组成的媒介物体系下完成的，并非仅包括药物活性成分浓度和水性介质即可实现。即在上述案例的审查和判决意见中无不体现出整体看待制剂技术方案的逻辑，即制剂效果的取得是各技术特征共同作用的结果。因此，在专利申请文件的实验设计上，如果能够体现出各必要技术特征彼此之间的关联性、复杂性、整体性，那么获得创造性认可的概率将大大增加。如果没有通过正确的实验设计体现，则创造性的高度往往会被低估，很容易误认为仅是已知要素的简单组合。

此外，需注意大量的实验数据背后，应体现出与发明构思相一致的逻辑，实验数据本身不应当存在自相矛盾或与抗辩理由不符的情况。在案例4-10中，虽然原始申请文件没有明确记载单一乳化剂的选择是其发明点，但实施例均使用了单一的乳化剂，并与使用复合乳化剂的对比例进行了效果的对比，因此，在创造性抗辩过程中，省略乳化剂种类的理由被复审合议组采纳，认为其没有超出原始申请文件记载的内容。当然，也不是为了强调各因素及其之间错综复杂的影响，就一味地设计和罗列大量的实验数据，也会导致审查意见以不支持为由将权利要求保护的范围限制得过于狭窄。因此，在专利申请阶段，应通过科学合理的实验设计，逻辑严密的数据展现形式，从而更加客观全面地体现研发克服的困难，取得效果的显著优势，各技术特征之间的相互关联的复杂性和效果的不可预期性，其都将有助于审查人员客观深入地理解发明作出的技术贡献，公正地作出判断，合理地给予专利保护的范围。

4.4.3　药物制剂专利创造性抗辩角度的考量

4.4.3.1　充分挖掘发明贡献点的深层次价值，避免公知常识教导带来的不利影响

由于药物制剂的技术方案均是已知药物活性成分、已知辅料和已知工艺的组合，因此，制剂发明专利申请与最接近的现有技术的区别技术特征仍然是已知的，按照"三步法"的判断原则，如果该区别技术特征在发明中起到的作用与本领域公知的作用相同，则该发明的创造性一般难以被认可。即在技术动向调查和可专利性分析阶段，申请人通过检索掌握现有技术的状况，可以提炼出其发明相对于现有技术的贡献点，并通过实验证实其贡献点发挥的作用，但需注意核实发明贡献点的作用是否已经是公知常识中所公开记载的，比如该区别特征如剂型、辅料、工艺本身所具有的优势和特点等。通过前述案例分析可以发现，中国无论在实质审查、复审还是司法阶段，都会特别重视从公知证据中寻找技术教导和启示。例如在案例 4 - 7 中，其相对于最接近现有技术的区别在于固体分散体的剂型和载体选择，而公知证据已经明确公开了固体分散体各物质的存在状态、熔融挤出的制备方法以及聚乙烯吡咯烷酮抑制晶体形成的特性，以及相应能够提高药物活性成分的溶出和改善生物利用度的作用。同样的，在案例 4 - 8 中，公知常识已经教导 LH - 11 低取代羟丙基纤维素是主要用于直接压片的崩解剂，因此，选择该型号的崩解剂进行粉末直接压片并能取得快速崩解的技术效果是本领域技术人员基于公知常识容易做到并可以预期到的。因而，发明贡献点属于公知常识的创造性并没有被认可，为增加创造性抗辩的说服力和成功率，就需要进一步挖掘发明贡献点所不为人知的价值，即更深层次的价值。比如案例 4 - 9 中，虽然环糊精衍生物均是公知的增溶剂，但该案能够证明其环糊精具体种类的选择与丁苯酞的结合具有显著的优势，而公知证据中并不能给出这样的教导，那么这就属于发明贡献点深层次的价值挖掘。即发明贡献点除了具有公知的用途，在该案中还能够带来公知常识未曾记载的性能，这同样也是本领域技术人员所无法预料的。

总之，围绕技术贡献点展开多角度充分深入的挖掘，通过翔实数据证明取得了预料不到的技术效果，可以避免公知常识证据带来的不利影响，增强创造性抗辩的说服力，有助于提高药物制剂专利的授权率。

4.4.3.2　充分利用创造性的辅助考量因素在创造性评判中的作用

由于药物制剂均是已知药物、辅料和工艺的组合，因此，单纯从显而易见性的角

度容易得出权利要求不具备创造性的结论。而基于前述的案例分析可知，创造性的辅助考量因素往往在药物制剂专利的创造性评判中占有重要的意义。对比各国的审查实践过程，均涉及创造性的辅助考量因素。例如，美国专利审查操作指南规定创造性的辅助性考虑因素，包括商业成功、长期存在但尚未解决的需求、其他人的失败以及预料不到的技术效果。EPO 审查指南在第Ⅶ章第 10 节规定了创造性的辅助指标，包括可预见的劣势、非功能性修改、任意选择；预料不到的技术效果、奖励效应；长期需求、商业成功。《专利审查指南 2023》第二部分第四章第 5 节规定了判断发明创造性时需考虑的其他因素包括：发明解决了人们一直渴望解决但始终未能获得成功的技术难题；发明克服了技术偏见；发明取得了预料不到的技术效果；发明在商业上获得成功。通过对比分析上述各国的审查规定，虽然存在部分差异，但均包含了商业成功、尚未解决的长期需求、预料不到的技术效果这些类似的规定。根据中国的审查实践，必须能够证明商业上获得成功是由于发明的技术特征直接导致的，而与其他的商业行为等无关，因此对于此项规定的佐证难度较大，通过该条款抗辩的成功概率也较低。对于尚未解决的长期需求，在前述案例 4 - 9 的评判中得到了充分体现，合议组多次强调认为该案的贡献还在于医学价值和技术突破上。因此，申请人在撰写申请文件和进行创造性抗辩时，不应忽略从药物和剂型的医学价值、能够治疗疾病的严重程度、现有技术的发展状况、是否具有其他可替代药物等角度展开阐释。对于预料不到的技术效果，则是在药物制剂专利的创造性评判中运用最多的考量因素，无论从申请人抗辩的角度还是从审查意见答复的角度都是会提及且回避不了的。如上述案例 4 - 6、4 - 7、4 - 8、4 - 9、4 - 10 中分别强调了使用方法起始剂量、制剂的特殊物理状态选择、崩解剂特定种类的选择、环糊精特定种类的选择、乳化剂的省略具有预料不到的技术效果。一旦认可了发明相对于现有技术具有预料不到的技术效果，则通常会认可其创造性，案例 4 - 9、4 - 10 也是如此。

因此，辅助考量因素在药物制剂专利的创造性抗辩中占据重要地位，新剂型、新材料和给药途径的改变很可能在药物制剂的研发中成为技术突破口，解决一直以来未能满足的需求，而预料不到的技术效果则是药物制剂专利授权的充分条件，且是适用于各国审查标准的普遍法则。而对于各国创造性评判的其他辅助考量因素，可依据专利布局地域的相关规定有针对性地进行抗辩。

4.4.3.3 对于含量选择、参数优化发明的抗辩角度分析

除了制剂的处方组成和制备方法，各组分或特定组分的含量选择、工艺参数的优化同样可以作为发明点进行药物制剂的专利申请，并且如果能够准确把握各专利局的评判标准，同样可以获得专利的授权。EPO 上诉委员会判例法（第 10 版）第Ⅰ章 D 部分第 9.17 节"参数优化"规定：在 T 500/89 中，委员会确定，所采用的各个参数区域

本身是已知的事实并不意味着将它们具体组合以解决有争议的专利的问题是显而易见的。各个参数区域的组合不仅是根据文献 1 的方法的常规优化的结果，因为在所述文献中没有任何内容提出这种组合。美国专利审查操作指南规定了对于相似或重叠范围、量和比例的显而易见性：一般来说，浓度或温度的差异不会支持被现有技术所包含的主题的可专利性，除非有证据表明这种浓度或温度是关键的。对显而易见性的初证事实的辩驳，也可以通过证实现有技术在任何实质性方面的教导都背离了请求保护的发明来进行。《专利审查指南 2023》第二部分第四章第 2.2 节规定，如果发明是所属技术领域的技术人员在现有技术的基础上仅仅通过合乎逻辑的分析、推理或者有限的试验可以得到的，则该发明是显而易见的，也就不具备突出的实质性特点。如果发明是存在可能的、有限的范围内选择具体的尺寸、温度范围或者其他参数，而这些选择可以由本领域的技术人员通过常规手段得到并且没有产生预料不到的技术效果，则该发明不具备创造性。

　　通过上述中国、美国、欧洲专利审查的相关规定可以发现，参数组合作为整体进行考量、解决技术问题的关键特征、现有技术存在相反教导、有限的选择、预料不到的技术效果、并非在现有技术的基础上通过合乎逻辑的分析、推理或者有限的试验可以得到均是进行创造性抗辩的考量因素。在前述案例 4 - 11 的审查过程中几乎囊括了各国规定的所有考量因素，比如其通过多组数据体现了各参数间其实是一个相互影响共同联动的整体，该参数的组合选择是实现通针性并保持较高包封率和载药量的关键，而现有技术存在降低 PLGA 分子量就会降低载药率的不利教导，本领域技术人员在此基础上不会不合常理地降低 PLGA 分子量。此外，对于发明点在于各组分含量选择的制剂发明，也可以通过与工艺参数优化类似的方式予以数据展示和理由抗辩。而对于发明点在于特定组分含量选择的制剂发明时，在前述 EPO 上诉委员会判例法的 T 2015/20 决定中，其认为该药物剂量的选择不是在现有技术的基础上通过常规实验的明显结果，而是代表了研究的预料不到的结果，从而认可其创造性。因此，对于发明点在于含量选择和参数优化方面的药物制剂专利，可以从上述多角度挖掘其是否具备相关考量因素的特质，并进行相应实验的论证。

第 5 章
ADC 药物技术的专利保护策略

5.1 从概念到实践的蜕变

5.1.1 百年技术变革的概念与发展

抗体 – 药物偶联物（ADC）是近些年来得到快速发展的一类新型药物，是一种通过一个合理构建的连接子将细胞毒性小分子药物偶联到抗体上的复合物，可以向肿瘤内选择性地输送有效的细胞毒性药物。ADC 药物由抗体、有效载荷和化学接头通过化学反应得到，主要应用于肿瘤领域，ADC 药物可以简单理解成化疗药和抗体药的结合，将抗体作为药物的靶向"定位器"，毒性分子作为药物的"弹头"，并用合适的连接子组装起来。相对于以往的化疗药或抗体药，ADC 药物既有抗体药物的特异性，又有小分子肿瘤药的高活性和杀伤力，避免毒性分子对其他正常细胞造成损伤，以靶向性提高抗体活性的同时，扩大小分子毒素的治疗窗口。ADC 药物的作用原理是抗体部分与肿瘤细胞表面的靶向抗原结合，这种结合触发肿瘤细胞通过内吞作用将 ADC 吞入，进入细胞后，ADC 被运送到溶酶体，这是细胞内分解复杂分子的部位，在溶酶体内，ADC 遭到分解，释放出其携带的有毒化学药物，这些活性药物成分进而攻击 DNA 或干扰肿瘤细胞的分裂过程，最终导致肿瘤细胞死亡。[1]

对于 ADC 药物这一概念，最早由诺贝尔生理学或医学奖得主德国科学家保罗·埃尔利希（Paul Ehrlich）在 1913 年提出，其称为"魔法子弹"（Magic bullets）。随着基因工程抗体制备技术的成熟，单克隆抗体技术、抗体人源化技术的诞生和进步以及新

---

[1] 曾弘烨，宁文静，罗文新. ADC 药物的抗体组成及其作用靶点研究进展 [J]. 中国生物工程杂志，2022（5）：69 – 80；林子健. 二肽连接子及三肽连接子的合成研究 [D]. 杭州：浙江理工大学，2013.

型化学连接技术的出现，ADC 药物的概念逐渐转变为现实。2000 年，美国 FDA 批准了第一个 ADC 药物吉妥单抗（Mylotarg）上市，被批准用于治疗急性粒细胞白血病。然而，由于在临床应用过程中，发现该药物会产生致死性的毒素，因此该药物于 2010 年被撤市。❶ 随着科学家对肿瘤细胞表面标记和抗体定位技术的理解日益加深，ADC 的研究领域取得了显著进展。这一进展体现在新一代 ADC 药物的开发上，例如维布妥昔单抗（Adcetris），这是一种针对霍奇金淋巴瘤和系统性间变性大细胞淋巴瘤的治疗药物，于 2011 年获得美国 FDA 的批准。2013 年，针对 HER2 阳性乳腺癌的一种由基因泰克公司和伊缪诺金公司共同研发的 ADC 药物恩美曲妥珠单抗（Kadcyla），也获得了美国 FDA 的批准，成为治疗实体瘤的第一个 ADC 药物。这两款药物的成功研发也再次激发了人们对 ADC 研究的热情。❷

5.1.2　技术之路的挑战与突破

5.1.2.1　药物组成和成功的关键因素

ADC 由抗体、细胞毒性有效载荷和化学接头组成。理想情况下，一种高效的 ADC 药物能够在血流中稳定存在，准确地定位到治疗目标上，并在靶点，如癌细胞附近，释放其携带的毒性药物。ADC 药物的治疗效果和安全性受到其每一个组成部分的影响，包括选择合适的抗原靶点、抗体类型、化学接头、细胞毒性有效载荷以及偶联技术。因此，一个理想的 ADC 药物需要以下五个部分的完美结合。❸

1）目标抗原靶点

ADC 药物的有效靶向性取决于肿瘤细胞表面所表达的特定靶抗原。这些抗原不仅指引 ADC 药物准确识别并定位到肿瘤细胞，而且决定了药物将细胞毒性有效载荷输送至癌细胞内部的机制，例如内吞作用。❹ 因此，选择合适的靶抗原是 ADC 药物的首要考虑因素。合适的靶抗原应具备以下三种性质。

一是组织特异性。为了降低脱靶毒性，靶向抗原应当主要表达在肿瘤细胞中，而在正常组织中要么不表达，要么仅在特定组织类型中有限表达，以最大限度地减少 ADC 药物对健康组织的影响，从而提高治疗安全性和有效性。❺ 例如，与正常细胞相

❶　林子健. 二肽连接子及三肽连接子的合成研究［D］. 杭州：浙江理工大学，2013.
❷　毛俊，刘慧茹，胡泊. 抗体偶联药物研究进展［J］. 海峡药学，2016（6）：1 – 4；武刚，付志浩，徐刚领等. 抗体偶联药物研发进展［J］. 生物医学转化，2021（4）：1 – 11.
❸　李博乐，冯红蕾，魏枫等. 肿瘤抗体药物偶联物的研发进展和挑战［J］. 中国肿瘤临床，2022（16）：850 – 857；张巧云. Oba01 对吉非替尼耐药 NSCLC 细胞的杀伤作用［D］. 咸宁：湖北科技学院，2023.
❹　张巧云. Oba01 对吉非替尼耐药 NSCLC 细胞的杀伤作用［D］. 咸宁：湖北科技学院，2023.
❺　杨勋航，周彩存. 肺癌抗体偶联药物研究进展［J］. 科技导报，2023（18）：43 – 51.

比，某些类型肿瘤中 HER2 的表达大约高出正常细胞 100 倍，这为后续有关药物的研发奠定了坚实的基础。

二是稳定性。靶抗原应不易从靶组织脱落，以避免抗原在体内循环系统中与 ADC 药物结合，从而减少聚集至靶部位的量。如果抗原在循环中被分泌，会导致 ADC 结合到肿瘤部位之外，降低了对肿瘤的准确靶向性，可能带来安全性问题。❶

三是高效诱导内化。理想的目标抗原与相应的抗体结合后，应当有效地促使内吞过程发生。这样一来，ADC 药物就能够快速地被转运至细胞内部，并通过适当的细胞内运输途径释放细胞毒性有效载荷。❷

随着肿瘤学和免疫学研究领域的不断推进，目前已获批的 ADC 药物通常以癌细胞过表达的特异性蛋白作为靶抗原。然而，ADC 靶抗原的选择正逐渐从传统的肿瘤细胞抗原扩展到肿瘤微环境中的其他靶标，例如基质和血管系统。有临床前和临床研究证据表明，新生血管系统、内皮下细胞外基质和肿瘤基质的成分可能成为 ADC 药物研发的有价值的新靶抗原。❸

2）抗体

选择用于 ADC 设计的抗体的基本前提是它能够特异性地识别并结合到肿瘤抗原受体，并在此过程中将有效载荷传递到肿瘤细胞。此外，该抗体还必须具有对特定靶抗原的高结合亲和力，能促进有效内化，保持较长的血浆半衰期并表现出低免疫原性。❹

在 ADC 药物研发的早期阶段，主要使用小鼠来源的抗体，由于严重的免疫原性副作用导致失败率较高，随后鼠源性抗体逐渐被重组技术发展出的嵌合抗体和人源化抗体替代。在 ADC 药物研发中，使用免疫原性显著降低的完全人源化抗体的情形较多。❺

在 ADC 药物中，常用的抗体主要是免疫球蛋白 G（IgG）类型，包括四个亚型：IgG1、IgG2、IgG3 和 IgG4。其中，IgG1 是最常见的亚型，原因是其在血清中的含量最为丰富。❻

抗体－抗原复合物的内化，其效率主要取决于抗体与肿瘤细胞表面抗原之间的结合亲和力，较高的亲和力通常会导致更快的内化，但是高亲和力的抗体可能会降低抗体对实体瘤的渗透。由于在实体瘤中存在结合位点屏障（BSB），实体瘤的治疗比血液肿瘤更复杂，抗体和抗原之间极高的亲和力会导致 ADC 药物在它们结合之后被困在血管附近，较少能渗透到远离血管的肿瘤细胞。因此，应合理优化抗原和抗体之间的亲和力，以平衡靶细胞的快速吸收和抗癌效力。

除了结合亲和力，另一个影响肿瘤穿透的因素是抗体的大小。IgG 抗体的大分子量（约 150 kDa），通常对穿透毛细血管和肿瘤组织中的基质存在较大的障碍。因此，最初

❶❷❹❺❻ 张巧云. Oba01 对吉非替尼耐药 NSCLC 细胞的杀伤作用［D］. 咸宁：湖北科技学院，2023.
❸ 武刚，付志浩，徐刚领，等. 抗体偶联药物研发进展［J］. 生物医学转化，2021（4）：1－11.

的 ADC 药物主要用于治疗血液癌症。为了提升 ADC 药物在实体瘤治疗中的效果，研究人员尝试通过去除 FC 片段来缩小抗体尺寸。这种小型化抗体在保持高亲和力和特异性的同时，更易于穿过血管壁进入实体瘤中，显著增强了对实体瘤的攻击能力。[1] 然而，这种改变也会缩短抗体的半衰期。因此，在研发小型化抗体的 ADC 药物时，需要综合考虑多个因素。

3）化学接头

ADC 中的化学接头将抗体与细胞毒性有效载荷连接起来，连接子的选择是至关重要的，对于 ADC 药物的最终疗效也起着决定性作用：①高血浆循环稳定性，以防止药物过早释放；②维持抗体的性质和细胞毒性有效载荷的细胞杀伤能力，同时降低全身毒性；③高水溶性，允许亲脂性药物的生物偶联和防止抗体聚集；④在适当的情况下释放有效载荷以使治疗效果最大化。另外，成功的 ADC 药物研发还依赖于合适的药物抗体比（DAR），低 DAR 值会降低 ADC 药物的疗效，而高 DAR 值通常会导致 ADC 药的不稳定、增加全身副作用、缩短半衰期，并改变分子的药代动力学特性。

ADC 药物的连接子根据不同的水解方式，分为可切割连接子和不可切割连接子。

可切割连接子通过利用体内循环系统与肿瘤细胞的环境差异来精准释放细胞毒性药物，这种连接子分为化学裂解型和酶裂解型两种。[2]

化学裂解接头包括酸可切割连接子和可还原连接子，利用血浆和细胞质间室之间的差异特性来释放有效载荷。酸或 pH 敏感的连接链对碱性环境稳定，但对腙等酸性环境高度敏感。它们利用核内体（pH = 5～6）和溶酶体（pH = 4.8）的低 pH 来触发不耐酸腙连接物的水解，随后释放有效载荷。

BR96 - Doxorobicin（BR96 - Dox）是使用酸敏感连接子构建的 ADC 药物的一个很好的案例，如图 5 - 1 所示。该药物通过 6 - 马来酰基己酸腙连接子将阿霉素与人源 BR96 单克隆抗体的半胱氨酸残基共价连接而成。腙在酸性条件被水解成肼和醛基，从而释放有效载荷。

在 ADC 药物设计中，可还原性或谷胱甘肽敏感的二硫化物连接子是不耐酸腙连接子的替代品。二硫键在血液循环中相对稳定，但被细胞内谷胱甘肽还原裂解以释放有效载荷。谷胱甘肽（GSH）作为一种低分子量的硫醇化合物，在细胞的存活、增殖和分化过程中对保持氧化、还原平衡发挥着关键作用。癌细胞内部的 GSH 浓度明显高于血液中的浓度，因此，基于这种差异的连接子设计，能够在血液环境中保持稳定，并

[1]　杨勋航，周彩存. 肺癌抗体偶联药物研究进展 [J]. 科技导报，2023（18）：43 - 51.
[2]　林子健. 二肽连接子及三肽连接子的合成研究 [D]. 杭州：浙江理工大学，2023；张巧云. Oba01 对吉非替尼耐药 NSCLC 细胞的杀伤作用 [D]. 咸宁：湖北科技学院，2023.

在癌细胞内特异性地释放药物有效成分。[●]

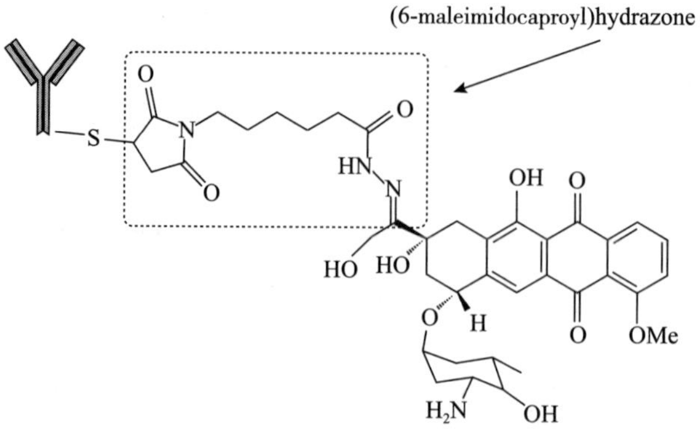

图 5 - 1　酸敏感连接子构建的 ADC 药物化学式

基于可还原连接链的案例之一是 2011 年报道合成的含二硫键的 ADC 药物，如图 5 - 2 所示。该药物通过二硫键的连接子连接细胞毒素 DM4，并且在二硫化物周围具有不同程度的空间位阻，ADC 通过蛋白水解失去抗体，然后经过二硫键裂解释放活性药物。

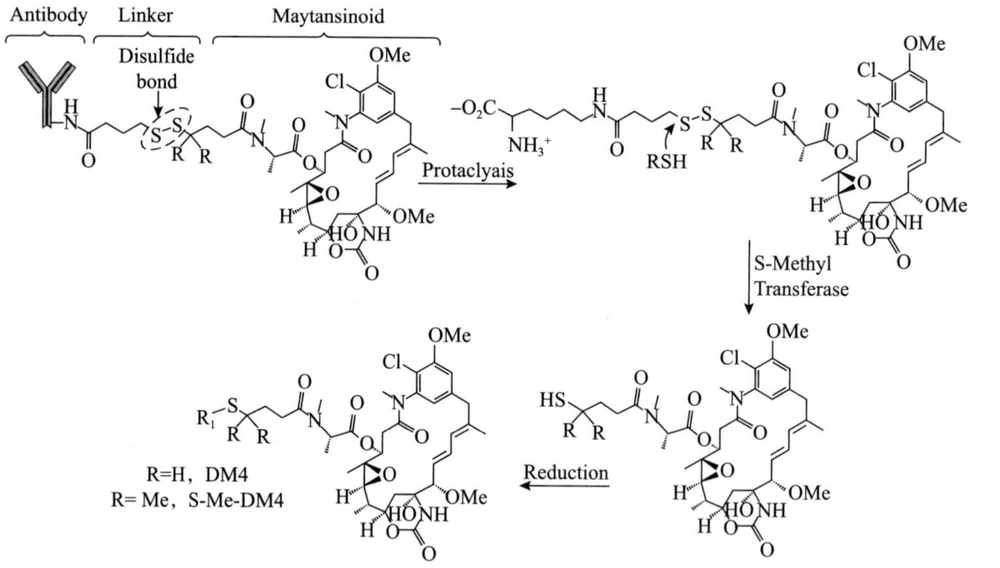

图 5 - 2　可还原连接子构建的 ADC 药物化学式

化学不稳定的连接子通常具有有限的血浆稳定性，从而导致药物过早释放。由于人体内存在蛋白酶抑制剂，酶裂解的化学接头通常在血液循环中表现稳定，因此，这

---

❶ 林子健. 二肽连接子及三肽连接子的合成研究 [D]. 杭州：浙江理工大学，2013；张巧云. Oba01 对吉非替尼耐药 NSCLC 细胞的杀伤作用 [D]. 咸宁：湖北科技学院，2023.

种酶可裂解的化学接头有助于减少过早断裂所带来的各种潜在风险。基于此特性，酶裂解接头在控制药物释放方面取得了临床成功。与化学不稳定的连接子不同，酶可切割的连接子利用细胞区室中独特的高浓度水解酶来切割并释放药物。酶裂解接头可分为以下四类。

第一类是肽链型连接子。肽基连接子，也称为溶酶体蛋白酶敏感连接子，例如缬氨酸 - 瓜氨酸（Val - Cit）、苯丙氨酸 - 赖氨酸（Phi - Lys）和缬氨酸 - 丙氨酸（Val - Ala）等，在 ADC 设计中被广泛应用。这种策略利用细胞内蛋白酶，比如组织蛋白酶 B，识别并切割二肽键，使细胞内的毒性药物获得释放。由于不合适的 pH 条件和血清蛋白酶抑制剂，肽基连接子表现出更好的系统稳定性，可以快速释放其中的有效药物载荷。[❶] 在 ADC 药物研发中探索这些类型的连接子通常需要一个共轭间隔分子，因为有效载荷的体积很大。用于此目的的最常用的试剂是对氨基苯甲酸酯（PABC），它显示出自裂解能力，从而促进未修饰有效载荷的释放，如图 5 - 3 所示。

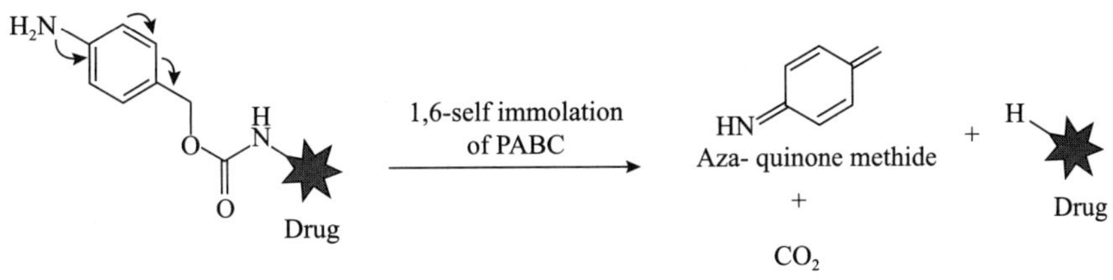

图 5 - 3　肽链型连接子中常用的共轭间隔分子

蛋白酶可切割的 Val - Ala 二肽连接物连接子被用于开发许多含吡咯苯二氮平的 ADC 药物。代表案例是 Rovalpituzumab Tesirine（Rova - T），其是一种靶向生物标志物特异性 ADC 药物，专门针对表达 Delta - like 3（DLL3）抗原的小细胞肺癌。Rova - T 由 SC16 抗体通过聚乙二醇（PEG）间隔体和 Val - Ala 连接子偶联到吡咯并苯二氮杂草（PBD）有效载荷组成。然而，这种药物体积庞大，需要使用自消除的 PABC 来直接释放有效载荷。Rova - T 被内化到细胞中，首先经历 Val - Ala 连接子的蛋白水解裂解，然后 PABC 通过 1，6 自消除过程释放药物，如图 5 - 4 所示。

第二类是基于 β - 葡萄糖醛酸苷酶的连接子。糖苷酶，例如 β - 葡萄糖醛酸酶，是一类水解溶酶体酶，可将 β - 葡萄糖醛酸残基降解为多糖。与组织蛋白酶 B 类似，β - 葡萄糖醛酸酶在一些肿瘤的坏死区域分泌。

β - 葡萄糖醛酸苷酶敏感的 ADC 药物可以通过将 β - 葡萄糖苷酸连接子与自消除的 PABC 间隔分子共价结合到细胞毒性药物和抗体上。引入自消除间隔的连接子可增加 ADC 药物的稳定性，并安全释放强效细胞毒素。药物的释放分两步进行：①糖苷结合

❶　路芳芳. ADC 肽类连接子的合成工艺及其与抗体和毒素的偶联［D］. 上海：中国医药工业研究总院，2023.

260 | 医药专利新视角

的酶解；②连接子的自发裂解，然后导致活性化合物的释放，如图 5 - 5 所示。

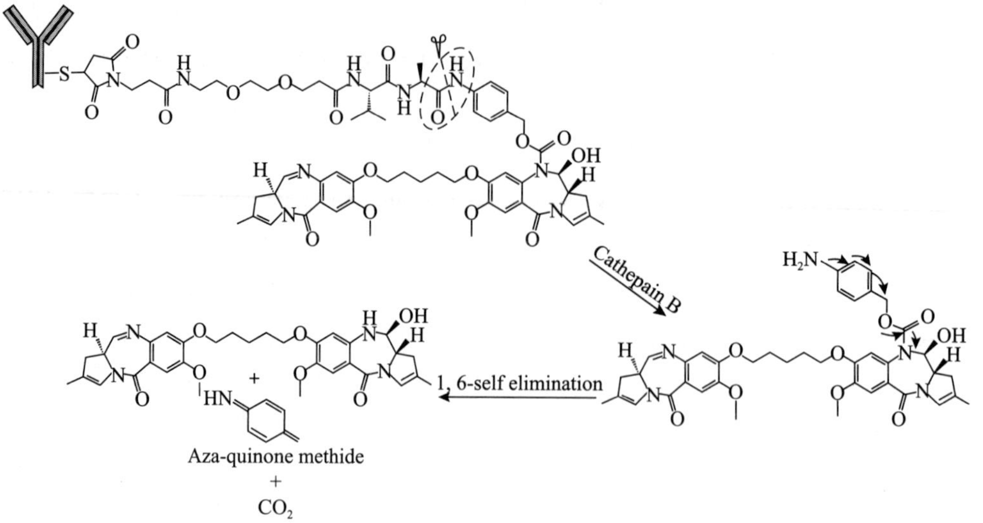

图 5 - 4 蛋白酶可切割的连接子构建的 ADC 药物化学式

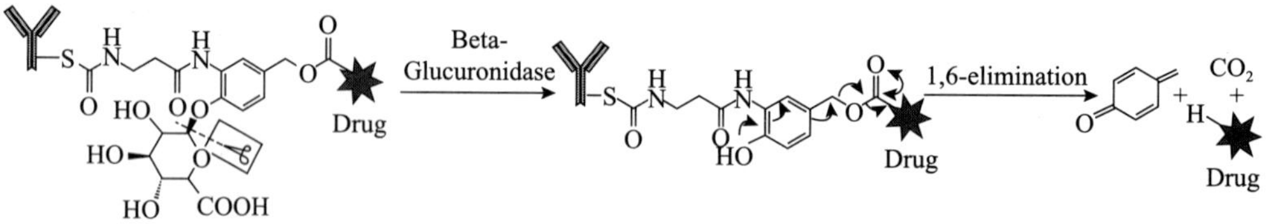

图 5 - 5 β - 葡萄糖醛酸苷酶可切割的连接子构建的 ADC 药物化学式

第三类是基于 β - 半乳糖苷酶裂解的连接子，β - 半乳糖苷酶可以降解半乳糖与其有机部分之间形成的 β - 糖苷键。与 β - 葡萄糖醛酸酶类似，β - 半乳糖苷酶在某些肿瘤中过表达，在肿瘤中它水解 β - 半乳糖苷键，释放药物，如图 5 - 6 所示。

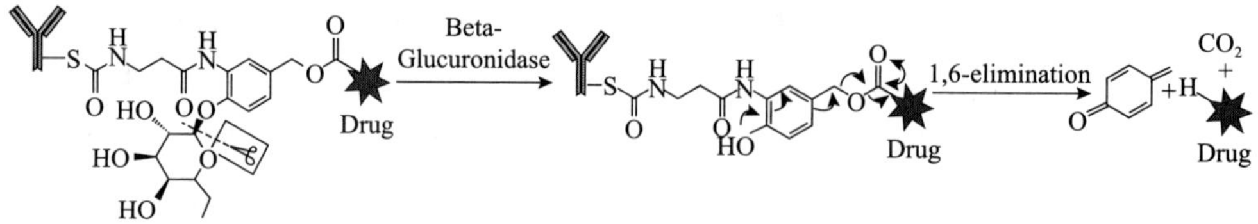

图 5 - 6 β - 半乳糖苷酶可切割的连接子构建的 ADC 药物化学式

第四类是基于磷酸酶切割的连接子，磷酸酶属于一类重要的酶可切割连接蛋白，它们只表达于溶酶体区室中的靶酶。这些连接子以焦磷酸酶和酸性磷酸酶为目标，它们将焦磷酸酶和末端单磷酸水解成各自的醇，从而释放有效载荷，如图 5 - 7 所示。

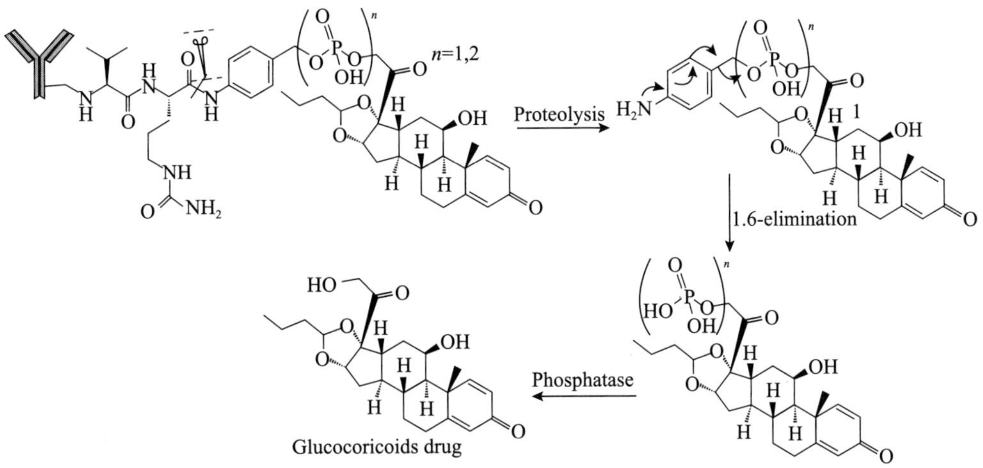

图 5 – 7　磷酸酶可切割的连接子构建的 ADC 药物化学式

　　不可切割的连接子可以分为硫醚和马来酰亚胺基己酰基（MC）两类。它们均由稳定的键组成，对体内常见的化学和酶环境具有稳定性和惰性，并确保相较于可裂解的对应物具有更高的稳定性。[1] 含有这种类型连接子的 ADC 药物依赖于抗体的完全溶酶体酶降解来释放内化后的有效载荷，从而导致连接子的同时分离，如图 5 – 8 所示。

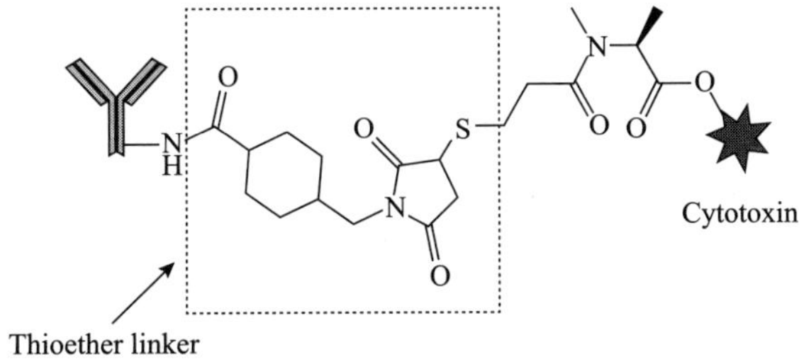

图 5 – 8　不可切割的连接子构建的 ADC 药物化学式

　　由于血浆稳定性的提高，不可切割的连接子相对于可切割的连接子的最大优势在于其在血液中具有更长的半衰期和更低的脱靶毒性，比可切割连接子具有更大的治疗窗口，但有效载荷的旁观者效应受到影响。

　　对于已经获批上市的 ADC 药物，第一代 ADC 药物采用可切割连接子，例如 Mylotarg 使用了含酸敏感腙键和 GSH 敏感二硫键的可裂连接子，该连接子在血液循环中可能发生断裂，提早释放药物产生脱靶毒性，增加了毒副作用。第二代 ADC 药物采用不可切割连接子，主要加入了马来酰亚胺结构，降低了脱靶毒性。例如 Kadcyla 中所使用的马

---

　　[1] 林子健. 二肽连接子及三肽连接子的合成研究［D］. 杭州：浙江理工大学，2013；张巧云. Oba01 对吉非替尼耐药 NSCLC 细胞的杀伤作用［D］. 咸宁：湖北科技学院，2023.

来酰亚胺连接子、奥英妥珠单抗（Besponsa）中所使用的 SMCC 连接子等，但第二代 ADC 药物由于偶联缺乏特异性，并没有解决药物均一性差、存在未结合抗体等问题，且不可切割连接子无法发挥旁观者效应，限制了第二代 ADC 药物的疗效。第三代 ADC 药物的一个里程碑式进展是采用了定点偶联技术，例如德曲妥珠单抗（Enhertu）基于甘氨酸 – 甘氨酸 – 苯丙氨酸 – 甘氨酸的四肽连接子，具有优异的血液循环稳定性，血液清除率非常低。

4）有效载荷

有效载荷是在 ADC 药物内化到癌细胞后发挥细胞毒性的"弹头"，其选择需要考虑以下三个方面。[1]

一是具有较高的抗肿瘤活性。因为只有大约 2% 的 ADC 药物可以在静脉内给药后到达目标肿瘤部位，所以在 ADC 药物中有效载荷的化合物需要高毒性（IC_{50} 在 nM 和 pM 范围内）。

二是具有适当的亲水性。确保 ADC 药物在生理环境中偶联物具有良好溶解度，适当的亲水性是必要的。如果疏水性太强，特别是当与高 DAR 值结合时，可能会导致抗体聚集，增加药物的清除速率和免疫原性，进而削弱药物的效能。

三是有适当的官能团，便于与连接子进行偶联。ADC 药物使用的有效载荷，主要有微管蛋白抑制剂、拓扑异构酶抑制剂、DNA 损伤剂等类型。①微管蛋白抑制剂可以破坏微管蛋白，影响细胞分裂时纺锤体的形成，干扰细胞分裂；②DNA 拓扑异构酶 I 抑制剂是颇具研发前景的有效荷载，可以裂解单链 DNA、抑制拓扑异构酶修复机制，使 DNA 损伤，细胞凋亡；③DNA 损伤剂作用于细胞 DNA，通过破坏 DNA 结构达到杀伤肿瘤细胞的目的。

除上述三类外，还有 RNA 聚合酶抑制类、凋亡诱导剂等类型的有效载荷。

第一，微管蛋白抑制剂。

金盏花素 E（MMAE）和甲基金盏花素 F（MMAF）是 ADC 药物研发中常用的两种奥瑞他汀类化合物，属于微管蛋白抑制剂，具有强效抗肿瘤活性，常用作 ADC 药物的有效载荷。

MMAE、MMAF 不能用作药物本身，但作为 ADC 药物的一部分，连接 MMAE、MMAF 与单克隆抗体的连接子在细胞外液中稳定，ADC 药物与靶向癌细胞抗原结合并进入癌细胞，然后被组织蛋白酶切割，之后 ADC 药物释放出有毒的 MMAE、MMAF 结构并激活有效的抗有丝分裂机制。

MMAE、MMAF 在已上市 ADC 药物中应用较多，其中有五款药物［Adcetris、替索单抗（Tivdak）、维迪西妥单抗（爱地希）、恩诺单抗（Padcev）、维泊妥珠单抗

---

[1] 张巧云. Oba01 对吉非替尼耐药 NSCLC 细胞的杀伤作用［D］. 咸宁：湖北科技学院，2023.

（Polivy）〕的有效荷载均是 MMAE，玛贝妥单抗（Blenrep）的有效荷载是 MMAF。

DM1、DM2、DM4 是美登素类微管蛋白抑制剂，可诱导细胞的有丝分裂停止。DM1 和 DM4 常通过使用二硫键与连接子偶联，具有良好的稳定性。

在已经上市的 ADC 药物中，Kadcyla 的有效载荷为 DM1，用于治疗铂耐药卵巢癌的全球首创 ADC 药物 Elahere 的有效载荷为 DM4，该药物于 2022 年获得美国 FDA 加速批准上市。

微管溶素（Tubulysins）可以抑制微管蛋白聚合，使分裂进程中细胞的细胞骨架解体、凋亡，是良好的微管蛋白抑制剂。

艾日布林（Eribulin）是从亚洲海洋海绵中分离的大环软海绵素 b 的合成类似物，可以抑制微管的伸长，在 ADC 药物 MORAb - 202 中被用作毒素分子，并已进入临床试验阶段。

紫杉醇（Paclitaxel）是天然的抗肿瘤药，可以影响微管蛋白聚合，导致有丝分裂停滞、诱导细胞凋亡。

第二，拓扑异构酶抑制剂。

拓扑异构酶位于细胞核内，控制和修复在 DNA 打开、上游转录和复制过程中发生的 DNA 超螺旋和缠绕。拓扑异构酶 I 裂解单链 DNA，特异性地结合到 DNA 拓扑异构酶复合体的界面，抑制拓扑异构酶修复机制，导致 DNA 损伤，细胞凋亡。

DNA 拓扑异构酶 I 抑制剂（DXd）为喜树碱（CPT）的合成衍生物，还被用作 ADC 有效载荷，其具有中等的细胞毒性效力，DXd 在血液中的半衰期短，有助于减少毒副作用的产生，具有较强的细胞膜渗透能力，产生旁观者效应，可杀灭附近的肿瘤细胞。在上市药物中，阿斯利康公司与第一三共株式会社的 Enhertu 即选择 Dxd 载荷。

细胞毒素 7 - ethyl - 10 - hydroxycamptothecin（SN - 38）属于拓扑异构酶抑制剂，是喜树碱的合成衍生物，由研究人员于 1966 年从中国喜树中分离出来。由 Immunomedics 公司研发的 ADC 上市药物戈沙妥珠单抗（Trodelvy）即采用 SN - 38。

第三，DNA 损伤剂。

PBD 是一类具有抗肿瘤活性的天然产物，属于 DNA 烷化剂，在 DNA 内引起细胞凋亡。由于 PBD 的结合对 DNA 造成很小的形变，不容易引起 DNA 修复，因此 PBD 毒性很强。朗妥昔单抗（Zynlonta）是第一款使用 PBD 类药物载荷的上市 ADC 药物，由 ADC Therapeutics 公司开发。

卡奇霉素也属于 DNA 损伤剂的一种，在上市的 ADC 药物中，Besponsa、Mylotarg 的有效荷载均为卡奇霉素。

第四，RNA 聚合酶抑制类。

RNA 聚合酶抑制类（鹅膏蕈碱）：鹅膏毒素（Amatoxin）衍生物通过亚砜部分连接在色氨酸和半胱氨酸残基之间。鹅膏毒素的三个侧链是羟基化的，OH 基团具有良好的水溶性并与目标分子结合。其中，α-鹅膏糖蛋白和β-鹅膏毒素两种肽，占所有毒素的90%。在ADC技术领域，使用类似鹅膏毒素的转录抑制剂是一种相对较新的方法。

泰兰司他汀及其类似物：泰兰司他汀及其类似物可以与剪接体的SF3b亚单位结合，从而阻止RNA剪接。靶向剪接体是一种参与mRNA加工的大型核糖核蛋白复合物，为靶向癌症治疗提供了一种有希望的治疗选择。

第五，凋亡诱导剂。

凋亡诱导剂（Bcl-xL抑制剂）能够阻断Bcl-xL上BH3结合域的药物，以触发癌细胞凋亡，它的过度表达是癌细胞获得凋亡抵抗的机制之一。2017年，艾伯维公司首次以ADC的形式展示了BcL-xL抑制剂的有效载荷，其靶向表达表皮生长因子受体（EGFR）的特定细胞或组织。氨基烷基延伸的核心修饰用于建立合适的连接位点。

5）偶联方式

ADC的药物偶联是指将ADC各部分连接起来的连接方式，决定DAR值和均一性，影响药物的活性、耐受性和稳定性。一般分为随机偶联和定点偶联两类。❶

随机偶联是指不改变抗体，直接将细胞毒素或化疗药物随机偶联到抗体分子。通常情况下，赖氨酸和半胱氨酸残基在抗体中的存在为药物与抗体的结合（即偶联）提供了反应位点。在早期的ADC药物研发中，赖氨酸和半胱氨酸残基是通过随机方式进行偶联的。具体来说，抗体中有80~90个赖氨酸残基，其中大约40个可参与反应。❷这种随机偶联方式可能会使不同数量（0~8）的小分子毒素附着在抗体上，导致DAR值分布较广。此外，由于赖氨酸残基遍布于抗体的轻链和重链上，包括抗体与抗原识别位点附近，这样的偶联可能会影响ADC药物与其目标之间的结合能力。Kadcyla、Mylotarg和Besponsa等药物采用的就是赖氨酸残基偶联方式。除上述偶联方式，还有一种偶联方法是基于半胱氨酸的反应。IgG1类型的抗体含有可以暴露出游离半胱氨酸残基的链间和链内二硫键，这些二硫键一旦还原，就可以提供偶联点。由于可用的结合位点数量相对有限，并且硫醇基团具有特殊的反应性，因此采用半胱氨酸残基作为偶联点可以有效减少ADC药物的异质性。根据不同的还原程度，与赖氨酸残基偶联相比，选择半胱氨酸残基偶联的方式可能获得DAR值为2、4、6和8的更均一产品。市场上的Polivy、Padcev和Adcetris等药物使用的是这种方法进行偶联。但是，需要注意的是，打开链间二硫键可能影响抗体的结构完整性。❸

❶ 李云峰，辛杰，李静等. 抗体偶联药物连接技术的研究进展［J］. 中国新药与临床杂志，2022（12）：719-728.

❷ 张晓楠. 抗体靶向金属有机骨架药物递送系统的制备及在HER2阳性SK-BR-3细胞中的生物学评价［D］. 沈阳：沈阳医学院，2023.

❸ 李博乐，冯红蕾，魏枫等. 肿瘤抗体药物偶联物的研发进展和挑战［J］. 中国肿瘤临床，2022（16）：850-857；张晓楠. 抗体靶向金属有机骨架药物递送系统的制备及在HER2阳性SK-BR-3细胞中的生物学评价［D］. 沈阳：沈阳医学院，2023.

　　赖氨酸和半胱氨酸残基的随机偶联方法可能存在多个问题，包括偶联稳定性不足，这可能导致有效载荷过早释放，增加脱靶毒性风险。❶ 此外，偶联位置和载药数目不确定，产生具有不同 DAR 值的异质混合物，增加了质量和均一 DAR 值控制的难度，导致药物的动力学性质不一、稳定性差，以及药物毒性增强、治疗窗口变窄。

　　定点偶联是指将细胞毒素或化疗药物偶联到抗体分子中特定的位置上。通过改变抗体实现在抗体特定位点连接载药，提高了药物的均一性，降低了毒副作用的同时拓宽了治疗窗口。

　　随机偶联和定点偶联的不同效果主要体现在药物抗体偶联比 DAR 值。DAR 值可能为 0~8，而理想的 DAR 值为 2~4。由于 DAR 值体现偶联细胞毒素的多少，因此会影响药物的有效性和均一性。

　　市场上研发的各种特定部位的定点偶联方法，可以将细胞毒素或化疗药物偶联到抗体分子中特定的位置，例如半胱氨酸、谷氨酰胺、非天然氨基酸、多糖和短肽标签，从而制备出均一度高，稳定性好，具有更好活性和药代学特性的 ADC 药物。

　　第一，通过特定氨基酸实现位点特异性偶联。

　　半胱氨酸和谷氨酰胺，被选作位点特异性的偶联位点。Thiomab 技术是第一个对天然氨基酸进行修饰，将未配对的半胱氨酸进行位点特异性的方法。该方法将半胱氨酸残基插入抗体重链（HC）或轻链（LC）的不同位置进行偶联。由于工程半胱氨酸在表达过程中易被谷胱甘肽或其他覆盖，抗体需要部分还原以去除帽子。然后，使用硫醇 – 马来酰亚胺化学方法，将未封端的半胱氨酸与含有硫醇的连接子进行反应。研究表明通过半胱氨酸残基（HC – A114C）的药物连接子偶联产生的 ADC 显示出近乎均一的偶联物，并且改善了治疗指数。

　　除了通过未配对的半胱氨酸偶联，该领域还研发了硫醇桥联方法。由于每个双功能药物连接子可以捕获两个游离的半胱氨酸硫醇基团，因此导致 ADC 药物的异质性较低。

　　谷氨酰胺通过位点特异性偶联的方法不使用还原和氧化试剂，而是利用谷氨酰胺转氨酶（MTGase）将含胺的药物连接子转移到脱糖抗体中。

　　第二，通过非天然氨基酸实现位点特异性偶联。

　　药物连接子与抗体中非天然氨基酸的偶联是另一种新型定点偶联产生匀质性 ADC 药物的方法。经常使用的非天然氨基酸包括乙酰苯丙氨酸（pAF）、叠氮基甲基—L—苯基丙氨酸（pAMF）和叠氮赖氨酸等，如图 5 – 9 所示。这些非天然氨基酸的引入使 ADC 药物的制造过程可以在特定的位置和数量上进行精确的偶联，从而生产具有统一

---

❶　张晓楠. 抗体靶向金属有机骨架药物递送系统的制备及在 HER2 阳性 SK – BR – 3 细胞中的生物学评价 [D]. 沈阳：沈阳医学院，2023.

的 DAR、高药效、良好稳定性和较高安全性的 ADC 药物。但是，这种方法也面临着一
些挑战，包括抗体的表达可能较为困难，以及增加的免疫原性风险。❶

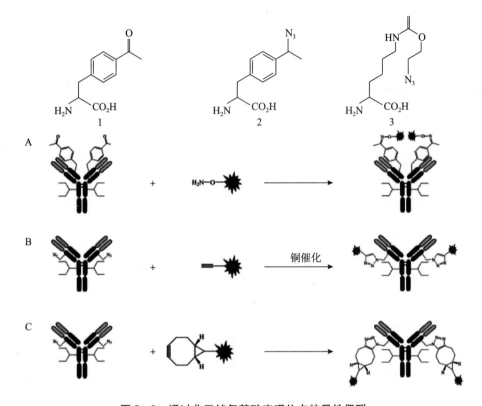

图 5-9　通过非天然氨基酸实现位点特异性偶联

第三，通过糖工程实现位点特异性偶联。

通过将药物连接子与位于 CH2 结构域的 N297 糖链偶联，糖链介导的偶联提供了一
种独特的位点特异性偶联方法。由于糖链的非还原末端存在不同的单糖，因此研发了
不同的方法将药物连接子连接到这些糖上，包括岩藻糖、半乳糖、N-乙酰半乳糖胺
（GalNAc）、N-乙酰氨基葡萄糖（GlcNAc）和 N-乙酰基神经氨酸（SA）。

6-硫代果糖为一种岩藻糖类似物，可以通过代谢偶联到抗 CD30 或抗 CD70 抗体
中，然后将抗体中的硫代果糖与含有 MMAE 药物连接子的马来酰亚胺偶联，DAR 值为
1.3。硫代果糖产生的 ADC 保持了良好的血浆稳定性，并显示出较强的抗肿瘤活性。

半乳糖或半乳糖类似物也被通过半乳糖基转移酶引入。菌株促进的环炔与叠氮化
物的环加成反应已被用于 GlycoConnect，这是 Synaffix 公司开发的一项技术，其核心是
将叠氮糖以酶促方式引入天然抗体的多糖上。抗体首先在 UDP 6-叠氮基 GalNAc 存在
下经受内切糖苷酶和糖基转移酶（GalNAc-T）的作用，以便将天然糖转化为均质的、

❶ 李明莹，汪琳，马宁宁. 定点偶联技术在抗体药物偶联物中的应用［J］. 药学进展，2021（3）：180-187.

截断的和叠氮标记的三糖，并对叠氮标记的抗体进行药物连接子偶联，以产生均一的
ADC，如图 5-10 所示。

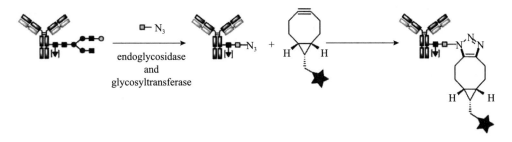

图 5-10　通过糖工程实现位点特异性偶联

糖工程方法的独特之处在于，药物连接子与糖链偶联，不需要设计氨基酸序列，
并且其连接在远离氨基酸残基的地方。然而，该方法需要糖工程所需的特殊试剂和酶。

第四，通过短肽标签实现位点特异性偶联。

市场上已经研发了一些将细胞毒素与特定短肽标签（包含 4~6 个氨基酸残基）偶
联的位点特异性偶联方法。有研究将谷氨酰胺标签（LLQG）设计成抗体分子，标签中
的谷氨酰胺可以被 MTG 识别以转移含胺药物。[1] 该研究证明，药物连接子 MMAD 可以
通过酶有效地转移到谷氨酰胺标签上，包括 C 端重链上的 LLQGA 或 C 端轻链上的
GGLLQGA。该 ADC 药物展现了强效的抗肿瘤活性。

5.1.2.2　ADC 药物的三代技术迭代

1）第一代 ADC 药物

早期 ADC 药物主要由常规化疗药物通过可切割的连接子与小鼠来源的抗体偶联而
成。这些 ADC 药物的疗效并不优于游离的细胞毒性药物，而且具有很大的免疫原性。
后来，更有效的细胞毒性药物与人源化单克隆抗体（mAb）的组合使其疗效和安全性获
得了极大提高，从而使第一代 ADC 药物获得市场批准，包括 Mylotarg 和 Besponsa。[2] 在
这两种产品中，使用了 IgG4 同种型的人源化 mAb，并通过酸不稳定接头与有效的细胞
毒性卡其霉素偶联。然而，该药物系统也存在很大的缺陷。

第一，连接子不稳定。第一代 ADC 所采用的酸不稳定连接子在体内其他酸性环境
中可能会裂解，甚至在血液循环（pH = 7.4，37 ℃）中也会缓慢裂解，导致细胞毒物
的不可控释放和意外的脱靶毒性。

第二，细胞毒素疏水聚集。第一代 ADC 药物搭载了强效细胞毒性的卡奇霉素。卡

❶　武刚，付志浩，徐刚领等. 抗体偶联药物研发进展 [J]. 生物医学转化，2021 (4)：1-11.
❷　曾艳，游然，韩彬. ADCs 研发进展及其治疗尿路上皮癌的临床研究概述 [J]. 现代医学，2023 (3)：
401-406.

奇霉素是疏水性的，容易引起抗体聚集，从而导致产生如半衰期短、清除快、免疫原性等缺陷。

第三，共轭技术低下导致 DAR 值不稳定，异质性严重。DAR 值（0~8）代表了有多少个细胞毒素附着在抗体上。第一代 ADC 药物的共轭是基于通过赖氨酸和半胱氨酸残基的随机共轭偶联，从而产生出 DAR 值不同的高度异质混合物。不一致的 DAR 值会对 ADC 药物的药代动力学和药效学（PK/PD）参数和治疗指数产生较大影响。因此，第一代 ADC 药物的治疗窗口窄，需要进一步改进。

第一代 ADC 药物临床应用疗效差的原因有很多，可以归结为：抗原特异性低、毒性载荷不够强、连接子不稳定。由于毒性载荷的活性不足，导致血液中的药物浓度未能达到治疗所需的有效水平。当靶点抗原的表达水平较低时，药物的递送量减少，使细胞内的药物浓度不足以消灭癌细胞。第一代 ADC 药物在肿瘤靶向性方面的性能不佳、定位精准度低，且使用的连接子稳定性差，这些因素都导致了药物的毒性增加。另外，第一代 ADC 药物研发中使用的单克隆抗体源自小鼠，而非人源化，这引发了免疫反应和人抗鼠抗体（HAMAs）的产生。随着研究的深入，第二代 ADC 药物应运而生。❶

2）第二代 ADC 药物

第二代 ADC 药物的研发中，单克隆抗体技术得到了显著改进。通过精心挑选的单克隆抗体，提高了 ADC 药物对肿瘤细胞的靶向性，并减少与健康细胞的交叉反应。更重要的是，在毒性载荷方面，早期使用的抗癌小分子药物在临床研究中显示出局限性，但随后发现了更有效的小分子物质。与第一代 ADC 药物相比，第二代 ADC 药物在化学、生产和控制特性方面表现更为优异。从美国 FDA 批准的如 Vedotin、Emtansine、Ozogamicin 等第二代 ADC 药物来看，这些药物在临床试验中展现出了良好的疗效和安全性，表明第二代 ADC 药物在癌症治疗领域具有巨大的潜力。❷

第二代 ADC 药物主要由美登素类、奥瑞他汀类有效载荷与人源化单抗通过连接子偶联，采用不可切割连接子，优化了药物稳定性问题。

以 Adcetris 和 Kadcyla 为代表的第二代 ADC 药物在优化 mAb 同种型、有效载荷以及连接子后获批上市。第二代 ADC 药物具有以下三个要素的改进。

第一，使用 IgG1 同种型 mAb。与 IgG4 相比，IgG1 更适合与小分子有效载荷进行生物共轭，并具有较高的癌细胞靶向能力。

第二，更有效的细胞毒性药物。例如美登素类和奥瑞他汀类，其水溶性和偶联效率都有所提高，更多的细胞毒素可以加载到抗体上，并且不会引起抗体的聚集。

第三，连接子的稳定性提升。引入两种不同的连接子（可切割以及不可切割），以实现更好的血浆稳定性和均匀的 DAR 值分布。

---

❶❷ 林子健. 二肽连接子及三肽连接子的合成研究［D］. 杭州：浙江理工大学，2013.

总体而言，这三个要素的改进都会提高第二代 ADC 药物的临床疗效和安全性。然而，仍然存在许多未满足的需求，例如由于脱靶毒性和未结合抗体导致的较窄治疗窗口，以及在那些具有高 DAR 值的 ADC 药物中的聚集或快速清除。当 DAR 值超过 6 时，ADC 药物表现出高疏水性，并且由于体内清除速度更快而趋于降低 ADC 药物疗效，以及不可切割连接子无法发挥旁观者效应。

至此，第二代 ADC 药物也难以满足患者的需求。在这种情况下还需要通过位点特异性偶联优化 DAR 值，以及不断优化 mAb、接头和有效载荷来提高第三代 ADC 药物的疗效，位点特异性偶联被认为是 ADC 药物成功研发的关键。

3）第三代 ADC 药物

第三代 ADC 药物总结了第一代和第二代 ADC 药物临床应用疗效差的因素，优化单克隆抗体、连接子以及毒性化学小分子成为研发第三代 ADC 药物的关注点。通过精确控制小分子药物与单克隆抗体在特定位置的结合，生成了具有确定的 DAR 值，通常是 2 或 4。这种方法生产的 ADC 药物，其毒性得到了有效控制，同时没有检测到未结合的单克隆抗体，提高了药物的整体稳定性和药代动力学特性。这种位点特异性的结合技术还确保了偶联键的稳定性，减少了药物在体内非特异性释放的可能性，从而增强了药物的活性，尤其是在抗原表达水平较低的情况下，细胞活性得到显著提升。❶ 第三代 ADC 药物采用位点特异性偶联，使得 ADC 药物具有更高的均一性，细胞毒性分子也被优化，具有更低的毒性和更高的抗癌活性以及更高的稳定性，为癌症患者提供了更安全、更有效的治疗选择。❷

第三代 ADC 药物的关键是位点特异性结合，运用定点偶联技术可确保具有明确 DAR 值的抗体偶联药物，另外在抗体优化、连接物、结合小分子药物方面可以显著改善 ADC 药物的治疗作用。在第三代 ADC 药物中，连接子又调整回可切割连接子，与第一代 ADC 药物的酸依赖连接子不同，第三代 ADC 药物选择酶依赖连接子，具有更好的稳定性。

第三代 ADC 药物以 Polivy、Padcev、Enhertu 等药物为代表。其具有以下四个特点。

第一，位点特异性共轭技术的产生，带来了同质的理想数量的 DAR 值（2 或 4）。具有一致的 DAR 值的 ADC 药物显示出较少的脱靶毒性和较好的药代动力学效率。

第二，使用了完全人源化的抗体而不是嵌合抗体，减少免疫原性。此外，抗原结合片段（Fabs）正在被开发，可以取代一些候选 ADC 中完整的 mAb，因为 Fabs 在全身循环中更稳定，并且更容易被癌细胞内化。

---

❶ 林子健. 二肽连接子及三肽连接子的合成研究［D］. 杭州：浙江理工大学，2013.

❷ 曾艳，游然，韩彬. ADCs 研发进展及其治疗尿路上皮癌的临床研究概述［J］. 现代医学，2023（3）：401–406.

第三，采用更加强力的细胞毒素，例如 PBD、Tubulysins 和具有新机制的免疫调节剂。

第四，新的共轭偶联平台，尽管第三代中的连接子类型没有更新，但已经开发了一些新实体用于结合各种有效载荷。为了避免对免疫系统的干扰，提高在血液循环中的保留时间，在第三代 ADC 药物中采用了更多的亲水性连接子组合，例如 PEG 化。亲水性连接子还可以用于平衡某些细胞毒性有效载荷（如 PBD）的高疏水性。

总的来说，三代 ADC 药物总体的差别在于其几大技术要素和众多性能指标的不同，ADC 药物演化的总体思路可以总结为：①抗体方面，从鼠源抗体、低修饰程度的抗体演化到全人源抗体、修饰程度高的抗体；②连接子方面，从低稳定性连接子演化到高稳定性亲水性连接子；③有效载荷方面，逐渐从低毒性有效载荷演化到高毒性有效载荷，并且更多的创新机制毒素在不断出现；④偶联技术方面，从第三代 ADC 药物开始，定点偶联技术逐渐成熟，越来越多的新型 ADC 药物开始使用定点偶联技术。

5.1.3 技术进化的卓越成就

5.1.3.1 药物靶点分布

在 ADC 药物中，靶点的选择非常关键，不同靶点的表达程度会对治疗的效果产生重要影响。随着越来越多 ADC 药物的研发和上市，不同靶点的竞争格局逐渐显现。

美国 FDA 批准上市的 ADC 药物对应 11 个靶点，分别为 CD33、CD30、HER2、CD22、CD79b、Nectin-4、BCMA、EGFR、CD19、TissueFactor 和 FRα。

根据统计在研的 ADC 药物，其中较为热门的靶点包括 HER2、EGFR、CLDN18.2、TROP2、c-Met、CD19、PSMA、Muc1、BCMA 和 PDL1，大多数是验证成熟的靶点。

其中，HER2 是全球研发的热门靶点，是一种常见的基因突变，存在于多种癌症中。上市药物较多且在研药物数量较多的 ADC 靶点就是 HER2。全球已有多款靶向 HER2 的 ADC 在研药物；我国也有多款在研的 HER2 ADC 药物，如恒瑞医药等多家企业均在该领域布局，竞争较为激烈。

ADC 研发主体也开始逐步拓展差异化的新型靶点，该类靶点赛道尚未形成明显竞争格局，仍然有较大的发展潜力，有望出现重磅品种。其中包括待验证的 ADC 靶点，这类药物靶点的作用机制已经验证，但是在 ADC 药物中的疗效还需验证，大多处于临床研究阶段，例如 HER2 双抗、PDL1/PDL2 双抗、CLDN9/CLDN6 双抗。双抗或多抗相对于单抗而言，可提高靶点结合率，这或许会成为 ADC 药物发展的一个新方向。还有一些靶点的作用机制有待验证，比如 CXCR5、CD123、CEA、ASGR1、CD22 及相关的激动剂。

　　在国内 ADC 市场的靶点布局方面，虽然国内 HER2 – ADC 药物开发竞争激烈，但是国内创新主体也开始布局尚未有产品上市的靶点，例如 c – Met、ROR1、MUC1 等。国内部分企业开始探索和研发 Trop – 2 以及 Claudin 18.2 这些尚未得到广泛应用的靶点。Trop – 2 和 Claudin 18.2 都是治疗癌症的潜在靶点，其中 Trop – 2 的开发适应证多为乳腺癌、尿路上皮癌等实体瘤。而康诺亚生物医药科技有限公司和上海美雅珂生物技术有限公司共同开发的 CMG901 则是在 Claudin 18.2 领域进展较快的产品，这表明国内 ADC 研发市场正逐步朝着多元化的方向发展。此外，国内创新主体也在积极探索新型靶点，例如 CD38 和 BCMA 等，以期找到更多治疗癌症的选择性靶点。

　　国际市场上，在国外已经有不少医药公司对 FRα 等靶点进行了研发，而在国内还少有竞争者。同时，国外有 90 余个靶点在国内尚未被开发，Bolt Biotherapeutics 公司将 PD – L1 单抗与 TLR7/8 激动剂偶联，治疗检查点抑制剂难治性肿瘤。这些靶点的研究与应用还有待国内外创新主体的进一步探索和研究。

5.1.3.2　适应证分布

　　全球 ADC 药物研发主要集中在肿瘤领域，从适应证来看，分为实体瘤和血液肿瘤两大类。血液肿瘤中的适应证集中分布在淋巴瘤、急性淋巴细胞白血病和多发性骨髓瘤。实体瘤方面分布更为广泛，其中乳腺癌、肺癌和胃癌的产品开发最多，这与 HER2、HER3、CEACAM5、c – MET、CD56 等靶点在乳腺癌、胃癌、肺癌上的高表达有关。而国外由于靶点选择性更多，相应的适应证研发也更为广泛，在黑色素瘤、肾细胞癌、肝癌、前列腺癌等方面都有涉足。

　　伴随抗体筛选技术和基因工程技术的进步，ADC 药物的特异性和稳定性增强，安全系数提升，适应证也逐渐从肿瘤治疗往其他疾病方向发展，并拓展至感染、自免疫以及代谢性疾病等。例如，艾伯维公司将 TNF – α 抗体阿达木单抗与糖皮质激素受体调节剂（GRM）偶联成抗体偶联药物 ABBV – 3373，用于中度至重度类风湿关节炎的治疗。基因泰克公司开发出治疗金黄色葡萄球菌感染的 ADC 药物 DSTA4637S/RG7861，由针对金黄色葡萄球菌的单克隆抗体与新型利福霉素类抗生素偶联而成。

5.1.3.3　商业市场份额

　　截至 2022 年底，全球已累计批准上市了多款 ADC 药物。从已披露的财报数据来看，全球 ADC 药物市场规模占比较大。

　　纵观整个 ADC 新药市场化，仅仅 10 余年，2018 年之前，ADC 新药主要的驱动力是 Kadcyla 和 Adcetris。2018 年之后，ADC 新药市场进入新一轮快速增长，这一轮的驱动力主要来自 ADC 新药，包括 Enhertu、Trodelvy、Padcev、Polivy 等。2018～2022 年，

ADC 新药市场规模扩大数倍。

在单品销售方面，多款 ADC 药物也成长为重磅炸弹级别，陆续获批新适应证并加速抢占市场。Adcetris 公司在 2020 年的全球销售额高达 6.59 亿美元，2021 年提高至 13.06 亿美元，2022 年销售额进一步增长，达到 14.8 亿美元。此外，西雅图基因公司与安斯泰来公司合作开发的 Nectin - 4 ADC 新药 Padcev 销售额为 3.06 亿美元。如果说西雅图基因公司和武田公司的 Adcetris 是掀起 ADC 药物研发热潮的关键产品，那罗氏公司的 Kadcyla 可以说是迄今商业化最成功的 ADC 药物之一。在 2021 年全球 53 亿美元的市场规模中，Kadcyla 占据半壁江山，销售额达到 21.78 亿美元，且 2022 年 Kadcyla 销售额再度增长，达到 22.6 亿美元。罗氏公司的另一款 ADC 新药 Polivy 同样表现出不俗的销售前景，2022 年销售额为 5 亿美元。吉利德公司的靶向 Trop2 的 ADC 新药 Trodelvy 同样在 2022 年实现了快速增长，销售额为 6.8 亿美元。与此同时，该药物获批治疗 HR + /HER2 - 乳腺癌，销售额有望继续实现爆发增长。辉瑞公司除了 Mylotarg，其靶向 CD22 的 ADC 新药 Besponsa 销售额缓速增长，2022 年达到 2 亿美元。❶

另外，更令人瞩目的还有阿斯利康公司和第一三共株式会社共同研发的 Enhertu，它是全球第一款用于 HER - 2 低表达乳腺癌的疗法，且处于快速放量阶段，销售额随着适应证扩展进一步增长。得益于 2022 年获批的新适应证，并逐步渗透至更多市场，Enhertu 的销售额达 12.34 亿美元，较上一年 4.26 亿美元的销售额来说，增长了近 2 倍。❷

5.1.3.4 国内政策支撑

ADC 药物属于生物医药范畴，近年来，与生物医药相关的利好政策不断出台，从规划、行业规范、准入门槛等进行政策支持和引导，从顶层设计上将生物医药再次放到国家战略性新兴产业地位。国内生物医药研发相关重点政策汇总如表 5 - 1 所示。

表 5 - 1　国内生物医药研发相关重点政策汇总

发布年份	政策名称	政策内容
2018	《关于发布接受药品境外临床试验数据的技术指导原则的通告》	药品在国内申报注册时，接受申请人采用境外临床试验数据作为临床评价资料的工作。指导原则所涉及的境外临床试验数据，包括但不限于申请人通过创新药的境内外同步研发在境外获得的临床试验数据。在境外开展仿制药研发，具备完整可评价的生物等效性数据的，也可用于注册申请

❶❷　成林. ADC 全球市场冲刺百亿美元！第一三共/AZ、吉利德、罗氏等加速"狂飙"[EB/OL]. (2023 - 02 - 08) [2023 - 05 - 06]. https：//mp. weixin. qq. com/s?__biz = MjM5MTcyMjYxMw = = &mid = 2651787262&idx = 1&sn = ea7a95cfa129acd70ddf61b7e4a59f39&chksm = bd4a92e48a3d1bf2f0e2936e91040841d8df5b1d15efd6d2eb634a75fa 14bdbc952feb86696e&scene = 27.

续表

发布年份	政策名称	政策内容
2021	《"十四五"生物医药产业发展规划》	①发展定位为战略性新兴产业：构筑产业体系新支柱，聚焦生物技术、新能源、新材料等战略性新兴产业，加快关键核心技术创新应用，增强要素保障能力，培育壮大产业发展新动能。推动生物技术和信息技术融合创新，加快发展生物医药等产业，做大做强生物经济；突破关键核心技术：从国家急迫需要和长远需求出发，集中优势资源攻关新发突发传染病和生物安全风险防控、医药和医疗设备、关键元器件零部件和基础材料、油气勘探开发等领域关键核心技术。②坚持创新驱动，优化顶层设计，强化国家战略科技力量：聚焦量子信息、光子与微纳电子、网络通信、人工智能、生物医药、现代能源系统等重大创新领域，组建一批国家实验室，重组国家重点实验室，形成结构合理、运行高效的实验室体系。③重点发展方向为攻关科技前沿领域：加快推进基因与生物技术，基因组学研究应用，遗传细胞和遗传育种、合成生物、生物药等技术创新，疫苗、体外诊断、抗体药物等研发
2021	《国务院关于印发计量发展规划（2021—2035年）的通知》	加快医疗健康领域计量服务体系建设，围绕疾病防控、生物医药、诊断试剂、高端医疗器械、康复理疗设备、可穿戴设备、营养与保健食品等开展关键计量测试技术研究和应用
2022	《关于推进国家级质量标准实验室建设的指导意见》	到2025年，力争在高端制造、新材料、信息技术、生物医药等重点领域建设若干国家级质量标准实验室。到2035年，基本建成同现代产业体系发展与安全保障相适应的国家级质量标准实验室体系
2022	《"十四五"生物经济发展规划》	该规划明确了生物经济四大重点发展领域：①顺应"以治病为中心"转向"以健康为中心"的新趋势，发展面向人民生命健康的生物医药；②顺应"解决温饱"转向"营养多元"的新趋势，发展面向农业现代化的生物农业；③顺应"追求产能产效"转向"坚持生态优先"的新趋势，发展面向绿色低碳的生物质替代应用；④顺应"被动防御"转向"主动保障"的新趋势，加强国家生物安全风险防控和治理体系建设

5.2 ADC 药物专利全景分析

从 2000 年第一款 ADC 药物上市发展至今，ADC 技术已经更新至第三代。此类药物逐渐向着提升均一性、稳定性和增强治疗效果等方向不断改善。截至 2022 年，全球共有多款 ADC 药物上市销售。

对一项前沿技术进行专利梳理，可以清晰地了解该类技术的发展趋势、竞争格局、技术创新点、市场潜力、研究方向等方面的情况，因此，从专利角度对 ADC 技术进行分析是一个非常重要的手段。

使用 incoPat 专利数据库，检索 ADC 技术相关的专利申请文献。截至 2022 年 12 月 2 日，全球范围内的相关专利申请共计 11884 项，中国公开的相关专利申请共计 2484 件。本节从多个维度对 ADC 技术相关的专利申请进行分析。

5.2.1 全球专利申请分析及知名药企布局

5.2.1.1 全球专利申请趋势

从宏观视角考量 ADC 技术全球专利申请趋势，如图 5 - 11 所示。在 2001 年以前，专利申请量一直保持在每年 200 项以下。直到 2001 年，申请量才突破 300 项。与之相比，生物技术方面的全球专利申请量在 2000 年前后达到阶段性的历史峰值。这与 ADC 技术的专利申请量形成戏剧性的反差。究其原因，可能是 ADC 药物研发在当时还存在比较高的技术壁垒。但是，随着 2000 年第一款 ADC 药物上市销售，似乎点燃了行业内药物研发的热情，ADC 技术专利申请量开始逐年走高。随着时间的推移，ADC 技术逐渐成为生物医药领域中一个新的研究热点。2001 ~ 2012 年，ADC 技术专利申请量整体上升到一个新的台阶，呈然中间略有振荡，但一直保持着小幅且稳定的上升势头。这个阶段是 ADC 技术不断积累的时期。此后，在 2011 年、2013 年，第二代 ADC 药物陆续上市销售。与此同时，从 2013 年开始，ADC 技术专利申请量进入加速上行通道，并在 2020 年达到历史性的峰值 765 项。这个阶段是 ADC 技术不断成熟完善的阶段。虽然 2021 年之后的 ADC 技术专利申请量有所降低，但这可能是专利申请公开延迟所导致的，根据该领域的发展势头能够推测其专利申请量还会进一步提升。在同一时期内，ADC 技术 PCT 专利申请量基本上保持着与 ADC 技术专利申请总量一致的变化趋势。PCT 专利申请量占据专利申请总量的 12% ~ 40%。

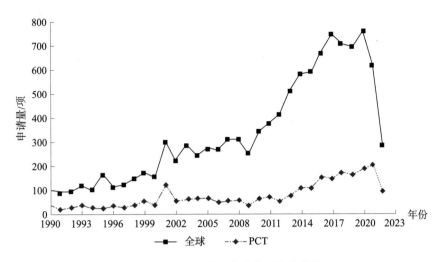

图 5 – 11　ADC 技术全球专利申请趋势

5.2.1.2　全球专利申请生命周期

　　根据 ADC 技术生命周期曲线变化可以在宏观上把握该技术的发展阶段，如图 5 – 12 所示。可以看出，ADC 技术生命周期分为前后两个阶段：第一阶段是 2012 年及以前，第二阶段是 2013 年及以后。这两个阶段与上述 ADC 技术全球专利申请趋势正好前后呼应。2012 年及之前，专利申请量整体上持续上升，保持大致稳步的增长态势。这个阶段不仅是 ADC 技术不断积累的阶段，而且是专利申请人大量涌入的阶段。尤其是 2010～2012 年分别有 752 位、814 位、741 位专利申请人提出专利申请。从 2013 年开始，专利申请量进入加速上行通道。与此同时，专利申请人也面临着大洗牌或分流分化。仅 2013 年，申请人就从 741 位锐减至 438 位。但是，ADC 技术生命周期也由此进

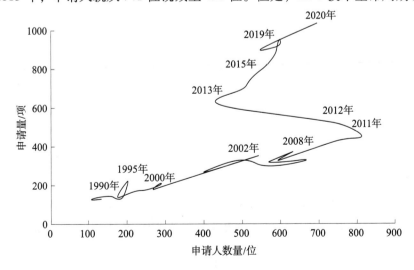

图 5 – 12　ADC 技术全球专利申请生命周期

入一个新的阶段。专利申请人的数量较前一阶段上升缓慢，但是专利申请量反而快速增加。这说明在 ADC 技术不断成熟完善的同时，专利技术壁垒也在不断得到巩固和加强。一部分技术落后、产能不足、实力不济的创新主体正在逐渐被淘汰。

5.2.1.3　主要适应证分布

在专利申请中治疗某种适应证的比例越高说明该适应证作为 ADC 药物治疗方向的关注度越高。ADC 技术全球专利申请中排名前十位的适应证如图 5 - 13 所示。其中，肿瘤、免疫/过敏性疾病和感染性疾病属于 ADC 药物最受关注的适应证。这里面又以抗肿瘤药物的治疗方向最为集中，远超其他类型的适应证。可以看出，ADC 药物中的细胞毒性有效载荷，就是以杀灭目标细胞为主要目的。而这类通过杀灭的手段来获得最佳的治疗效果主要用于肿瘤方面的治疗。另外，从经济因素考虑，抗肿瘤药物属于医药市场中收益最高的药物品种之一，也是各知名医药企业竞相争夺的技术高地。

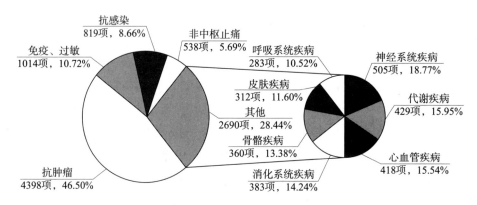

图 5 - 13　ADC 技术全球专利申请主要适应证分布

5.2.1.4　全球技术来源地分布

ADC 技术全球专利申请技术来源地实力对比，如图 5 - 14 所示。美国占据非常明显的技术优势，其专利申请量明显高于其他国家或地区，甚至超过其他国家或地区的申请量之和，占据了 ADC 技术专利申请总量的 55% 以上。这说明美国在 ADC 领域拥有较强的技术垄断实力。虽然我国 ADC 技术专利申请量位列全球第二，但是跟美国还有较大差距。不过，我国的专利申请量已明显超过第三位的日本和第四位的英国，以及其后的德国、瑞士、韩国、法国、加拿大、澳大利亚等国家。这说明我国具备较大的后发优势，在 ADC 技术领域中一直追赶美国，而且已经取得了一定的技术研发和应用经验，为在该领域取得更大的研究成果奠定了技术基础和知识产权储备。

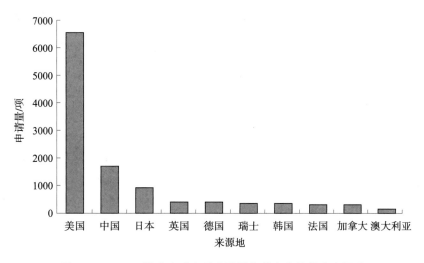

图 5 - 14　ADC 技术全球专利申请排名前十位的技术来源地

5.2.1.5　全球目标市场分布

对 ADC 技术全球专利申请目标市场进行统计可以在宏观上了解该技术的目标市场分布，如图 5 - 15 所示。美国不仅是最大的技术来源地，也是最大的目标市场，专利公布数量达到 4033 项。作为最大的发达国家，美国医药市场和医疗保障体系发展成熟，吸引着大多数的医药企业作为目标市场。排在美国之后的依次是日本、中国、欧洲、加拿大、澳大利亚、韩国、巴西、俄罗斯、印度等国家或地区。我国成为位居美国、日本之后的 ADC 技术专利申请第三大目标市场，这表明我国在 ADC 领域发展前景广阔、市场发展潜力巨大。日本的专利申请公布数量比中国高，其医药市场同样不容忽视。欧洲作为拥有多个发达国家的区域经济体，其社会福利和医疗卫生保障水平较

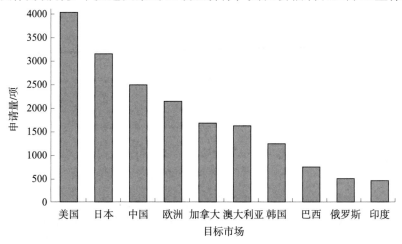

图 5 - 15　ADC 技术全球专利申请排名前十位的目标市场

高。对于排名第 5～10 位的国家，专利公布数量明显少于中国，既包括加拿大、澳大利亚、韩国等发达国家，也包括巴西、俄罗斯、印度等金砖国家。这说明 ADC 技术的主要目标市场定位于经济发达的国家或地区，以及新兴市场。

1) 全球研发主体分布

对 ADC 技术全球范围内的研发主体进行统计，如图 5-16 所示。在此仅列出专利申请量排名前 15 位的研发主体。其中，除了加利福尼亚大学、美国卫生部，其他的 ADC 技术研发主体均为全球知名的医药企业。从原研药物的角度而言，伊缪诺金公司、西雅图基因公司和罗氏公司是 ADC 领域的三巨头。ADC 核心技术主要由这三家公司和其他几家与之相关联的企业掌握。目前拥有 ADC 上市药物的相关企业，比如吉利德公司、辉瑞公司、第一三共株式会社、阿斯利康公司、艾伯维公司、赛诺菲-安万特公司等同样位列上述申请人排名之中。

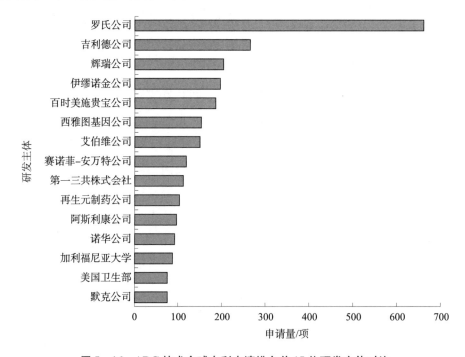

图 5-16　ADC 技术全球专利申请排名前 15 位研发主体对比

伊缪诺金公司在 ADC 领域的研发历史最为悠久。该公司成立于 1981 年，一直专注于抗体药物偶联技术和 ADC 技术治疗癌症。从技术起源上来说，市场大部分在研 ADC 药物都使用了伊缪诺金公司和西雅图基因公司的技术。其他公司主要通过技术授权、许可、转让等方式获得这两家公司的 ADC 技术。还有一部分药物则通过共同开发或授予某个地区的销售权。罗氏公司的一些管理人员或技术人员曾就职于伊缪诺金公司。

罗氏公司位列研发主体排名第一位，作为抗体药物和抗肿瘤领域的业内翘楚，其从抗体本身发展至其他抗体衍生物的技术分支上，说明自身拥有深厚的技术积淀。罗氏公司的两款 ADC 药物 Kadcyla 和 Polivy 分别于 2013 年和 2019 年批准上市销售，针对的靶点分别是 HER2 和 CD79。Kadcyla 是由靶向 HER2 的曲妥珠单抗与微管抑制剂 DM1（美登素衍生物）通过 MCC 连接子（不可切割）连接而成的 ADC 药物。Kadcyla 临床需求强烈，全球销售额较高，是商业化较为成功的 ADC 药物。

西雅图基因公司在研发主体中排名第六位。西雅图基因公司于 1997 年成立，首个产品 Adcetris 于 2011 年获批上市销售，第二个产品 Padcev 和第三款产品 Tivdak 分别于 2019 年和 2021 年获批上市销售。西雅图基因公司主要分为三个发展阶段。第一阶段：技术平台验证阶段（1997～2011 年），在这一阶段，公司主要依赖其核心的小分子毒素专利（包括 MMAE 和 MMAF），与武田药品工业株式会社、葛兰素史克公司、基因泰克公司、辉瑞公司等达成了许可协议，获得收入用于支持研发；第二阶段：产品持续兑现阶段（2011～2019 年），在这一阶段，公司的主要候选产品不断披露数据，持续兑现，最终获批上市；第三阶段：2020 年开始从生物技术向生物制药转型，公司在多个技术平台布局，产品加速上市。

吉利德公司的专利申请量能够排在第二位，主要得益于其在 2020 年 9 月收购了 Immunomedics 公司。该公司旗下的 ADC 药物 Trodelvy 同样于 2020 年上市。Trodelvy 的靶点为人滋养细胞表面抗原（Trop - 2），在非小细胞肺癌、乳腺癌、结肠癌、肾癌、前列腺癌等多种人类上皮癌中过表达，成为潜在的泛癌种治疗优质靶点。1981 年该靶点被发现后，Immunomedics 公司历经近 40 年将 ADC 药物 Trodelvy 推向市场。由于靶点差异化的优势，Trodelvy 获得了市场的极大认可，这也促成了吉利德公司高价收购 Immunomedics 公司。

第一三共株式会社虽然排在第九位，但是其凭借自主研发的水溶性喜树碱衍生物依喜替康（Exatecan）为基础，推动 Enhertu 于 2019 年上市销售，而且另有两款 ADC 药物也处于临床Ⅲ期阶段。Exatecan 与临床中使用的 Irinotecan 不同，其抗肿瘤效果不需要通过酶活化。另外，与作为 Exatecan 的药效本体 SN - 38，且同在临床中使用的拓扑替康（Topotecan）相比，后者的异构酶Ⅰ抑制活性更强，在体外针对多种癌细胞具有更强的杀细胞活性。Enhertu 作为靶向 HER2 的 ADC 药物，在同类药物中具有相当强的竞争力。

2）重点研发主体的技术结构分布

对罗氏公司、吉利德公司与西雅图基因公司 ADC 技术专利申请的技术结构进行分析，统计排名前十位的 IPC 分类号对照比较如图 5 - 17 所示。这三家企业分别是全球 ADC 技术专利申请量排名第一位、第二位和第六位的研发主体。罗氏公司作为老牌的抗体药物原研企业，其本身具有深厚的技术底蕴。罗氏公司旗下抗肿瘤抗体药物利妥昔单抗、贝伐珠单抗、曲妥珠单抗长期占据全球畅销抗肿瘤药物排行榜。与之相对应的，罗氏公司在 C07K 16 的技术分支专利比例要高于其他两家公司，这说明罗氏公司一直大力发展抗体药物本身，拥有这方面的大量专利申请。其既可以作为罗氏公司的技术储备，也可以作为上市药物的"专利护城河"。

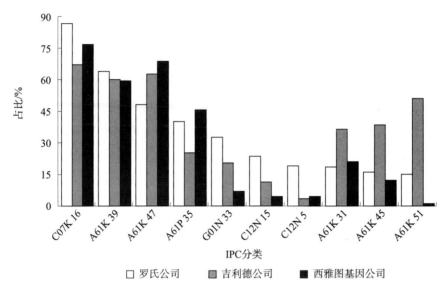

图 5-17 罗氏公司、吉利德公司与西雅图基因公司 ADC 技术专利申请的技术结构分布

另外两家企业在 A61K 47 的技术分支专利比例要大幅度高于罗氏公司。说明在面对罗氏公司占据抗体药物领域先发优势之时，另外两家企业另辟蹊径，大力发展药物组合、药物制剂方面的技术。这样既避免在抗体药物领域出现激烈的技术竞争、专利侵权诉讼，又可以深挖新的技术领域，并有机会占领头部位置。此外，值得注意的是，吉利德公司在 A61K 31、A61K 45、A61K 51 的技术分支专利比例要大幅度高于其他两家公司。这说明吉利德公司在连接子、毒素化合物技术方面投入了较多的研发精力和资源。

3）全球非企业研发主体分布

对 ADC 技术全球范围内的非企业研发主体进行统计，如图 5-18 所示。在此仅列出专利申请量排名前十位的研发主体。其中，加利福尼亚大学的申请量排名第一。另有三家高校和科研院所来自美国，一家研究机构来自加拿大。这体现了美国在医药领域具备雄厚的科研实力，同时也反映了美国在 ADC 技术基础性研究方面拥有扎实和深厚的储备资源。美国卫生部作为申请量排名第二的研发主体，通常以资助人的形式鼓励高校和科研院所参与相关的技术研发，这也体现出美国政策方面对前沿技术的大力扶持。

值得关注的是，我国有四所高校和科研院所榜上有名。其中华南农业大学和中国农业大学分别排名第三位、第四位。江南大学、浙江大学分别排名第七位和第八位。这说明我国的高校和科研院所在 ADC 技术领域具有一定的科研实力。但是，这也反映了我国的相关研究主要偏向于基础性的研究，应用型的研究相对较少，同时在专利成果转化以及产学研的衔接方面需要进一步加强，这也是国内创新主体长期面临的和亟待解决的问题。

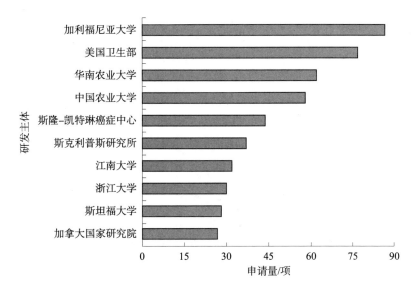

图 5 - 18　ADC 技术全球专利申请排名前十位的非企业研发主体

5.2.2　中国专利申请分析及创新主体布局

5.2.2.1　中国专利申请趋势

聚焦中国公开的专利申请，分析 ADC 技术中国专利申请量趋势，如图 5 - 19 所示。国内申请人的专利申请量在 2015 年之前呈现缓慢且振荡的增长趋势，这说明 ADC 的技术门槛相对较高，在 2015 年之前国内的 ADC 技术还处于一个不断摸索与积累沉淀的阶段。即便是第一代 ADC 药物的上市，也没有特别刺激国内的申请量。直到 2013 年前后第二代 ADC 药物上市，国内的申请量才跃升到一个新的台阶。在 2016 年之后国内的申请量开始加速提高，结合当时产业的发展情况，从 2017 年起，第二代、第三代 ADC 药物排队上市。在这种重大利好的加持之下，新的产业热点已经到来。具有技术储备的医药企业加速产品市场转化的进程。同时吸引更多的国内申请人参与到 ADC 药物的研发中。

国外申请人的专利申请量在 2008 年之前大多数情形下高于国内的申请量，但是在 2008 年之后基本上被国内的申请量反超。即便从 2013 年开始，全球的申请量进入加速上行通道，国内的申请量也依然能够利用申请人数量和本土申请的优势占据一定的先机。尤其是 2017 年之后，国内的申请量超过国外来华的申请量并迅速拉开差距。但是，需要同样认识到，国外来华的专利申请通常以 PCT 国际申请的形式提出，虽然在数量上有差距，但是其专利质量通常比较高，具有较强的技术竞争力和专利控制力。

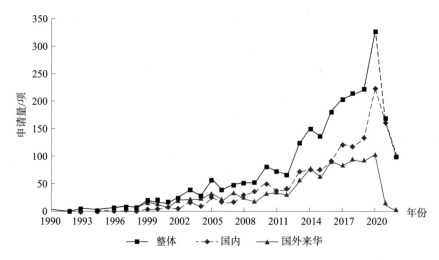

图5-19 ADC技术中国专利申请国内和国外来华趋势

5.2.2.2 中国与美国的专利申请趋势比较

ADC技术中国、美国和全球的专利申请趋势对比如图5-20所示。可以看出，中国、美国的申请量变化趋势对全球申请量的趋势有显著的正相关影响。在2001年之前，中国的申请量较少，美国的申请量变化趋势与全球的趋势基本一致，而且两者的折线距离比较接近。从2002年开始，全球的申请量进入振荡的小幅上升期，与美国的申请量步调也开始出现差异。这说明其他国家或地区的ADC专利技术开始发展壮大起来，申请量也相应地逐步增加，美国申请量对于全球申请量的影响正在慢慢弱化。

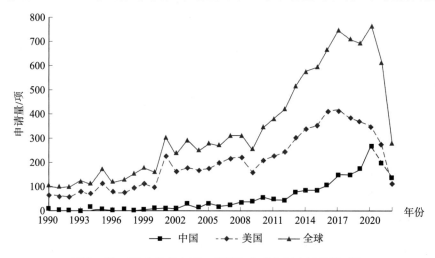

图5-20 ADC技术中国、美国和全球专利申请趋势对比

在2015年之前，中国的申请量处于缓慢且振荡的增长趋势，尚不能影响全球申请量的走向。在2016年之后，局势有所改变，中国的申请量开始加速提高，并在2019年之后能够影响全球的申请量变化趋势。2021 年，荣昌生物制药（烟台）股份有限公司的爱地希上市，成为我国自主研发的第一款 ADC 上市药物。此外，还有部分国内医药企业的 ADC 药物已经进入Ⅲ期临床试验阶段。由此可知，中国申请人在专利申请的时间上普遍落后于国外申请人 10 年以上的时间，后发的中国申请人在未来遭遇侵权的风险会大幅提升。

5.2.2.3 中国授权专利维持年限分布

按照《专利法》规定，发明专利保护期限为 20 年。引入授权专利维持年限的概念，其是指专利授权后保持其"有权"状态的时间长度，按年计算。图 5 - 21 示出了中国授权专利维持年限的国内申请和国外来华申请的比较情况。可以看出，国内申请人持有的有效专利相比国外申请人在前 6 年占有很大优势，维持 7 ~ 8 年的有效专利数量相差不大，维持 9 ~ 10 年的高出一筹。这种情形与之前中国专利申请量年度分布的情况刚好对应。从 2016 年起国内申请人加快了专利申请的步伐，而且在 2010 年、2013 ~ 2015 年还存在申请量的阶段性历史高位，这就导致国内专利申请在近 10 年内所获得的授权专利数量会相对较多，也解释了专利维持年限在 10 年内的国内申请人相比国外申请人有更大的优势。

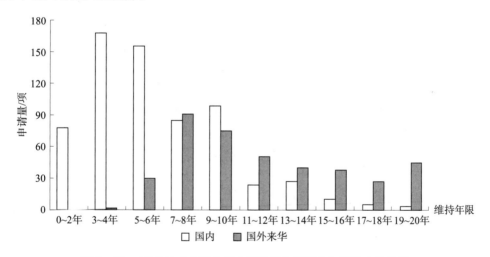

图 5 - 21 ADC 技术中国专利申请维持年限国内和国外来华比较

授权专利维持年限同样从侧面反映出专利质量和专利价值的高低。对于专利质量较好、专利控制力较强的授权专利，申请人自然愿意花费相应的成本来维持其有效。由图中可见，国外申请人持有维持 11 ~ 20 年的有效专利数量要比国内申请人持有的更多。虽然在 2008 年之前国内的申请量相对不高，但是从有效的授权专利比例来看仍然是国外申请人更具有优势。而且国外申请人持有维持 19 ~ 20 年的有效专利数量比 17 ~ 18 年的还要多。这种维持年限比较长的专利通常涉及 ADC 的重要技术内容，具有比较高的技术水平和市场价值，有部分专利很可能属于基本专利或核心专利，在申请人的专利布局中很可能占据着核心位置。此类专利应当作为国内医药企业的重点研究对象。

5.2.2.4　中国专利申请原研国申请量分布

ADC技术中国专利申请主要国家的申请量占比如图5-22所示。图中仅列出申请量排名前十位的国家。中国的专利申请量占中国专利申请总量的58.13%，居首位。国外来华申请专利的国家中，美国、瑞士、日本分别占专利申请总量的21.70%、4.07%和3.14%。在ADC技术领域，中国的申请量在数量上对其他国家形成"包围"态势。出现这种情况的原因与之前所说的2016年之后中国专利申请量爆发式增长有较大关系。但是，面对这样的情形，更要清醒地认识到专利申请量的优势不能完全代表技术和市场上的优越性。实际上，国外的医药企业掌握着ADC药物的核心技术并占据着绝大多数的市场份额。中国专利申请在技术上和质量上"突围"仍然有很长的路要走。

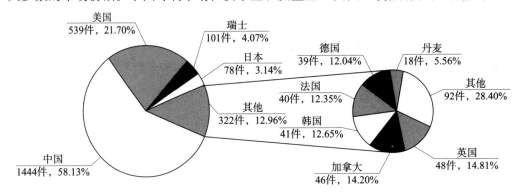

图5-22　ADC技术中国专利申请主要国家申请量占比

5.2.2.5　中国专利申请主要省份申请量分布

ADC技术中国专利申请主要省份申请量如图5-23所示。图中仅列出申请量排名前十位的省份。其中，前五位的省份有北京、江苏、广东、上海和浙江，其专利申请量分别占国内专利申请总量的19.36%、16.94%、14.25%、11.55%和9.47%。这五个省份都属于经济发展较好的地区，其申请量之和已超过国内专利申请总量的70%。这些地区的专利申请主体大多是高校和科研院所，其能够通过相关的科研项目获得国家或地方政府的资金支持，因而其研发热情比较高。但是，高校和科研院所将专利成果转化为市场能够接受的产品的能力和动机明显不如企业。那么，如何连接起政产学研结合的纽带，打通其中的关节，优化营商环境，将是未来ADC技术落地需要不断尝试解决的问题。

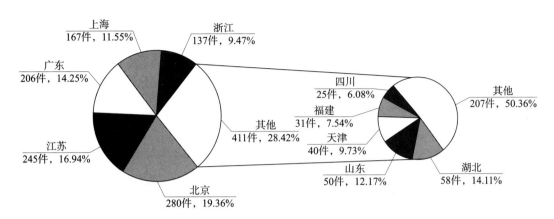

图 5 – 23　ADC 技术中国专利申请主要省份占比

5.2.2.6　中国专利申请主要申请人分布

ADC 技术中国专利申请排名前 16 位申请人如图 5 – 24 所示。在此仅列出专利申请量排名前 15 位的专利申请人。在全球范围内排名第一的罗氏公司，在中国仍然排名第一。这也说明罗氏公司非常青睐中国这个巨大的医药市场。除了罗氏公司，还有五家国外的医药企业位列其中，这说明中国同样属于它们的目标市场。图中有 9 家国内申请人，其中 3 家为国内企业，6 家为高校和研究院所，而且国内申请人排名前 4 位的都是高校和研究院所，这说明国内的 ADC 技术仍然以高校和研究院所为主。

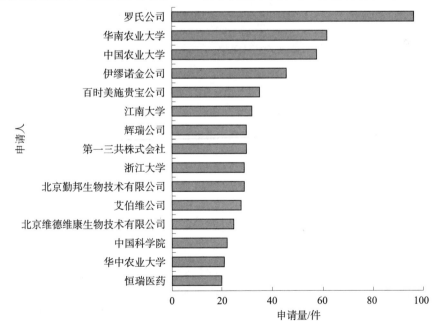

图 5 – 24　ADC 技术中国专利申请排名前 16 位申请人对比

5.2.2.7 中国专利申请主要企业申请人分布

ADC 技术中国专利申请排名前十位企业申请人如图 5-25 所示。可以看出，国外的医药企业有 7 家，国内的企业有 3 家。在国内申请人中，北京勤邦生物技术有限公司、北京维德维康生物技术有限公司的主营业务都不是 ADC 技术。恒瑞医药经过多年的业务转型，已经研发出十几种抗体药物管线，并逐渐向 ADC 领域涉足。在国外申请人中，包括前面提到的 ADC 领域三巨头罗氏公司、伊缪诺金公司和西雅图基因公司，还有辉瑞公司、第一三共株式会社、艾伯维公司。排名前五位的申请人都是国外的医药企业。回顾之前中国专利申请量年度分布数据和中国专利申请主要国家申请量分布数据，虽然国外来华的专利申请量少于国内的专利申请量，但是上述国外医药企业并没有缺席，反而加强了在华的专利申请布局。这些都值得后续进一步关注和研究，希望能够为国内申请人开展专利申请布局和规避专利侵权风险提供一定的借鉴和帮助。

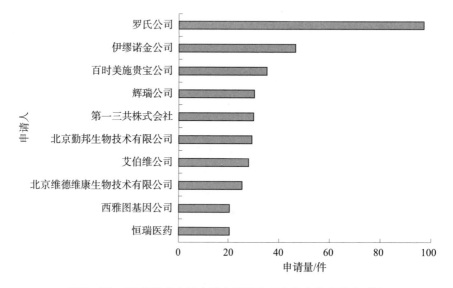

图 5-25 ADC 技术中国专利申请排名前十位企业申请人对比

5.2.2.8 中国专利申请主要非企业申请人分布

ADC 技术中国专利申请排名前十位主要非企业申请人如图 5-26 所示。可以看出，这些申请人都是国内的高校和科研院所。华南农业大学和中国农业大学分别排在第一位和第二位。结合图 5-23 可以看出，上述高校和科研院所也都分布在排名靠前的省份中，这也说明国内的高校和研究院所仍然是 ADC 技术研发的中坚力量。未来如何发掘、培育其中的高价值专利，并将其加以转化，发挥社会效益和经济效益，也是国内研发主体更加值得深入思考的内容。

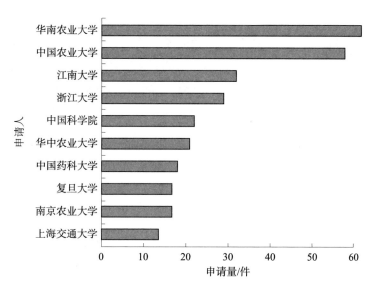

图 5 – 26　ADC 技术中国专利申请排名前十位非企业申请人

5.2.3　上市药物专利保护分析

截至 2022 年底，全球共有多款 ADC 药物获批上市，了解每一款药物的专利保护情况对于后续研发人员和创新主体来说是至关重要的，将上市 ADC 药物的专利保护情况进行梳理❶，具体信息整理如表 5 – 2 所示。

表 5 – 2　ADC 药物专利保护汇总

ADC 药品名	商品名	专利信息（年份）
Gemtuzumab ozogamicin	Mylotarg	US5712374（1995）、 US5714586（1996）、 US5773001（1994）、 US5606040（1993）、 US5053394（1989）、 US5079233（1989）
Brentuximab vedotin	Adcetris	US7659241（2003）、 US6214345（1993）、 US6884869（2001）

---

❶　CHIA B C S. A patent review on FDA – approved antibody – drug conjugates, their linkers and drug payloads [J]. ChemMedChem, 2022, 17, e202200032.

ADC 药品名	商品名	专利信息（年份）
Trastuzumab emtansine	Kadcyla	US7097840（2001）、 US8088387（2004）、 US5208020（1992）、 US5416064（1992）、 US3896111（1973）、 JP52085164（1977）
Inotuzumab ozogamicin	Besponsa	US815376（2003）、 US5773001（1994）、 US5606040（1993）、 US5053394（1989）、 US5079233（1989）
Polatuzumab vedotin	Polivy	US808837（2008）、 US7659241（2003）、 US6214345（1993）、 US6884869（2001）
Enfortumab vedotin	Padcev	US8637642（2011）、 US7659241（2003）、 US6214345（1993）、 US6884869（2001）
Trastuzumab deruxtecan	Enhertu	US10155821（2016）、 US10195288（2013）、 US5688931（1994）、 US6436912（1997）、 US5658920（1995）
Sacituzumab govitecan	Trodelvy	US9028833（2013）、 US8420086（2011）、 US7591994（2008）、 US4994385（1988）、 US8877901（2006）、 US4473692（1982）
Belantamab mafodotin	Blenrep	US9273141（2013）、 US7498298（2004）、 US7662387（2004）

续表

ADC 药品名	商品名	专利信息（年份）
Loncastuximab tesirine	Zynlonta	US9931141（2013）、 US9889207（2013）、 US9102704（2012）、 US20110256157（2011）、 US8450284（2007）
Tisotumab vedotin	Tivdak	US10617764（2014）、 US7659241（2003）、 US6214345（1993）、 US6884869（2001）

ADC 技术专利申请和专利保护到期情况如表 5 - 3 所示。

表 5 - 3　ADC 技术专利申请和专利保护到期情况

ADC 商品名	载药	连接子	载药 + 连接子	载药 + 连接子 + 抗体	获批上市时间	ADC 药物专利终止时间
Mylotarg	1989 年	—	1993 年、1994 年	1996 年	2000 年	2016 年
Adcetris	2001 年	1993 年	2003 年	2003 年	2011 年	2023 年
Kadcyla	1992 年	1977 年	1992 年	2001 年、2004 年	2013 年	2021 年、2024 年
Besponsa	1989 年	—	1993 年、1994 年	2003 年	2017 年	2023 年
Polivy	2001 年	1993 年	2003 年	2008 年	2019 年	2028 年
Padcev	2001 年	1993 年	2003 年	2011 年	2019 年	2031 年
Enhertu	1995 年	1994 年、1997 年	2013 年	2016 年	2019 年	2036 年
Trodelvy	1982 年	1998 年、2008 年	2006 年、2011 年	2013 年	2020 年	2033 年
Blenrep	2004 年	—	2004 年	2013 年	2020 年	2033 年
Zynlonta	—	2007 年、2011 年	2012 年、2013 年	2013 年	2021 年	2033 年
Tivdak	2001 年	1993 年	2003 年	2014 年	2021 年	2034 年

5.3 ADC 药物专利保护下的竞争挑战

5.3.1 探索 ADC 药物各模块的可专利性

5.3.1.1 专利保护实践过程中存在的客观现状

通过前述对于 ADC 药物的技术梳理可以发现,其属于近年来快速兴起的一项前沿技术,应用于临床也只有 20 余年的时间。ADC 药物的组成包括多个模块,并不是全新的有效载荷、连接子和抗体才能申请专利并获得授权,除了在多个模块中的任意模块进行技术创新和突破后组合形成新药,还有很多 ADC 药物在有效载荷模块采取"老药新用",或将临近专利权终止或已终止的抗体应用于 ADC 药物的二次开发以及将某些已知的化学连接子片段组合成 ADC 新药。基于以上情况,在专利保护实践过程中如何把握 ADC 多个模块之间以及模块组合与现有技术之间的关系,正确客观地认定发明专利申请的技术贡献,以及合理把握专利申请公开换保护的程度是 ADC 技术专利保护工作需要面对的一个难题。

另外,ADC 药物技术属于多学科领域交叉的前沿技术,技术含量和技术价值非常高,结合中国专利分类体系,根据专利申请文件说明书的撰写和权利要求书请求保护的情况,第一组发明为与化学结构相关的技术方案,则属于 C07D 的专利分类范畴,第二组为与抗体相关的技术方案,则属于 C07K 的专利分类范畴,第三组为与药物组合物或者制药用途相关的技术方案,则属于 A61K 的专利分类范畴。而对于 C07D 的专利申请属于有机化学领域。C07K 的专利申请属于生物领域,A61K 的专利申请属于药学领域。由于不同领域所对应的专业技术背景不同,因此可能存在审查过程和审查结果的领域差异性,如何减弱这种领域差异性对创新保护的影响是专利保护工作需要面对的另一个难题。

5.3.1.2 《专利法》中的对应法条

对于发明技术贡献的认定和公开换保护程度的把握,确权过程中主要依据的是《专利法》第 22 条第 3 款、《专利法》第 26 条第 4 款以及《专利法》第 26 条第 3 款。

《专利法》第 22 条第 3 款规定:创造性,是指与现有技术相比,该发明具有突出的实质性特点和显著的进步,该实用新型具有实质性特点和进步。

《专利法》第 26 条第 3 款规定,说明书应当对发明或者实用新型作出清楚、完整的说明，以所属技术领域的技术人员能够实现为准。

《专利法》第 26 条第 4 款规定，权利要求书应当以说明书为依据，清楚、简要地限定要求专利保护的范围。

由于 ADC 药物技术涉及化学、生物学多个交叉学科技术，根据不同的技术模块，《专利审查指南 2023》作出了一些特殊规定。

对于化学发明的创造性，《专利审查指南 2023》第二部分第十章第 6.1 节有以下规定。

一是判断化合物发明的创造性，需要确定要求保护的化合物与最接近现有技术化合物之间的结构差异，并基于进行这种结构改造所获得的用途和/或效果确定发明实际解决的技术问题，在此基础上，判断现有技术整体上是否给出了通过这种结构改造以解决所述技术问题的技术启示。

需要注意的是，如果所属技术领域的技术人员在现有技术的基础上仅仅通过合乎逻辑的分析、推理或者有限的试验就可以进行这种结构改造以解决所述技术问题，得到要求保护的化合物，则认为现有技术存在技术启示。

二是发明对最接近现有技术化合物进行的结构改造所带来的用途和/或效果可以是获得与已知化合物不同的用途，也可以是对已知化合物某方面效果的改进。在判断化合物创造性时，如果这种用途的改变和/或效果的改进是预料不到的，则反映了要求保护的化合物是非显而易见的，应当认可其创造性。

三是需要说明的是，判断化合物发明的创造性时，如果要求保护的技术方案的效果是已知的必然趋势所导致的，则该技术方案不具备创造性。例如，现有技术为一种杀虫剂 A - R，其中 R 为 C_{1-3} 的烷基，并且已经指出杀虫效果随着烷基 C 原子数的增加而提高。如果某一申请的杀虫剂是 A - C_4H_9，杀虫效果比现有技术的杀虫效果有明显提高。由于现有技术中指出了提高杀虫效果的必然趋势，因此该申请不具备创造性。

对于化学产品用途发明的创造性，《专利审查指南 2023》第二部分第十章第 6.2 节有以下规定。

一是对于新的化学产品，如果该用途不能从结构或者组成相似的已知产品预见到，可认为这种新产品的用途发明有创造性。

二是对于已知产品的用途发明，如果该新用途不能从产品本身的结构、组成、分子量、已知的物理化学性质以及该产品的现有用途显而易见地得出或者预见到，而是利用了产品新发现的性质，并且产生了预料不到的技术效果，可认为这种已知产品的用途发明有创造性。

对于生物发明的创造性，《专利审查指南 2023》第二部分第十章第 9.4.2 节规定：生物技术领域发明创造性的判断，同样要判断发明是否具备突出的实质性特点和显著的进步。判断过程中，需要根据不同保护主题的具体限定内容，确定发明与最接近的现有技术的区别特征，然后基于该区别特征在发明中所能达到的技术效果确定发明实际解决的技术问题，再判断现有技术整体上是否给出了技术启示，基于此得出发明相对于现有技术是否显而易见。

对于抗体的创造性审查，《专利审查指南 2023》第二部分第十章第 9.4.2.1 节规定：如果抗原是已知的，采用结构特征表征的该抗原的单克隆抗体与已知单克隆抗体在决定功能和用途的关键序列上明显不同，且现有技术没有给出获得上述序列的单克隆抗体的技术启示，且该单克隆抗体能够产生有益的技术效果，则该单克隆抗体的发明具有创造性。

如果抗原是已知的，并且很清楚该抗原具有免疫原性（例如由该抗原的多克隆抗体是已知的或者该抗原是大分子多肽就能得知该抗原明显具有免疫原性），那么仅用该抗原限定的单克隆抗体的发明不具有创造性。但是，如果该发明进一步由分泌该抗原的单克隆抗体的杂交瘤限定，并因此使其产生了预料不到的效果，则该单克隆抗体的发明具有创造性。

对于化学发明的充分公开，《专利审查指南 2023》第二部分第十章第 3.1 节规定：化学产品发明的充分公开，这里所称的化学产品包括化合物、组合物以及用结构和/或组成不能够清楚描述的化学产品。要求保护的发明为化学产品本身的，说明书中应当记载化学产品的确认、化学产品的制备以及化学产品的用途。

化学方法发明的充分公开：① 对于化学方法发明，无论是物质的制备方法还是其他方法，均应当记载方法所用的原料物质、工艺步骤和工艺条件，必要时还应当记载方法对目的物质性能的影响，使所属技术领域的技术人员按照说明书中记载的方法去实施时能够解决该发明要解决的技术问题。② 对于方法所用的原料物质，应当说明其成分、性能、制备方法或者来源，使得本领域技术人员能够得到。

化学产品用途发明的充分公开，对于化学产品用途发明，在说明书中应当记载所使用的化学产品、使用方法及所取得的效果，使得本领域技术人员能够实施该用途发明。如果所使用的产品是新的化学产品，则说明书对于该产品的记载应当满足化学产品发明充分公开的相关要求。如果本领域的技术人员无法根据现有技术预测该用途，则应当记载对于本领域的技术人员来说，足以证明该物质可以用于所述用途并能解决所要解决的技术问题或者达到所述效果的实验数据。

对于化学发明的支持问题，《专利审查指南 2023》第二部分第十章中无特殊规定。

对于生物发明的充分公开，《专利审查指南 2023》第二部分第十章第 9.2.2 节规定：涉及遗传工程的发明，术语"遗传工程"指基因重组、细胞融合等人工操作基因的技术。涉及遗传工程的发明包括基因（或 DNA 片段）、载体、重组载体、转化体、多肽或蛋白质、融合细胞、单克隆抗体等的发明。

对于涉及基因、载体、重组载体、转化体、多肽或蛋白质、融合细胞、单克隆抗体本身的发明，说明书应当包括下列内容：产品的确认、产品的制备、产品的用途和/或效果。

制备产品的方法发明，对于制备基因、载体、重组载体、转化体、多肽或蛋白质、融合细胞和单克隆抗体等的方法的发明，说明书应当清楚、完整地描述所述方法以使本领域技术人员能使用该方法制备所述的产品，而且当所述产品为新物质时，应记载所述产品的至少一种用途。

对于生物发明的支持问题，《专利审查指南 2023》第二部分第十章中无特殊规定。

5.3.1.3 研究讨论的意义和价值

尽管专利审查指南对化学和生物发明的审查作出了针对性的具体规定，但是结合 ADC 药物发明的技术特点和发展状况，在具体专利保护实践过程中仍面临诸多困惑。由于专利审查对于技术把握和评述尺度等内在逻辑需要体现出很高的水准，因此这也为后续研究对比多国审查过程提供了研究意义和基础。

对于国内创新主体而言，在新药研发方面，我国起步较晚，随着政策的大力支持和行业的稳步发展，众多医药企业逐步由仿制药开始转型进行创新药的突破，特别在新兴的 ADC 前沿技术领域，国内外医药企业基本处于同一起步时期，如何在 ADC 药物领域快速占领并有效布局和扩展是国内创新主体的当务之急。国内创新主体了解并掌握各国对于 ADC 药物的专利保护思路是非常必要的，在此基础上才能从容应对从专利申请到专利布局以及后续专利纠纷等专利问题，为企业创新和技术"走出去"提供必要的法律支撑。

5.3.2 透视各国审查标准的异同

5.3.2.1 ADC 药物同族专利详细审查过程的对比分析

1）创造性判断

【案例 5 - 1】 CN201310081710.7

发明名称为"类美登素衍生物及其制备方法和用途"，该案在中国和美国均存在多件同族专利申请。

关于中国同族专利申请（CN201310081710.7）：创造性驳回、复审撤驳后授权。❶

---

❶ 国家知识产权局第 13332 号复审决定书。

权利要求 1 要求保护式 Ⅰ 或 Ⅰ-1 的化合物或其药学上可接受的盐或溶剂合物：

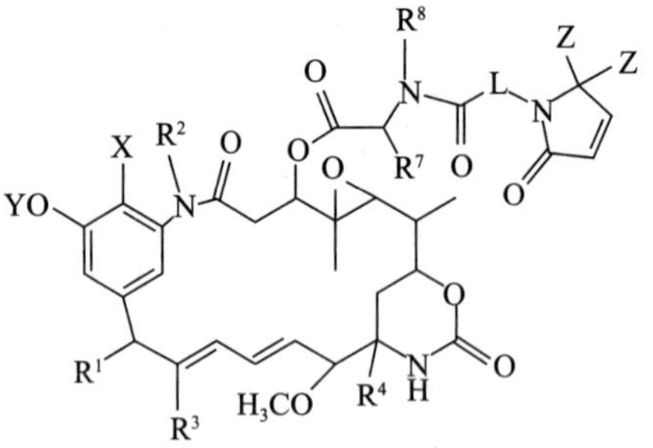

I

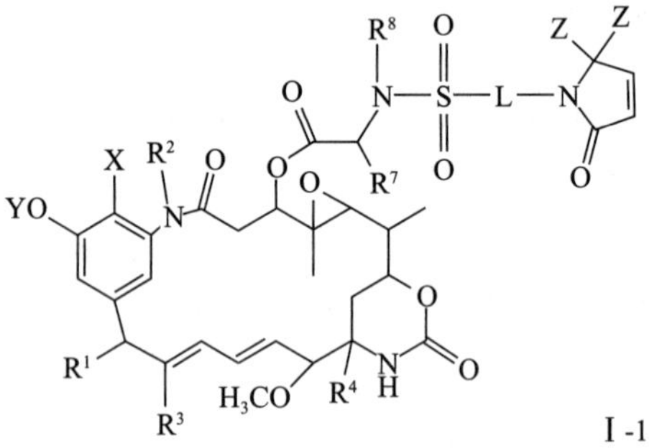

I-1。

权利要求 9 要求保护式 Ⅰa 或 Ia-1 的化合物或其药学上可接受的盐或溶剂合物：

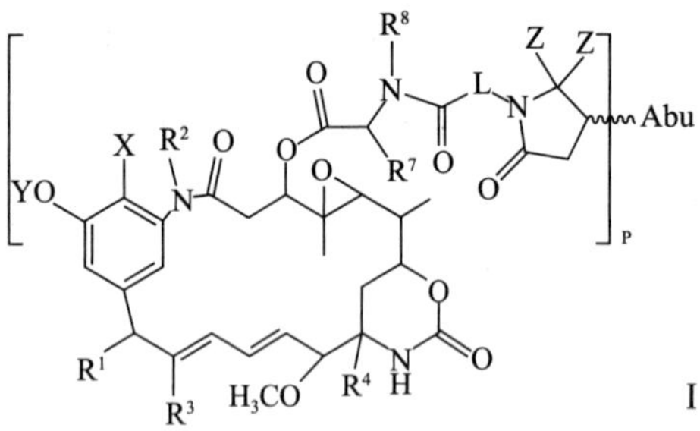

Ⅰa

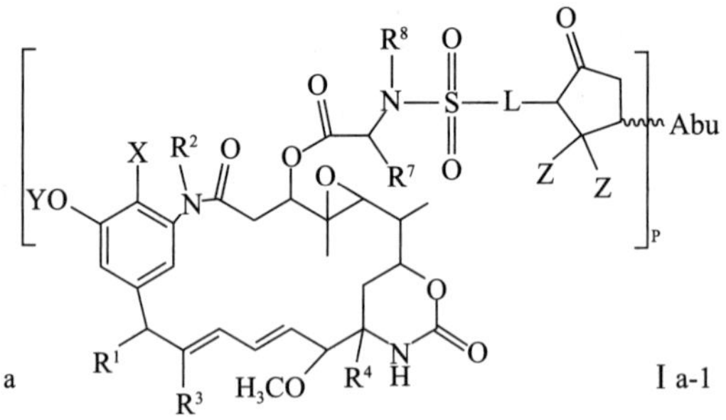

Ⅰa-1

其中，Abu 为抗原结合单元，可以为 BAT0206。

实质审查阶段评述了专利的创造性。权利要求 1 与对比文件 1 公开的化合物差别在于连接基团 L 不同，以及通式中其他部分的基团也可以不同。权利要求 1 实际解决的技术问题是提供一类具有同样用途的可替代化合物。然而对比文件 1 给出了连接基团 L 定义的技术启示，并且该发明通式中其他部分的基团（例如：X，R^1 等）均为本领域的常规基团，本领域技术人员也能够对其进行常规的基团替换。因此，权利要求 1 不具备创造性。对于权利要求 9，对比文件 1 还公开了其化合物可以和抗体进行连接形成抗体药物偶联物，权利要求 9 和上述对比文件 1 的实质区别还在于在化合物和抗体之间含有—S—键。本领域技术人员能够想到将化合物和相关结合单元偶联时，选择合适的化学键，利用"结合单元"本身的结构与药物化合物进行偶联，例如：利用结合单元本身的 S 原子等。因此，该技术方案也不具有创造性。另外，对于 L 基团定义中对比文件 1 未给出替换启示的含有环烷基的技术方案，对比文件 2 和 3 公开的 ADC 药物中给出了连接基团的替换启示。

　　虽然申请人在答复通知书时两次缩小了权利要求的保护范围，但是该案还是被驳回，驳回决定中认为本领域技术人员在对比文件 1 的基础上获得该申请的化合物是显而易见的，并且根据该申请说明书记载的实验数据，不能证明该发明的 ADC 相对于对比文件 1 的 ADC 具有任何预料不到的技术效果。

　　申请人提出复审请求，进一步限缩权利要求的保护范围，将权利要求 1 修改如下：

1. 式 Va 的化合物或其药学上可接受的盐或溶剂合物：

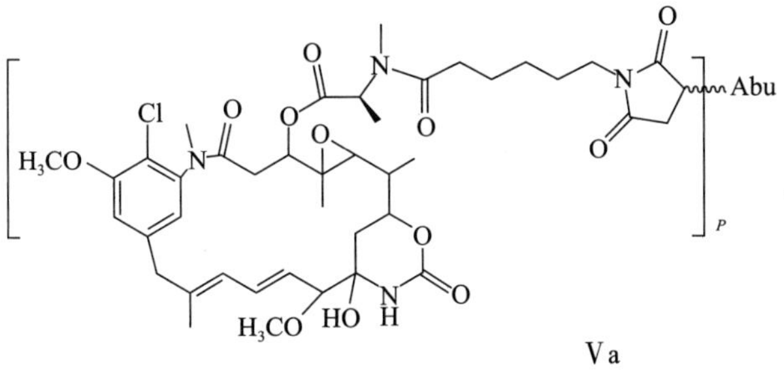

，其中 Abu 为抗体，药物偶联于

Va

所述抗体自身所包含的半胱氨酸间形成的二硫键经还原后形成的巯基。

　　复审请求人认为，一方面，尽管对比文件 1 在具体化合物 5 中存在与该申请部分相同的连接子：

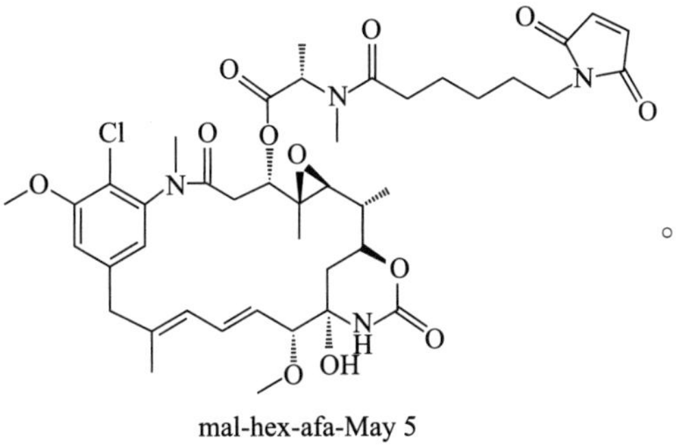

mal-hex-afa-May 5

但是，化合物 5 仅是对比文件 1 公开的成百上千种药物的连接子结构中的一种，没有给出技术启示选择该化合物来形成该发明特定连接方式的 ADC。

　　另一方面，对比文件 1 的连接方式将引入不少问题，包括引入的额外的巯基使抗体分子不稳定，在抗体生产过程中易形成二聚体；经过偶联后，产生的产品还是会含有未偶联的抗体；在抗体分子中引入突变会带来免疫原性或对靶标分子亲和力的改变等不确定因素。对比文件 1 没有给出可以直接利用抗体上的半胱氨酸两两形成的二硫键经还原后再与药物 – 连接子部分进行偶联的技术启示。并且，该申请通过将 3AA –MDC 偶联于抗体自身所包含的半胱氨酸间形成的二硫键经还原后形成的巯基，取得了预料不到的技术效果。实施例 13 中证明了针对同一靶点，不同的药物或不同的连接子，或其与抗体的不同连接方式，ADC 的应用性和有效性显著不一样。3AA – MDC –

抗 EGFR 抗体（即 Batansine-0206）对 A431 细胞比 D-Lmcc-抗 EGFR 抗体（即 D-Lmcc-BAT0206）的有效性提高 100 倍以上，以上数据表明选择 3AA-MDC 作为药物-连接子确实比选择其他结构的药物-连接子来连接抗体的效果更好。3AA-MDC-抗 EGFR 抗体的 IC_{50} 值可低至 0.17nM，已经超出了本领域技术人员的预期。再者，由实施例 10、14、16 可知，通过该申请的连接方式与不同抗体进行连接时，Batansine（即 3AA-MDC）作为药物-连接子的 ADC 都能起到很好的药效。

复审合议组认为，权利要求 1 与对比文件 1 的区别在于权利要求 1 中美登素通过连接子偶联于抗体自身所包含的二硫键经还原后形成的巯基；而对比文件 1 中的美登素通过连接子偶联于抗体经半胱氨酸改造后，某些氨基酸突变成半胱氨酸从而在抗体分子中的特定位置引入额外巯基。然而，将药物偶联于抗体自身所包含的二硫键经还原后形成的巯基，属于本领域制备 ADC 的常规技术手段，并提供了两份公知常识性证据。因此，该案仍不具备创造性。针对复审请求人的意见陈述，合议组认为：对比文件 1 中能够表明以偶联物（5）作为药物-连接子与抗体的游离巯基偶联能够获得较好的活性，本领域技术人员有动机选择该化合物来形成新的抗体药物偶联物。

对比文件 1 的连接方式存在缺陷是为本领域所知晓的。3AA-MDC-抗 EGFR 抗体对 A431 细胞的活性比 D-Lmcc-抗 EGFR 抗体提高 100 倍以上，但是并不能表明选择 3AA-MDC 作为药物-连接子与任意的抗体偶联时比选择其他结构的药物-连接子的效果更好。虽然说明书实施例还制备了通过 3AA-MDC 作为药物-连接子与抗 HER2 抗体 Bat0606 以及与抗 CD20 抗体 Bat1206 所得到的 ADC，但仅表明了它们分别与未偶联药物的抗体 Bat0606 或抗体 Bat1206 相比具有更高的活性。然而，对于抗体药物偶联物而言，这是可预期的效果。ADC 的药效取决于各种参数的组合，与抗体、连接子、药物的结构以及三者之间的连接方式都密切相关，因而不能表明只要采用 3AA-MDC 作为药物-连接子都能够取得预料不到的效果。

复审请求人在上述意见的基础上进一步缩小权利要求的保护范围，修改权利要求 1 如下：

1. 式 Va 的化合物或其药学上可接受的盐或溶剂合物：

Va

其中 Abu 为抗体 Bat0606，药物偶联于所述抗体 Bat0606 自身包含的半胱氨酸间形成的二硫键经还原后形成的巯基；p 选自 $1 \sim 10$。

复审请求人在意见陈述中进一步强调指出：①连接子的类型，药物－连接子与抗体的连接方式对 ADC 的活性有重要影响。本领域技术人员很难预期，即采用对比文件 1 中任意的抗体、药物－连接子、连接方式随意组合即可制备出药效好的抗体药物偶联物；②针对同一靶点 Her2 抗原的不同抗体与同样的药物－连接子通过相同的方式偶联，其最终偶联的药效也是难以预期的；③该申请采用 3AA－MDC 作为药物－连接子与抗体 Bat0606 连接，Bat0606 对多种 Her2 表达阳性的癌细胞具有抑制和杀灭作用，同时具有高的稳定性，能够有效地减少对正常细胞的伤害。对比文件 1 制得的抗体偶联药物具有肿瘤生长抑制作用，且不同的药物抑制效果有强有弱。经比较可知，该申请的 Bat0606 具有更有效的肿瘤细胞杀灭作用，具有预料不到的技术效果。

合议组在此基础上作出撤驳决定。权利要求 1 与对比文件 1 的区别特征至少包括：①权利要求 1 中类美登素衍生物通过连接子－mal－hex－ala－偶联于抗体自身所包含的二硫键经还原后形成的巯基，而对比文件 1 中的类美登素衍生物通过连接子－mal－hex－ala－偶联于抗体经半胱氨酸改造后，某些氨基酸突变成半胱氨酸从而在抗体分子特定位置引入额外的巯基；②偶联的抗体不同。权利要求 1 实际解决的技术问题是提供能够杀灭以至根除肿瘤细胞的化合物。然而，对比文件 1 中的偶联物（5）仅对肿瘤细胞的生长具有抑制作用；偶联物（12）也不能根除肿瘤细胞，偶联物（12）的连接子、抗体、药物－连接子与抗体的偶联方式与权利要求 1 的偶联物均不同。对比文件 1 整体上没有给出技术启示，并且该申请权利要求 1 请求保护的式 Ⅴa 化合物相对于对比文件 1 取得了预料不到的技术效果，该专利具备创造性。

该专利在复审撤驳后进入实质审查阶段，克服形式缺陷后，获得授权。

关于美国同族申请（US2014178414A1）：授权。

申请人在审查前修改了权利要求，修改后的权利要求 103 请求保护式 Ⅰa 化合物或其药学上可接受的盐或溶剂合物（该权利要求对应中国同族申请中的原权利要求中的权利要求 9）。

第一次审查意见通知过程中引用对比文件 1（与中国同族申请 1 中引用的对比文件 1 属于同族专利）、对比文件 2 ~ 4 评述了权利要求不具备创造性。在评述过程中认为对比文件 1 公开了靶向抗癌生物标志物的抗体，该抗体结合了类美登素细胞毒性药物，还公开了各种抗体，但是未公开权利要求 103 的抗体。对比文件 2 公开了用于治疗癌症的抗体－美登素偶联物，还公开了抗体介导的细胞毒性药物向癌细胞的传递，该文献教导了将各种癌细胞特异性生物标志物与 DM1 结合以将药物靶向多种类型癌症。对比文件 3 公开了多种癌细胞抗原的结合配偶体结合细胞毒素（例如 DM1）靶向各种类型癌细胞。对比文件 4 公开了针对细胞特定性抗原的各种结合配偶体。在上述对比文件的基础上，将已知的细胞毒性药物偶联到针对癌细胞或其他致病细胞的各种抗体和结合配偶体上，将细胞毒性物质靶向到细胞上治疗疾病对本领域技术人员来说显而易见。因此，用其他已知的抗体结合对比文件1中的抗体偶联物对本领域技术人员来说也是显而易见的。

申请人解释后，该美国专利获得授权，其授权的权利要求范围大于中国专利授权的范围。

【案例思考】

该案的中国审查过程的实质审查和复审意见逻辑大致相同，均认为连接基团的改进以及后续的将药物偶联于抗体自身所包含的二硫键经还原后形成的巯基，均属于本领域制备抗体偶联药物的常规技术手段，并且基于权利要求限定的范围，也无法证明其获得了相对于对比文件1而言预料不到的技术效果。另外，复审阶段对于上述常规改进的说理提供了额外的公知常识性证据，相对于实质审查阶段的说理更加充分，并且在申请人进一步缩小权利要求保护范围后，审查意见以该申请说明书和对比文件1中记载的效果数据为基础，进行了详细的分析，重新认定该申请实际解决的技术问题，最终在限缩到合理范围后认可了创造性。

美国同族申请在审查过程中也使用了与中国阶段相同的对比文件1，美国在实质审查阶段还引用了多篇非专利文献，用于证明抗体等的改进对本领域技术人员来说是显而易见的。美国同族申请在创造性质疑后缩小范围授权。然而，美国同族申请的授权范围大于中国同族申请的授权范围。考虑到美国专利审查还存在较长的后续审查机制，比如再颁等。虽然中美审查结论和授权范围存在一定差异性，但是从通知书质疑创造性的审查逻辑来看，中美审查逻辑相近。在后续审查中对于结构改进程度与实验效果之间的关系匹配分析，二者在把握上还存在差异。

通过该案件的审查过程，可以表明ADC技术任意组成要素的变化对于最终成药后的效果都有很大的影响，通常的变化和影响因素在现有技术中均有一定的教导，所以该案对于更优技术效果方面的判断和把握更加关键，只有在修改为与技术效果非常匹配的技术方案范围内，确定实际解决的技术问题时才能更贴近发明的核心改进，才能够具备创造性。该案例也提醒创新主体，对于ADC药物权利要求的撰写要根据说明书实施例的披露情况进行适当概括，希望获得大的保护范围的同时也要更多地在说明书中记载实施例和效果例，权利要求的撰写应采用层层保护的方式，对于核心药物结构要采用具体范围的权利要求来进行保护。

2）不支持和公开不充分判断

【案例5－2】 CN201610398765.4

该案发明名称为"一种PEG连接子及配基药物偶联物"，有美国同族申请。

关于中国同族申请（CN201610398765.4）：不支持驳回复审撤驳后授权。❶

权利要求请求保护具有式Ⅰ结构的连接子、式Ⅱ结构的配基药物偶联物，式Ⅰ和式Ⅱ结构如下：

$$Y1 - PEG1 - \{R^1 - PEG2 - \{Y4\}_n\}_m \quad （Ⅰ）$$

$$TM - \{R^2 - PEG1 - \{R^1 - PEG2 - \{R^3 - A' - 药物\}_n\}_m\}_1 \quad （Ⅱ）$$

通式中对于基团定义进行了较宽范围的选择。同时在从属权利要求中请求保护 APEGA‑2、APEGA‑4、APEGA‑5、APEGA‑6 的偶联物。

其中，TM 为配基单元，Val 为缬氨酸，Iri 为伊立替康，n 可相同或不同，分别独立的选自 1～240 的整数，优选的，选自 1～120 的整数，更优选的，为 1～60 的整数。

实质审查阶段在两次审查意见通知书中均指出权利要求得不到说明书的支持。理由包括：①对于权利要求请求保护的式（Ⅰ）所示结构的连接子，说明书实施例中并未公开任何具有式（Ⅰ）所示结构的具体的连接子化合物，本领域技术人员无法根据说明书实施例的记载概括得出该连接子的结构；②对于权利要求请求保护的配基药物偶联物式（Ⅱ），权利要求中虽然限定了各基团定义，但是说明书中仅给出了少数几个具体抗体偶联物的制备例以及效果数据，这些化合物仅涉及有限的连接子基团定义，本领域技术人员无法预期权利要求中概括的其他配基药物偶联物也能达到相同的技术效果。最终该专利以不支持为理由驳回。

申请人提出复审请求，进一步限缩权利要求请求保护的范围。在复审通知书中，合议组分析了该申请实施例中记载的 4 个抗体偶联物的效果数据以及结构之间的差异，认为该申请仅是采用特定的偶联物形式，证明了其能够实现高效、低毒的效果，通过该申请说明书的记载无法概括得到除以上特定形式以外的任意 PEG 结构、任意 TM 配基单元和载药、任意连接子通过任意缀合方式进行偶联得到的偶联物均能够达到上述效果。因此，复审通知书中继续指出权利要求得不到说明书的支持。

复审请求人针对上述复审意见，删除了式（Ⅰ）所示结构的连接子的权利要求，仅保留配基药物偶联物、其药物组合物和用途的权利要求，并且对于 ADC 三部分的概括范围均进行了细致的限定，尤其是与化学结构限定有关的载荷和连接子部分。

基于修改后的权利要求，复审合议组作出撤驳决定。复审决定中认为本领域技术人员能够预期修改后的权利要求 1 限定的 PEG 连接子形成的配基药物偶联物，具有在高药物载量的前提下，掩盖药物或偶联物的疏水性，进而发挥高效低毒治疗癌症的作用，能够解决该申请说明书中声称要解决的技术问题，可以得到说明书的支持。

该案在复审撤驳后获得授权，部分授权权利要求如下：

1. 一种配基药物偶联物或其药学上可接受的盐，所述配基药物偶联物具有通式

---

❶ 国家知识产权局第 279363 号复审决定书。

（Ⅱ）所示的结构：

$$TM - \{R^2 - PEG1 - \{R^1 - PEG2 - \{R^3 - A' - 药物\}_n\}_m\}_l \quad (Ⅱ)$$

其中，TM 为配基单元；所述 TM 配基单元为单克隆抗体，所述单克隆抗体对癌症、恶性细胞相关的抗原或其表位是反应性的。

PEG1 和 PEG2 为相同或不同的多分支的聚乙二醇残基，PEG1 为 4 臂支链 PEG、6 臂支链 PEG 或 8 臂支链 PEG 残基，PEG2 为 4 臂支链 PEG、6 臂支链 PEG 或 8 臂支链 PEG 残基。

l 为 1~10 的整数；m 为 3、5 或 7；n 为 3、5 或 7。

A' 为视情况存在的间隔物；所述 A' 选自碳酸酯残基、β-葡糖甘酸残基、一个或多个相同或不同的氨基酸残基，所述氨基酸选自：天冬氨酸、谷氨酸、甘氨酸、异亮氨酸、亮氨酸、苯丙氨酸和缬氨酸。

R^1 为连接 PEG1 和 PEG2 的连接单元；所述 R^1 为硫醇反应性的，且活性端基独立地选自：巯基、巯基反应性基团；所述巯基反应性基团选自：马来酰亚胺基、戊二酸基、乙烯砜基、卤代乙酰胺基、二硫化吡啶基；或者所述 R^1 通过点击反应获得，且活性端基独立地为叠氮基或炔基。

R^2 为连接配基单元与 PEG1 的偶联单元；所述 R^2 具有 $-B-A-$ 结构，其中：A 选自：$—(CH_2)_i—$、$—(CH_2)_iNH—$、$—(CH_2)_iOCOO—$、$—(CH_2)_iOCONH—$、$—(CH_2)_iNHCONH—$、$—(CH_2)_iNHCO—$、$—OC(CH_2)_iCOO—$、$—(CH_2)_iCOO—$、$—(CH_2)_iCONH—$，i 为从 0~10 的整数；B 选自：马来酰亚胺基、氨基、羧基、巯基、琥珀酰亚胺碳酸酯基、琥珀酰亚胺乙酸酯基、琥珀酰亚胺丙酸酯基、琥珀酰亚胺琥珀酸酯基、N-羟基-琥珀酰亚胺基、N-羟基-戊二酰亚胺基、亚胺酸酯基、对硝基苯碳酸酯基、三聚氰酰氯基、邻二硫吡啶基、丙酸基、醛基、巯酯基、丙烯酸基、戊二酸基、酰肼基、异氰酸基、异硫氰酸基、乙烯砜基；

R^3 为连接 PEG2 和间隔物 A' 或药物的连接单元，所述 R^3 选自：$—(CH_2)_iOCOO—$、$—(CH_2)_iOCONH—$、$—(CH_2)_iNHCONH—$、$—(CH_2)_iNHCO—$、$OC(CH_2)_iCOO—$、$—(CH_2)_iCOO—$、$—(CH_2)_iCONH—$，i 为从 0~10 的整数；且所述药物选自：伊立替康、拓扑替康、贝洛替康、依沙替康、卢托替康、二氟替康、吉尼替康、卡尼替康、喜树碱（CPT）、10-羟基喜树碱、SN-38、9-氨基喜树碱和 9-硝基喜树碱；

PEG1 的分子量为 1~20KDa，PEG2 的分子量为 1~20KDa。

关于美国同族申请（US2019117790A1）：授权。

USPTO 在发出第一次审查意见通知之前，申请人主动修改了权利要求，仅保留式Ⅱ结构的配基药物偶联物、其药物组合物和用途的权利要求。

第一次审查意见通知中指出权利要求的偶联物，包含了多种与实施例抗体不同的配体或其他功能片段的配体单元，通知书中结合美国联邦法院的判例以及该申请说明书记载的化合物，认为说明书缺乏对所述配体靶向部分的充分书面描述，认为权利要求得不到说明书的支持；此外，还引用对比文件 1 和 2 评述部分权利要求不具备新颖性。

申请人在答复第一次审查意见通知时对式 Ⅱ 化合物中的各基团进一步限定，在意见陈述中指出修改后的权利要求能够得到说明书的支持，并且相对于上述对比文件具备新颖性。

USPTO 发出最终驳回，其中引用新的对比文件 3 和对比文件 4（US2010316656 和 US2016082119）评述了部分权利要求不具备新颖性。

申请人在答复时对式 Ⅱ 化合物中的各基团进一步限缩。

USPTO 继续发出通知书，指出部分权利要求不清楚，并且引用新的对比文件 5、对比文件 6、对比文件 7 质疑权利要求不具备新颖性和创造性。

申请人在答复时对式 Ⅱ 化合物中的 R^1 基团进一步限缩，将权利要求的药物偶联物修改为 APEGA -2、APEGA -4、APEGA -5、APEGA -6 的形式，并限定抗体为单克隆抗体或多克隆抗体，然后获得授权。

【案例思考】

该案中，中国审查过程中的实质审查和复审阶段的意见大致相同，均认为该申请说明书仅给出有限的实施例，权利要求概括的 ADC 药物范围得不到说明书的支持，复审阶段对于不支持的理由相对于实质审查说理更加充分。美国审查过程中更加注重证据使用，在不支持的说理中引用了多个美国联邦法院的判例，并且在多次审查意见通知书中共引用 7 篇对比文件评述 ADC 权利要求的新颖性或创造性，最终在权利要求限缩到适当范围后获得授权。由于美国审查过程中多份对比文件证据的加持，美国的授权范围比中国小。另外，对于连接子化合物的权利要求，由于说明书中并未提供与之相关的具体实施例，中国、美国同族申请对该技术主题的权利要求均未授权。

该案例也提醒创新主体，对于 ADC 药物权利要求的撰写要根据说明书实施例的披露情况进行适当概括。对于诸如连接子化合物的类似中间体技术主题的专利保护，说明书中也要给出对应的制备、确认等实验数据予以支撑。

【案例 5 -3】 CN200580040207.0

该案发明名称为"半胱氨酸改造的抗体和偶联物"，存在中国、美国、欧洲、日本、韩国多个专利同族。

关于中国同族申请 1（CN200580040207.0）：不支持驳回复审撤驳后授权。[1]

权利要求请求保护半胱氨酸改造的抗体、筛选半胱氨酸改造的抗体的巯基反应性的方法，其中限定抗体包含具有 0.6 ~ 1.0 的巯基反应值的一个或多个游离半胱氨酸氨基酸，还请求保护具有下式的 ADC 化合物：

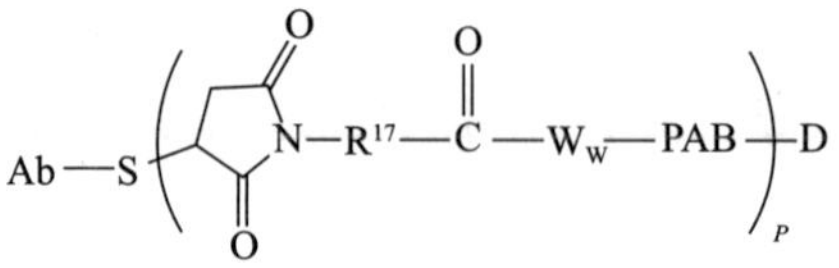

以及选自如下结构的 ADC 化合物：

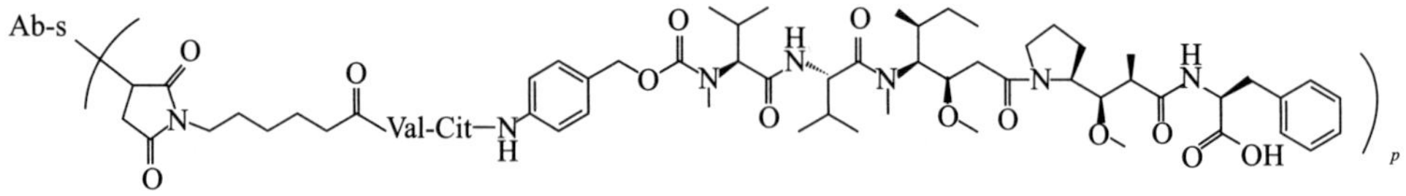

Ab-MC-vc-PAB-MMAF

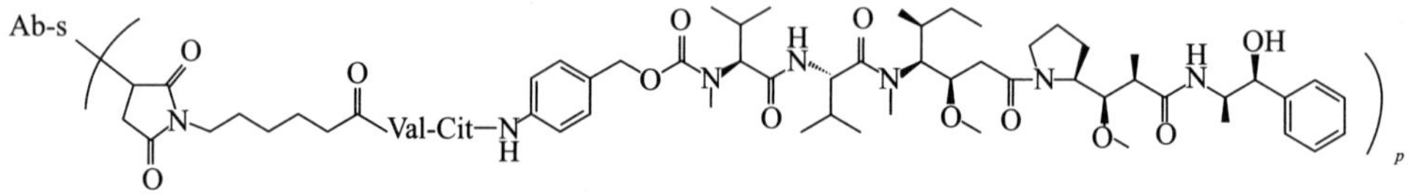

Ab-MC-vc-PAB-MMAE

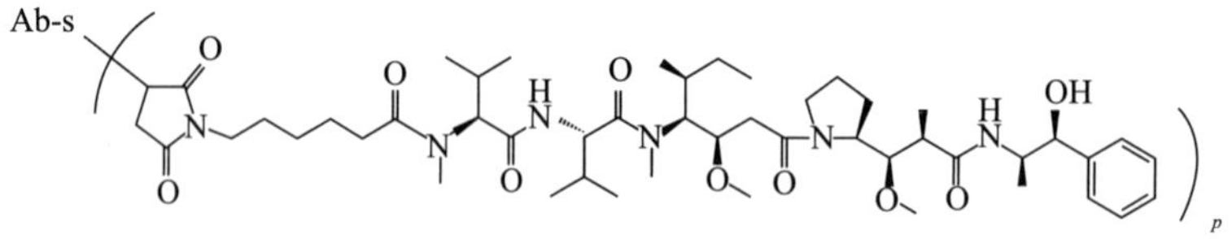

Ab-MC-MMAE

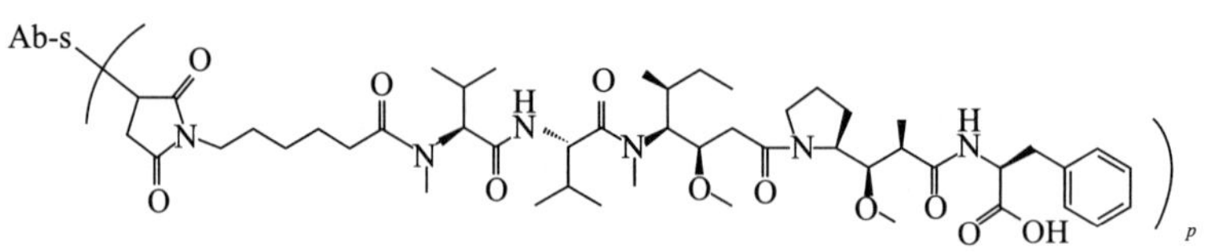

Ab-MC-MMAF

其中 Val 为缬氨酸；Cit 为瓜氨酸；p 为 1 ~ 4；且 Ab 为通过如下方法制备的半胱氨酸改造的抗体，该方法包含用一个或多个游离半胱氨酸氨基酸取代亲代抗体的氨基酸残基中的一种或多种。

实质审查阶段在第一次审查意见中指出部分权利要求不具备新颖性、创造性，权

---

[1] 国家知识产权局第 58837 号复审决定书。

利要求得不到说明书的支持。对于权利要求得不到说明书支持的评述如下。

权利要求 1 用巯基反应值这个参数限定抗体，根据说明书的记载，即使是通过对某一特定抗体的空间结构分析及软件的相关评估选择出来的符合相关标准的候选改造位点，它们相应的突变体的巯基反应值也并不能均达到 0.6～1.0，不同的抗体的可改造位点不尽相同，因此，虽然说明书给出了理论选择和试验测定的方法，但本领域技术人员仍然需要通过过度的劳动去判断、筛选获得满足这种限定的抗体，这样的权利要求得不到说明书的支持。

后续的从属权利要求限定中虽然给出了半胱氨酸改造的范围或位点，但并不是所有的候选位点或接近的位置范围内进行半胱氨酸改造后的抗体均具有所述的巯基反应值，对于进一步限定了部分发生了半胱氨酸取代的抗体的氨基酸序列权利要求而言，由于缺少一个抗体的轻重链可变区的同时存在，抗体权利要求仍然得不到说明书的支持。

申请人在答复第一次审查意见通知时在权利要求 1 中进一步限定了重链中选自 SEQ ID NO：11、12、13 和 15 的序列。

第二次审查意见通知中继续坚持权利要求得不到说明书的支持。本领域熟知接触性抗原结合位点的形成通常需要给定抗体的完整轻重链可变区的缔合，每个可变区包括三个能提供抗体结合其抗原表位的多数接触性残基的互补性决定区（CDRs）。每一轻重链的三个 CDR 的氨基酸序列和构象对于维持亲本免疫球蛋白的抗原结合特异性和亲和力都是至关重要的，即使轻重链可变区的氨基酸序列的细微变化，尤其是 CDR 区的，都可能显著地影响其结合抗原的功能。然而，目前权利要求中所述 SEQ ID NO：11、12、13 和 15 所示的是 Thio－曲妥单抗的重链可变区半胱氨酸改造后的部分序列，其是在特定的亲本抗体的基础上进行的改造，事实上，一方面根据说明书的记载，其仅能证实包含 SEQ ID NO：13 所示序列（A121C 突变体）的抗体具有高巯基反应性和亲本结合活性，其他形式的改造（SEQ ID NO：11、12 和 15 所示）抗体并无实验数据，其效果也是无法预知的。而另一方面，包含所述部分序列的可能抗体范围很大，而且抗体中还可以存在其他的半胱氨酸取代，虽然说明书给出了一些可参考半胱氨酸取代的候选位点及巯基反应值的测定方法，但如说明书所反映的，并不是所有的候选位点或接近的位置范围内进行半胱氨酸改造后的抗体均具有所述的巯基反应值。

申请人对权利要求进行了修改，限定重链中 SEQ ID NO：13 的序列为 LVTVSSCST-KGPS。

第三次审查意见通知中仍然坚持权利要求得不到说明书的支持。权利要求 1 中通过巯基反应值、重链的部分序列（Thio－曲妥单抗的重链可变区半胱氨酸改造后的部分序列）、半胱氨酸改造的方法以及抗原结合性来限定所述的半胱氨酸改造的抗体，显然供筛选满足所述范围的众多可能的抗体很多，其抗原特异性任意，只要这些抗体重链包含 SEQ ID NO：13 的序列，SEQ ID NO：13 中已经具有一个游离的半胱氨酸，最终的巯基反应值在其限定的范围之内就可以。此外，说明书中只是证实了 3 种特定亲本抗体在进行了 H－A121C 的半胱氨酸改造后满足权利要求 1 的巯基反应性和抗原结合性的限定，本领域技术人员显然无法预知还有哪些抗原特异性的抗体的重链含有具有一个游离半胱氨酸的 SEQ ID NO：13 所示的氨基酸序列。

随后，申请人对权利要求 1 进行了修改，限定重链中来自曲妥单抗的 SEQ ID NO：13 的序列为 LVTVSSCSTKGPS。

第三次审查意见通知后，基于上述相同的理由，该专利以权利要求得不到说明书的支持为由被驳回。

随后，申请人提出复审请求，将半胱氨酸改造的抗体限定为包含重链 A121C 突变的三种半胱氨酸改造的抗体。

复审阶段合议组认为，该申请要求保护半胱氨酸改造的抗体，要解决的技术问题是避免抗体与药物分子的常规附着方式产生不均一的分子混合物，采用的技术手段是用游离半胱氨酸取代抗体分子中的其他氨基酸，利用游离半胱氨酸巯基在中性 pH 时的较好亲核反应性，实现位点特异性和有效的方式与巯基反应试剂偶联。但是，正如本领域技术人员所知，将蛋白质的不同氨基酸残基突变成半胱氨酸后，存在的问题是未配对的半胱氨酸巯基可能形成分子内二硫键或者由此形成蛋白质二聚体或多聚体，导致抗体的三级结构和抗原结合特异性丧失，或者使得新的半胱氨酸残基无法与药物、配体或其他标记发生偶联反应。也就是说，针对不同的抗体分子，不同位点的半胱氨酸改造极大影响突变后抗体的抗原结合活性或者巯基反应性，而且，该申请说明书中未描述针对不同抗体，半胱氨酸突变位点的选择与改造后抗体的抗原结合活性以及巯基反应性之间的关系，说明书中仅仅证实了针对 huMAb4D5－8（曲妥单抗）、2H9 抗－EphB2R 抗体、3A5 抗－MUC16 抗体的重链 A121C 突变后的抗体具有高巯基反应性和抗原结合活性。因此，权利要求得不到说明书的支持。

复审请求人在后续答复过程中，将半胱氨酸改造的抗体限定为说明书实施例中已证实具有高巯基反应性和抗原结合活性的抗体，即针对 huMAb4D5－8（曲妥单抗）、2H9 抗－EphB2R 抗体、3A5 抗－MUC16 抗体的重链 A121C 突变的抗体。在此基础上，合议组作出撤驳决定。

该专利在撤驳后获得授权，部分授权权利要求如下：

1. 半胱氨酸改造的抗体，其通过如下的方法制备，该方法包含用游离半胱氨酸氨基酸取代亲代抗体重链第 121 位置上的氨基酸残基，其中所述亲代抗体选择性结合抗原，且所述半胱氨酸改造的抗体选择性结合与亲代抗体所结合的抗原相同的抗原，其中所述亲代抗体为 huMAb4D5－8（曲妥单抗）、2H9 抗－EphB2R 抗体或 3A5 抗－

MUC16 抗体。

19. 权利要求 1 的半胱氨酸改造的抗体经连接基部分（L）通过一个或多个游离半胱氨酸氨基酸与药物部分（D）共价结合而形成的抗体－药物偶联物化合物，所述药物模块选自美登木素生物碱、Auristatin、多拉司他汀和加利车霉素，该化合物具有式 I：

$$Ab - (L - D)_p \qquad I$$

其中 p 为 1、2、3 或 4。

35. 选自如下结构的权利要求 19 的抗体－药物偶联物化合物：

Ab-MC-vc-PAB-MMAF

其中 Val 为缬氨酸且 Cit 为瓜氨酸。

关于中国同族申请 2（CN201410584638，为 CN2005800402070 的分案申请）：创造性驳回。

该案的权利要求与母案原始申请的权利要求基本一致。

实质审查阶段在第一次审查意见通知中指出权利要求不具备创造性。在评述过程中引用了对比文件 1（WO2004050849A2），并且认为具体的巯基反应值这一区别技术特征是本领域技术人员根据实际需要容易确定的，也并未取得预料不到的技术效果。

随后，申请人对权利要求进行了修改，在权利要求 1 中限定了轻链和重链的部分序列。

第二次审查意见通知过程中坚持评述创造性，认为权利要求 1 和对比文件 1 相比的区别在于在不同位点进行半胱氨酸取代。然而，本领域技术人员理论上可以对重链可变区和轻链可变区的任意位置进行半胱氨酸取代，这属于常规选择。并且权利要求 1 所列的 17 种半胱氨酸取代并非全部具有能够完全偶联目的物的技术效果，主要原因在于：一方面，本领域技术人员对于半胱氨酸取代后的巯基反应性具有一定预期，暴露在蛋白表面的反应性一般较好，埋入内部的反应性较差等，通常只要进行了半胱氨酸取代，其反应性就应该好于非半胱氨酸的原有氨基酸；另一方面，对于可变区非高变区的半胱氨酸取代的效果，还决定于高变区的具体氨基酸序列，即单克隆抗体的种类不同，同一框架位置的半胱氨酸取代的效果也可能不同。

该案在二通后没有修改，以创造性驳回。

关于欧洲同族申请 1（EP1791565A2）：授权。

第一次审查意见通知中引用对比文件 1（WO2004050849A2）指出新颖性和创造性缺陷。第一次审查意见通知后，申请人对权利要求进行了修改，限缩保护范围后认为权利要求具备新颖性和创造性。第二次审查意见通知指出权利要求得不到说明书的支持。针对第二次审查意见通知，申请人对权利要求进行了修改，修改主要体现在权利要求中限定了核苷酸和氨基酸序列，然后在克服了不清楚缺陷后，该案获得授权。

部分授权权利要求如下：

1. 一种生成包含一个或多个具有 0.6~1.0 范围内的硫醇反应性值的游离半胱氨酸氨基酸及重链中选自 SEQ ID NO：10、11、13、14、31、34、37、38 和 42 的序列的半胱氨酸改造抗体的工艺：

NSLRCEDTAV	(SEQ ID NO:10)
LVTVCSASTKGPS	(SEQ ID NO:11)
LVTVSSCSTKGPS	(SEQ ID NO:13)
LVTVSSACTKGPS	(SEQ ID NO:14)
HEDPEVKFNWYVDGCEVHNAKTKPR	(SEQ ID NO:31)
YKCKVCNKALP	(SEQ ID NO:34)
KGFYPCDIAVE	(SEQ ID NO:37)
PPVLDCDGSFF	(SEQ ID NO:38)
GQGTLVTVSACSTKGPSVFPL	(SEQ ID NO:42)

其中 SEQ ID NO：10、11、13、14、31、34、37、38 和 42 中的半胱氨酸是游离半胱氨酸氨基酸；或选自 SEQ ID NO：17、19、20、21、22、24、25 和 27 的轻链序列：

SLSASCGDRVT	(SEQ ID NO:17)
EIKRTCAAPSV	(SEQ ID NO:19)
TCAAPCVFIFPP	(SEQ ID NO:20)
FIFPPCDEQLK	(SEQ ID NO:21)
DEQLKCGTASV	(SEQ ID NO:22)
WKVDNCLQSGN	(SEQ ID NO:24)
ALQSGCSQESV	(SEQ ID NO:25)
GLSSPCTKSFN	(SEQ ID NO:27)

其中 SEQ ID NO：17、19、20、21、22、24、25 和 27 中的半胱氨酸是游离半胱氨酸氨基酸；其中该过程包含用游离半胱氨酸氨基酸残基替代亲本抗体的一个或多个氨基酸残基，其中该亲本抗体选择性结合抗原，且该半胱氨酸改造抗体选择性结合与该亲本抗体相同的抗原，且其中该半胱氨酸改造抗体为人，嵌合或人源化抗体。

17. 抗体-药物缀合物化合物，其包含硫醇反应性值在 0.6~1.0 范围内的游离半胱氨酸氨基酸的半胱氨酸改造抗体（Ab）；和选自美登木素生物碱、澳瑞他汀、多拉司他汀和加利车霉素的药物模块（D）。其中该半胱氨酸改造抗体经由一个或多个游离半胱氨酸氨基酸由接头模块（L）附着至 D；具有式 I 的化合物：Ab-(L-D)$_p$；其中 p 是 1、2、3 或 4；且其中该半胱氨酸改造抗体通过包括用一个或多个游离半胱氨酸氨基酸替代亲本抗体的一个或多个氨基酸残基的过程制备，其中该亲本抗体选择性结合抗原，且该半胱氨酸改造抗体选择性结合与该亲本抗体相同的抗原，其中该抗体-药物缀合物化合物包含：重链中选自 SEQ ID NO：10，11，13，14，31，34，37，38 和 42 的一个或多个序列（省略）：

其中 SEQ ID NO：10、11、13、14、31、34、37、38 和 42 中的半胱氨酸是游离半

胱氨酸氨基酸；或轻链中的一个或多个选自 SEQ ID NO：17、19、20、21、22、24、25 和 27 的序列（省略）：

其中 SEQ ID NO：17，19，20，21，22，24，25 和 27 中的半胱氨酸为游离半胱氨酸氨基酸，且其中该半胱氨酸改造抗体为人，嵌合或人源化抗体。

24. 如权利要求 23 的抗体－药物缀合物化合物，其具有下式：

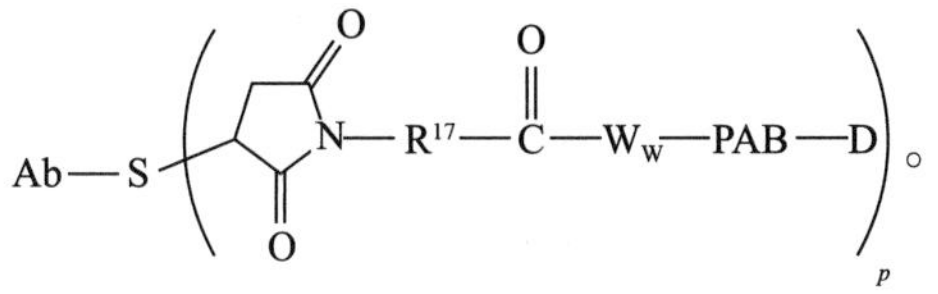

$$\text{Ab}-\text{S}\left[\underset{O}{\overset{O}{\underset{\|}{\overset{\|}{\big(}}}}\text{N}-\text{R}^{17}-\overset{\overset{O}{\|}}{\text{C}}-\text{W}_w-\text{PAB}-\text{D}\right]_p$$

关于欧洲同族申请 2（EP3088004A1）：授权。

权利要求请求保护抗体、药物组合物、ADC 以及制药用途。该专利在权利要求中限定了抗体的核苷酸和氨基酸序列，与欧洲同族申请 1（EP1791565A2）的限定方式一致，获得授权。

关于美国同族申请 1（US2007092940A1）：授权。

审查员审查过程中指出了部分权利要求不清楚，同时评述了权利要求不具备创造性。申请人对权利要求进行了修改，最终获得授权。

部分授权权利要求如下：

1. 包含具有 0.6～1.0 范围内的硫醇反应性值的游离半胱氨酸氨基酸的半胱氨酸改造抗体；和选自 SEQ ID NO：11、12、13 和 15 的重链序列：

LVTVCSASTKGPS	SEQ ID NO:11
LVTVSCASTKGPS	SEQ ID NO:12
LVTVSSCSTKGPS	SEQ ID NO:13
HTFPCVLQSSGLYS	SEQ ID NO:15

其中 SEQ ID NO：11、12、13 和 15 中的半胱氨酸是游离半胱氨酸氨基酸。

32. 抗体－药物缀合物化合物，其包含硫醇反应性值在 0.6～1.0 范围内的游离半胱氨酸氨基酸的半胱氨酸改造抗体（Ab）；和选自 SEQ ID NO：11、12、13 和 15 的重链序列：

LVTVCSASTKGPS	SEQ ID NO:11
LVTVSCASTKGPS	SEQ ID NO:12
LVTVSSCSTKGPS	SEQ ID NO:13
HTFPCVLQSSGLYS	SEQ ID NO:15

其中 SEQ ID NO：11，12，13，和 15 中的半胱氨酸为游离半胱氨酸氨基酸，和选自美登木素生物碱、澳瑞他汀、多拉司他汀和加利车霉素的药物模块（D），其中该半

胱氨酸改造抗体经由一个或多个游离半胱氨酸氨基酸由接头模块（L）附着至 D；具有
式 I 的化合物：Ab－(L－D) p；其中 p 是 1、2、3 或 4；且其中该半胱氨酸改造抗体
是通过包括用该一个或多个游离半胱氨酸氨基酸替代亲本抗体的一个或多个氨基酸残
基的程序制备的，其中该亲本抗体选择性结合抗原，且该半胱氨酸改造抗体选择性结
合与该亲本抗体相同的抗原。

关于美国同族申请 2（US2009175865A1）：授权。

该申请请求保护的主题为抗体、ADC、药物组合物等，抗体部分使用核苷酸和氨
基酸序列进行限定，一次授权。

关于美国同族申请 3（US2010003766A1）：授权。

该申请请求保护筛选半胱氨酸改造的抗体的巯基反应性的方法。

审查员在审查过程中评述了权利要求不具备创造性，申请人在抗体部分使用核苷
酸和氨基酸序列进行限定，最终获得授权。

关于韩国同族申请（KR20070054682A）：授权。

审查员在审查过程中仅指出权利要求不清楚，随后申请人修改了权利要求，使用
核苷酸和氨基酸序列表限定抗体，获得授权。

关于日本同族申请（JP2008516896A）：授权。

第一次审查意见通知中，审查员指出权利要求不具备单一性、创造性和不清楚。
申请人对权利要求进行修改，在权利要求中限定了氨基酸序列，且认为修改后的权利
要求具备创造性。第二次审查意见通知中指出权利要求得不到说明书的支持。第二次
审查意见通知后，申请人继续修改权利要求，进一步限定氨基酸序列，获得授权。

部分授权权利要求如下：

1. 一种半胱氨酸改造的抗体，其包含一个或多个游离半胱氨酸氨基酸，其中所述
半胱氨酸改造的抗体通过包括用游离半胱氨酸氨基酸残基取代亲本抗体的一个或多个
氨基酸残基的方法制备，其中所述亲本抗体选择性结合抗原，其中所述半胱氨酸改造
的抗体选择性结合与所述亲本抗体相同的抗原，其中所述亲本抗体包含具有以下序列
的重链：

```
EVQLVESGGGLVQPGGSLRLSCAASGFNIKDTYIHWVRQAPGKGLEWVARIYPTNGYTRY
ADSVKGRFTISADTSKNTAYLQMNSLRAEDTAVYYCSRWGGDGFYAMDYWGQGTLVTVSS
ASTKGPSVFPLAPSSKSTSGGTAALGCLVKDYFPEPVTVSWNSGALTSGVHTFPAVLQSS
GLYSLSSVVTVPSSSLGTQTYICNVNHKPSNTKVDKKVEPKSCDKTHTCPPCPAPELLGG
PSVFLFPPKPKDTLMISRTPEVTCVVVDVSHEDPEVKFNWYVDGVEVHNAKTKPREEQYN
STYRVVSVLTVLHQDWLNGKEYKCKVSNKALPAPIEKTISKAKGQPREPQVYTLPPSREE
MTKNQVSLTCLVKGFYPSDIAVEWESNGQPENNYKTTPPVLDSDGSFFLYSKLTVDKSRW
QQGNVFSCSVMHEALHNHYTQKSLSLSPGK
```

和具有以下序列的轻链：

DIQMTQSPSSLSASVGDRVTITCRASQDVNTAVAWYQQKPGKAPKLLIYSASFLYSGVPS
RFSGSRSGTDFTLTISSLQPEDFATYYCQQHYTTPPTFGQGTKVEIKRTVAAPSVFIFPP
SDEQLKSGTASVVCLLNNFYPREAKVQWKVDNALQSGNSQESVTEQDSKDSTYSLSSTLT
LSKADYEKHKVYACEVTHQGLSSPVTKSFNRGEC

其中所述亲本抗体的以下位置中的至少一个已被游离半胱氨酸氨基酸残基取代；重链的位置 40、88、119、121、122、175 和 179，或轻链的位置 15、43、110、144、153、168 和 205。

20. 一种抗体－药物缀合物化合物，其包含半胱氨酸改造的抗体（Ab）和药物部分（D），所述抗体（Ab）包含一个或多个游离半胱氨酸氨基酸残基，所述药物部分（D）选自美登木素生物碱、澳瑞他汀、多拉司他汀和加利车霉素，其中所述半胱氨酸改造的抗体通过接头部分（L）通过一个或多个游离半胱氨酸氨基酸残基与 D 缀合；所述化合物具有式 I：$Ab-(L-D)_p$；其中 p 是 1、2、3 或 4；其中所述半胱氨酸改造的抗体通过包括用一个或多个游离半胱氨酸氨基酸残基取代亲本抗体的一个或多个氨基酸残基的方法制备，其中所述亲本抗体选择性结合抗原，其中所述半胱氨酸改造的抗体选择性结合与所述亲本抗体相同的抗原，其中所述亲本抗体包含具有以下序列的重链（省略）：

和具有以下序列的轻链（省略）：

其中所述亲本抗体的以下位置中的至少一个被游离半胱氨酸氨基酸残基取代；重链的位置 40、88、119、121、122、175 和 179，或轻链的位置 15、43、110、144、153、168 和 205。

【案例思考】

该专利在不同国家的同族审查思路不太相同，其中，中国的母案申请主要评述了权利要求得不到说明书的支持，最后经复审克服缺陷后授权，授权的技术方案更多的是参考说明书中给出的验证例；中国的在后分案申请、美国、欧洲和日本的同族在审查过程中大多引用对比文件评述了创造性，更加注重证据使用；而韩国仅指出不清楚。该案的国外同族专利大多授权，但是授权范围不同，授权范围均比国内母案授权的范围大。国内审查过程中对于抗体是否能够得到说明书支持以及是否具备"三性"的把握标准较为严格，更多的是依据申请文件中记载的效果例进行判断，如果不能修改到合适的匹配范围，专利权利要求得不到说明书支持和不具备创造性都是可能驳回的依据。在抗体具备专利性的前提下，该专利的国内外审查过程中对于化学结构部分的把握均比较偏松，这也可能与该案于较早的 2005 年申请，当时 ADC 技术发展刚刚起步有关。

【案例 5 - 4】 CN200880112091.0

该专利发明名称为"半胱氨酸改造的抗 TENB2 抗体和抗体药物偶联物",有中国、美国、欧洲、日本、韩国的同族申请。

关于中国同族申请（CN200880112091.0）：公开不充分驳回复审撤驳后授权。❶

该申请要求保护一种半胱氨酸改造的抗 TENB2 抗体、具有式 I 结构的 ADC 化合物：Ab-(L-D)$_p$ 以及选自以下结构的 ADC 化合物：

Ab-MC-vc-PAB-MMAF。

其中 Val 为缬氨酸；Cit 为瓜氨酸；p 为 1~4；且 Ab 为权利要求 1 的半胱氨酸改造的抗 TENB2 抗体。

实质审查过程中审查员指出说明书公开不充分，认为对于抗体，该申请实际上记载了大量的技术方案（如序列 8~23），其包含了多种可能的改造方式，而说明书中实施例 1~3 虽然记载了偶联 A114C 抗体的制备方法等，但未对其实际效果进行验证，实施例 4 虽然涉及所述 A121C 突变的单抗及其相关活性研究，但没有记载任何实验数据，仅根据含糊不清的断言性论述不能确定何种抗体取得了何种效果，说明书附图 10~12 虽然涉及功效研究，但显然并未指定任何如 A114C、A121C 等的具体抗体，甚至在说明书相关实验部分都没有明确提及上述附图。由于蛋白质的功能取决于其一级结构，任何碱基的改造均可能导致其空间结构的变化进而引起功能活性的巨变，对于抗体来说，虽然通常认为 CDR 区域是与抗原结合的关键位点，但实际上 CDR 外序列带来的空间结构可影响 CDR 区域的整体构象，同样决定了抗体的结合活性，现有技术有关采用相同 CDR 区域的不同单抗具有迥异活性的例子也不胜枚举，尤其对于该申请所述半胱氨酸改造的抗体，该位点改造可能带来二硫键的重排，因此改造后序列的活性更加难以预计，对于偶联抗体来说，实际上形成了新的药物分子，原有的抗体活性及药物活性均可能因其空间结构的变化而发生改变。由此可见，上述技术方案在没有明确效果实验的验证下，难以预计何种抗体可取得该申请声称的技术效果。

申请人答复第一次审查意见通知时认为，该申请的说明书附图 10~12 及其他附图标注了实验中使用的材料。而且，根据说明书的记载，本领域技术人员能够确定实验中使用的材料的具体成分。附图提供了实施例 4 中记载的实验的结果，证明用经半胱

---

❶ 国家知识产权局第 77856 号复审决定书。

氨酸改造的抗体生成的 ADC 的功效等于或好于通过常规方法生成的抗体偶联化合物。

第二次审查意见通知中继续坚持说明书公开不充分。

申请人答复第二次审查意见通知时认为，图 15 清楚地显示了半胱氨酸改造的抗 TENB2 抗体具有与常规抗 TENB2 ADC 升高的血清稳定性，基于说明书中提供的实验数据，并结合本领域的现有技术，本领域技术人员能够合理预测要求保护的抗体都具有这种特性。

第二次审查意见通知后基于上述相同的理由，因没有效果数据验证为由，以说明书公开不充分驳回了该案。

申请人提交复审请求，未修改权利要求书，意见陈述和答复第二次审查意见通知时的陈述基本一致。

复审合议组直接作出撤驳决定，合议组认为：该申请请求保护的半胱氨酸改造的 TENB2 抗体，是在已知的人源化 TMEFF2 抗体的基础上将个别氨基酸位点突变成半胱氨酸形成的，所述突变根据其突变位置可分为在恒定区的突变和在可变区的突变。本领域技术人员根据现有技术可知抗体通过可变区与抗原结合，从而将偶联的药物带到表达抗原的细胞表面，以实现检测或抑制增殖等功能，而抗体恒定区在抗体与抗原结合的结构域之外，恒定区个别氨基酸的改变一般不会影响抗体识别并结合抗原的功能。因此，对于那些突变位点在抗体恒定区的半胱氨酸改造抗体，本领域技术人员能够根据现有技术合理预测其依然具备结合 TENB2 的功能，其与药物形成的偶联物也可以实现常规 TENB2 ADC 同样的抑制表达 TENB2 细胞增长的功能。而对于那些突变位点在抗体可变区的半胱氨酸改造抗体，该申请实施例中仅实施例 3 中记载制备得到了一种突变位点在抗体可变区的半胱氨酸改造抗体 A114C（Kabat）Thio hu TMEFF2#19 以及这种抗体分别与 MC – MMAF 和 MC – Val – Cit – PAB – MMAE 偶联得到的 ADC 的制备。实施例 4 中记载了用于免疫组化（IHC）、内在化研究、流式细胞荧光分选技术（FACS）、细胞杀伤测定法、蛋白免疫印迹、异种移植物研究、药动力学研究和安全性评估的材料和方法。虽然实施例 4 中没有明确记载将其相应的实验结果记载在附图中，实施例中抗体、ADC 的名称也与附图中各抗体、ADC 的名称不相同，但考虑到该申请说明书中实施例部分仅记载并制备得到了一种半胱氨酸改造的抗体 A114C（Kabat）Thio hu TMEFF2#19 及其相应的两种 ADC，而附图中涉及的实验数据一般对应于实施例中的实验结果，因此，可以，认定附图中涉及的 Thio 抗体和 Thio ADC 即为实施例 3 和 4 中的 Thio 抗体和 Thio ADC。说明书附图 10～12 的结果证明了半胱氨酸改造后的 ADC 具有更好的抑制表达 TENB2 的前列腺癌细胞系 PC3 细胞的增殖的功能；图 15 的结果证明了半胱氨酸改造后的 ADC 具有更好的血清稳定性。由此可见，该申请说明书已经证实了实施例制备得到的突变位点在抗体可变区的半胱氨酸改造抗体 A114C（Kabat）Thio hu TMEFF2#19 依然具有与抗原识别和结合的能力，其与药物的偶联物比常规 ADC

具有更好的抑制表达 TENB2 细胞的增殖的功能。综上所述，该申请说明书公开充分。

复审撤驳后，申请人克服了不清楚的形式缺陷，最终获得授权。

部分授权权利要求如下：

1. 一种半胱氨酸改造的抗 TENB2 抗体，使用具体的核苷酸和氨基酸序列进行限定。

11. 一种抗体 – 药物偶联物，其是通过将前述权利要求任一项的半胱氨酸改造的抗 TENB2 抗体共价附着至 Auristatin 药物模块得以形成的。

12. 权利要求 11 的抗体 – 药物偶联物，其包含半胱氨酸改造的抗 TENB2 抗体（Ab）和 Auristatin 药物模块（D），其中所述半胱氨酸改造的抗 TENB2 抗体是经由一个或多个游离的半胱氨酸氨基酸通过接头模块（L）附着至 D 的；所述抗体 – 药物偶联物具有式 I：

Ab – (L – D)$_p$，其中 p 为 1、2、3 或 4。

关于欧洲专利局同族申请（EP2209808A1）：授权。

第一次审查意见通知中引用多篇专利文献指出抗体权利要求不具备创造性，以及部分权利要求中对抗体的限定存在不清楚和不支持的缺陷。针对第一次审查意见通知，申请人对权利要求进行了修改，修改体现在对抗体结构的修改，且认为修改后的权利要求具备创造性。第二次审查意见通知中继续坚持权利要求不具备创造性、得不到说明书支持和不清楚，其中对于创造性的评述中认为对比文件给出了技术启示，且该申请未取得预料不到的技术效果。针对第二次审查意见通知，申请人对权利要求进行修改，修改依然体现在对抗体结构的修改。随后，申请人和审查员进行了电话交流。申请人对权利要求进行了修改，修改体现在将抗体结构限定为具体的核苷酸和氨基酸序列。该案最后获得授权，授权范围和中国同族申请基本一致。

关于美国同族申请（US2009117100A1）：授权。

美国审查员在第一次审查意见通知中，指出部分权利要求不清楚，同时评述了权利要求不具备创造性，引用的部分对比文件与 EPO 相同。申请人对权利要求进行了修改，认为对比文件没有对修改后的权利要求给出技术启示。第二次和第三次审查意见通知中，审查员引用了新的对比文件坚持评述权利要求不具备创造性。随后，申请人修改了权利要求，抗体使用核苷酸和氨基酸序列进行限定，认为该申请具备创造性。该案最终获得授权。

部分授权权利要求如下：

1. 一种半胱氨酸改造的抗 TENB2 抗体，其包含重链和轻链、位于所述重链中的一个或多个游离半胱氨酸氨基酸残基和以下序列：

Sequence near Cys mutation	Sequential Numbering	Kabat Numbering	Seq. I.D.
VTVSSCSTKGP	A121C	A114C	12

　　与所述重链中的一个或多个另外的半胱氨酸突变组合，所述半胱氨酸突变选自由以下组成的组：

Sequence near Cys mutation	Sequential Numbering	Kabat Numbering	Seq. I.D.
DVQLCESGPG	Q5C	Q5C	8
LSLTCCVSGYS	A23C	A23C	9
VSSASCKGPSV	T123C	T116C	13
WYVDGCEVHNA	V285C	V278C	14
KGFYPCDIAVE	S378C	S371C	15
PPVLDCDGSFF	S403C	S396C	16.

　　关于韩国同族申请（KR20100090267A）：授权。

　　韩国审查员仅指出权利要求不清楚，随后申请人修改了权利要求，直接授权。授权范围和中国、欧洲类似。

　　关于日本同族申请（KR20100090267A）：授权。

　　申请人在第一次审查意见通知之前主动修改权利要求，在权利要求 1 中限定了核苷酸和氨基酸序列。第一次审查意见通知中指出权利要求不具备创造性和得不到说明书的不支持，引用的部分对比文件与 EPO 相同。随后，申请人对权利要求 1 进行了修改，且认为修改后的权利要求具备创造性。第一次审查意见通知后以权利要求不具备创造性被驳回。

　　申请人提出复审请求，修改了权利要求书，修改方式类似中国、EPO 和韩国。随后审查意见指出不清楚缺陷，申请人修改权利要求，最终获得授权。授权范围和中国、EPO、韩国类似。

【案例思考】

　　该专利在不同国家或地区的同族申请审查思路不太相同，其中，中国指出说明书公开不充分，美国、EPO 和日本分别引用了对比文件评述创造性，更加注重证据的使用，同时也指出不支持的问题，而韩国只指出不清楚。该案的同族专利均授权，其中，中国、日本、欧洲、韩国的授权范围类似。美国的授权范围与其他同族的授权范围不同，但是均限定了表格中的核苷酸和氨基酸序列。

　　通过该案的不同国家或地区审查过程可见，对于发明点在于抗体部分的 ADC 药物领域的专利申请，审查过程中对于抗体部分的限定会较为严格。对于创新主体而言，说明书以及附图中需要对基于抗体的实验从实验材料、实验方法、效果测试等方面给出全面、清晰、完整、准确的说明和记载，以此来应对不同国家或地区审查过程中可能遇到的公开不充分、不支持、创造性等的质疑。该案属于 ADC 药物技术领域的较早专利申请，从不同国家或地区审查过程中也可以看出，在抗体具备专利性的前提下，国内外审查中对于化学结构部分的尺度把握均比较宽松。

5.3.2.2 典型 ADC 药物专利审查过程的简要梳理和分析

1）创造性判断

【案例 5 - 5】 CN201910645725.9[❶]

该案在中国实质审查阶段以创造性驳回，复审修改后撤驳。对 ADC 化合物结构中载荷药物以及连接子的微调构成了与现有技术的主要区别特征，实质审查和复审阶段对于补交实验数据的把握尺度不同，复审合议组认为申请人补充的 ADC 生物效果数据属于补强性证据，可以用于创造性评判中实际解决技术问题的确定，由于现有技术中不存在结构调整与效果之间的对应关系，可以认可该专利的创造性。在复审审查过程中，没有质疑 ADC 化合物的大范围的权利要求的创造性，但是质疑了与具体抗体组合时的小范围的 ADC 权利要求的创造性，评述逻辑在于与具体抗体组合时的技术方案没有全部充分公开，所以没有技术贡献，不具备创造性。在申请人限定到说明书中验证的具体抗体后，创造性被认可。该专利的欧洲、美国同族申请没有指出类似问题，在载荷药物和连接子部分有创造性贡献的基础上，对抗体部分的要求较为宽松。

【案例 5 - 6】 CN202011414729.5[❷]

该专利在中国同族申请审查时，ADC 化合物与现有技术的区别技术特征在于抗体类型不同，权利要求是 EGFR 抗体，对比文件为 CEA 抗体，实际解决的技术问题确定为提供一种新的偶联组合物。然而对比文件还公开了 HER 抗体，而 EGFR 又称为 HER - 1，该专利以不具备创造性被驳回。申请人在复审阶段，进一步限定了 ADC 化合物制备过程中的特殊光照条件，该技术手段可以使偶联物达到聚集最小化的技术效果，复审撤驳后获得授权。该案中，通过对权利要求的解析和说明书效果例的分析，对偶联物聚集化效果和权利要求中的偶联物技术方案之间关系是否匹配的判断要求很高，当不具备充分的对应关系时，抗体、载荷、连接子三部分可以作为三个单独的片段进行理解，任一部分为区别特征时都可以结合其他现有技术来获得结合启示，故而不具备创造性。从申请人角度来看，则可以通过进一步增加区别特征，并结合取得的技术效果进行说理抗辩。

---

❶ 国家知识产权局第 295138 号复审决定书。
❷ 国家知识产权局第 328794 号复审决定书。

【案例 5 – 7】 CN201810950717.0

该专利在中国同族申请审查时，针对 ADC 药物制备过程中的部分中间体化合物，审查员认为其仍然属于一种化合物产品，虽然申请人认为它是 ADC 药物在肿瘤细胞内经过对接头部分的切割，进而发生不稳定的缩醛胺结构的自分解而游离产生的物质，不仅可以作为 ADC 药物的制造中间体使用，而且其自身也能发挥抗肿瘤效果，但是该申请说明书中将该物质作为中间体使用只是声称，并没有具体记载技术效果，因此实质审查阶段认为该化合物本身没有特别优异的效果，即使 ADC 药物整体具有创造性，也不代表其中的每一部分结构也都具有创造性。申请人将上述化合物删除后获得授权。欧洲、美国同族申请未质疑该中间体化合物的创造性。说明中国对于中间体化合物的产品权利要求审查把握严格，对于声称作为中间体的用途需要有明确记载和应用，如果没有记载则等同于普通化合物，如果现有技术中能找到对应结构片段的衍生物质，则可以用于评述创造性。

【案例 5 – 8】 CN20138005325.6

该专利在 ADC 药物权利要求中未限定抗体种类，对于连接子部分使用宽泛的结构通式进行限定，中国审查员在审查中使用具有 ADC 概念通式的对比文件进行评述，申请人答复时将连接子限缩到 GGFG 连接单元，认为对比文件没有给出对应结构的技术启示，并且该申请验证了 GGFG 四肽接头的显著抗肿瘤效果，审查意见继续认为权利要求概括的范围仍然太大，说明书实施例仅验证了少数化合物具有抗癌且安全的技术效果，所确定的实际解决的技术问题仍属于一种替代方案，本领域技术人员依然可以通过常规组合进行选择得到该申请，故创造性不能被认可。申请人答复时进一步缩小连接子的范围，使该范围与少数效果实施例化合物的结构相对应，最终获得授权，授权的 ADC 药物权利要求中并没有对抗体种类进行限定。

在该专利的同族申请审查过程中，EPO 认为 ADC 连接子部分的 GGFG 没有被公开，所以未质疑创造性，最终 ADC 药物的授权范围大于中国。USPTO 通过创造性评述要求申请人不断缩小连接子的保护范围，其评述思路是采用多篇现有技术进行结合评述，专利 US6835807 公开了毒素与 GGFG 连接子的连接体系，专利 WO2005112919 公开了使用连接体和肽键将药物附加到抗体上，在申请人限缩到与效果例对应的保护范围后，获得授权。

中国、美国、欧洲对于 ADC 药物的创造性评述中均没有涉及抗体部分是否限定、概括范围是否过大的问题。对于 ADC 药物整体的化学结构，中国采用整体上位的结构作为最接近的现有技术，然后认为通过常规选择可以得到该申请，从而不具备创造性，这将使申请人不断修改结构以与效果化合物相对应。美国则采用含有毒素和连接子部分的现有技术结合 ADC 整体的现有技术来评述创造性，以此方式迫使申请人限缩结构，最终与效果实施例的概括范围相对应。可以看出，与中国评述时采用的常规选择思路不同，美国评述更注重证据组合的使用。

【案例 5 – 9】 CN201510435365.1❶

该专利在中国审查阶段，ADC 药物与现有技术的主要区别在于抗体不同，但是该申请说明书中对于该抗体的效果描述只是进行了泛泛记载，所以审查员在创造性考量时对实际解决技术问题的确定比较上位化，基于现有技术中给出的抗体可以进行替换的一般性教导，评述该申请不具备创造性，该专利在实质审查阶段被驳回，进入复审后也被维持驳回。

2）不支持判断

【案例 5 – 10】 CN201980002409.8

该专利的 ADC 药物权利要求中对于抗体没有进行任何限定，在中国审查过程中，审查意见指出没有进行任何限定的抗体属于上位概念，得不到说明书的支持。申请人认为该申请在说明书实施例 8 给出了采用 HER2 抗体的例子，并且抗体或其功能性结合片段具有通常的结构形式，该案在加拿大、澳大利亚已经获得授权，欧洲、美国、韩国也未发出类似的审查意见，另外，该专利的发明创新点在于对载药和连接子的改进，所以无须对抗体进行特别的限定和说明。最终该专利由于抗体种类概括太宽，得不到说明书的支持被驳回。

该专利在抗体是否需要根据说明书实施例进一步限定的问题上与国外同族申请存在较大差异，中国审查中要求严格限定抗体种类。

【案例 5 – 11】 CN200480007880.X❷

该专利在中国审查时，审查意见指出，由于该申请说明书中记载了 ADC 药物中的连接头 M2C2H 中的环己基具有重要作用，而权利要求中没有进行限定，所以连接头得

---

❶ 国家知识产权局第 234075 号复审决定书。
❷ 国家知识产权局第 55211 号复审决定书。

不到说明书的支持；现有技术中的蒽环霉素种类太多，而该申请说明书实施例中仅记载了两种，权利要求中没有进行限定，载荷药物得不到说明书的支持；该申请的 ADC 偶联物是靶向 CD74 抗原的，不可能对应任何肿瘤，而权利要求中没有进行疾病的限定，所以任何疾病的概括是得不到说明书支持的。申请人缩小了载荷药物和疾病的种类，对于连接头的限定没有修改，提供了多篇现有技术证据进行说理。实质审查阶段以疾病种类仍然得不到说明书的支持为理由驳回。进入复审后，申请人将癌症种类进行具体限定，该专利在撤驳后获得授权。在审查过程中，审查员对于 ADC 产品中的载荷药物、疾病种类是否能够得到说明书的支持把握较为严格，在对连接子的不支持方面，申请人结合多篇现有技术进行说理后也获得了认可。

【案例 5 – 12】 CN200880122233. 1、CN200480039706. 3、CN200910126199. 1

申请专利 CN200880122233. 1 的中国审查阶段对于载荷药物的种类进行了严格的限制，基于说明书中实际验证过的实施例进行限定，对于抗体偶联药物的其余部分未作严格要求。

申请专利 CN200480039706. 3 的中国审查阶段重点考虑了载荷药物的不支持，实质审查和复审阶段对于抗体和连接子结构限定部分的要求不高。

申请专利 CN200910126199. 1 的中国审查阶段对于疾病的种类能否得到说明书的支持标准很高，而对于载荷药物和连接子的结构限定部分要求不高。

5.3.3　从审查视角判断 ADC 药物专利保护的关键

5.3.3.1　创造性审查的角度

通过以上案例的审查过程分析对比，对于 ADC 药物专利申请创造性的评述思路可以整理为以下三种方式。

方式 1：随着 ADC 技术的发展，已经涌现出许多相关的专利和文献资料。在进行专利检索时，首先找到与相关申请技术领域相同且能够包括相关申请 ADC 药物权利要求的上位技术方案作为最接近的现有技术。这些上位技术方案可以是已有的专利文献或者其他公开的技术资料。

通过对比这些上位技术方案，可以发现相关申请的区别技术特征可能在于 ADC 的某一模块或者某几个模块。例如，这些区别特征可以是在 ADC 的抗体部分、载荷药物部分、连接子部分或者其他关键模块上的差异。这些差异可能包括结构、功能或者其他方面上的不同。通过对这些区别特征的分析，进一步确定相关申请的创新点和技术优势。

接下来，结合相关申请说明书中披露的技术效果，分析该技术效果与要求保护的 ADC 产品的对应证明力关系。技术效果主要是指相关申请所要达到的技术目的或者解决的技术问题。例如，技术效果可以是提高 ADC 药物的疗效、提高稳定性、防止药物聚集等，而不是泛泛地证明了 ADC 药物所具有的一般通识性的技术优势。通过对技术效果的分析，可以确定它们与 ADC 产品结构之间的对应关系。

如果经分析后确定技术效果与权利要求请求保护的范围无对应关系或对应关系不明显，实际解决的技术问题将会确定得比较上位。这意味着，相关申请实际所要解决的技术问题不是一个具体的技术问题，而是本领域所面临的普遍技术问题。在这种情况下，在创造性结合启示的评述部分，可以从最接近现有技术的其他技术内容中找到对应的区别模块。这些区别模块可以是该文献其他技术内容中的关键技术、关键步骤或者其他重要组成部分。

此外，可以结合检索得到包括区别模块的其他现有技术或者公知常识进行综合评述。这些现有技术或者公知常识可以是与 ADC 药物领域的研究和应用相关的所有技术文献。

综上所述，该方式通过对现有技术的检索和分析，找到与相关申请技术领域相同且能够包括相关申请 ADC 药物权利要求的上位技术方案；通过对比并确定区别技术特征，进一步明确相关申请的技术改进点。同时，结合相关申请说明书中披露的技术效果，分析技术效果与 ADC 产品结构的对应证明力关系，在对应关系不明显时通常会得出权利要求不具备创造性的结论。

方式 2：先找到与相关申请技术领域相同且公开了相关申请 ADC 药物的载荷药物 + 连接子模块或载荷药物模块的现有技术作为最接近的现有技术。通过对比相关申请与现有技术的技术方案，明确区别技术特征在于相关申请额外连接了抗体模块或者抗体 + 连接子模块构成了 ADC 药物，该区别特征使得相关申请的 ADC 药物具有了新颖的结构和功能。

接下来，与评述方式 1 类似，结合相关申请说明书中披露的技术效果进行分析，确定技术效果与 ADC 产品结构的对应关系。

经过分析，如果发现有些技术效果与权利要求的范围无对应关系或对应关系不明显。这就意味着，该技术效果并不能完全支撑相关申请的权利要求具备创造性。在这种情况下，需要重新审视相关申请实际解决的技术问题。

在这种情况下，实际解决的技术问题可以确定为构建一种具有特定结构的 ADC 药物。这是因为，尽管相关申请的 ADC 药物在结构上与现有技术有所不同，但其核心目标仍然是构建一种有一定效果的 ADC 药物。

在创造性的综合评述部分，ADC 药物的构建是基于已有的药物模块和抗体模块的组合，这种组合是 ADC 药物领域的常规技术手段，已经被广泛研究和应用于临床和科研实践中，所以通过引入 ADC 药物概念的公知常识来说明在已知载荷药物＋连接子模块或载荷药物模块的基础上构建新的 ADC 药物属于常规技术手段。然后，通过检索其他现有技术获得含有抗体模块或者抗体＋连接子模块的 ADC 药物，通过这些现有技术可以证明抗体模块或者抗体＋连接子模块可以用于构筑 ADC 药物。这些现有技术的存在用于进一步支撑相关申请不具备创造性的结论。

综上所述，该方式通过对现有技术的检索和分析，首先找到与相关申请技术领域相同且公开了相关申请 ADC 药物中部分模块的现有技术作为最接近的现有技术。通过对比这些技术方案，确定区别特征在于相关申请额外连接了其他模块构成 ADC 药物。然而，在结合相关申请说明书中披露的技术效果进行分析时，如果技术效果与权利要求的范围无对应关系或对应关系不明显，那么将实际解决的技术问题确定为构建一种具有新结构的 ADC 药物，并通过引入 ADC 药物概念的公知常识和检索到的包含区别模块的其他 ADC 现有技术来结合评述相关申请的权利要求不具备创造性。

方式 3：通过检索找到与相关申请技术领域相同且公开了相关申请 ADC 药物的部分模块的其他 ADC 现有技术作为最接近的现有技术。通过对比相关申请和最接近现有技术的技术方案，明确区别技术特征在于相关申请替换了现有技术中的部分模块构成了新的 ADC 药物。这一区别特征使得该申请的 ADC 药物具有新颖的结构和功能。

与上两种方式类似，结合相关申请说明书中披露的技术效果进行分析，确定技术效果与相关申请 ADC 产品结构之间的对应关系。

在分析过程中，当说明书中记载的技术效果与权利要求请求保护的技术方案的范围无对应关系或对应关系不明显时，那就意味着，这些技术效果并不能完全支撑相关申请的权利要求具备创造性。在这种情况下，需要重新确定相关申请实际解决的技术问题。

通常情况下，将实际解决的技术问题确定为构建一种具有特定结构和功能的 ADC 药物。

在创造性的综合评述部分，通过检索其他现有技术获得含有被替换的部分模块的 ADC 药物。这些现有技术可以证明这些区别模块可以用于构成 ADC 药物。这些现有技术的存在进一步可以用于结合评述相关申请的权利要求不具备创造性。

综上所述，该方式通过对现有技术的检索和分析，找到与相关申请技术领域相同且公开了相关申请 ADC 药物的部分模块的其他 ADC 现有技术作为最接近的现有技术。通过对比技术方案，区别特征认定为相关申请替换了现有技术中的部分模块构成了新的 ADC 药物。然后，结合相关申请说明书中披露的技术效果进行分析，如果技术效果与权利要求概括的范围无对应关系或对应关系不明显，则将实际解决的技术问题确定为构建一种具有新结构的 ADC 药物，并通过检索其他现有技术获得含有被替换的部分模块的 ADC 药物来说明这些区别模块用于构成 ADC 药物是现有技术中已知的，从而综合评述权利要求不具备创造性。

以上三种方式的创造性评述思路的关键核心在于说明书中记载的 ADC 技术效果与权利要求请求保护的技术方案的对应关系是否匹配，这里的技术效果并不是泛泛地证明 ADC 药物所具有的一般通识性的技术优势，在这个角度上中国和其他国家的审查意见通知书的评述基本是相同的思路，从整体上看国内对于说明书技术效果的可证明范围把握标准比较严格，对于 ADC 药物权利要求的限定趋近于实施例，并且会要求具有预料不到的或者更优的技术效果。

5.3.3.2 不支持和公开不充分审查的角度

通过以上案例的审查过程分析对比，对于 ADC 药物专利申请的不支持和公开不充分主要有以下评述思路。

1）不支持判断

在 ADC 药物技术领域，由于其属于生物和化学领域的交叉前沿领域，药物设计技术难度高，制备工艺复杂，因此，对于申请文件说明书中提出的技术问题是否能够解决高度依赖效果实验的测试数据。即使效果实验验证可以解决该技术问题，考虑到这个领域的可预期程度不高，抗体、载荷药物、连接子三个模块的任意改变都有可能导致最终无法解决说明书中声称解决的技术问题，因此评述过程中会认真核查权利要求请求保护的范围与说明书实验数据之间的对应关系，并对抗体、载荷药物、连接子三个模块是否能够依据申请文件和现有技术概括到权利要求请求保护的范围进行全面充分的衡量和把握。

首先，仔细分析申请文件记载的效果实验数据，并与说明书中提出的技术问题进行比较。通过比较实验数据和说明书中的技术问题描述，可以初步判断该技术问题是否能够得到解决。如果实验数据能够充分支持说明书中提出的技术问题的解决方案，那么可以认为该技术问题是可以得到解决的。

其次，需要对抗体、载荷药物、连接子三个模块的变量控制进行全面评估。由于 ADC 药物技术领域的可预期程度不高，任意改变这些模块都有可能导致最终无法解决说明书中声称的技术问题，因此评述过程中会在实验数据的基础上对这些模块是否可以扩展以及可以扩展到何种程度进行细致分析和评估，以确定它们是否能够依据申请文件和现有技术概括到目前权利要求请求保护的范围。对这方面的合理把握既是重点也是难点。

在评估抗体、载荷药物、连接子三个模块的概括范围时，会从以下两个方面进行考虑。

改变后的模块是否能够实现与原模块相同或相似的功能：需要对改变后的模块进

行功能分析，包括该模块在构筑 ADC 药物时主要利用了其何种功能属性，与最终的技术效果的技术关联性等等，以确定它们是否能够实现与原模块相同或相似的作用。如果改变后的模块无法实现与原模块相同或相似的功能或者不能进行预期，那么可能会导致最终无法解决说明书中声称解决的技术问题。

改变后的模块是否可以具有与原模块相似的结构或组成特性：对改变后的模块进行结构或组成特性分析，并从 ADC 成药的普通技术知识出发，判断并确定它们是否具有与原模块相似的结构特征。如果改变后的模块具有明显不同的结构或组成特性，甚至可能会显著影响 ADC 成药后的技术效果，那么可能会导致最终无法解决说明书中声称解决的技术问题。

最后，需要综合考虑以上分析结果，对抗体、载荷药物、连接子三个模块是否能够依据申请文件和现有技术概括到权利要求请求保护的范围进行全面充分的衡量和把握。如果审查中认为抗体、载荷药物、连接子三个模块的任一改变会导致最终无法解决说明书中声称解决的技术问题，那么将会得出该权利要求得不到说明书支持的结论。

对于 ADC 药物技术领域的专利申请，审查过程中会沿着权利要求请求保护的范围—解决的技术问题—技术效果的确认和验证的思路来展开。需要认真核查权利要求请求保护的范围与实验数据的对应关系，并对抗体、载荷药物、连接子三个模块是否能够依据申请文件和现有技术概括到权利要求请求保护的范围进行全面充分的分析和考量。这个过程中需要以全面掌握 ADC 药物技术知识为基础。只有在全面评估的基础上，才能准确判断该权利要求是否能够得到说明书的支持。

在早期国内案件的保护实践过程中，由于该技术领域属于前沿技术，现有技术不多以及审查人员对该交叉技术领域的技术知识储备有限，存在仅对抗体、载荷药物、连接子中的某一或某几个模块从实验数据是否对应的角度出发，进而质疑得不到说明书支持的情形。在不同案件中评述思路的把握上也存在个别差异，但是，随着该领域技术研究的不断深入，现有技术的大量公开以及审查技术素养的逐步提高，中国审查对于实验数据与权利要求的对应证明关系把握不断趋于严格，并逐步统一覆盖至 ADC 药物的各个模块。

2）公开不充分判断

ADC 药物专利属于涉及生物学评价的专利技术领域，该领域中公开不充分的审查意见较为常见。在这种情况下，需要根据说明书中关于抗体的实验是否从实验材料、实验方法、效果测试条件等方面给出全面、清晰、完整、准确的说明和记载来判断。

第一，仔细阅读说明书中的实验部分。应该关注实验材料的来源，以及如何进行实验方法和步骤的描述。这些描述应该足够详细，以便其他研究人员能够重复实验并验证结果的准确性。

第二，应该关注效果测试条件的说明，包括使用的试剂、设备和分析方法等。这些条件应该明确指定，并且应该在实验过程中保持一致，以确保结果的可比性和可靠性。

第三，应该评估说明书中对实验结果的解释和讨论。这些解释应该基于科学原理和相关文献的支持，并且应该与实验数据相一致。如果解释模糊或不合理，那么可能对最终的效果验证产生负面影响。

第四，应考虑说明书中是否提供了足够的数据支持。这包括对实验结果的统计分析和图表展示等。这些数据应该能够清晰地展示实验的结果和趋势，并且应该能够与其他相关研究实验进行比较和验证。

总之，对于涉及生物学评价的 ADC 专利技术领域，对于说明书公开是否充分更多的是基于说明书中关于抗体的实验是否具有全面、清晰、完整、准确的说明和记载来判断。只有在这些方面都得到充分满足的情况下，才能确保最终的效果验证具有可靠性和可重复性。中国审查过程中对于数据的把握要求和标准是比较严格的。

5.3.4 国内创新主体 ADC 药物专利保护策略

为了保护 ADC 国内创新主体的技术成果和市场地位，结合目前不同国家或地区的审查方式，制订一套有效的专利申请和布局策略至关重要。本节将结合 ADC 药物技术的研发特点和专利保护实践从以下两个方面对 ADC 研发主体的专利申请和布局策略给出建议。

5.3.4.1 专利文件的撰写角度

第一，近些年 ADC 药物的相关技术得到快速发展，但该领域技术门槛高，研发投入大，研发周期更长，因此每一个创新主体都希望自己的研究成果能够得到最大范围的保护。对于原研企业，为了更充分地保护研究成果，延长技术生命周期，在前期核心药物的专利申请保护中，要尽可能使用马库什通式化合物的保护形式，但是由于该技术领域发展比较快，审查过程中对于技术创新点的把握更加依赖于申请文件记载和披露的技术信息，所以对于 ADC 药物权利要求的撰写要根据说明书实施例的披露情况进行合适概括，希望获得更大范围保护的同时也要在申请文件中记载更多的实施例和效果例，同时权利要求的保护范围要采用层层保护的方式，对于核心药物结构要采用具体范围的权利要求进行单独保护。通过这样的撰写方式，可以为应对审查过程中所面临的说明书不支持、不具备创造性等判断做好充分的准备。

第二，对于创新过程中发现的某一 ADC 药物中的关键模块、核心化合物中间体、关键制备方法等，也要在权利要求中单独进行保护，或者根据不同国家或地区专利制度的差异通过提交分案申请或者系列申请的方式进行保护，但是，申请文件中对于以上技术主题要充分的记载其制备、确认等实验数据予以支撑。如果使用化学反应路线的方式对制备方法进行保护，可以使用关键反应步骤和完整反应路线多重保护的方式进行保护，其中对于反应条件的细节则可以通过多个从属权利要求来进行限定。

第三，对于创新主体而言，由于不同国家或地区的专利制度和专利审查标准存在一定的差异性，而对于 ADC 药物专利申请而言，通常会以 PCT 国际申请的形式进入多个国家，因此在说明书中需要对基于生物学评价的实验从实验材料、实验方法、效果测试等方面给出全面、清晰、完整、准确的说明和记载。不同国家或地区对于该技术领域的审查非常依赖于效果实验数据，在申请文件中也可以将该申请与现有技术中类似替代品或者研发参照物进行效果对比，并将对比数据进行适度披露。通过以上方式来应对不同国家或地区审查过程中可能遇到的公开不充分、得不到说明书支持、创造性等质疑。

5.3.4.2　创新研发主体的布局策略

第一，明确专利申请目标。ADC 研发主体的专利申请策略首先需要明确专利申请目标，即确定哪些技术领域、方法和产品需要申请专利保护，包括核心技术、关键产品、关键技术和方法等。核心技术是 ADC 研发主体的核心竞争力，需要在专利申请中给予充分保护；关键产品是 ADC 研发主体的主要收入来源，也需要在专利申请中进行保护；关键技术和方法则是 ADC 研发主体实现其商业目标的基础，需要进行专利申请以维护其竞争优势。同时，还需要关注行业内的技术发展趋势，以便及时调整专利申请策略，确保专利保护与企业战略目标相一致。

第二，加强核心技术专利布局。在明确专利申请目标的基础上，ADC 研发主体需要加强核心技术专利布局，可从以下三个方面进行布局：①分子结构的专利保护：ADC 分子是其最核心的创新点，需要对其结构形式、多个模块的组合形式、关键中间体或衍生物形式进行专利保护，防止他人进行类似结构的仿制。②药物制备方法的专利保护：制备方法是 ADC 药物产业链中的关键环节，也是其技术壁垒的重要体现。需要对制备方法和平台进行详细的专利布局，包括原料的选择、配比、反应条件等方面的技术细节。③药物作用机理和应用领域的专利保护：ADC 药物可以通过不同的作用靶点应用于多种疾病的治疗。需要对不同作用靶点和应用疾病类型的专利申请进行细分，确保覆盖研发主体的核心业务范围，确保研发主体在研发过程中的技术优势，避免被竞争对手模仿和快速跟随。

第三，优化专利布局。ADC 研发主体要优化专利布局，包括核心专利、边缘专利和补充专利等。

研发主体的核心专利应该围绕其核心技术展开。这些核心技术可能包括 ADC 分子的设计和优化、抗体的选择和制备、药物偶联的方法和条件等。在申请核心专利时，

ADC 研发主体需要确保其技术具有较高的创新性。此外，ADC 研发主体还可以考虑通过合作研发、技术转让、并购等方式，获取其他企业的核心专利，以提高自身的技术竞争力。

边缘专利是对核心技术专利的补充和完善，可以用于限制和防御竞争对手的专利进攻。ADC 研发主体在申请边缘专利时，可以关注 ADC 药物分子的结构修饰、抗体的功能改进、药物偶联的新方法、ADC 药物的剂型和给药途径等研究方向。通过申请边缘专利，ADC 研发主体可以在保护自己核心利益的同时，限制竞争对手的市场空间。

补充专利是为了扩大专利保护范围，提高创新主体的市场竞争力。ADC 研发主体在申请补充专利时，可以从 ADC 药物的联合应用、ADC 药物的适应证拓展、ADC 药物的联合治疗策略等研究方向申请专利。通过申请补充专利，ADC 研发主体可以进一步提高自身的市场地位和竞争优势。

第四，加强专利检索和分析。在申请专利之前，ADC 研发主体需要对相关技术领域进行充分的专利检索和分析，包括查找国内外相关领域的专利文献、了解竞争对手的技术动态和专利布局、评估自身技术的创新性以及是否侵权等。通过专利检索和分析，ADC 研发主体可以更好地确定专利申请的方向和保护范围，提高专利申请的成功率。

第五，加强专利运营和管理。获得专利权并不意味着可以永久享有其利益。ADC 研发主体需要加强专利运营和管理，实现专利价值的最大化，包括：①加强专利许可和转让，通过与其他企业达成专利许可和转让协议，为企业带来额外的收入来源；②参与国际专利合作，通过参与国际专利合作项目，扩大企业的国际市场影响力，提高企业的知名度和竞争力；③监测竞争对手的动态，通过持续监测竞争对手的专利申请和技术动态，及时调整自身的研发方向和技术策略，确保企业在竞争中保持领先地位。

总之，ADC 研发主体要想在激烈的市场竞争中立于不败之地，就必须重视专利保护工作，制订并实施一套有效的专利布局策略。通过明确专利申请目标、加强核心技术专利布局、优化专利布局、加强专利检索和分析、加强专利运营和管理、提高专利撰写技巧等措施，ADC 研发主体可以更好地保护自己的技术成果，提高市场竞争力。